História do Mundo Para leigos, Tradução da 2ª Edição Revisada

Folha de Cola

1700 a 1500 a.C.
Nômades do platô iraniano chegam à Índia, levando consigo as raízes da crença religiosa hindu.

Aproximadamente 1250 a.C.
Uma confederação de reis e guerreiros gregos ataca a cidade de Troia, onde atualmente fica a Turquia.

509 a.C.
Os romanos se voltam contra o rei Tarquinius Superbus e o levam ao exílio. Eles estabelecem uma república no lugar da monarquia.

Aproximadamente 700.000 a.C.
O Homo erectus (humano que caminha ereto) vaga pela África.

Aproximadamente 1470 a.C.
A ilha vulcânica de Santorini, no Mar Mediterrâneo, entra em erupção, destruindo a ilha, arrasando vilarejos e, provavelmente, acabando com uma civilização.

Século XI a.C.
Tribos descendentes do patriarca Abraão se unem sob o rei Saulo para criar o reino de Israel.

Aproximadamente 230 a.C.
Shi Huangdi, autoproclamado Primeiro Imperador da China, padroniza a escrita e as unidades de medida, inclusive os pesos, nas terras conquistadas por ele.

Antes de 347 a.C.
Em Atenas, o filósofo Platão escreve sobre Atlântida, uma terra perdida no mar.

460 a.C.
O líder ateniense Péricles cria reformas para fazer com que a cidade-estado grega de Atenas se transforme em uma democracia.

323 a.C.
Alexandre, o Grande, morre em decorrência de uma febre repentina, deixando seu vasto império para que os governadores regionais apontados por ele dividissem entre si.

399 a.C.
Condenado à morte por seus ensinamentos, o filósofo aprisionado Sócrates, rodeado por seus seguidores, toma o veneno de uma planta.

49 a.C.
Julio César lidera suas tropas pelo Rubicon, o rio que fazia limite em sua província, iniciando uma guerra civil romana.

476 AD
Invasores bárbaros tiram Rômulo Augusto, o último imperador romano do ocidente, de seu trono, encerrando o Império Romano na Europa.

313 AD
Os co-imperadores romanos Constantino (Imperador do Ocidente) e Licínio (Imperador do Oriente) emitem o Édito de Milão, reconhecendo o cristianismo e estendendo a tolerância aos seus seguidores.

1000
Leif Eriksson e um grupo de navegadores da Groenlândia chegam à costa do Canadá.

Aproximadamente 610 AD
O profeta Maomé, após ter uma visão espiritual, começa a ensinar a "submissão a Deus", ou Islã.

800 AD
O Papa Leão III coroa o Rei franco Carlos Magno como Imperador do Ocidente (um título anacrônico que se referia ao Império Romano do ocidente, que há muito não existia mais), dando início a uma duradoura federação medieval renascentista, o Sacro Império Romano.

1066
William, Duque da Normandia, e suas tropas invasoras normando-francesas derrotam os ingleses na Batalha de Hastings. Ele passa a se chamar William, o Conquistador, da Inglaterra.

Aproximadamente 1345
Os astecas fundam sua grande capital, Tenochtitlan, em uma ilha no meio de um lago.

1212
Aproximadamente 50 mil franceses e alemães pobres, a maioria deles crianças, caminham para Jerusalém, achando que podem libertar a Terra Santa do governo muçulmano. Os sobreviventes da Cruzada das Crianças – aqueles que não morreram no meio do caminho – foram vendidos em mercados de escravos no norte da

1347
A Peste Negra, em sua marcha pela Ásia até a Europa, chega a Constantinopla. Os bizantinos

Aproximadamente 1455
Johann Fust e seu sogro Peter Schöffer assumem a prensa construída por empréstimo) e publicam a Bíblia de Gutenberg, o primeiro

CB008009

Para Leigos: A série de livros para iniciantes que mais vende no mundo.

História do Mundo Para leigos, Tradução da 2ª Edição Revisada

Folha de Cola

1453
Constantinopla cai sob os turcos otomanos, acabando com o Império Bizantino e dando início ao Império Otomano, que continua até o século XX.

1492
O navegador italiano Cristóvão Colombo, esperando encontrar uma nova rota marítima para a China ou para a Indonésia, acaba aportando nas ilhas do Caribe.

1517
Martinho Lutero, um padre e professor universitário alemão, prega suas 95 Teses (argumentos) contra a prática do clero de venda de indulgências (perdão dos pecados) na porta de uma igreja, dando início à Reforma Protestante.

1492
Comerciantes portugueses de Gana constroem seu primeiro posto de escravos na África.

1498
O navegador português Vasco da Gama navega com sucesso de Lisboa, Portugal, contorna a ponta sul da África e chega a Calecute, na Índia, estabelecendo a primeira rota marítima europeia até a Ásia.

1522
Um navio sobrevivente da expedição de Fernão de Magalhães à Ásia completa a primeira viagem ao redor do mundo, retornando à Espanha – sem Magalhães, que morreu na viagem.

1649
Os puritanos ingleses, conhecidos como Cabeças Redondas por causa de seu corte de cabelo, julgam, condenam e executam o rei Carlos I da Inglaterra.

1588
A frota inglesa derrota a poderosa Armada espanhola.

1543
O astrônomo polonês Copérnico publica sua teoria de que o sol é o centro do universo.

1765
James Watt da Escócia constrói um motor a vapor capaz de movimentar as fábricas da Revolução Industrial europeia.

1603
Tokugawa Ieyasu, fundador da dinastia antieuropeia Tokugawa do Japão, chega ao poder.

1572
O futuro rei Henrique III da França está entre os soldados que mataram 50 mil huguenotes (protestantes franceses) no Massacre de São Bartolomeu.

1789
Parisienses revoltados tomam a Bastilha, uma prisão e símbolo da injustiça arbitrária, dando início à Revolução Francesa.

1812
Trabalhadores de Nottingham, Inglaterra, rebelam-se e destroem os teares. Eles chamam a si mesmos de Luditas, em homenagem a Ned Ludd, um rebelde que foi contra as máquinas nas fábricas.

1807
O Parlamento britânico aprova o Ato de Abolição, proibindo qualquer participação britânica no comércio transatlântico de escravos.

1867
Em seu livro *O Capital*, Karl Marx descreve o estado como um instrumento de regra de classes, apoiando o capital privado e suprimindo as massas.

1914
Em Sarajevo, Bósnia, um terrorista sérvio assassina o arquiduque Francis Ferdinand, aparente herdeiro do trono do Império austro-húngaro, dando início à Primeira Guerra Mundial.

1881
Louis Pasteur da França isola a bactéria mortal do antraz e cria uma vacina para preveni-la.

1939
A Alemanha invade a Polônia, dando início à Segunda Guerra Mundial.

1893
Mao Zedong, futuro fundador e presidente da República Popular da China, nasce na província rural de Hunan.

1945
Aviões americanos lançam as bombas atômicas que devastam as cidades de Hiroshima e Nagasaki, forçando o governo do Japão a se render e encerrar a Segunda Guerra Mundial.

1958
Jack St. Clair Kilby, um engenheiro da Texas Instruments, monta um circuito eletrônico completo em uma única placa de silício, inventando o microchip.

1986
Um acidente em uma usina nuclear de Chernobyl, Ucrânia, libera gases radioativos, matando centenas de pessoas e tornando a região inabitável.

1948
As Nações Unidas criam uma nova nação judia, a moderna nação de Israel, a partir da antiga Palestina, então controlada pela Inglaterra.

1969
Neil Armstrong, um americano, sai de seu módulo lunar para ser o primeiro ser humano a pisar na lua.

1997
A Inglaterra devolve Hong Kong à China. A cidade chinesa e seu território insular haviam sido colônia britânica desde o final da segunda Guerra do Ópio, em 1842.

1991
O governo da União das Repúblicas Socialistas Soviéticas (URSS) cai. A Rússia ressurge como estado independente e soberano.

1990
O futuro presidente da África do Sul, Nelson Rolihlahla Mandela, sai da prisão após 27 anos sob custódia do governo branco do apartheid.

Para Leigos: A série de livros para iniciantes que mais vende no mundo.

História do Mundo

PARA

LEIGOS®

Tradução da 2ª Edição Revisada

por Peter Haugen

ALTA BOOKS

EDITORA

Rio de janeiro, 2011

História do Mundo para Leigos, Tradução da 2ª Edição Revisada Copyright © 2011 da Starlin Alta Con. Com. Ltda. ISBN 978-85-7608-435-8

Produção Editorial:
Starlin Alta Con. Com. Ltda

Gerência de Produção:
Anderson Vieira

Supervisor de Produção:
Angel Cabeza

Tradução:
Bianca Capitanio

Revisão Gramatical:
Elton Nunes

2º Revisão Gramatical:
APED

Revisão Técnica:
Rafael Valin
Maria Teresa Innecco Corrêa

Diagramação
Angel Cabeza

Fehamento:
Ruth Pimentel

Original English language edition Copyright © 2009 by Wiley Publishing, Inc. by James Eade. All rights reserved including the right of reproduction in whole or in part in any form. This translation published by arrangement with Wiley Publishing, Inc.

Portuguese language edition Copyright © 2011 da Starlin Alta Con. Com. Ltda. All rights reserved including the right of reproduction in whole or in part in any form. This translation published by arrangement with Wiley Publishing, Inc.

Todo o esforço foi feito para fornecer a mais completa e adequada informação; contudo, a editora e o(s) autor(es) não assumem responsabilidade pelos resultados e usos da informação fornecida.

Erratas e atualizações: Sempre nos esforçamos para entregar ao leitor um livro livre de erros técnicos ou de conteúdo; porém, nem sempre isso é conseguido, seja por motivo de alteração de software, interpretação ou mesmo quando há alguns deslizes que constam na versão original de alguns livros que traduzimos. Sendo assim, criamos em nosso site, www.altabooks.com.br, a seção *Erratas*, onde relataremos, com a devida correção, qualquer erro encontrado em nossos livros.

Avisos e Renúncia de Direitos: Este livro é vendido como está, sem garantia de qualquer tipo, seja expressa ou implícita.

Marcas Registradas: Todos os termos mencionados e reconhecidos como Marca Registrada e/ou comercial são de responsabilidade de seus proprietários. A Editora informa não estar associada a algum produto e/ou fornecedor apresentado no livro. No decorrer da obra, imagens, nomes de produtos e fabricantes podem ter sido utilizados, e, desde já, a Editora informa que o uso é apenas ilustrativo e/ou educativo, não visando ao lucro, favorecimento ou desmerecimento do produto/fabricante.

Impresso no Brasil

ALTA BOOKS
E D I T O R A

Rua Viúva Cláudio, 291 - Bairro Industrial do Jacaré
CEP: 20970-031 - Rio de Janeiro – Tel: 21 3278-8069/8419 Fax: 21 3277-1253
www.altabooks.com.br – e-mail: altabooks@altabooks.com.br

Sobre o Autor

Peter Haugen é autor do livro *Was Napoleon Poisoned? And Other Unsolved Mysteries of Royal History* (Wiley). Graduado pela Universidade Berkeley da Califórnia, contribuiu com frequência para a revista *History* e está entre os coautores de *The Armchair Reader Amazing Book of History*, *mental_floss Presents Condensed Knowledge*, e *mental_floss Presents Forbidden Knowledge*. Jornalista e crítico veterano, ele foi membro das equipes de diversos jornais americanos, incluindo *The St. Petersburg Times* e *The Sacramento Bee*, e escreveu sobre assuntos que variavam desde belas artes até genética molecular. Haugen foi professor adjunto na Universidade de Wisconsin-Madison e na California State University-Fresno, e é um orgulhoso veterano do exército americano. Mora em Wisconsin.

Agradecimentos do Autor

Agradeço aos meus editores na Wiley, editor de projetos Tim Gallan, editora de compras Lindsay Lefevere e editora de cópias Elizabeth Rea – por terem todos me ajudado a fazer com que o processo de escrever esta segunda edição fosse surpreendentemente indolor. Agradeço, também, a toda a minha família, especialmente à minha esposa, Deborah Blum, pelo apoio constante. Gostaria de agradecer ao historiador David McDonald, novamente, por sua valiosa ajuda com a primeira edição deste livro, e a todos os escritores de história cujos trabalhos precisei pesquisar incansavelmente, e também comparar uns com os outros para abranger tudo o que há de mais maravilhoso neste estudo que é a história do mundo.

Agradecimentos do Editor

Estamos orgulhosos deste livro. Por favor, envie-nos seus comentários através do site www.altabooks.com.br. Para outros tipos de comentários, entre em contato pelo e-mail altabooks@altabooks.com.br, pelo telefone (21) 3278-8069 ou pelo fax (21) 3277-1253.

Sumário Resumido

Sumário

Parte III: Buscando Respostas...................... 161

Capítulo 10: A Religião Através dos Tempos 163

Capítulo 11: Amada Sabedoria: A Ascensão e o Alcance da Filosofia..183

Introdução

A história completa do mundo resumida em menos de 400 páginas e apertada em uma brochura? A ideia é absurda. É ultrajante. Eu estaria louco se tentasse fazer isso. Então, aí está.

Não, espere. Este livro não tem a intenção de ser completo. Ele não tem como ser completo. Centenas de volumes dedicam-se a apenas uma ou duas décadas – a Segunda Guerra Mundial vem-me à mente. Colocar milhares de anos em um livro pequeno seria impossível. No entanto, uma passagem rápida e superficial é outra história. Se, ao ler os capítulos a seguir, você se deparar com uma era, uma personalidade ou uma civilização sobre a qual gostaria de pesquisar mais, não faltam lugares onde encontrar mais informações. Você pode recorrer a relatos muito mais completos da história de determinados países, como os Estados Unidos; continentes, como a Europa; e acontecimentos, como a Guerra Civil Americana. Você pode encontrar livros sobre todos esses assuntos e muitos outros na série Para Leigos. Porém, se você quer apenas uma visão simplificada, composta por um conjunto de parágrafos fáceis de ler, sobre os principais personagens e acontecimentos que fizeram do mundo o que ele é hoje, serei seu guia e *A História do Mundo Para Leigos* será sua primeira referência.

Sobre Este Livro

A história do mundo é como uma novela, cujos capítulos foram iniciados juntamente com a invenção da escrita. A apresentação é sombria, cheia de truques sujos e assassinatos, romances e decepções sexuais, aventuras, guerras e revoluções (e, sim, tratados e datas). Talvez, uma analogia melhor seja a de que a história é como centenas de novelas, com milhares de personagens interligados que passam de uma história a outra – personagens demais até para o fã mais dedicado poder seguir. Mais um motivo para uma visão geral como a aqui apresentada.

O mais importante a ser lembrado durante a leitura deste livro é que a história é divertida – ou deveria ser. Não se trata de um assunto de vida ou morte... Não, espere. É vida e morte – em uma escala gigantesca. Só que muitas vidas e mortes aconteceram há muito. E isso é bom, pois posso tratar de assuntos particulares sem ser processado. A história está cheia de fofocas e escândalos, temperados com muita aventura (espadas, lanças, canhões e tudo o mais). Quanto mais você se aprofunda, melhor você se sairá quando os vizinhos bolarem uma versão caseira do Jeopardy (NT: programa americano de perguntas e respostas). Renascença italiana por $500, por favor.

Convenções Utilizadas Neste Livro

Todas as áreas, desde cirurgia cerebral até organização de coleções, têm um vocabulário especial. A história não é uma exceção, mas procurei manter claras as palavras dos historiadores neste livro. Quando um termo é inevitável, eu o explico em termos mais fáceis de ler. Com relação a outros termos técnicos, os deixo em itálico e coloco definições e explicações em seguida. Se você ainda acha que pode se perder entre datas, fatos, citações e outros detalhes, esta seção irá guiá-lo através das convenções usadas para ajudá-lo a compreender melhor o livro e a acessar as informações desejadas ou necessárias.

O Que Quero Dizer com "História"?

Esta não é uma pergunta tola. As pessoas aplicam o termo história a outras áreas que não são, bem, história. Por exemplo: os cientistas falam sobre história geológica e os médicos falam sobre seu histórico médico. Também existe a história arqueológica, na qual os especialistas utilizam evidências físicas para criar a história da humanidade como ela era antes de a escrita ser inventada. Embora os historiadores geralmente discordem com relação aos detalhes, a história deve ser verdadeira, ou pelo menos próxima daquilo que realmente aconteceu. Os historiadores também utilizam inferências educadas. Falarei um pouco sobre isso no livro, mas, na maior parte do tempo, falarei sobre acontecimentos documentados.

A história também é um relato escrito (ou filmado). Ela geralmente começa como uma história verbal, mas até que o conto seja colocado em uma forma permanente é muito fácil perder ou alterar os fatos. O que se escreve também não está imune ao exagero, mas existe algo nas palavras faladas que convida ao embelezamento (pense nas histórias de pescador ou nos discursos políticos em época de campanha). É assim que a história é mutilada e os mitos são construídos (a história e os noticiários da TV a cabo).

Algumas das primeiras histórias escritas foram transmitidas no boca a boca durante séculos antes de serem gravadas em argila, pedra ou papiro. Elas ficaram bastante elaboradas com o passar dos anos. Por exemplo: Homero, um poeta grego cego, transmitiu o conto da Guerra de Troia com base em uma campanha militar verdadeira, porém muitos de seus detalhes são, obviamente, mitos. A história da mãe de Aquiles ser uma ninfa da água, por exemplo, e o modo como ela o mergulhou no Rio Styx para o deixar invulnerável – perdoem-me se não acredito que foi exatamente assim que tudo aconteceu (porém, se Homero nos dissesse que Aquiles era um alienígena do planeta Kripton...).

Positivamente pós-histórico

Como a história precisa ser estabelecida em alguma forma de registro permanente, ela só pode datar até o período em que a escrita foi inventada, segundo alguns historiadores, pelos sumérios, pelo menos em forma pictográfica (escrita com figuras), por volta de 3500 a.C.. Os egípcios estavam entre os melhores registradores, pois inventaram sua própria escrita (chamada hieróglifos) por volta de 3000 a.C.. Antes da história escrita, tivemos a era pré-histórica.

Compreendendo os termos AD, a.C., EC e AEC

Os anos 1492, quando Colombo começou a navegar, e 1620, quando os Peregrinos de Mayflower chegaram em Massachusetts, são AD, assim como o ano em que estamos. AD significa Anno Domini. São as palavras em latim para "O Ano do Senhor", referindo-se à era cristã, ou o tempo decorrido desde o nascimento de Jesus. Antes disso, os anos são designados como a.C., ou antes de Cristo. Os historiadores agora preferem usar EC, para "Era Comum" ao invés de AD; e AEC, para "Antes da Era Comum", no lugar de a.C.. As novas iniciais não estão relacionadas a apenas uma religião. No entanto, a maioria das pessoas está acostumada com AD e a.C.. Estes termos são amplamente compreendidos e já estão enraizados. Portanto, irei mantê-los ao longo deste livro.

Os anos a.C. são contados de trás para frente. Por isso, o ano em que Alexandre, o Grande, faleceu, 323 a.C., é menor do que o ano em que ele nasceu, 356 a.C..

Alexandre não tinha ideia de que vivia em uma época em que os anos eram contados de trás para frente três séculos antes do nascimento de Cristo, e Augusto Cesar, de Roma, escreveu a data 1AD em seus registros. Este sistema de datar os anos surgiu muito mais tarde, quando os estudiosos impuseram seu calendário. Como Jesus, na verdade, nasceu um pouco antes do ano 1AD – talvez em 6 a.C.– o sistema não é preciso. Quando o século XX se aproximou, algumas pessoas que se autoproclamavam profetas diziam que o mundo acabaria quando o calendário passasse para o ano 2000. Obviamente, isso não aconteceu. Com relação ao ano que vem ou aos próximos anos, não posso garantir nada.

Neste livro, podemos supor que um ano de quatro dígitos sem letras maiúsculas significa AD. Por exemplo: William, o Conquistador, invadiu a Inglaterra em 1066. Para os anos 1 a 999 AD, utilizarei a sigla AD; por exemplo: os escandinavos invadiram a Irlanda e começaram a construir a cidade de Dublin por volta de 831 AD. Também incluirei as iniciais em todos os anos antes de Cristo. Por exemplo: Saulo foi declarado primeiro rei dos israelitas em aproximadamente 1050 a.C., e o General romano Marco Antonio faleceu em 30 a.C..

O motivo para mencionar "aproximadamente" e "por volta de", quando falei sobre a fundação de Dublin e a coroação do Rei Saulo, é que ninguém sabe precisar a data.

Outro ponto que confunde as pessoas que leem história é a maneira como os séculos são nomeados e numerados. Uma referência aos anos 1900 não é o mesmo que século XIX. Os anos 1900 fazem parte do século XX. O século XX é o século em que os anos começam com 19. O século XIX é o século em que os anos começam com 18, e assim por diante. Por que o século em que estamos, que começa com

20 todos os anos, não é o século XX? Porque o primeiro século começou no ano 1. Quando os números chegaram a 100 (ou, tecnicamente, 101), passamos para o século II, e assim por diante. Os séculos a.C. funcionam do mesmo modo (ao contrário, é claro): o século XXI a.C. é aquele em que os anos começam com 20, assim como o século XXI AD.

Perdoem meu francês, quero dizer, latim

Os livros da série Para Leigos têm a intenção de facilitar a compreensão de assuntos complexos e, para atingir este objetivo, precisamos evitar o uso de uma linguagem especializada e difícil de compreender, principalmente se não se tratar de nossa língua materna. Porém, como em muitas situações na vida, há exceções.

Você encontrará um número muito pequeno de palavras e expressões em latim e outros idiomas espalhadas neste livro. Foi preciso incluí-las para falar sobre culturas e países onde o português era desconhecido. Com o latim, especificamente, é que alguns dos assuntos deste livro incluem o importante e influente Império Romano, onde todos falavam latim. Finalmente, não posso escrever sobre a história do mundo sem abordar a enorme influência da Igreja Católica Romana, uma instituição que, durante muitos séculos, teve o latim como seu principal meio de expressão. Mas não se preocupe, prometo que não usarei tantos termos e, quando o fizer, explicarei o que significam.

Percebendo e evitando preconceitos

Alguns intelectuais questionam o próprio conceito de história. "Sobre a história de quem estamos falando?", eles perguntam. Se os conquistadores escrevem a história, por que aceitamos seus pontos de vista manchados como verdades? E quanto às vítimas? E quanto aos povos indígenas, como os índios americanos e os aborígenes australianos? E quanto às mulheres? Não é ruim que grande parte da história seja, surpreendentemente, sobre homens brancos?

Sim, é verdade. E também é verdade que a história é tendenciosa. São pessoas escrevendo sobre pessoas, portanto, o preconceito faz parte do processo. É preciso levar em conta as tendências do tempo em que os eventos aconteceram, as tendências do tempo em que foram escritos e os preconceitos dos estudiosos que reviram décadas e, muitas vezes, séculos. Não posso mudar o fato de que muitos conquistadores, monarcas, políticos, soldados, exploradores e, sim, historiadores, tenham sido homens. Também é verdade que a história do mundo ensinada tradicionalmente ainda gasta grande parte do tempo com a Europa – a forma como foi modelada e como ela modelou outras partes do mundo, inclusive as Américas.

Existem outras histórias que valem a pena contar, outros pontos de vista, outras verdades? Pode apostar que sim. Você encontrará algumas delas neste livro, abordadas de modo superficial, assim como todo o restante do livro. Mas, para ser honesto, a tendência é para a história centrada nos homens daquilo que foi chamado de civilização ocidental. Por quê? Porque o ponto de vista é construído com base em relatos bem documentados e amplamente disseminados de como o mundo passou a ser o que é.

Você pode querer mudar o mundo e, geralmente, esta é uma opção nobre. Você pode até querer mudar os livros de história. De qualquer maneira, é bom saber contra o que estará lutando.

Quando possível, falo sobre as realidades do século XXI de países não ocidentais – principalmente China e Índia – e como cresceram e se transformaram em grandes forças tanto na economia quanto na política global, e sobre as nações em desenvolvimento, como o Brasil (rico em recursos), que parecem ter um papel cada vez mais importante na formação da história mundial.

O Que Você Não Precisa Ler

Embora este livro se concentre no que você precisa saber sobre a história do mundo, também falo sobre assuntos que, embora úteis, são menos essenciais, pelo menos durante a primeira leitura. O material que pode ser ignorado inclui:

- **O texto dos quadros**. Os quadros são caixas sombreadas que aparecem de vez em quando nos capítulos. Eles falam sobre pontos interessantes relacionados ao capítulo, mas não é preciso lê-los para compreender os assuntos principais.

- **Tudo o que tiver o ícone de Papo de Especialista**. Você poderá achar estas informações interessantes, mas não perderá nada se não ler.

Tolas Suposições

Enquanto escrevia este livro, fiz suposições sobre você. Elas podem ser tolas, mas seguem:

- Você estudou pelo menos um pouco de história no colégio. Pode até conhecer alguns assuntos, mas gostaria de saber mais como tudo se encaixa.

- Você já viu filmes ou leu livros cujos cenários eram em diferentes eras históricas, e suspeita de que eles poderiam ser mais interessantes se você estivesse melhor informado sobre os períodos e os personagens históricos.

- Pelo menos uma vez na vida você se deparou com um arrogante, metido a conhecer tudo de história, uma daquelas pessoas que adoram espalhar fatos sobre a Antiga Roma ou sobre a Revolução Francesa. Caso isso aconteça novamente, você terá a oportunidade de dizer ao Sr. Espertinho que ele está errado.

Como Este Livro Está Organizado

Não coloquei a história em ordem cronológica em A História do Mundo Para Leigos. Não exatamente. Tento contar as histórias na ordem em que aconteceram, mas, como explico no Capítulo 1, há muitas correntes diferentes na história, e elas se cruzam e influenciam umas às outras. Porém, se você classificar algumas das diversas abordagens da história e alguns assuntos relacionados, as correntes são mais fáceis de compreender e de seguir. Tendo isso em mente, dividi o livro da seguinte forma:

- ✔ Cada parte baseia-se em um tópico mais amplo, como civilizações ao longo da história, guerras ao longo da história, ou o impacto das religiões e da filosofia na história.

- ✔ Cada capítulo aborda um aspecto ou um período de tempo específico dentro do assunto tratado em cada parte.

- ✔ Os títulos e subtítulos isolam pontos específicos de cada capítulo para que você possa encontrar os capítulos com mais facilidade e acessar apenas as informações desejadas ou necessárias.

A seguir, uma divisão de cada parte.

Parte I: Entrando na História

Esta parte ajuda você a se conectar com o passado. Seus ancestrais de décadas, séculos e milênios eram, essencialmente, o mesmo que você. É verdade que eles se vestiam de forma diferente e não tinham iPhones, carros e coisas do tipo. Eles também não tomavam banho com tanta frequência, mas mesmo assim podem revelar muitos aspectos sobre você e sobre como o mundo passou a ser o que é hoje.

Parte II: A Força dos Números

Como a sociedade humana consegue ser uma rede de culturas interligadas mundialmente? Do que é composta uma civilização e como uma pessoa é bem sucedida ou falha? Como uma civilização influencia as civilizações seguintes? Esta parte do livro traça o crescimento desde as primeiras civilizações até a comunidade global de hoje.

Parte III: Buscando Respostas

As pessoas agem com base no pensamento e também naquilo em que acreditam. Nesta parte, você poderá observar como os pensamentos, as ideias e os sentimentos – e a maneira como as pessoas os expressam e exploram na religião e na filosofia – sempre foram uma parte fundamental da história.

Parte IV: Lutas, Lutas e Mais Lutas

A história não é só conflitos entre nações – ou entre governantes e governados –, mas confrontos e motins violentos com imediatas, muitas vezes generalizadas e, por vezes, duradouras consequências globais. Esta parte analisa as batalhas históricas de todas as dimensões, bem como o desenvolvimento da arte da guerra ao longo de séculos de conflitos humanos.

Parte V: Conhecendo os Proponentes e Agitadores

Essa parte inclui um conjunto extremamente incompleto de biografias resumidas das pessoas que mudaram a história, juntamente com pessoas que foram mudadas pela história.

Parte VI: A Parte dos Dez

Na grande tradição dos livros da série Para Leigos, esta parte contém listas simples de datas históricas inesquecíveis, documentos indeléveis e descobertas indispensáveis.

Ícones Usados Neste Livro

As margens deste livro apresentam sinais que dão uma dica do que acontece naquela parte específica do texto. Algumas avisam o que você pode ignorar, enquanto outras podem ajudá-lo a encontrar apenas o que interessa. Utilizo os seguintes ícones:

Este ícone indica um evento, uma decisão, ou uma descoberta que mudou o mundo – seja no momento em que aconteceu ou em um momento posterior.

Os roteiristas, eternamente famintos por tramas, sempre buscam ideias na história. Este ícone alerta sobre versões em filme (ou série de TV) de histórias reais. Os filmes raramente descrevem corretamente os fatos, mas podem fazer com que você pense na história.

Este ícone marca citações memoráveis, que você pode ter ouvido alguma vez mas não sabia de quem eram ou as circunstâncias nas quais foram ditas. Quando você conhece a história por trás das famosas citações, você pode dizê-las quando for tomar um café ou em uma festa.

Este ícone marca os principais conceitos históricos que devem ser lembrados durante a leitura. Ele também aponta que você pode precisar recorrer novamente ao trecho apontado durante a leitura do livro.

Este ícone aponta informações mais técnicas – geralmente quando, onde e/ou como as coisas eram feitas e como foram feitas. Por exemplo, este ícone marca parágrafos que informam qual sociedade inventou o papel e quem criou uma bússola mais precisa.

Para Onde Ir a Partir Daqui

O bom deste livro é que você pode começar pelo Capítulo 1 e lê-lo até o final, mas isso não é necessário. As partes estão organizadas para que você possa ler o que quiser. Conforme procura, note que é possível observar a mesma era de perspectivas diferentes. A Parte III, por exemplo, diz como a filosofia e a religião modelaram a história, e você também encontrará as guerras religiosas que aconteceram após a Reforma Protestante. Porém, se você tiver mais interesse no armamento e nas estratégias da guerra, passe para a Parte IV. E, se você quiser apenas dar uma olhada em fatos históricos importantes, vá para a Parte V. Não tem certeza sobre o que quer ler? A Parte I é um ótimo lugar para ter uma visão geral da história. O sumário e o índice remissivo, juntamente com a seção "Como Este Livro Está Organizado", anterior, devem ajudá-lo a encontrar o que quer.

Parte I

Entrando na História

A 5ª Onda
por Rich Tennant

"Oh, Will – quanta paixão, quanta ternura, quanto desespero e redenção. Nunca vi uma lista de supermercado mais tocante."

Nesta Parte...

Navegar pela história pode ser como observar estrelas. Mesmo que você não conheça um planeta de uma supernova ou o nome de uma constelação, a primeira coisa que nota ao olhar para o céu à noite é a sensação de ser muito pequeno. É um bom ponto de partida para a astronomia, e não é um mau lugar para estudar a história mundial.

É fácil pensar em 100 anos como muito tempo, e em mil anos como muito, muito tempo. O costume moderno é cortar a história e as tendências sociais em pequenos pedaços de décadas – os anos 1980, os anos 1990, e assim por diante. Mas se você der um passo atrás e considerar há quanto tempo os humanos fazem as mesmas coisas que as pessoas fazem hoje – comprar, vender, cozinhar, apaixonar-se, viajar e travar guerras – terá uma perspectiva mais ampla. Isto é, ao mesmo tempo, humilde e enriquecedor.

Se você define o agora como um dia, um ano ou uma década, este é apenas um pequeno pedaço da história e uma parte do todo. Uma das melhores características de ser humano é que você pode confiar mais do que apenas em sua experiência própria. A linguagem, a erudição, a leitura, a escrita e, mais recentemente, os microchips, os DVDs e outros truques tecnológicos ajudam as pessoas a construir com base no que seus ancestrais descobriram há gerações, séculos e milênios. A história é uma grande parte daquilo que define a humanidade; algumas pessoas dizem que é a maior parte. Ela levou ao presente. Levou a você. Você, igualmente, pode se sentir confortável com ela.

Capítulo 1
Traçando uma Linha até o Presente

- -

Neste Capítulo

▶ Analisando como o passado modelou o presente

▶ Pensando na surpreendente jornada da humanidade

▶ Seguindo a tapeçaria complexa dos fios da história

- -

Durante a primeira década do século XXI, muitas histórias de noticiários da TV e jornais americanos faziam uma pergunta: "Como chegamos até aqui?". Durante muitos anos, estas histórias falavam sobre as guerras dos Estados Unidos no exterior, especialmente sobre a guerra no Iraque, que durou muito mais do que os oficiais americanos que iniciaram o conflito previam.

"Que série de acontecimentos levou os Estados Unidos a essa situação?", perguntavam os jornalistas. "Como as decisões tomadas pelos líderes americanos nos levaram por este caminho?", questionavam os sábios. "Por que ninguém previu que isso aconteceria?", gritavam os blogueiros.

Então, em 2008, a economia americana se desestruturou. Instituições financeiras gigantescas ficaram à beira da falência. O Congresso e a Casa Branca jogaram uma corda para essas empresas à custa de centenas de bilhões de dólares de dinheiro público para salvar negócios privados – bancos e empresas de investimento tão grandes que, deixá-las morrer, significaria um desastre absoluto para a nação e para o mundo, dizia-se aos pagadores de impostos.

"Qual foi a série de acontecimentos?", perguntavam os jornalistas. "Como as decisões dos líderes nos levaram por este caminho?", bufavam os sábios. "Como pudemos ser tão burros!", trovejavam os blogueiros.

Este livro não fala sobre uma guerra no Iraque no século XXI com mais profundidade do que discute guerras na Grécia no século I a.C.. Ele também não fala de economia moderna (este é um assunto sobre o qual conheço muito pouco). Este livro trata das questões mais amplas, de "Como as coisas ficaram assim?" e "Por que o mundo está onde está?".

Não posso responder a todas as perguntas com detalhes, pois se passaram muitos anos de atividade humana neste planeta, muitas vidas foram vividas, ocorreram muitas migrações, guerras, assassinatos, casamentos, coroações, invenções, revoluções, recessões, desastres naturais e dissoluções financeiras. Muitos historiadores interpretaram os acontecimentos de diversas formas contraditórias. Porém, o que espero que você encontre neste livro é uma visão geral de como a história humana trouxe você e o mundo em que você vive até a realidade atual. Ao presente.

Ligando a Máquina Voltempo

Se você tem idade suficiente para lembrar, ou se é fanático por desenhos animados, já deve ter ouvido falar da máquina Voltempo. Ela era um dispositivo fictício de viagem, na época construído e operado por um cachorro gênio chamado Mr. Peabody. Em cada episódio de um programa animado dos anos 1960, chamado *As Aventuras de Alceu e Dentinho* (que mais tarde ganhou outros títulos, como o show de *Bullwinkle*), o cachorro professoral e seu menino de estimação, Sherman, se transportavam para um cenário histórico – digamos a Roma Antiga, a América revolucionária, ou a Inglaterra medieval – onde interagiam com pessoas históricas famosas e, geralmente, solucionavam um dilema ridiculamente absurdo que atormentava Julio Cesar, George Washington ou o Rei Arthur. Desta forma, Mr. Peabody e Sherman permitiam que os acontecimentos que todos conhecemos como história tomassem o rumo correto.

Cheios de jogos de palavras surpreendentes e humor inexpressivo (se é que um desenho pode ser inexpressivo), estes episódios eram uma variante desajeitada de uma premissa de ficção científica clássica. Contadores de história criativos geralmente usavam a viagem no tempo como tema. O novelista americano Mark Twain fez isso em 1889 com *Um Ianque na Corte do Rei Artur*. Na Inglaterra, H. G. Wells seguiu a tendência em 1895 com *A Máquina do Tempo*. Exemplos mais recentes incluem os filmes do *Exterminador do Futuro*, a série da TV britânica *Doctor Who*, e diversos episódios da série e do filme *Jornada nas Estrelas*.

Geralmente, essas histórias envolvem alguém ou algo que volta no tempo para alterar alguma coisa no presente ou para evitar que o presente seja alterado de maneira desastrosa. Uma pequena interferência no "*continuum* do tempo", como isso geralmente é chamado, pode levar a uma cadeia de acontecimentos monumentalmente alterados.

É claro que ninguém pode fazer isso. Não agora. Talvez nunca. É um mundo de possibilidades – ou impossibilidades – que a ciência moderna mal começou a tratar, exceto em termos teóricos.

Você pode, no entanto, compreender muito mais sobre o presente se viajar no tempo em sua mente – isto é, pensando na maneira como os acontecimentos de ontem formaram o hoje. Considere como o que aconteceu há uma década modelou este ano, e como uma única mudança em algum ponto do passado poderia ter criado um presente diferente. Os historiadores zombam do jogo do "e se", mas não existe maneira melhor de mergulhar de cabeça na história.

E se John McCain tivesse ganhado as eleições presidenciais em 2008, em vez de Barack Obama? As coisas seriam diferentes? E se Al Gore tivesse vencido George W. Bush em 2000? O resultado daquela eleição foi muito apertado e a decisão foi tão contestada que facilmente poderíamos ter outro vencedor.

E se os terroristas que jogaram os aviões contra o World Trade Center e o Pentágono em setembro de 2001 tivessem sido detidos antes de embarcarem nos aviões? Pense nas vidas que seriam salvas, no sofrimento que seria evitado. Imagine os anos seguintes. O que seria diferente? As tropas americanas não teriam sido enviadas para o Afeganistão, em primeiro lugar. Você teria ouvido falar em Osama Bin Laden? Teria havido outra guerra americana no Oriente Médio, a guerra no Iraque? Você estaria exatamente onde está, fazendo a mesma coisa que faz agora? Para muitas pessoas no mundo inteiro, a resposta para todas essas perguntas é "não".

Das Trilhas às Autoestradas: A Humanidade Construída sobre Primórdios Humildes

Os primeiros seres humanos eram caçadores. Deve haver alguma chance de que você ainda viva desta forma – gastando todo seu tempo e toda sua energia tentando obter comida a partir da natureza ao seu redor. Mas eu duvido muito. Em vez disso, você é estudante, funcionário de um escritório, construtor de casas, instalador de TV a cabo, ou desempenha uma dentre as milhares de tarefas imaginadas pela humanidade. Você utiliza ferramentas como telefones celulares e computadores portáteis – coisas com as quais as pessoas nem sonhavam quando eu nasci, em meados do século XX, que dirá no início da civilização. Mesmo assim, aqui estou eu, digitando em um teclado de computador, verificando meus investimentos online e ouvindo meu iPod, como qualquer ser humano moderno. E, de certa forma, aqui também estão as pessoas de 30 mil anos atrás, os meus ancestrais e os seus.

Eles devem ter se preocupado bastante com raízes comestíveis, frutas silvestres, sementes, provavelmente insetos e lagartas, mariscos da estação, carne quando havia disponível e tutano rico em calorias das caças frescas ou encontradas. Eles literalmente precisavam se sacrificar para obter o que necessitam para sobreviver. Nas áreas de clima quente, onde os primeiros membros da espécie viviam, a sobrevivência pode não ter sido terrivelmente difícil. Eles possuíam o mesmo equipamento mental de que dispomos hoje.

Tinham o cérebro grande, animais que usavam ferramentas e, após dezenas de milhares de anos vivendo do que encontravam para matar, alguns deles decidiram que devia haver outro jeito.

Impelidos pelas circunstâncias (mudança do clima, por exemplo) ou, de alguma forma, inspirados pelo pensamento de novas possibilidades, eles partiram das florestas, savanas e dos litorais da África para enfrentar os desafios de praticamente todos os ambientes da Terra – montanhas, desertos, estepes congeladas e ilhas remotas. Chegou um momento em que eles trocaram as pontas de pedra de suas lanças por ferramentas e armas feitas de cobre, depois de bronze, depois de ferro... e, por último, objetos como microcircuitos e sondas da NASA em Marte. Essas pessoas viajaram, se adaptaram e inovaram até chegar ao presente. Essas pessoas somos você e eu. De um jeito estranho, o depois é o agora.

 Em algum ponto há aproximadamente 10 mil anos, não muito tempo depois do término da última Era do Gelo, algumas pessoas, cuja tecnologia ainda era amplamente composta por paus e pedras, se assentaram. Elas descobriram que, se colocassem sementes no chão, as plantas cresceriam. Era muito melhor do que sair por aí procurando as plantas. Esta percepção deu início à agricultura.

Os historiadores apontam para uma área que chamam de *Crescente Fértil* como o berço da agricultura. Com o formato parecido com o de um *croissant* mordido, o Crescente Fértil se estendia do que atualmente é o oeste do Irã, passando pelo oeste da Turquia, e também ao sul, ao longo da costa mediterrânea e do Rio Jordão, pelos territórios da Síria, Líbano, Jordânia, Israel e Palestina, chegando ao norte da África e ao Vale do Nilo, no Egito. Em minha analogia do *croissant* mordido, o leste do mediterrâneo é a parte faltante.

O crescente também é o local onde os arqueólogos encontraram algumas das cidades mais antigas do mundo. O mantra dos primórdios da civilização é mais ou menos assim: a agricultura significa uma fonte de comida confiável. Muita comida também traz a comodidade das trocas à população. As trocas levaram a mais trocas, o que levou a mais mercadorias e riqueza. Nem todos precisam trabalhar nos campos. Algumas pessoas se especializam no envio de mercadorias, por exemplo. Outros podem se especializar na construção – sejam eles trabalhadores pagos ou escravos – ou talvez se concentrem no uso de armas, seja para proteger sua própria riqueza, seja para roubar a riqueza alheia. Os artesãos criam as joias e transformam objetos mundanos (armas, potes e cestas) em afirmações estéticas. A sociedade recebe mais camadas. Os prédios crescem. As cidades surgem. As trocas precisam manter um registro de quantidades e valores, o que exige um meio para registrar as informações. Diversos sistemas são inventados. Surge a escrita. Livros são escritos. Ideias surgem. Há mais trocas, surgem as influências interculturais, e assim por diante.

Em seguida, uma mulher que fala inglês em Los Angeles, cujos ancestrais falavam espanhol, celta e japonês, está sentada em seu carro sul-coreano, presa no trânsito da autoestrada, um estilo de estrada de acesso limitado inventado na Alemanha. Ela bebe um café colhido em El Salvador, preparado no estilo italiano em uma máquina fabricada na China com especificações da Suíça.

No rádio por satélite do carro, uma voz que vem de Toronto está apresentando as notícias de repórteres na Índia, Afeganistão e Ucrânia. Ela estica o braço e troca para uma estação que toca um estilo de música inventado na Jamaica, por pessoas que falam inglês, mas são descendentes de africanos.

Guerra! É Boa para Quê? Para Servir de Material para os Livros de História

Uma visão da história que só vê progresso, isto é: este avanço leva àquele avanço magnífico, que leva a outra incrível descoberta, e assim por diante; não leva em conta o fato de as pessoas serem imperfeitas, até mesmo, terríveis. Algumas pessoas são cruéis, algumas são destrutivas, algumas só fingem ser burras. Não você, é claro. Você é capaz de ter boas ações, eu sei disso. Até eu, em um dia bom, posso contribuir com algo positivo para a história. E todos nós conhecemos, ou pelo menos sabemos de alguém cuja habilidade de fazer deste um mundo melhor está acima dos padrões. Mas a raça humana também produz pessoas más. Às vezes, realmente más.

Grande parte deste livro falará de guerras. Gostaria de que não fosse assim, mas, por motivos que antropólogos, psicólogos, historiadores, políticos e muitos outros nunca conseguiram esclarecer, sempre parece haver alguém querendo e até desejando fortemente cutucar, atirar, explodir e até mesmo destruir outra pessoa. E a história, com frequência, é um relato de como um grupo de pessoas, sob a bandeira da Pérsia, da França, do Japão, ou de onde quer que seja, decide acabar com outro grupo de pessoas. Muitas dessas tentativas foram bem sucedidas, se é que o sucesso pode ser definido pelo assassinato de outras pessoas, pelo roubo de suas terras, recursos, riquezas, esposas, crianças, e assim por diante.

 Uma das minhas citações preferidas sobre a guerra é de autoria da historiadora Barbara Tuchman: "A guerra é a consequência dos planos mal feitos". Esta citação destaca o fato de que muitas decisões feitas durante a guerra se revelam erradas, e muitas estratégias bem sucedidas no tempo da guerra acabam se revelando apenas uma maré de sorte.

Os historiadores citam o século XX como, talvez, o pior de todos em termos de guerra e suas consequências – não porque as pessoas necessariamente estivessem mais propensas à guerra, mas porque as armas se tornaram muito mais mortíferas e o transporte (inclusive o de armas e tropas) ficou muito mais rápido. Na Primeira Guerra Mundial (1914-1918) e, depois, na Segunda Guerra Mundial (1939-1945), as máquinas de destruição conseguiram ir mais longe e causaram muito mais danos do que jamais se havia visto.

Felizmente, desde a Segunda Guerra Mundial, as guerras são limitadas, isto é, ficam restritas a uma determinada região e não se espalham demais; ou são travadas com um acordo de que nenhum dos lados possa estender o armamento e as táticas além de um limite determinado. A Guerra do Vietnã, um conflito entre o norte do Vietnã comunista e o governo anticomunista do sul do Vietnã, encaixa-se nas duas categorias.

Os dois lados tinham aliados com trincheiras e armamento. A União Soviética e a China forneciam suprimentos e armas aos vietnamitas do norte, enquanto os Estados Unidos enviaram conselheiros militares e, em seguida, começando em 1965, passaram a enviar tropas para lutar ao lado do sul do Vietnã. Assim, o conflito foi, de certa forma, contido. Sim, ele chegou aos vizinhos Camboja e Tailândia, mas não foi muito além disso. Os americanos, embora profundamente receosos e armados contra os chineses e os soviéticos, evitaram iniciar uma guerra. Algumas pessoas dizem que isso foi um erro, que as táticas limitadas empregadas pelos líderes americanos foram a causa da falha do esforço do sul do Vietnã. Outros dizem que evitar uma guerra maior valeu qualquer desvantagem, valeu até mesmo a humilhação.

Se uma guerra mundial acontecesse no século XXI, a humanidade teria poder de destruição suficiente para matar todas as pessoas do planeta. Portanto, lembre-se de que há progresso nos negócios, na inovação pacífica, no intercâmbio cultural – e também há progresso nas armas termonucleares.

Os avanços da humanidade também foram interrompidos e evitados por desastres naturais, como erupções vulcânicas, tempestades, enchentes, secas e doenças. Por exemplo: a Peste Negra do século XIV, uma epidemia de uma praga que varreu a Europa e mudou a história por reduzir drasticamente a população do continente. Menos pessoas significavam trabalho mais valorizado e havia mais riqueza. Mais riqueza significava demanda por mercadorias, o que gerou uma busca por melhores rotas de comércio, o que levou os europeus a lugares como Índia, China e às Américas. Os resultados foram ótimos para os europeus, mas não tão bons para os indianos, chineses e nativos americanos.

Apreciando o Tecer da História

Uma analogia padrão feita pelos livros de história é a de que os acontecimentos humanos ao longo dos séculos são uma "rica tapeçaria". Quem quer que tenha tido a ideia da tapeçaria merece todos os créditos, pois não é má ideia. Como muitos leitores e estudantes não são bastante familiarizados com tapeçaria, que são tecidos decorativos, geralmente ficam pendurados nas paredes ou drapeados sobre um criado mudo para mostrar o artesanato. Feitas a partir de fios entrelaçados, de forma que as cores criem formas e cenas conhecidas, uma tapeçaria pode ser "rica" com frequência, pois, em grande parte da história, era preciso ser rico para ter uma.

A tapeçaria clássica é feita à mão e requer muito tempo e muita habilidade. Isso faz com que ela seja cara. Ela é complexa. Cada fio contribui com uma pequena porcentagem da imagem acabada.

A história também é assim, mas os fios entrelaçam-se de maneira um pouco mais aleatória e a figura geralmente é difícil de ser identificada. Porém, na história, você pode seguir um fio e ver onde ele cruza com outros fios, para ter uma ideia de como a figura se transformou naquilo que você reconhece como o presente histórico.

Tecendo ao contrário

A história geralmente é contada em ordem cronológica, o que faz sentido. Grande parte deste livro está em ordem cronológica, mas não todo ele. Isso porque achei que seria uma boa ideia separar algumas das grandes influências sobre o comportamento das pessoas – elementos como filosofia e religião, estilos de táticas de guerra, e até personalidades individuais. Ao atribuir uma parte do livro a cada uma delas (Partes III, IV e V), você poderá observar os mesmos acontecimentos e as mesmas eras a partir de diferentes pontos de vista.

No entanto, mesmo quando conto os fatos na ordem em que aconteceram, às vezes me refiro a desenvolvimentos futuros que resultaram de acontecimentos de muito tempo atrás, ou uso exemplos modernos de como as coisas funcionam mais ou menos como era no passado, seja quando for.

Ao estudar história, também é útil começar no presente e voltar, fazendo as perguntas que os jornalistas, sábios e blogueiros fizeram no início deste capítulo – perguntas sobre como as coisas ficaram como são atualmente.

Pegue a guerra no Iraque, por exemplo. Refiro-me à guerra que começou em 2003, quando os aviões americanos bombardearam um *bunker,* onde se acreditava que o presidente iraquiano Saddam Hussein estava reunido com sua equipe (eles não conseguiram pegar o Saddam, mas da ação se seguiu uma invasão que levou à sua captura e execução). Seguir cada fio desta guerra ao longo do tempo seria ambicioso demais para este livro (e para este autor), mas podemos seguir alguns fios. Prepare a WABAC, Sherman.

O presidente americano George W. Bush e seus conselheiros citaram diversos motivos para invadir o Iraque, entre eles, a necessidade de libertar os iraquianos do cruel ditador Saddam Hussein. Hussein tomou o poder em 1979, quando seu primo e predecessor Ahmed Hassan al-Bakr renunciou, ou – como muitos acreditam – foi forçado por Saddam a renunciar. Al-Bakr expulsara dois ditadores militares iraquianos e ajudou a acabar com a monarquia em 1958.

A monarquia vinha dos anos 1920, quando a Grã-Bretanha, que governava o Iraque como uma colônia, instalou o Rei Faisal I sem lhe conferir qualquer poder. O rei, um descendente da família do Profeta Mohammed, não era do Iraque, mas sim de uma Província de Meca que, atualmente, é a Arábia Saudita. O Rei Faisal ajudou a garantir a independência do Iraque antes de falecer.

A Liga das Nações, antecessora das Nações Unidas, reuniu o que era o Iraque nos anos 1920. O órgão colocou a Inglaterra como responsável por Bagdá e Basra, duas partes adjacentes do antigo Império Otomano (que ruiu na Segunda Guerra Mundial), em seguida, alguns anos mais tarde, acrescentou Mosul, ao norte.

Os otomanos, com base em Istambul (atualmente na Turquia), haviam conquistado Bagdá pela primeira vez em 1535. Anteriormente, o local fazia parte do Império Mongol e era o centro do mundo Islâmico depois que os árabes conquistaram a região no século VII. Antes disso, Bagdá havia sido a província do Império Persa por 900 anos. E, antes disso, um povo chamado partianos estava no comando e, antes disso, Alexandre, o Grande, conquistara Bagdá.

Na verdade, quando Alexandre faleceu em 323 a.C., ele estava na Babilônia, uma das cidades mais famosas do mundo antigo e uma das primeiras cidades a surgir no Crescente Fértil após o domínio da agricultura. A Babilônia era a capital de um reino estabelecido por um povo chamado Amoritas, no século XIX a.C.. Os arqueólogos acreditam que a cidade, cujas ruínas ficam a aproximadamente 80 quilômetros ao sul da atual Bagdá, era um vilarejo muito mais antigo, que passou a ser uma cidade em aproximadamente 2400 a.C., há mais de 4.400 anos.

Cruzando os fios

Certo, a seção anterior apresenta um traçado altamente superficial de um fio que chamo de "o que o Iraque era e quem o governava?". Ela é tão superficial que eu pulei algumas partes nas quais alguns conquistadores lutaram pelo território e o governo mudou de lado diversas vezes. Por exemplo, um famoso conquistador turco-mongol chamado Tamerlane assumiu por um tempo durante o século XIV. O fio dele leva-nos ao seu ancestral, Genghis Khan, um grande guerreiro e governante mongol. E o fio dele leva-nos ao neto de Genghis Khan, Kublai Khan, imperador da China no século XIII.

Porém, seguindo esse fio de volta ao Iraque do século XXI, cruzei com muitos outros fios. Em um cruzamento estava a Primeira Guerra Mundial, que começou por causa de uma rebelião nacionalista sérvia contra o governo austríaco na Bósnia. Esta guerra redesenhou o mapa da Europa e acabou não apenas com o Império Otomano, mas também com os impérios russo, alemão e austro-húngaro.

A queda do Império Russo levou ao estabelecimento da União Soviética – uma superpotência militar e arquirrival dos Estados Unidos durante grande parte do final do século XX. Depois, vem o fato de a Primeira Guerra Mundial ter acabado com o Tratado de Versailles, em 1919, cujos termos rígidos impostos sobre a Alemanha levaram, em parte, à ascensão de Adolf Hitler e à Segunda Guerra Mundial. A guerra também levou à criação da Liga das Nações, que uniu o grupo de territórios atualmente conhecidos como o Iraque.

Voltando para casa

O Império Alemão (que também ruiu na Primeira Guerra Mundial) foi sucessor do Sagrado Império Romano, uma união dos territórios da Europa Central, que data de Otto, o Grande, em 962 AD. Ele foi considerado um sucessor do

Império Franco, estabelecido em 800 AD, quando o Papa Leão III coroou Carlos Magno como Imperador do Oeste, essencialmente nomeando-o sucessor dos imperadores romanos, voltando a Augusto, cujo governo começara em 27 a.C..

Siga o fio papal de Leão e você chegará ao Papa Urbano II que, em 1095, pediu que os cristãos europeus se unissem em uma guerra contra os turcos, principalmente contra a Dinastia Seljuk dos turcos, que controlava a cidade de Jerusalém e as terras ao redor dela, considerada a Terra Sagrada dos Cristãos.

A guerra de Urbano transformou-se na Primeira Cruzada, que foi seguida por, pelo menos, mais sete cruzadas durante muitos séculos, nos quais os cristãos europeus viajaram para o leste com o objetivo de matar os muçulmanos da Ásia ocidental. Não é de surpreender que tais incursões contribuíram para criar a inimizade de muitos muçulmanos com relação ao ocidente e aos cristãos.

Algumas pessoas podem encontrar uma ligação entre as Cruzadas e os atuais sentimentos antiamericanos, como acontece com o grupo terrorista Al Qaeda. No entanto, esse fio também cruza com a parte da história em que as Nações Unidas dividiram o que era a Palestina britânica (outro território pós-Primeira Guerra) em áreas de judeus e árabes, para abrir caminho para uma moderna nação de Israel.

A Al Qaeda atacou os Estados Unidos em 11 de setembro de 2001. A resposta americana à agressão da Al Qaeda foi a Guerra contra o Terror(ismo), que incluiu a invasão do Iraque, cujo líder, se acreditava, ajudava os grupos terroristas. E estamos de volta onde começamos.

Criando Conexões

Se você não gostou da analogia da tapeçaria na seção anterior, que tal o jogo chamado Seis Graus de Kevin Bacon? Nele, você tenta ligar qualquer ator ou filme ao veterano das telas Kevin Bacon, associando alguém que apareceu em um determinado filme, que trabalhou com determinada pessoa, que foi casado com certa pessoa, que dirigiu uma série de TV, que tinha uma atriz que fez uma pequena participação em um filme no qual Kevin Bacon também atuou. Você entendeu.

O jogo exige que você faça uma ligação com seis pessoas ou menos. Então, vamos ver se consigo fazer isso com Alexandre, o Grande, mencionado anteriormente neste capítulo por ter morrido na Babilônia, e a Guerra do Iraque, que começou em 2003.

1. As conquistas de Alexandre espalharam a influência grega pelo Mar Mediterrâneo.

2. Os romanos adotaram aspectos da religião e da filosofia grega.

3. O Império Romano passou a ser Cristão.

4. A Igreja Católica Romana preservou antigas escrituras contendo ideias clássicas (gregas e romanas) durante a Idade Média.

5. Estudiosos cristãos redescobriram a filosofia grega, dando início à Renascença.

Opa, ainda não cheguei lá.

Portanto, as conexões históricas não são tão fáceis quanto as conexões com Kevin Bacon, mas eu quase consegui. Veja: a Renascença levou ao Iluminismo, quando ideias, como um governante escolhido pelo povo, foram adotadas. Isso levou à Revolução Americana e às democracias modernas – o estilo de governo que George W. Bush disse que estabeleceria no Oriente Médio depois de se livrar de Saddam Hussein, invadindo o Iraque. Pouco mais de seis passos, mas nada mau.

Se você preencher passos suficientes e fizer conexões suficientes, começará a ver a relação de praticamente todas as pessoas no planeta. Talvez um bando de caçadores do que mais tarde seria o Iêmen ou a Tailândia possa ter vivido por mil, ou até dez mil anos, sem que o resto do mundo soubesse. E nenhum outro bando de caçadores de outra parte teria a menor ideia de que esses habitantes pré-históricos do Iêmen ou da Tailândia existiam.

Mas, se isso realmente aconteceu, foi há muito, muito tempo. Escolha qualquer parte da humanidade e pegue um fio solto, que chegará além de qualquer cidade ou vilarejo que você pensar. E cada um destes fios não se cruza apenas a outros fios ao redor do mundo. Eles também se cruzam com o que aconteceu no passado. Tudo o que já aconteceu, alguém disse uma vez, ainda está acontecendo. A história é agora.

O último homem

Há quanto tempo foi a Primeira Guerra Mundial? Posso dizer que ela começou em 1914 e terminou em 1918, mas nem todo mundo consegue visualizar quando ela aconteceu. E se eu lhe dissesse que dentre os milhões de americanos mobilizados nesta guerra, apenas um homem ainda está vivo enquanto escrevo? Frank Buckles, 108 anos, Virgínia Ocidental.

Buckles, que veio do Missouri, conseguiu alistar-se no exército americano em 1917, quando tinha 16 anos. Muitos dizem que ele mentiu a idade. Ele nega, e talvez quem o recrutou não tenha perguntado. Mas isso não importa. Buckles serviu como motorista de ambulância e correio de motocicleta na França e escoltou prisioneiros de guerra de volta à Alemanha após a guerra. Entre seus atos, ele conheceu Adolf Hitler nos anos 1930, antes da Segunda Guerra Mundial.

Dada à sua idade, só posso esperar que Frank Buckles ainda esteja vivo quando você ler este livro. Talvez você possa pensar nele e no fato de ele ter servido ao exército ainda adolescente se lembrar de que a Primeira Guerra Mundial aconteceu há uma vida, há uma vida muito longa.

Percorrendo os Séculos

Antes de 12000 a.C.: Pleistoceno, também conhecida atualmente como a última grande Era do Gelo, termina quando as camadas de gelo retornam ao norte.

Talvez 10000 a.C.: Sociedades agrícolas desenvolvem-se em uma região chamada Crescente Fértil, no Oriente Médio.

Por volta de 2400 a.C.: O vilarejo da Babilônia, entre os rios Tigre e Eufrates, transforma-se em uma cidade.

Por volta de 323 a.C.: Alexandre, o Grande, morre em consequência de uma febre na antiga cidade da Babilônia.

27 a.C.: Augusto torna-se o primeiro imperador romano.

962 AD: Otto, o Grande, é coroado Sagrado Imperador Romano em Aix-la-Chapelle, Alemanha.

1535: Os turcos-otomanos conquistam Bagdá.

1919: O Tratado de Versailles determina os termos de paz para encerrar oficialmente a Primeira Guerra Mundial.

1932: O Reino do Iraque conquista sua independência do governo britânico.

1947: As Nações Unidas dividem o que era a Palestina Britânica em regiões de árabes e judeus.

1965: Os Estados Unidos aumentam seu envolvimento na Guerra do Vietnã enviando tropas para lutarem ao lado do governo do sul do Vietnã.

2001: Dezenove terroristas suicidas sequestram quatro aviões comerciais e colidem com dois deles contra o World Trade Center, e um terceiro é lançado contra o Pentágono. O quarto avião cai na Pensilvânia.

2003: Os Estados Unidos e a Grã-Bretanha, juntamente com pequenos contingentes de tropas de outros países aliados, invadem o Iraque.

2009: Barack Obama assume como o 44º presidente dos Estados Unidos.

Capítulo 2
Entendendo a Realidade

Se você pensa na história como uma lista de fatos, datas, batalhas e civilizações importantes, poderá descobrir muita coisa, porém, nunca experimentará a vibração do passado. Se, por outro lado, você consegue se identificar com as pessoas mortas há muito tempo e imagina como deve ter sido viver a vida delas, você pode estar entre aqueles cujo passado se transforma em uma paixão,e talvez até em um vício.

Algumas pessoas não têm qualquer problema em fazer essa ligação. Elas leem a história e sua imaginação começa a funcionar. Outras pessoas precisam de ajuda. As provas concretas geralmente funcionam, aquele tipo de prova que se pode analisar em locais históricos ou museus. Ver o que as pessoas do passado deixaram para trás, o que elas fizeram e construíram, e até mesmo seus corpos estranhamente preservados pode ajudar a preencher o espaço entre o passado e o agora. Esses elementos são lembretes de que pessoas de verdade passaram pela Terra há muito tempo, carregando consigo sonhos e temores não muito diferentes dos seus. Neste capítulo, falarei sobre duas lendárias cidades "perdidas" e discutirei as provas de suas reais existências. Também falarei sobre os vários tipos de múmias e discutirei como elas podem dar vida à história.

Estudando Homero

A Ilíada e *A Odisseia*, poemas épicos de autoria do antigo poeta grego Homero, contam histórias fantásticas sobre uma guerra entre gregos e troianos e a jornada de volta para casa após a guerra. Eles são tão fantásticos, cheios de deuses vingativos e perigos sobrenaturais, que é difícil para as pessoas do mundo moderno acreditarem que qualquer parte deles seja verdadeira.

No entanto, a história está nesses poemas, uma história que ficou mais curiosa no final do século XIX, quando um excêntrico empresário alemão escavou a cidade de Troia VIII, revelando que ela realmente existira, que era uma das muitas antigas construídas exatamente no local descrito por Homero. Cada uma surgiu e ruiu, e mais outra surgiu sobre a que ruíra, que era esquecida.

A história de Troia

Os gregos atacaram Troia há mais de 3200 anos, no século XIII a.C.. As histórias sobre a guerra já eram antigas na época do filósofo Aristóteles e de Alexandre, o Grande, no século IV a.C.. Ninguém sabe ao certo quem foi Homero ou em que época ele viveu (embora provavelmente tenha sido no século IX a.C., há mais de 2800 anos). Com o passar dos séculos e milênios, a verdadeira Guerra de Troia ficou tão antiga que sobraram apenas as lendas.

Isso aconteceu até que o alemão Heinrich Schliemann, um rico arqueólogo amador, decidiu encontrar Troia. Munido apenas de sua crença em Homero, ele escavou não apenas uma, mas nove Troias, construídas uma em cima da outra. Então, ele foi para a Grécia e descobriu a poderosa civilização de Micenas, que também aparece na saga de Homero.

Certo de que o relato da Guerra de Troia na *Ilíada* era verdadeiro, Schliemann fixou-se em uma colina antiga, em um local chamado Hissarlik, próximo o suficiente do Mar Egeu para que os gregos invasores pudessem ir e vir entre o mar e seu acampamento na praia, assim como é contado na história de Homero.

Schliemann contratou funcionários e começou a escavar a colina. Ironicamente, ele não diminuiu seu interesse quando passou pelo que outros arqueólogos identificaram como a provável Troia da Guerra de Troia (por volta de 1250 a.C.), apenas três níveis abaixo. Os funcionários de Schliemann chegaram a uma camada ainda mais antiga da cidade, datada de 2000 a.C., talvez 700 anos mais antiga do que a Troia das histórias de Homero. Em 1874, Schliemann encontrou valiosos artefatos em ouro atribuídos, erroneamente, a Príamo, o rei de Troia na *Ilíada*.

Não satisfeito com seus achados troianos, Schliemann voltou à Grécia para procurar o palácio do rei Agamenon, líder dos gregos na *Ilíada*. Inacreditavelmente, ele não apenas encontrou evidências de uma civilização lendária, como também encontrou outro tesouro, desta vez, datado de 1550 a.C..

Achados arqueológicos inspiradores

Schliemann abriu caminho para outros cientistas, como Arthur Evans (1851-1941), um inglês que descobriu as ruínas da grande civilização Minoana (os Minoanos eram um povo vigoroso e poderoso, que floresceu em Creta e outras ilhas do Mar Egeu entre 3000 e 1450 a.C.). Estes achados lembraram aos arqueólogos profissionais que as histórias antigas, até mesmo aquelas que soam fantásticas, geralmente traziam dicas importantes e que os contos das cidades perdidas não eram, necessariamente, uma fantasia.

O Surgimento de Atlântida

Os arqueólogos já encontraram muitas cidades perdidas. Isto significa que toda civilização perdida foi real? Significa, por exemplo, que os cientistas ou exploradores algum dia encontrarão a nação submersa de Atlântida? Opa. Eu disse Atlântida? Não há espaço neste livro para entrar nem em uma pequena fração das teorias sobre onde ficava e o que foi Atlântida – se é que ela existiu –, mas esta seção traz uma ideia do que se trata.

A história do continente perdido de Atlântida descreve uma terra de paz e fartura destruída por um cataclisma repentino. A história data dos escritos do filósofo grego Platão (por volta de 428 - 347 a.C.), que usou Atlântida para explicar a relação entre a ordem social e o bom governo. Mas a descrição de Platão abre espaço para interpretações e as pessoas vêm interpretando há mais de 2000 anos.

Se Atlântida não ficava no Oceano Atlântico, logo após Gibraltar, saindo do Mediterrâneo (e a geologia parece apontar que ela não poderia ficar lá), então, onde ela ficava? Historiadores, arqueólogos, místicos e profetas autodeclarados discutem ferozmente sobre o local. Suposições contrárias colocam o continente perdido em toda parte, desde a Inglaterra até o Triângulo das Bermudas e a Bolívia, do Colorado até o Mar da China. Uma das teorias afirma que Atlântida ficava em outro planeta. E há histórias em quadrinhos que ilustram Atlântida dentro de uma enorme bolha de plástico no fundo do oceano. Praticamente todas as teorias devem levar em consideração o fato de Platão ter pego a história de Atlântida indiretamente de um estadista ateniense, Sólon, que, supostamente, a pegou com sábios em uma visita ao Egito, em aproximadamente 590 a.C.. Como Platão escreveu sua versão quase dois séculos depois, por volta de 360 a.C., os detalhes podem ter mudado ao longo do percurso, ou pelo menos é o que creem muitos buscadores de Atlântida.

Uma das teorias menos absurdas é a de que a história da Atlântida é uma interpretação do desastre vulcânico que destruiu Santorini, uma ilha do Mediterrâneo. Arqueólogos e geólogos modernos estudaram o modo como o cataclisma de Santorini provocou um monstruoso tsunami, seguido pelo escurecimento do céu por causa das cinzas, e que devastou a civilização Minoana nas proximidades de Creta.

Santorini (também conhecida como Thera) fica a aproximadamente 72 quilômetros ao norte de Creta, que era o centro da cultura Minoana. As ruínas minoanas são cheias do que restou de Santorini, mas isso é apenas uma pequena parte do que foi a ilha até aproximadamente 1500 a.C., quando o vulcão de 1500 metros que existia no centro da ilha explodiu e afundou no mar. Desde então, a ilha é um crescente ao redor de uma lagoa que fica dentro da cratera do vulcão. As erupções vulcânicas continuaram por 30 anos, chegando a um clímax devastador: uma enorme onda. Ela derrubou as casas das ilhas de toda a região.

O tsunami dizimou a população e a chuva de cinzas vulcânicas que se seguiu acabou com a civilização Minoana. Ninguém sabe ao certo se o sumiço de Santorini tem algo a ver com o início da lenda de uma civilização perdida, mas as notícias de um evento catastrófico como este se espalharam pelo mediterrâneo e, com o tempo, se transformaram em lenda.

A Linguagem Corporal dos Mortos

Algumas pessoas que viveram há centenas e milhares de anos deixaram mais do que apenas sua imagem em esculturas e pinturas em pedra. Os corpos preservados são a evidência em carne e osso de uma realidade muito antiga. O simples fato de que um corpo humano de milhares de anos ainda está mais ou menos intacto e ainda pode ser reconhecido pode ajudar a abrir sua mente para a ligação entre o passado e o presente. Existe alguma coisa nas múmias que faz com que sua imaginação preencha todos os espaços entre as gerações, desde o tempo em que aquele corpo enrugado era liso, vivo e dançante.

Nos livros de história que abrangem grandes períodos de tempo, é preciso ajustar sua perspectiva para que um século seja uma unidade histórica relativamente curta. Neste livro, você pode passar por mil anos aqui e por mais mil anos logo ali. É fácil pensar no Império Bizantino como uma civilização, uma única estação no trem da história. No entanto, este império cresceu e desapareceu, trocou de governo e reestruturou a política ao longo de um período de séculos cinco vezes mais longo do que o tempo dos Estados Unidos como nação.

Quando você tiver ido longe o suficiente para compreender isso, poderá perder de vista a vida das pessoas. Elas passaram tão rápido. Acho que contemplar múmias é uma ótima ferramenta para se ter ideia do tempo de uma única vida, um único indivíduo, há tanto tempo. Estranhamente, você poderá se identificar facilmente com uma múmia, se não achar isso macabro demais.

As múmias surgiram no mundo todo. Algumas eram preservadas de modo natural, por algo que existia no ambiente em que o corpo descansava. Outras, como aquelas que ficam nos celebrados túmulos do antigo Egito, eram artesanalmente preparadas para sua viagem para a morte.

Congelados nos Alpes

No verão de 1991, turistas alemães que escalavam os Alpes de Ötzal, na fronteira entre a Áustria e a Itália, avistaram um corpo humano alojado no gelo em grande altitude. Alguns dias depois, uma equipe de resgate libertou o corpo de um homem barbado, vestido com couro. Talvez ele fosse um daqueles hippies naturistas dos anos 1960, cujo passeio foi tragicamente desviado? Não. Outros detalhes curiosos fizeram com que isso fosse improvável: a faca de pedra, as flechas com pontas de pedra e o machado com lâmina de cobre do homem.

Pesquisadores da Universidade de Innsbruck, na Áustria, primeiro avaliaram que a idade do corpo era de 4000 anos. Outras análises determinaram que a morte ocorrera 1300 anos antes, significando que "Ötzi", como os cientistas o chamaram, passara pelas montanhas por volta de 3300 a.C. quando morreu e foi coberto pela neve.

Ötzi, que vive no Museo Archologico dell'Alto Adige, em Bolzano, Itália, é uma múmia natural cujo corpo foi preservado pela natureza. Os cientistas podem descobrir muitas características de como as pessoas viveram e morreram através das múmias, principalmente as que são preservadas inteiras. Ötzi tinha entre 40 e 50 anos quando morreu e sofria de diversas doenças crônicas; sua bolsa de remédios continha remédios de ervas para suas doenças. Os pesquisadores testaram até o estômago da múmia e ficaram sabendo que ele havia comido carne de chamois (uma espécie de cabra das montanhas da Europa) e veado, além de grãos (possivelmente na forma de pão) e alguma fruta parecida com a ameixa, chamada abrunho, no dia em que morreu.

O corpo mumificado de Ötzi e os objetos encontrados com ele fizeram com que os estudiosos repensassem algumas suposições sobre as raízes da civilização europeia. Seu machado em cobre mostrou que a transição da tecnologia da pedra para o metal aconteceu antes do que os arqueólogos acreditavam. O restante de seu material, um arco, uma aljava com flechas, uma capa à prova d'água feita com grama e até mesmo seus calçados bem feitos, mostram que Ötzi estava bem equipado para sua jornada pelas montanhas. Os padrões de esforço nos ossos de suas pernas sugerem que ele fazia essas viagens constantemente. Inicialmente, os cientistas acreditavam que ele fosse um pastor, mas pesquisas mais aprofundadas mostraram que ele havia sido atingido por uma flecha e também havia se envolvido em uma luta física com outro homem. Um golpe na cabeça e a perda de sangue pelo ferimento da flecha provavelmente causaram sua morte. Talvez esse homem tenha sido um soldado, provavelmente do lado dos saqueadores.

Salgados na Ásia

No clima seco do Turquestão chinês (entre a Rússia e a Mongólia), os corpos enterrados no solo salgado perto das cidades de Cherchen e Loulan, há aproximadamente 4000 anos, se transformaram em múmias, em vez de apodrecerem.

Algumas múmias do Turquestão têm cabelos loiros bem preservados e muitas parecem ter ascendência caucasiana, um fato que desafia as suposições mais modernas sobre a variedade de grupos étnicos da antiguidade. Com base em suas roupas coloridas e bem feitas, eles foram relacionados aos celtas, cuja cultura floresceria por toda a Europa e cujos descendentes incluem irlandeses, escoceses e galeses. Os tecidos mostram técnicas de entrelaçamento similares às que ainda são utilizadas no interior da Irlanda no século XXI AD. Uma análise de DNA dos corpos sugeriu ligações genéticas variando do leste europeu até o leste da Ásia, o que pode significar que seu lar, a bacia do Deserto de Taklimakan, era um antigo cruzamento entre diversas culturas.

Enlameados no norte da Europa

Os pântanos do norte da Europa também produziram muitas múmias. Os taninos da *turfa* (plantas parcialmente decompostas) e a água fria preservaram os corpos em uma condição tão boa que os habitantes dos vilarejos dinamarqueses às vezes confundiam um corpo de 2500 anos com o de alguém que eles conheciam há apenas algumas décadas.

Os corpos, embora descoloridos pelos taninos, eram bastante parecidos com o que eram quando a pessoa havia morrido. Algumas pessoas caíram nos pântanos, mas muitas foram assassinadas e jogadas ali, talvez em rituais de sacrifício, ou vítimas de outro tipo de execução. As múmias de mulheres jovens trazem vendas e algumas parecem ter sido afogadas. Algumas múmias têm cordas ao redor do pescoço e outras tiveram a garganta cortada.

A maioria dessas múmias dos pântanos de turfa tem pele, cabelo, unhas e até as expressões faciais intactas. Suas joias e roupas parecem-se muito com algo que você poderia muito bem ter em seu armário do século XXI.

Secos e bem preservados nos Andes

Os corpos de 500 anos das crianças incas dos Andes argentinos, descobertos pelo arqueólogo Johan Reinhard e pela equipe da National Geographic Society nos anos 1990 no topo do Monte Llullaillaco, estão entre as múmias mais bem preservadas já encontradas. Aparentemente mortos em um ritual religioso de sacrifício, um menino e duas meninas – com idades entre 8 e 15 anos – foram congelados de maneira tão perfeita que o cientista afirmou parecer que eles haviam acabado de falecer.

As descobertas na Argentina são mais do que fascinantes e informativas. Elas também são terrivelmente tristes. A ideia de matar uma criança de oito anos é tão repulsiva para nós que você pode até se arrepiar. Por que uma cultura cultuava deuses que precisam do sangue de inocentes? Este é outro motivo pelo qual os três corpos preservados é tão interessante: eles fazem com que você volte ao passado ao mesmo tempo em que luta para compreender como essas pessoas, que eram tão parecidas com as pessoas do presente em alguns aspectos, podiam compreender o mundo de forma tão diferente.

Faraós preservados no Egito

Talvez ninguém tenha dedicado tanto pensamento e tanta energia à morte e à vida pós-morte quanto os antigos egípcios. Depois de enterrar seus mortos com muito cuidado e muita cerimônia, desde, talvez, 4000 a.C. (o Capítulo 4 falará mais sobre o antigo Egito), os egípcios começaram a mumificar artesanalmente seus faraós em algum período antes do século XXIV a.C..

Por volta do ano de 2300 a.C., a prática havia se espalhado além da realeza. Qualquer egípcio que pudesse pagar era seco e fortalecido para a viagem ao pós-morte. A múmia era enterrada com suas posses e até mesmo com seus servos para ir ao próximo mundo.

As múmias egípcias são diferentes de muitas outras, pois os pesquisadores conseguem descobrir quem algumas dessas pessoas foram em vida. A identidade do Rei Tutancâmon do Egito está intacta graças aos antigos escritos egípcios, chamados *hieróglifos*. O egiptólogo britânico Howard Carter descobriu artefatos maravilhosamente preservados em seu túmulo em 1922. A descoberta fez de Tutancâmon o faraó mais famoso do século XX AD, embora ele talvez estivesse longe disso no século XIV a.C.. O rei Tutancâmon assumiu o trono em 1361 a.C., com aproximadamente nove anos de idade e reinou por apenas 11 anos.

Na primeira vez, Carter viu as maravilhas da tumba, que estavam ocultas há mais de 3300 anos, à luz de velas. Este momento, desde então, é a descoberta arqueológica ideal, ao contrário da maioria das grandes descobertas, que precisam ser vasculhadas, limpas e cuidadosamente reunidas.

Carter disse que ficou ali por um bom tempo, permitindo que seus olhos penetrassem a escuridão, iluminada apenas pela vela que segurava. Seu chefe e parceiro, George Herbert, conde de Carnarvon, ficou atrás dele, no escuro, incapaz de suportar o suspense: "Está vendo alguma coisa?", perguntou Carnarvon, sem ar. "Sim", respondeu Carter sussurrando. "Coisas maravilhosas."

A descoberta sensacional de Carter saiu em todos os jornais, assim como a morte de Carnarvon. O conde morreu devido à picada de um mosquito infectado, alguns meses depois de ajudar Carter a encontrar a tumba. Naturalmente, alguém culpou sua morte pela antiga maldição contra qualquer um que perturbasse o descanso eterno do menino rei (ladrões de túmulos eram o flagelo da realeza do Egito).

A ideia da maldição de Tutancâmon teria desaparecido se não fosse por um filme de terror de 1932 chamado *A Múmia*, que é totalmente errado do ponto de vista da arqueologia e da religião egípcia, mas tem um desempenho fantástico de Boris Karloff no papel principal. *A Múmia* fez tanto sucesso que se seguiram diversas refilmagens e variações, inclusive uma versão de 1959, com Christopher Lee no papel do egípcio. Uma refilmagem de *A Múmia*, de 1999, inspirou sequências em 2001 e 2008.

Percorrendo os Séculos

Por volta de 4000 a.C.: Os egípcios começaram a enterrar seus mortos em rituais.

Por volta de 3300 a.C.: Um viajante bem equipado dos Alpes italianos sucumbe a um ferimento de flecha e cai com o rosto virado para a neve.

Por volta de 1470 a.C.: O vulcão na ilha de Santorini entra em erupção, destruindo a ilha, devastando vilarejos e, provavelmente, dizimando uma população.

1352 a.C.: Tutancâmon, o jovem rei do Egito, morre e é mumificado.

Por volta de 1250 a.C.: Uma confederação de reis e guerreiros gregos ataca a cidade de Troia, onde hoje fica a Turquia.

Século IX a.C.: O poeta Homero canta sobre a Guerra de Troia.

Início do século IV a.C.: Em Atenas, o filósofo Platão escreve sobre Atlântida, uma terra perdida sob o mar.

1870: Heinrich Schliemann, alemão, corretor de ações e arqueólogo amador, encontra a Troia de Homero.

1922: O britânico Howard Carter abre o túmulo perfeitamente preservado de Tutancâmon.

1991: Viajantes dos Alpes italianos descobrem a múmia de 5300 anos de um viajante bem vestido. Os pesquisadores chamam-no de Ötzi.

Múmias Para Leigos

Se você trabalhasse preparando os egípcios ricos e da realeza para a vida após a morte, como faria? Eis o passo a passo:

1. Para remover o cérebro, enfie uma sonda longa e fina por uma narina, quebrando o osso do nariz e entrando na cavidade craniana. Agite a ferramenta vigorosamente, quebrando o tecido até que ele tenha a consistência de um ovo cru. Vire o corpo para drenar o cérebro liquefeito pela narina. Retorne o corpo para a posição de barriga para cima. Use um funil para derramar resina de árvore fervente no crânio para deter a decomposição do tecido restante.

2. Extraia os órgãos internos através de um corte na parede abdominal (você precisará de uma faca afiada e também precisará sentir os órgãos). Espere! Deixe o coração. Os egípcios o consideravam o centro de controle do pensamento e da ação, então, achavam que precisariam dele na vida após a morte. O que fazer com os outros órgãos? Coloque-os em vasos decorados com cabeças dos deuses ou com uma semelhante ao morto. Os vasos vão para o túmulo com a múmia.

3. Banhe o corpo com temperos e vinho de palma. Cubra-o com *sais de alcatrão*, uma pasta de sódio encontrada em leitos de lagos secos, para retardar o apodrecimento e secar a pele. Deixe assentar por um instante.

4. Quando estiver seco, preencha os locais onde estavam os órgãos com tecidos de algodão enrolados, mais ou menos como se recheia um peru. Tente restaurar a forma da pessoa, para que ela se pareça com quando estava viva.

5. Enrole mais tecido, corte em tiras e enrole ao redor do corpo para criar aquela aparência assustadora, que dará medo a quem for ao cinema alguns milênios mais tarde.

6. Coloque o corpo em um caixão, preferencialmente duplo (um dentro do outro). Se estiver trabalhando em um faraó, coloque o caixão dentro de um sarcófago de pedra, dentro de uma tumba escondida. Devido à sua idade, só posso esperar que Frank Buckles ainda esteja vivo quando você ler este livro. Talvez, você possa pensar nele e no fato de ele ter servido o exército ainda adolescente, e lembrar que a Primeira Guerra Mundial aconteceu há uma vida, há uma vida muito longa.

Capítulo 3
Colocando a História em Perspectiva

Neste Capítulo

▶ Vendo pela longa lente do tempo da humanidade na Terra

▶ Aceitando a relatividade dos nomes das eras

▶ Conhecendo personagens contraditórios

*E*m diversos pontos deste livro, faço referência ao ano de 1492, quando o explorador Cristóvão Colombo, navegando sob bandeira espanhola, aportou pela primeira vez em uma ilha caribenha, provavelmente as Bahamas. Este é um grande ponto de divisão na história, pois marca o início do colonialismo europeu nas Américas.

De acordo com o *New York Times*, uma pesquisa feita em 2008 mostrou que menos da metade dos adolescentes americanos sabia a resposta correta da descoberta de Colombo em uma lista de múltipla escolha. Um quarto dos entrevistados achava que a viagem havia acontecido em algum momento depois de 1750.

O grupo educacional que patrocinou a pesquisa utilizou essas descobertas e outras similares para apoiar sua campanha para melhorias escolares. Eu as menciono aqui, pois elas também ilustram a dificuldade que muitas pessoas, não apenas estudantes, têm de colocar a história e os seus acontecimentos em perspectiva. A história do mundo é um assunto enorme. Ela abrange muitas eras, culturas, muitos acontecimentos, conflitos, muitas ideias e crenças com as quais é fácil se confundir. Três problemas comuns que as pessoas podem ter ao colocar a história em perspectiva são:

✔ Diferenciar termos como *antigo*, *recente* e *moderno*, quando eles são usados por historiadores e outros estudiosos e ligá-los aos períodos de tempo em que as pessoas habitam o planeta.

✔ Sentir-se confortável com rótulos como *Clássica* ou *Vitoriana*, usados pelos historiadores para se referir a eras e períodos. Geralmente, estes nomes podem ser mais confusos do que úteis.

✔ Compreender os motivos, geralmente contraditórios, pelos quais algumas pessoas acreditam merecer estudo histórico.

Em todos os casos, sugiro que você relaxe. A terminologia é menos importante do que você pensa. Neste capítulo, você poderá pensar no que significa ser humano antes de mergulhar na cavalgada das civilizações da Parte II. Se você conseguir desenvolver um sentimento saudável de temor com relação a essa notável espécie e aos seus primórdios, terá mais capacidade para apreciar o grande período de tempo de existência das pessoas. E você poderá ver como a linguagem histórica, inclusive termos relativos, como *antigo,* e rótulos para eras, como Grécia *Clássica,* é um tanto quanto flexível e pode ser usada de maneiras diferentes por diferentes historiadores. Assim como em qualquer assunto, há maneiras diferentes de observar a história e até mesmo modos diferentes de avaliar os personagens históricos. Às vezes, pontos de vista diferentes são conflitantes, mas, na maioria das vezes, eles se complementam.

Sendo Seres Humanos

A Terra formou-se há aproximadamente 4,5 bilhões de anos, pelo menos é o que afirmam os astrofísicos e cosmólogos. Minha mente até falha ao pensar em um período de tempo tão grande.

É melhor eu começar pelos acontecimentos mais recentes, os muitos milhares de anos desde que as pessoas habitam a Terra. Certo, *recente* é um termo relativo. A espécie humana moderna – isso significa pessoas anatomicamente iguais a você – provavelmente não tem muito mais do que cem mil anos. E os arqueólogos afirmam que os seres humanos não começaram a agir totalmente como humanos até muito recentemente. A humanidade virou uma página há mais ou menos 60 ou 40 mil anos. As ferramentas de pedra ficaram mais sofisticadas. As pessoas entalharam padrões nas pedras, usaram carvão para criar pinturas rupestres peculiares e inventaram embarcações para cruzar as águas. Estas expressões artísticas e tarefas de engenharia fazem com que tais pessoas sejam mais parecidas com você do que com os primeiros modelos da família dos hominídeos. Muitos estudiosos se referem às pessoas que viveram há 30 mil anos como totalmente modernos. Neste uso, *moderno*, assim como *recente*, é um termo relativo.

Você provavelmente já viu a famosa ilustração que mostra a evolução do homem, cada vez mais alto e com menos pelos, na direção da humanidade. O conceito é bom para a ilustração, mas não foi bem assim que tudo aconteceu. A evolução raramente é perfeita. Diferentes tipos de animais mais ou menos parecidos com humanos existiam ao mesmo tempo. A maioria era composta por falhas genéticas e desapareceu. Todos os primeiros hominídeos estão extintos, a menos que você acredite que o Pé Grande e o Yeti (o Abominável Homem das Neves) sejam seus primos distantes.

Como espécie, os humanos modernos são relativamente jovens, repito, relativamente. A espécie *Homo erectus* – se não for seu ancestral direto, é pelo menos um parente – ficou pela Terra durante muito mais tempo do que as pessoas modernas. O *Homo erectus* viveu de aproximadamente 1,7 milhão de anos atrás até, provavelmente, 250.000 a.C..

Se você pensar em todo o tempo desde o surgimento de hominídeos que caminhavam em pé até os dias de hoje como um único dia de 24 horas, o *Homo erectus* durou mais de 8 horas. Nessa escala, os humanos modernos existem há mais ou menos 15 minutos.

Aproximando-se do Neandertal

O parente mais próximo do ser humano, que deixou muitas evidências de sua existência, é o Neandertal, uma espécie que viveu em uma ampla área que se estende da atual Bélgica (entre a França e a Holanda, na costa norte da Europa), ao sul da Espanha e a leste, ao redor do Mar Mediterrâneo, onde hoje fica a Turquia. Este ramo da família, com cérebros grandes, surgiu há aproximadamente 150 mil anos na Europa e estava adaptado às condições severas do norte. O Neandertal foi extinto, talvez, há mais ou menos 28 mil anos.

Quando o povo de Neandertal ainda estava florescendo, os glaciares começaram a recuar e aqueles que eram anatomicamente modernos migraram para a parte Neandertal do mundo. Os dois tipos de humanos coexistiram por milhares de anos, ambos deixando evidências de seus acampamentos nas mesmas montanhas, vales e cavernas. Ninguém sabe como, ou se, eles conviviam entre si. Eles lutavam? Os humanos modernos dizimaram seus primos Neandertais ao longo de séculos de genocídio brutal? Ou os novatos simplesmente tinham mais capacidade de sobrevivência?

A maioria dos especialistas diz que o cruzamento entre as raças era possível entre duas espécies diferentes, mas poucos afirmam que isso possa ter acontecido. Caso tenha acontecido, não é preciso se preocupar. Os Neandertais não seriam maus ancestrais, apesar das sobrancelhas grossas e das testas protuberantes. Eles tinham cérebros grandes – talvez maiores do que o seu – e tinham atitudes modernas, como enterrar os mortos com flores e ocre, um barro avermelhado usado como a de pintura do corpo. Eles também tinham ferramentas de pedra, embora devam ter pego emprestado a tecnologia de seus vizinhos modernos.

Os Neandertais viviam em uma ampla área geográfica, mas nem de perto tão ampla quanto a que foi habitada por um período de tempo relativamente curto por seus sucessores anatomicamente modernos. Esta espécie evoluiu na África, onde também tiveram origem os primeiros hominídeos. Em seguida, eles migraram sobre duas pernas não apenas para o Oriente Médio e para a Europa, onde os Neandertais haviam passado pelas eras do gelo, mas também para todos os continentes, com exceção da Antártica, atravessando pontes de terra (como as que ligavam periodicamente a Sibéria e o Alasca) e grandes trechos de água.

A fala

Antes mesmo de criar ferramentas e fazer pinturas nas pedras, os seres humanos atingiram um feito ainda mais memorável: eles falaram. Outras espécies se comunicam com ruídos, e algumas – pássaros e alguns macacos, por exemplo – têm vocabulários complexos. Mas nenhuma outra criatura tem algo tão versátil ou expressivo quanto a linguagem humana.

Os cientistas não sabem quando a linguagem teve início. É impossível determinar se os primeiros humanos anatomicamente modernos eram capazes de fazer todos os sons que seus descendentes fazem, pois tecidos moles, como a língua e a laringe, apodrecem, até mesmo quando os ossos são fossilizados. Porém, quando quer que tenha surgido, a linguagem trouxe uma enorme mudança. A linguagem provavelmente teve início na forma de imitações de sons ou ruídos expressivos para as emoções, como medo (um grito) ou raiva (um grunhido). Mas as pessoas deram significados específicos para combinações de sons vocais, criaram símbolos nos quais um som correspondia a um objeto ou a uma ação. Os humanos não apenas podiam avisar sobre predadores e chamar as crianças para o jantar com eloquência sem precedentes, como também podiam compartilhar informações.

Capazes de trocar informações, as pessoas começaram a acumulá-las, não apenas como indivíduos, mas como sociedades. Elas sempre aprenderam através da observação e repetição. Agora, podiam também compreender se alguém explicasse. O gênero "como fazer" fora criado.

Através da linguagem, os primeiros seres humanos se beneficiaram das experiências de membros da tribo que já haviam morrido. Depois que as tribos construíam a *erudição* (um corpo de conhecimento compartilhado), elas podiam enfeitá-la, tecendo histórias de caça que fizeram mais do que ajudar as gerações seguintes a encontrar e matar uma presa grande, por exemplo. Ao longo de várias gerações, as tribos certamente aumentaram o número de histórias sobre os heróis, sobre a criação e sobre os deuses que governavam as estrelas e a terra. Depois que a escrita se desenvolveu, as culturas puderam deixar um registro permanente dos acontecimentos, como as grandes batalhas e a morte de um rei.

Heródoto, o grego, tido como o pai da história, elevou esse assunto para o nível da pesquisa intelectual no século V a.C., ao reunir histórias de mil anos em todo o Mediterrâneo. Conforme o corpo da história oral e escrita cresceu, houve a necessidade de organizá-lo.

Dividindo o Tempo em Eras... e Dando Nomes a Elas

Se o seu professor de história disse que *medieval* significa o período entre a queda de Roma (476 d.C.) e a Renascença (século XIV), você poderia ter jogado o autor H. G. Wells para ele.

Não literalmente, é claro (deixe o Sr. Wells descansar em paz). Porém, pode ser surpreendente para alguns estudantes de história e para alguns professores descobrir que os historiadores discordam com relação ao início do período chamado *medieval*. Wells (1866-1946) é mais lembrado atualmente como pioneiro escritor de ficção científica e autor de *A Guerra dos Mundos* (1898), mas ele também escreveu os três volumes de *História Universal* (1920). Ele inicia o segundo volume sobre a história do mundo, chamado *História Medieval*, em 300 a.C., com a ascensão, e não a queda, do império de Roma.

Você pergunta: "E daí?". É aí mesmo que quero chegar. A obra de Wells é apenas uma ilustração do fato de que a história é cheia de períodos divididos por linhas arbitrárias traçadas nas areias inconstantes do tempo.

Os historiadores têm pontos de vista. Os bons historiadores têm pontos de vista com uma boa base, mas isso não significa que todos caminhem no mesmo compasso intelectual.

Diferenciando o antigo e o moderno

"Isso é história antiga, vovô". Nos filmes americanos dos anos 1930 – 1950, um personagem adolescente geralmente dizia algo assim para um adulto. Deste modo, dispensava um acontecimento relativamente recente como se ele tivesse ocorrido há muito tempo para ser importante. *Antigo* é outro termo relativo, assim como *moderno* e *medieval*. Em geral, para uma pessoa nascida em 2009, o adolescente do filme dos anos 1950 parecerá mais do que antigo.

Na história, *antigo* tem significados mais específicos. Wells define o termo como "Algo que faz parte do mundo anterior à ascensão do Império Romano", e considera que o período moderno tenha iniciado em 1567.

O clássico sentimental

Clássico é outro rótulo histórico que pode ter diferentes significados em diferentes contextos. Por exemplo, o período clássico na música europeia aconteceu aproximadamente entre 1750 e 1820, mas as pessoas que estudam a civilização maia da Península de Yucatán referem-se ao período histórico clássico de aproximadamente 250 a 900 AD.

Um dos usos mais conhecidos do termo *clássico* aplica-se aos anos 479-323 a.C., no sul da Península dos Bálcãs, no leste da Europa. Esta foi uma era especificamente influenciada pela cultura grega, a Grécia Clássica (com C maiúsculo).

Tradicionalmente, muitos historiadores apontam os gregos Clássicos como os fundadores dos principais valores da civilização ocidental: racionalidade, liberdade de expressão, individualidade e democracia. Estes conceitos realmente surgiram e ganharam aceitação na época. Porém, a Grécia, naqueles tempos, estava longe de ser uma sociedade ideal. As cidades gregas geralmente travavam guerras entre si e, além das ideias opostas, elas também criavam algumas noções que soam um tanto quanto peculiares atualmente. Por exemplo, no tempo de Aristóteles (século IV a.C.), se podia afirmar que as mulheres eram "homens fracassados", uma cópia piorada dos mesmos padrões biológicos masculinos. Não recomendo que você tente defender essa ideia nos dias de hoje.

A capital da Grécia, Atenas, geralmente é citada como modelo para as democracias modernas, mas há diferenças enormes entre a noção de democracia dos gregos e o que existe atualmente. Em Atenas, talvez 30 por cento da população, no máximo, era de cidadãos e todos eles eram homens.

Os historiadores reavaliam o passado constantemente. Como os estudiosos reinterpretam os períodos, o termo *Clássico* pode não mais ser útil para compreender os anos de 479 a 323 a.C. na Grécia. E quer saber? Não há problema. Você pode observar os gregos a partir de vários ângulos e eles não deixarão de ser fascinantes.

Como disse H. G. Wells sobre a história: "O assunto é tão esplêndido que nenhum tratamento possível (...) pode desprovê-lo de sua grandiosidade e dignidade".

Reverenciando as rainhas

Os estudantes também nomeiam as eras e os períodos em homenagem a acontecimentos ou pessoas notáveis, como a chegada de Colombo às Américas. No hemisfério ocidental, os acontecimentos que ocorreram antes desse evento são chamados, com frequência, de *Pré-Colombianos*. Um rótulo de um período geralmente baseia-se no reinado de um monarca, como Elizabeth I da Inglaterra. Os acontecimentos, a moda e a literatura que ocorreram durante seu reinado (de 1558 a 1603, uma era de ouro para a cultura inglesa) carregam consigo o rótulo *elisabetano*. Um rótulo pode cobrir períodos muito mais longos, como quando derivam das dinastias chinesas. Por exemplo, a dinastia Ming durou de 1368 a 1644.

Para uma ilustração cinematográfica da era elisabetana na Inglaterra, você pode assistir ao filme *Elizabeth*, de 1998, e sua sequência, *Elizabeth: A Era de Ouro*, de 2007. Os dois filmes abusam da verdade histórica (assim como acontece com todos os filmes baseados na história), e eles também oferecem um ótimo senso visual da Inglaterra do século XVI.

Assim como acontece com tantos termos discutidos neste capítulo, os nomes dos períodos históricos podem perder seu significado com o passar do tempo. Eu nasci e cresci em uma era pós-guerra, porém, conforme a Segunda Guerra Mundial fica cada vez mais distante na história e guerras mais recentes surgem, o termo *pós-guerra* é menos amplamente compreendido (de qual guerra você está falando, vovô?). Além disso, alguns rótulos podem parecer mais arbitrários que outros. Por exemplo, somente o século XVI, sob o reinado de Elizabeth I, recebeu o nome de *elisabetano*. Elisabetano não descreve o mundo no final do século XVI na China (Ming) ou no Peru (governado pelos espanhóis). No entanto, o termo *vitoriano*, usado para fazer referência ao período de 1837 a 1901, quando Vitória era a rainha da Grã-Bretanha e imperatriz de seus territórios, aplica-se muito bem fora de sua esfera, principalmente a estilos e atitudes culturais. Por exemplo, Vitória jamais governou a Califórnia, mas São Francisco é reconhecida por sua arquitetura vitoriana (você pode ver as duas rainhas na Figura 3-1).

Figura 3-1: Rainhas que emprestaram seus nomes à eras: Elizabeth I (à esquerda) e Vitória (à direita).

© Circle of John the Elder Bettes/Getty Images © After Franz Xavier Winterhalter/Getty Images

O Notável e o Notório Geralmente São a Mesma Coisa

As pessoas são criaturas contraditórias e cada uma delas possui vícios e virtudes. É bom lembrar disso ao ler história. Muitas das pessoas mais famosas de todos os tempos foram boas e más. Por exemplo, um grande líder militar também pode ser um assassino cruel. Além disso, o modo como um indivíduo é avaliado historicamente pode variar de um livro para outro e de historiador para historiador, dependendo do ponto de vista do autor e do assunto que está sendo discutido. Por exemplo, um livro que se concentre na vida particular do indivíduo pode descrever um governante como marido abusivo, enquanto outro, orientado a seu impacto sobre os governados, pode mostrar o mesmo homem como um campeão resoluto da reforma social.

Um estudo sobre contradições

O Rei Henrique VIII, que governou a Inglaterra de 1509 a 1547, é um exemplo particularmente colorido do tipo de personagem contraditório – incorporando traços que variam do admirável ao horrendo – que vaga pela história.

Se você está lendo sobre a história da cristandade, notará o papel de Henrique como fundador da Igreja da Inglaterra. Na história militar, sua atenção para a construção de uma marinha forte é um fator importante que leva à celebrada vitória das frotas inglesas sobre a poderosa Armada espanhola em 1588. Se você tiver interesse em sua vida vida pessoal, irá vê-lo como um jovem bonito e atlético e um velho obeso e doente. Você certamente se lembrará de que o elemento mais famoso sobre Henrique é que ele se casou seis vezes e condenou duas de suas esposas à decapitação por traição.

Assim como qualquer pessoa, Henrique mudou. Ele mesmo se contradisse. Ele tinha qualidades boas e más. Talvez, as más tenham superado as boas conforme o rei envelheceu, mas a vida dele ainda ilustra como uma figura histórica pode ser multifacetada (você poderá ler mais sobre o Rei Henrique VIII nos capítulos 10, 14 e 22).

Depende do seu ponto de vista

Alguns dos mais fascinantes personagens da história são aqueles que aparecem como heróis de um ponto de vista e vilões de outro. Um exemplo, também da história inglesa, é Guy Fawkes, o homem que tentou explodir o Rei James I e as duas casas do Parlamento em 1605. Fawkes foi pego no flagra antes de conseguir acender uma carga gigantesca que teria explodido uma reunião do monarca com parlamentares. Ele foi executado por seu crime e ainda é um vilão nacional na Inglaterra. No Reino Unido, as pessoas ainda comemoram, no dia 5 de novembro, o aniversário de sua captura com fogos de artifício e também queimando imagens do homem.

Porém, Fawkes não era apenas um vilão, não era somente um maluco. Ele fazia parte de um grupo de ativistas católicos que planejaram esse ato violento como a última tentativa de superar a perseguição repressiva e brutal contra os mesmos católicos na Inglaterra oficialmente protestante. Visto de tal ponto, muitos católicos ingleses da época consideravam Fawkes um guerreiro da liberdade.

De modo mais ou menos similar, George Washington é visto como um dos maiores americanos da história e o Pai da América. Mas os acontecimentos poderiam ter sido diferentes. Como colono americano, Washington estava, tecnicamente, sujeito à Coroa Britânica. Se a Revolução Americana dos anos 1770 tivesse falhado, o rei poderia ter acusado Washington de traição, uma ofensa que se pagava com o enforcamento. Desta forma, ele poderia ter entrado para a história como traidor.

Quando personalidades complexas e contraditórias entram em conflito, a narrativa histórica vai além do multifacetado e passa a ser multidimensional, se você quiser. Portanto, se você quer se sentir confortável com a história, não tente encaixar qualquer indivíduo em uma única categoria.

Verificando a virtude

A história celebra os fortes – principalmente aqueles que tinham poder militar ou político. Às vezes, ela parece falar exclusivamente daqueles que lutaram por território para se defender, pela riqueza e assim por diante. Porém, também houve quem lutasse por ideais. Com frequência, idealistas pacíficos são deixados de fora nas histórias da história. As exceções são os líderes idealistas, cuja coragem resultou em uma mudança política ou cultural. Os principais exemplos incluem os dois homens a seguir:

✔ **Mohandas Karamchand Gandhi (1869-1948)**: Conhecido como Mahatma, ou grande alma, ele combateu a injustiça racial na África do Sul e, em seguida, lutou pela independência de sua Índia contra a Grã-Bretanha, sem travar nenhuma batalha física. Gandhi adotou a ideia da desobediência civil não violenta do escritor americano Henry David Thoreau (1817-1862) que, por sua vez, inspirou o líder americano dos direitos civis Dr. Martin Luther King Jr..

✔ **Dr. Martin Luther King Jr. (1929-1968)**: Luther King foi inspirado por Mahatma Gandhi a utilizar os protestos não violentos contra a discriminação racial nos Estados Unidos nos anos 1950 e 1960. Ele teve um papel importante ao obter o apoio popular a favor do Ato dos Direitos Civis de 1964, uma legislação que tornava ilegal a segregação de raça nas escolas, locais de trabalho e locais e transportes públicos.

Gandhi e King trouxeram a mudança e agitaram a resistência. Cada um deles foi discutivelmente bom e cada um buscava fazer do mundo um lugar melhor. Se seus esforços tivessem sido em vão, Gandhi e King poderiam ter sido vistos como sonhadores intelectuais. Como admirador desses dois homens, gosto de pensar que seus motivos tinham mais a ver com servir à posteridade do que apenas ficar ao seu lado (consulte o Capítulo 22 para saber mais sobre Gandhi e King).

Percorrendo os Séculos

Por volta de 4,5 bilhões a.C.: A Terra forma-se.

Por volta de 4 bilhões a.C.: Os primeiros *hominídeos* (ancestrais semelhantes aos humanos) caminharam sobre as próprias pernas.

Por volta de 700.000 a.C.: O *Homo erectus* caminhou pela África.

Por volta de 40.000 a.C.: Os seres humanos deixaram os primeiros exemplos de arte.

479-323 a.C.: A Era Grega Clássica deu origem à democracia.

1605: O Plano Explosivo contra o Rei James I da Inglaterra malogrou quando o conspirador Guy Fawkes foi pego com explosivos debaixo do Parlamento.

1789: George Washington foi eleito presidente dos Estados Unidos da América.

1948: Um assassino matou Mahatma Gandhi.

1968: Um assassino matou o Dr. Martin Luther King, Jr..

Parte II

A Força dos Números

A 5ª Onda

por Rich Tennant

"Diga ao imperador que, se tiver qualquer problema, deve tentar forçar um pouco a manivela."

Nesta Parte. . .

Muitas pessoas usam o termo "civilizado" quando querem dizer "bom", "ordeiro" ou "pacífico". Porém, embora as civilizações humanas alcancem a paz, elas raramente a sustentam. Em um conceito geralmente contraditório, a civilização teve início com as pessoas vivendo juntas para o benefício da comunidade, erguendo um muro de defesa, construindo uma torre para observação, ou cavando uma vala de irrigação para regar as plantações. Tudo isso também envolveu pessoas lutando contra um inimigo comum. A civilização com frequência se mostra brutalmente violenta, mesmo quando atua em nome da paz.

O trabalho em conjunto acabou levando cidades, nações e grupos de nações a lutar por objetivos comuns. Agora, a civilização se estende pelo mundo, sem que nenhuma parte da humanidade seja completamente excluída da sociedade como um todo.

Esta parte do livro falará sobre como a civilização evoluiu desde as primeiras vilas isoladas e dos primeiros projetos de trabalho público até a sociedade global cada vez mais interligada da atualidade. Será que um dia a civilização global chegará a um mundo de paz conquistada de maneira boa e ordeira? É difícil dizer. Muitos diriam que, para cada passo que damos à frente, acordos cooperativos entre nações, por exemplo, há dois passos para trás. Guerras irrompem, terroristas atacam e regimes ditatoriais e repressivos abusam de seus povos. Mesmo assim, os idealistas continuam vendo na palavra "civilização" a promessa de um futuro melhor.

Capítulo 4
O Início da Civilização

Neste Capítulo

▶ Um passeio por Jericó, a cidade mais antiga do mundo

▶ Estabelecendo uma ligação entre os rios e as civilizações em ascensão

▶ O início dos registros escritos

▶ Conquistando o mundo com os gregos e com Alexandre

*O*s seres humanos viveram *sem cidades* – sem nada do que as pessoas atualmente chamam de *civilização* – por muito mais tempo do que as pessoas vivem *com* cidades e com a civilização. Os arqueólogos nunca encontraram provas de nada que se pareça, nem remotamente, com uma cidade há até, no máximo, 11 mil anos. As pessoas de 20 mil anos atrás deviam pensar que acampamentos fixos e grandes eram impraticáveis, quer dizer, se é que essa ideia passou pela cabeça delas – pois a maneira mais confiável de conseguir comida era permanecer em movimento. Se você quisesse comer, precisava ir para onde as plantas floresciam, para onde os mariscos se penduravam nas rochas e para onde os rebanhos migravam. Era preciso seguir as fontes de alimento a cada estação e, conforme vagasse, você cuidaria para não misturar o seu grupo com outros. Não era boa ideia ter muitas bocas para alimentar.

Porém, quando a prática da agricultura fez com que as pessoas se estabelecessem, vieram as comunidades permanentes. Há dez mil anos, os moradores da cidade de Jericó, atual Fronteira Oeste da Palestina, davam as boas vindas aos viajantes que passavam por seu oásis ou os caçavam com suas pedras e lanças atiradas dos muros e torres que protegiam a cidade.

Embora nem sempre concordem, os arqueólogos sabem muitas coisas sobre as primeiras civilizações, principalmente aquelas que surgiram ao longo dos principais rios do Iraque e do Egito. O Iraque e o Egito também são os lugares onde a escrita foi inventada. Quando os registros escritos tiveram início, a pré-história se transformou em história.

As cidades não cresceram apenas no Oriente Médio, elas também evoluíram no Paquistão, na Índia e na China, onde as grandes civilizações surgiram e ruíram ao interagir com o restante do mundo ao longo de três ou quatro mil anos. As cidades também surgiram nas Américas, onde os invasores europeus acabaram com sociedades nativas avançadas no século XVI AD.

Em todo o mundo, as primeiras civilizações tiveram necessidades comuns de ordem, justiça e entendimento. Formas de lei, religião e filosofia desenvolveram-se e guiaram os povos por um caminho longo e tortuoso até chegar a maneira moderna de pensar e governar. O mundo que conhecemos começou a tomar forma nas primeiras sociedades urbanas, que serão analisadas neste capítulo.

Construindo os Muros de Jericó para Defesa Mútua

A Bíblia diz que Josué e os israelitas criaram uma confusão que derrubou os muros de Jericó, uma cidade em Canaã. Jericó pode ser a cidade mais antiga do mundo, pelo menos a mais antiga já encontrada, anterior até às primeiras civilizações que viveram ao longo dos Rios Tigre e Eufrates, no atual Iraque. O que a Bíblia não diz é que os muros de Jericó de, talvez, 3200 anos atrás, foram construídos sobre outros muros, que haviam sido construídos sobre outros (talvez por isso, os muros de Jericó tenham tombado com tanta facilidade quando Josué e seu destacamento chegaram). Os cientistas datam as primeiras edificações como sendo anteriores a 9000 a.C., aproximadamente 11 mil anos atrás. É verdade que Jericó foi abandonada e reconstruída umas 20 vezes, mas quando se fala em milhares de anos, o que são 20 reformas?

Que tipo de cidade era Jericó? Os cientistas sabem como ela foi construída e que os quadrantes eram, inicialmente, redondos e depois passaram a ser retangulares. Os pesquisadores especulam sobre o estilo de vida dos residentes com base no que foi encontrado no solo. Por exemplo, crânios humanos que se encaixavam em rostos de gesso bastante realistas podem ter sido reconstruções macabras dos entes queridos mortos ou de inimigos assassinados.

O mais importante é que os muros e a grande torre de pedra de Jericó contam uma história. Eles mostram aos pesquisadores que os moradores trabalhavam juntos por um único objetivo: construir estruturas civis que forneciam defesa para a comunidade. Trabalhar junto e de forma organizada, seja de maneira voluntária ou sob as ordens de um governante, é um sinal de civilização.

Infelizmente, os arqueólogos não sabem os nomes e as histórias que passaram de geração para geração em Jericó. Jericó nasceu muito antes da história escrita. A civilização não esperou por uma maneira de escrever para que as gerações futuras pudessem ler sobre seus primórdios.

Plantando Cidades ao Longo dos Rios

Embora Jericó tenha crescido em um oásis no deserto (um ponto de parada pré-histórico, se achar melhor), as primeiras civilizações em larga escala mais conhecidas se formaram ao longo dos rios na Mesopotâmia (atual Iraque), no Egito, na Índia e China.

As cheias dos rios espalham uma lama rica. Além de ser divertido brincar nela, esta lama, com o passar das eras, formou e enriqueceu o solo dos vales, onde a sociedade humana organizada surgiria em larga escala. O solo bom e a água em abundância permitiram aos antigos fazendeiros aumentar sua produção anual e alimentar populações cada vez maiores. Depois, as primeiras cidades, os primeiros códigos legais e os sistemas de contagem e escrita, todos elementos de uma civilização, também surgiriam nos vales dos rios.

Estabelecimento entre o Tigre e o Eufrates

A Mesopotâmia, que fica entre os Rios Tigre e Eufrates, era um local convidativo para os povos nômades pararem e se estabelecerem. Como os rios ficavam perto do Golfo Pérsico, eles formavam um grande pântano com muitos peixes, pássaros e outros animais silvestres. Os povos do final da Idade da Pedra viveram lá em cabanas de junco. Conforme os colecionadores de caça e pastores que viviam no pântano e nas montanhas ao norte se voltavam cada vez mais para o novo estilo de agricultura (uma mudança gradual que levou milhares de anos), o vale fértil a noroeste das terras pantanosas floresceu.

Por volta de 5000 a.C., fazendeiros de cevada e linho cavaram redes de canais de irrigação que partiam dos rios Tigre e Eufrates e seus afluentes e também construíram vilarejos ao longo desses canais. Suas comunidades cresceram rapidamente até que aproximadamente uma dúzia de cidades impressionantes se transformou na civilização Suméria, seguida, depois de 2000 a.C., pela grande cidade-estado da Babilônia e seus sucessivos impérios (uma *cidade-estado* é uma cidade que também é uma nação, assim como atualmente acontece com Singapura e Mônaco).

Desde aproximadamente 2700-2300 a.C., a principal cidade-estado do sul da Mesopotâmia era Ur, lar do bíblico Abraão. Assim como outras cidades da região, Ur fora construída com lama e tijolos. Além de fertilizar os campos, a lama do vale do rio fornecia o melhor material de construção da região, que não tinha muitas pedras nem madeira.

A agricultura na África

O norte da África, onde fica atualmente o grande Deserto do Saara, já foi uma terra muito fértil e com muita chuva. Era um ótimo local para os animais pastarem e também para os caçadores, colecionadores e pastores nômades passarem, pararem para tentar plantar alguma coisa e estabelecer vilarejos.

A troca para a agricultura não foi nada repentina. A partir de sua experiência recolhendo sementes, os povos tribais sabiam que, se houvesse chuva suficiente, o chão onde eles colocavam as sementes após remover as cascas ficaria verde com o crescimento delas. Ao ver em suas sementes germinando à medida que o tempo passava, os povos começaram a espalhar as sementes maiores no chão com esperança de obter mais do mesmo produto.

Inundações em escala mítica

As primeiras cidades da Mesopotâmia beneficiaram-se de sua proximidade com os rios e da lama, que era espalhada pelo território durante as cheias periódicas. No entanto, as enchentes podiam ser desastrosamente grandes. Entre as ruínas de uma cidade suméria e as ruínas da cidade anterior, os arqueólogos do século XX encontraram uma grossa camada de lama do rio, que outrora fora lodosa, e estava seca, evidência de uma terrível enchente. Para os sumérios, uma enchente destas proporções, que varre as cidades, deve ter sido como o fim do mundo. Tábuas de lama (os primeiros livros) encontradas nas ruínas da cidade mesopotâmica de Nineveh contam uma história de como os deuses decidiram acabar com a humanidade através de uma enchente, e como um homem, Utnapishtim, sua família e seus animais foram salvos. Esta é a mesma história contada na Bíblia sobre Noé e a Enchente? Não, mas alguns estudiosos acreditam que o conto de Utnapishtim pode ser uma versão anterior da mesma lenda.

A agricultura só funcionava se as pessoas ficassem em um lugar, ou se partissem e voltassem ao mesmo lugar para fazer a colheita. Com a promessa de um suprimento de comida regular, era mais fácil para os povos nômades parar de vagar e estabelecer raízes em vilarejos rurais (o trocadilho foi intencional).

 Algo irônico aconteceu no norte da África ao longo dos milhares de anos em que o estilo de vida rural esteve ativo. O clima mudou lentamente e as chuvas passaram a ser mais escassas. As terras gramadas e as florestas deram lugar à areia. Durante muitas gerações, cada vez menos sementes germinaram, cada vez menos brotos maturaram e, finalmente, os vilarejos surgiram e ruíram sem que as pessoas se dessem conta do que estava acontecendo no mundo ao seu redor. Conforme o clima mudava, cada vez mais pessoas pegavam as crianças (e também as cabras, supondo que elas já fossem apegadas aos animais domésticos) e iam para a Ásia e para o Oriente Médio. No nordeste da África, as pessoas foram para um pequeno trecho de terra com uma fantástica fonte de água: o Nilo.

Estabelecendo-se no Egito

Os vilarejos surgiram no Vale do Nilo em aproximadamente 5000 a.C.. Mil anos mais tarde, os habitantes do vale enterravam seus mortos com um cuidado meticuloso e muitos ornamentos, uma tendência que levou a objetos grandiosos, como as pirâmides do Egito. Os vilarejos e as vilas transformaram-se em cidades, que se uniram para formar civilizações ainda maiores até que o vale do longo rio tinha apenas duas nações: o Alto Egito e o Baixo Egito. Então, por volta de 3100 a.C., um grande rei chamado Menés (também conhecido como Narmer, embora este possa ser o nome de um rei que reinou um pouco depois) unificou o Egito e construiu uma capital em Mêmfis (não, Menés nunca se atendeu pelo nome de Elvis. O egípcio era um tipo diferente de rei e a cidade egípcia era a Memphis original).

Subindo o rio até Kush

Subindo o Nilo (ou descendo a África, se você está olhando um mapa), outra cultura se desenvolveu na Núbia, ou Kush (onde atualmente fica o Sudão). Influenciados pela cultura do Egito, os kushitas construíram túmulos em forma de pirâmides no estilo egípcio. O Egito governou os kushitas de 2000 a 1600 a.c. e novamente de 1500 a 900 a.C.. Mais tarde, no século VIII a.C., os kushitas recorreram aos seus vizinhos do norte e derrubaram a dinastia que governava o Egito, assumindo o poder deste até aproximadamente 671 a.C..

Abrindo caminho para as novas civilizações

Para os povos das primeiras civilizações, suas cidades pareciam incrivelmente modernas, muito superiores aos vilarejos rurais e às tribos nômades (muitas das quais ainda vagavam pelo interior), além de serem notavelmente poderosas e seguras. Porém, as primeiras civilizações, assim como todas as outras, vacilaram, quebraram, sucumbiram ou evoluíram da mesma maneira como fortunas políticas e militares surgiram e ruíram.

Um bom exemplo de civilização em evolução é a Babilônia, que se transformou em império por volta de 1894 a.C., quando o Rei Sumuabum conquistou cidades e vilarejos vizinhos. Seu sucessor, Hammurabi, estendeu as terras da Babilônia do Golfo Pérsico até parte da Assíria antes de morrer, em 1750 a.C.. O primeiro império da Babilônia (houve outro, mil anos mais tarde e falarei sobre ele em instantes) durou quase 300 anos, até 1595 a.C., quando um povo vizinho feroz, os hititas, conquistaram a cidade da Babilônia e suas terras.

O Império Hitita espalhou-se pela Ásia Menor, abrangendo uma grande área do que atualmente é o centro e o leste da Turquia, estendendo-se até a atual Síria. Então, por volta de 1200 a.C., saqueadores invadiram e queimaram as cidades hititas de maneira tão radical que ninguém se lembrava de quem havia deixado entalhes como os leões idênticos ao lado do que deveria ser a entrada de um grande cerimonial, ilustrado na Figura 4-1. Foram os arqueólogos dos séculos XIX e XX que redescobriram este povo outrora poderoso.

Os perigos do poder

Desde que o Egito se transformou em uma nação, seu rei cada vez mais poderoso e rico também passou por uma transformação. Mais do que um homem, o faraó era um deus vivo.

Ser um deus não era tão bom quanto parece, pelo menos, não inicialmente. Os primeiros reis do Egito unifica-do precisavam provar que eram capazes de ficar no topo. Um rei que falhasse em um rigoroso desafio anual não era mais considerado capaz de prover o estado e, portanto, era morto por sacerdotes em um ritual de sacrifício. De forma compreensível, considerando quem fazia as regras, essa prática desapareceu por volta de 2650 a.C..

Figura 4-1: Leões em pedra entalhados pelos Hititas guardam uma civilização que ruiu em aproximadamente 1200 a.C..

Os hititas foram grandes rivais e, mais tarde, grandes aliados do Egito. As duas antigas forças movimentaram seus exércitos uma contra a outra na Batalha de Kadesh, no norte da Síria, em 1275 a.C.. Algumas décadas mais tarde, eles estavam em paz. O faraó Ramsés II casou-se com uma filha do rei hitita Hattusilis III.

Os assírios, um inimigo comum dos hititas e dos egípcios, também construíram uma grande civilização. Centralizados na parte superior do Rio Tigre, os assírios governaram grande parte da Mesopotâmia entre 2600 e 612 a.C.. Este povo, ou pelo menos seus governantes, parecem ter sido sedentos por sangue. Por exemplo, os entalhes nas paredes do palácio trazem cenas de inimigos sendo decapitados. Nos escritos assírios, os reis se vangloriavam de quantos prisioneiros haviam sido crucificados, empalados e esfolados vivos.

A Babilônia surgiu como o centro de um novo império no final do século VII a.C., depois que os caldeus, um povo semita aparentado com árabes e judeus, mudaram-se para a antiga cidade e conquistaram terras que se estendiam até o Mediterrâneo. Este era o império governado por Nabucodonosor II (605-562 a.C.), cuja conquista de Jerusalém poderá ser vista no Capítulo 20. O império da Babilônia ruiu com a conquista persa de 539-538 a.C., mas a cidade da Babilônia permaneceu como centro urbano durante mais de 200 anos (Alexandre, o Grande, morreu lá em 323 a.C.).

Seguindo na direção leste, para os Rios Indo e Amarelo

As primeiras civilizações não se limitavam às terras ao redor do Mediterrâneo. Assim como os rios Tigre, Eufrates e Nilo deram início a algumas cidades, o Rio Indo (nas terras agora divididas entre Paquistão e Índia) e o Rio Amarelo, na

China, também ofereciam condições ideais para a transformação de vilarejos em cidades no leste.

Descobrindo os mistérios dos locais antigos do Vale do Indo

As cidades às margens do Rio Indo, incluindo locais no atual Paquistão, em lugares como Harappa e Moenjodaro, surpreenderam os arqueólogos que as encontraram por alguns motivos. Assim como as cidades hititas, ninguém sabia da existência das cidades do Rio Indo. Embora os locais das cidades tenham sido localizados, a identidade das pessoas que as construíram e viveram lá ainda é incerta. Em segundo lugar, essas comunidades eram modernas. Por exemplo, as comunidades de 2500 a.C. tinham ruas dispostas em uma grade de retângulos, como acontece em Nova York, e as casas de Moenjodaro tinham banheiros e ralos que alimentavam canos de esgoto municipais. Escritos encontrados entre as ruínas indicam que o Vale do Indo era o lar de uma sociedade letrada, que falava o que, provavelmente, seria uma forma primária do idioma dravídico, relacionado a muitos idiomas ainda falados em partes do sul da Ásia.

Àquela altura, a civilização do Indo provavelmente cobria uma área maior do que a Mesopotâmia e o Egito juntos. Moenjodaro foi reconstruída diversas vezes ao longo do que os cientistas acreditam ser séculos de alterações geológicas que elevaram o nível do Rio Indo, alteraram seu curso e deixaram sucessivas camadas de casas debaixo d'água. Outros dizem que terremotos e grandes enchentes acabaram com a civilização por volta de 1700 a.C..

Tribos nômades de pastores originárias do platô iraniano chegaram ao noroeste da Índia por volta de 1700 a.C. e parecem ter desalojado os povos das cidades do Indo. Saqueadores acabaram destruindo Moenjodaro, mas, aparentemente, a cidade já estava em franco declínio. Os recém-chegados trouxeram um idioma indo-europeu (ancestral distante do atual hindi da Índia, bem como o inglês e muitos outros idiomas) e as raízes do que se transformou na religião e na cultura indiana.

Os historiadores utilizam o termo *ariano* para se referir a um povo que deslocou a civilização do Rio Indo e deu lugar à cultura indiana, porém, esta é uma palavra bastante mal compreendida devido à maneira como os nazistas alemães a utilizaram, de forma errada, para se referir aos caucasianos com pele clara. Se corretamente aplicada, a palavra ariano se refere estritamente aos falantes do antigo idioma indo-europeu e nada tem a ver com etnias ou o tipo físico das pessoas.

Separando história de mito: as dinastias mais antigas da China

Um rio também corre pelo início da civilização chinesa: o poderoso Rio Amarelo. Por volta de 4000 a.C., as pessoas começaram a plantar (primeiro painço, depois arroz) ao longo deste, que é um dos principais rios do norte da China. As lendas chinesas atribuem as origens da civilização a indivíduos específicos, semi-místicos, inclusive o Imperador Amarelo, de aproximadamente 2700 a.C., três reis sábios (de 2350 a.C.) e uma Dinastia Hsia, que durou até 1766 a.C.. Como os historiadores não têm provas de que esses personagens não passam de lendas, eles afirmam que a casa de Shang

Extraindo a pré-história de uma pilha de tijolos

Harappa, talvez a cidade dominante da sofisticada civilização do Vale do Indo, estava uma bagunça quando os arqueólogos começaram a escavá-la em 1920. Os engenheiros ferroviários do século XIX haviam removido os tijolos do local para construir o leito da estrada. Eles sabiam que os tijolos eram velhos, mas não havia como perceber que eles tinham 4 mil anos! Eles deixaram o buraco no chão, então, os moradores locais também pegaram alguns tijolos.

Em 1922, dois anos depois que os cientistas de Harappa começaram a compreender o que havia no local, um arqueólogo indiano encontrou outra montanha de tijolos e sedimentos de rio a 640 km de distância. Ele acreditava ter encontrado um antigo monastério budista. Em vez disso, ele desenterrou as riquezas de Moenjodaro, uma ruína praticamente intocada de grandes vilas, banhos públicos e esculturas surpreendentemente sofisticadas. Desde então, os arqueólogos exploraram mais de 150 sítios no Vale do Indus.

(também chamada Yin) é a primeira dinastia a unir as cidades em guerra do Rio Amarelo no século XVI a.C..

Só na dinastia Shang, os primeiros chineses desenharam o movimento do sol e das estrelas para prever as estações, mantiveram registros astronômicos que rivalizavam com os registros feitos pelos egípcios e criaram um calendário de 12 meses. A Dinastia Shang durou até 1027 a.C., quando foi sucedida pela Dinastia Zhou.

Isolados da Ásia Menor e da África, onde os sumérios e egípcios inventaram a escrita, os chineses desenvolveram seus próprios símbolos pictográficos. Os arqueólogos encontraram caracteres em artefatos da Dinastia Shang que, essencialmente, são as raízes do mesmo sistema de escrita utilizado atualmente na China. Os escritos históricos chineses são maiores do que os registros de qualquer outra cultura em termos de volume, detalhes e continuidade. No período antes de Cristo, a China tem 26 grandes histórias oficiais escritas sobre as dinastias.

A Maioridade nas Américas

Por volta de 2000 a.C., existiam na América do Sul comunidades de bom tamanho, com prédios públicos, principalmente na cadeia de montanhas dos Andes, onde atualmente fica o Peru. Por exemplo, os arqueólogos encontraram provas de que as pessoas que viviam próximas à atual Lima irrigavam suas plantações e construíram uma pirâmide de pedra próxima a El Paraiso por volta de 1800 a.C..

Nas terras mais altas ao norte do Peru, o povo Chavín começou a construir cidades por volta de 1000 a.C.. Sua cultura perdurou por 500 anos, mas eles não deixaram muitas pistas com relação à idade. Os Chavíns podem ter negociado com os Olmecas, que tinham centros urbanos ainda mais antigos, datando de aproximadamente 1200 a.C., juntamente com o sul do Golfo do México, onde atualmente ficam os estados mexicanos de Veracruz e Tabasco. O povo Olmeca deixou enormes cabeças de pedra, que podem ser o retrato de seus reis (embora não sejam muito bonitos). Eles também parecem ter transmitido sua cultura e estrutura social para civilizações posteriores, mais elaboradas, como os Maias (leia mais sobre eles no Capítulo 5).

Mantendo Registros sobre Escrita e Leitura

Assim como a prática da agricultura levou à fundação de vilarejos, vilas e cidades, ela também fez com que surgissem outros sinais de civilização, isto é, a confecção de registros e as disciplinas como Astronomia e Matemática.

No Egito, por exemplo, métodos de ciência prática e engenharia surgiram como maneiras de manter um controle sobre as temporadas para plantio. O rio Nilo ultrapassava seus limites em padrões anuais previsíveis, portanto, os fazendeiros podiam calcular quando a água subiria. Eles estudaram o sol e as estrelas e, ao longo dos séculos, os egípcios desenvolveram um calendário preciso com 365 dias em um ano. Na Mesopotâmia, considerações práticas, como manter um registro das estações, transações comerciais, criação de leis e a invenção do mais precioso aspecto da vida moderna – a burocracia governamental em larga escala – deram início aos registros. Os registros logo levaram a escritos e leituras mais generalizados, sem os quais você não poderia estar fazendo o que faz neste momento.

Planejando as pirâmides

As medidas e a matemática foram muito úteis na construção das pirâmides do Egito que, até hoje, surpreendem as mentes da engenharia. Heródoto, o grego, um historiador que viveu há mais de 2400 anos, escreveu que 100 mil homens trabalharam durante 20 anos na Grande Pirâmide do Egito em Gizé. Pode ter sido um exagero, no entanto, pois a Grande Pirâmide já tinha mais de dois mil anos quando Heródoto escreveu sobre ela.

Construir pirâmides e manter calendários seria praticamente impossível sem um modo de anotar as coisas. Assim como os sumérios haviam feito um pouco antes, os egípcios desenvolveram seu próprio método para registrar as informações na forma de figuras (o que é chamado de *escrita pictográfica*), que evoluiu para um tipo de escrita chamada *hieróglifos* (*medu netcher* ou "*palavras dos deuses*", em egípcio antigo). Em seguida, vieram as histórias escritas, a história registrada, os poemas de amor e (com alguns passos no meio) o lixo eletrônico.

Além de ser um modo importante de os egípcios imporem ordem ao seu mundo, os hieróglifos também passaram a ser o segredo para posteriores descobertas sobre o Egito. Falarei sobre a Pedra de Roseta, a chave do mundo moderno para decifrar os hieróglifos, no Capítulo 24.

Criando leis e músicas românticas

Na Mesopotâmia, as pictografias sumérias (mais antigas até do que as egípcias) evoluíram até transformarem-se em símbolos que representavam palavras, sílabas e, finalmente, fonemas. O método cuneiforme da Mesopotâmia, cuja técnica era passar uma ponta afiada sobre o barro molhado, espalhou-se por todo o Oriente Médio.

Assim como os hieróglifos egípcios, a escrita cuneiforme abriu novos pontos de vista para a história no século XIX AD, quando os estudiosos europeus descobriram como ler os documentos cuneiformes, tais como editais reais e cartas comerciais. Os sumérios também escreveram músicas românticas que, com o ritmo adequado, provavelmente teriam um lugar nas paradas de sucesso atuais.

As escritas cuneiformes possuem diversos códigos legislativos. O rei babilônio Hammurabi no século XVIII a.C. redigiu um dos mais famosos desses códigos. Eis uma amostra: "Se o ladrão não for pego, o homem que foi roubado deverá prestar queixa... e a cidade e o seu governador devem devolver a ele tudo o que houver sido perdido".

Modelando o Mundo que Viria a Existir

Em quase todos os capítulos deste livro, você encontrará referências aos gregos que viveram entre aproximadamente 479 e 323 a.C.. Suas ideias moldaram a civilização mundial, levando à ciência moderna, modelando escolas de filosofia e religião influentes e determinando os precedentes do governo democrático.

Antes de chegar a esses gregos clássicos nesta seção, você precisa saber sobre o mundo em que eles viviam, que é menos antigo do que as primeiras civilizações da Mesopotâmia e do Egito.

O ABC do a.C.

Quando os escribas começaram a usar símbolos para representar palavras — primeiro sílabas, depois sons individuais — teve início a escrita alfabética. Inicialmente, ela era uma forma de abreviação, embora não fosse, na verdade, abreviada, mas sim mais fácil de escrever do que o estilo pictográfico, que exigia um símbolo diferente para cada palavra. Com um alfabeto, os escribas podiam combinar menos símbolos para formar qualquer palavra.

A Construção do Império Persa

Por volta dos séculos VII e VI a.C., o Oriente Médio já engatinhava com grandes e pequenas civilizações há muitos séculos. Antes de os persas surgirem e se estabelecerem, essas civilizações eram governadas por outro conquistador: os Medos. Famosos por seus arqueiros certeiros, os Medos vieram de Média (não, eles não assistiam à TV o tempo todo). Mèdia (também chamada de Medeia) ficava no norte do Irã.

Em 512 a.C., Ciro, um jovem rei persa da família Achaemenid, cansou-se de pagar tributos ao seu avô, o rei dos medos. Ciro reuniu suas tropas e voltou-se contra o avô. Então, deu início ao Império Persa Achaemenid, que governou o oeste da Ásia durante séculos, abrangendo uma área que se estendia do oeste da Índia até o norte da África, e até mesmo para o leste europeu. Por volta de 500 a.C., um dos maiores reis do império, Dario I, construiu uma estrada de 2400 quilômetros de Susa, no Irã, até Éfeso, na Turquia, com estações que forneciam cavalos descansados no caminho para os mensageiros (mais ou menos como fez a Pony Express na América do século XIX).

Também na Turquia, os gregos jônios independentes dos estados costeiros resistiram aos persas. Originários da Grécia, do outro lado do Mar Egeu, estes jônios falavam grego, organizaram sua sociedade nos moldes gregos e viam a Grécia, não a Pérsia, como sua terra natal. Com o apoio das cidades gregas do continente, como Atenas, eles se rebelaram contra o governo persa em 499 a.C.. Dario enviou um exército para punir Atenas por ajudar a revolta, dando início às guerras médicas. Embora os gregos tenham ganhado no final, restou o rancor, que perdurou por 150 anos, quando Alexandre, o Grande, liderou as forças gregas.

O crescimento na direção dos costumes gregos

Muito antes do Império Persa, culturas pré-históricas cresceram e floresceram na Grécia e nas ilhas do Mar Egeu, transformando-se em sociedades ricas e influentes.

Os minoanos tinham uma economia e um governo complexo em Creta e em outras ilhas da região até aproximadamente 1450 a.C., quando comerciantes minoanos sumiram repentinamente dos relatos comerciais egípcios (para ver especulações sobre o motivo, consulte o Capítulo 2). Os mecenas que viviam na Grécia do século XIII também tinham um governo e uma cultura sofisticada.

Ambos foram os antecessores e, possivelmente, os ancestrais dos gregos Clássicos – chamados assim não por causa de seu gosto para música (Mozart só nasceria dali a muitos e muitos anos), mas porque muito do que eles pensaram, disseram e escreveram conseguiu sobreviver. As ideias, a literatura e a arquitetura grega Clássica, isso para não mencionar as festas da toga e aquelas letras legais que ficam na frente das casas das fraternidades, ainda existem no século XXI AD.

Por rotas diretas e indiretas, os gregos – principalmente sua abordagem filosófica da análise crítica do mundo, espalharam-se por todo o Mediterrâneo e, em seguida, pela história, influenciando profundamente sucessivas culturas.

Adaptando uma sociedade à situação grega

O mar e as montanhas cortam o território da Grécia, separando as pessoas em vez de unir populações dispersas. Mesmo assim, os agricultores gregos se uniram para negociar e, a partir dos mercados, eles construíram cidades nos vales do continente e em ilhas isoladas. Os cidadãos gregos reuniram-se e viveram nessas cidades independentes e fizeram algo incomum para sua fase histórica: eles falavam abertamente sobre a maneira como a cidade-estado independente (chamada pólis) deveria ser governada.

Uma *cidade-estado* era uma cidade independente. Politicamente, não fazia parte de um país. Muitas cidades-estado, no entanto, governavam terras mais amplas. Por exemplo, Atenas, uma das cidade-estado mais conhecidas da Grécia, tornou-se capital de um império no século V a.C. Os gregos eram ótimos marinheiros e fundaram novas cidades-estado não apenas na Grécia e nas ilhas do Mar Egeu, como mostra a Figura 4-2, mas também chegaram a todas as partes do Mar Mediterrâneo. Eles se estabeleceram em lugares tão distantes quanto a Sicília e o sul da Itália. Essas cidades-estado eram uma espécie de colônia, pois preservavam a cultura e falavam o idioma grego, porém, não eram coloniais do ponto de vista político. Isto é, as cidades-estado mais remotas geralmente eram tão independentes quanto as cidades-estado da Grécia. Se aventureiros da cidade-estado grega de Corinto fundassem uma outra a centenas de quilômetros de distância, esta nova cidade-estado não pertenceria, necessariamente, a Corinto.

Não eram só as cidades-estado que eram livres, os cidadãos gregos também o eram, estivessem eles na Grécia, na Turquia ou na Itália. Isto é, eles eram *relativamente* livres se comparados às sociedades imperiais como a Pérsia. A maioria dos cidadãos era formada por pequenos fazendeiros, para quem a liberdade significava que eles poderiam cultivar e comercializar seus produtos sem interferência. É claro que *cidadão* estava longe de ser um status universal. Era preciso ser um homem (nunca uma mulher) com porcentagem e idioma gregos para se tornar um cidadão (estrangeiros que não falassem grego e cujos idiomas soassem como "blá blá blá" para estes eram dispensados e taxados como *bárbaros*).

Mesmo assim, entre os cidadãos gregos livres, o costume de fazer perguntas – sobre a maneira como a cidade era governada, sobre as lendas de seus deuses ou sobre o funcionamento da natureza – levou a avanços animadores. A curiosidade alimentou a filosofia e o pensamento sobre a natureza. Matemática, astronomia, física e até a biologia transformaram-se em assuntos sobre os quais foram criadas teorias e problemas a serem solucionados.

Encontrando força na cultura comum

As cidades-estado gregas construíram impérios amplamente baseados na influência e na aliança em vez da conquista e entraram em conflito entre si, às vezes, por motivos ideológicos. Esparta, famosa pela ferocidade militar, iniciou a longa e exaustiva Guerra do Peloponeso, que durou de 431 a 404 a.C., porque os espartanos eram contra o que viam como imperialismo por parte de Atenas, principalmente sob o governo do poderoso líder ateniense Péricles. Esparta derrotou Atenas, o centro do aprendizado e da beleza, e Tebas domou aquela (falarei sobre o estilo de luta grego no Capítulo 16).

Mesmo assim, atenienses, espartanos, tebanos e outros habitantes das cidades-estado gregas nunca se esqueceram de que eram gregos. Eles falavam a mesma língua, adoravam os mesmos deuses e cresceram ouvindo os mesmos poemas épicos de Homero (*A Ilíada* e *A Odisséia* eram uma combinação de sagrada escritura, com uma saga no estilo de *Guerra nas Estrelas* e *A História do Mundo para Leigos* da época). Diferentes cidades-estado também se reuniram para as competições atléticas (a Olimpíada original) e, quando os gregos foram ameaçados pelos bárbaros, como nas guerras contra os poderosos reis persas Dario I, em 490 a.C., e seu filho Xerxes, em 480 a.C., as cidades-estado trabalharam juntas, mesmo que apenas temporariamente.

O filme *300*, de 2007, baseado em um romance gráfico popular, apresenta elementos de fantasia em sua ilustração da Batalha das Termópilas, em 480 a.C., um conflito que marcou as Guerras Persas. *300* mostra o rei de Esparta e a sua força minúscula de 300 tropas enfrentando o forte exército persa de um milhão de homens de Xerxes I.

Tornando Alexandre grande

A independência feroz e contenciosa dos gregos deixou-os vulneráveis pelo período entre 359 e 337 a.C., quando um rei do norte, Filipe da Macedônia, utilizou uma combinação de força militar e diplomacia agressiva para se intrometer em diversas cidades-estado. A Macedônia (atual República da Macedônia e a região macedônia da Grécia moderna) não era um império poderoso como a Pérsia, mas sim um país pobre e montanhoso. Mesmo assim, os gregos não conseguiram se unir contra Filipe. Ele conquistou, coagiu e negociou tratados de paz com cidades-estado, até que ficou em posição de se autoproclamar protetor da Grécia. Filipe transformou as cidades-estado em uma liga, que ajudou seu filho a construir o maior império até então.

A ascensão ao trono

Filipe planejava liderar os gregos contra a Pérsia como um troco para as invasões desta mais de um século. Mas ele foi assassinado antes de conseguir montar a expedição. Alguns dizem que sua esposa, Olímpia, pagou para que o assassino preparasse o caminho para que seu filho, Alexandre, sucedesse o pai. Alexandre, então com 19 anos, bem educado na guerra e na filosofia (um de seus tutores fora o filósofo ateniense Aristóteles), uniu-se a ela e matou outros candidatos ao trono da Macedônia.

Com seu poder assegurado em casa, Alexandre rapidamente informou aos gregos que eles teriam trabalho se tentassem resistir a ele e praticamente destruiu Tebas nesse processo (não confunda com a antiga capital do Egito, que também se chamava Tebas).

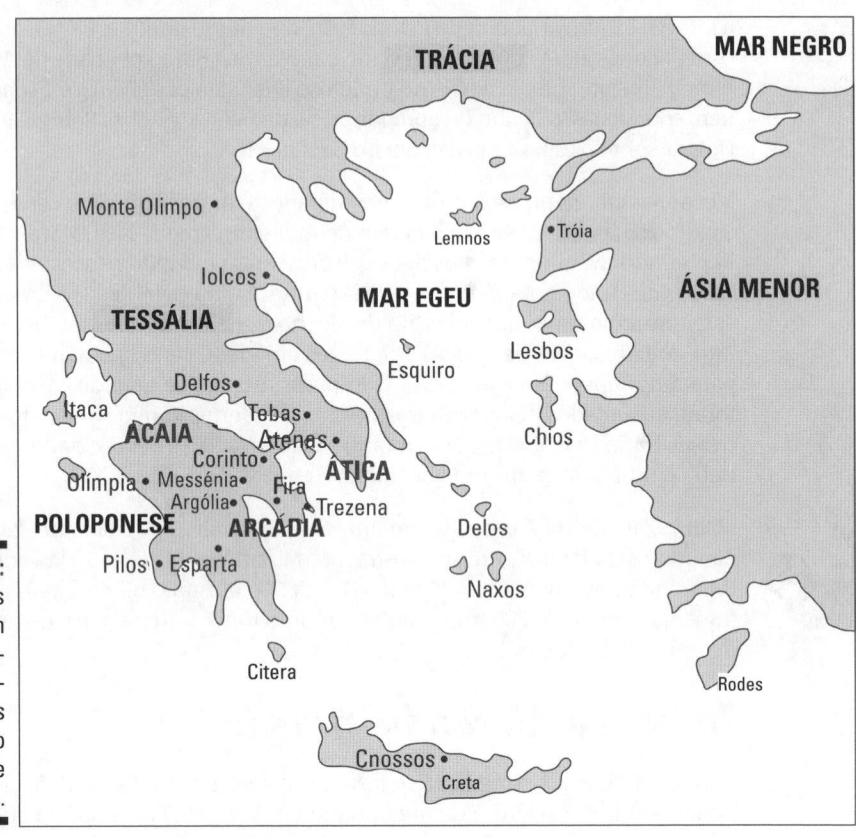

Figura 4-2:
Os gregos
construíram
cidades-es-
tado inde-
pendentes
por todo o
mar Egeu e
muito além.

O épico *Alexandre*, de 2004, do diretor Oliver Stone, é uma tentativa ambiciosa de traçar toda a vida de Alexandre, o Grande, desde sua difícil relação com Filipe até seus sentimentos complexos pela mãe, retratando as grandes conquistas e indo além disso.

Estendendo um império até onde era possível

Em uma carreira marcada por uma vitória após a outra, Alexandre, o Grande, construiu um império além dos limites que o mundo conhecia. Em meados de 331 a.C., Alexandre e seu exército greco-macedônio derrotou duas grandes forças persas, a segunda delas liderada pelo rei Dario III.

Embora fosse um guerreiro brilhante, corajoso e criativo, Alexandre não fez tudo por força ou por ingenuidade. Os egípcios, conquistados anteriormente pelos persas, escolheram Alexandre como seu líder. Quando o jovem conquistador marchou para a Mesopotâmia, as antigas cidades abriram seus portões para ele e o aceitaram como rei. Quando Dario III estava fora do caminho (assassinado por seus próprios homens), os persas caíram diante de Alexandre e fizeram com que ele se sentisse como um deus. Ele gostou disso, mas seus oficiais não.

Alexandre marchou para além das fronteiras da Pérsia, lutando contra tribos afegãs, fundando cidades e cruzando o Himalaia. Na Índia, suas forças prevaleceram contra os elefantes do rei Porus. Finalmente, suas tropas se recusaram a ir mais além. Retornando até a Babilônia, Alexandre morreu em decorrência de uma febre (talvez, malária) aos 33 anos, em 323 a.C..

O legado

A influência de Alexandre não morreu com ele. Diz a lenda que seu corpo foi preservado em mel enquanto seus seguidores passaram mais de dois anos construindo uma carruagem funerária incrivelmente ornamentada. Quando a carruagem estava pronta, pranteadores colocaram o caixão imperial dentro dela e iniciaram uma procissão funerária muito lenta de 2400 quilômetros até a Macedônia para o enterro. No entanto, eles nunca chegaram até lá. O general de Alexandre, Ptolomeu, apontado como governante do Egito, desviou a procissão para Alexandria, uma das cidades para a qual o conquistador havia emprestado o próprio nome. Lá, a simples posse do corpo de Alexandre deu a Ptolomeu o status para se tornar governante por si só. Ele fundou a Dinastia Ptolomaica do Egito, que continuou até que sua descendente Cleópatra VII se suicidasse com uma cobra em 30 a.C..

Uma das maiores conquistas de Alexandre foi espalhar o modo grego de questionar e pensar pelo mundo (os orgulhosos macedônios, por falar nisso, são exceção ao modo como Alexandre, às vezes, é citado como grego). Alexandre e suas forças, em sua maioria gregas, disseminaram as atitudes nativas. Alexandria, no Egito, era o centro da cultura *helenística*, significando que as ideias influenciadas pelos gregos e o idioma foram além das cidades-estado gregas e perduraram por muitas eras.

A racionalidade, a democracia, o individualismo, a cidadania, o debate livre e a curiosidade nascidos da filosofia em estilo grego foram transmitidos para outras culturas. A filosofia passou a ser a base da ciência e a abordagem científica passou a ser a principal ferramenta do mundo moderno para interpretar a realidade. Desta forma, os gregos Clássicos ainda exercem uma poderosa influência sobre a vida no século XXI.

Arredondando o Mundo

Ao longo dos milhares de anos desde o surgimento das primeiras cidades e civilizações e de sua expansão para o Oriente Médio e para a Ásia, muitas outras culturas nas áreas a seguir também tiveram papéis importantes:

- ✔ **África:** Onde atualmente fica o norte da Nigéria, os Noks derrubaram florestas tropicais para obter terras cultiváveis, utilizando machados e enxadas com lâminas de ferro por volta de 600 a.C.. Os Noks também eram escultores e criavam figuras realistas em terracota.

- ✔ **Irlanda, Escócia, Dinamarca, França e Espanha**: Centenas de anos antes das primeiras pirâmides do Egito, os povos da Europa ocidental construíram túmulos comuns com pedra e terra. Os exemplos sobreviventes datam de 3500 a.C.. Alguns exemplares particularmente bons permanecem em Orkney, um grupo de ilhas na costa da Escócia, e em Newgrange, na Irlanda. Os europeus do final da Idade da Pedra também deixaram vilarejos inteiros construídos em pedra. Mais espetaculares ainda são os círculos de pedra chamados *megalitos* (ou "pedras grandes") construídos por esses povos. Stonehenge, o mais famoso, foi construído no sul da Inglaterra por volta de 2800 a.C..

✔ **Japão:** As pessoas viviam em pequenos vilarejos nas ilhas montanhosas que se transformariam no Japão por volta de 9000 a.C., a maioria perto do oceano e ao longo dos rios. Eles passaram de um estilo de vida de caçadores para agricultores, plantando primeiro vegetais e painço. Estas pessoas também eram ceramistas e seus trabalhos dão nome ao período, *Jomon*. Ao final da era Jomon, por volta de 300 a.C., os ceramistas japoneses tinham uma visão mais ampla do mundo, já que haviam pego emprestado as decorações em estilo chinês. Outra inovação chinesa, a cultura do arroz, também se espalhou pelo Japão.

Percorrendo os Séculos

8000 a.C.: As pessoas viviam em uma comunidade murada em Jericó, uma cidade-oásis próxima ao Rio Jordão.

Por volta de 5000 a.C.: Fazendeiros de cevada e linho cavaram redes de canais de irrigação e construíram vilarejos ao longo destes canais entre os rios Tigre e Eufrates no território que passaria a ser o atual Iraque.

Por volta de 3100 a.C.: O rei Menés unificou o Alto Egito e o Baixo Egito em um único reino com a capital em Mênfis.

2000 a.C.: O Egito conquistou a cultura Kush ao sul.

Por volta de 1700 a.C.: Terremotos e grandes enchentes repentinas podem ter sido responsáveis pela extinção da sofisticada civilização do Vale do Indo.

512 a.C.: Ciro, um jovem rei persa, liderou tropas contra seu avô, rei dos Medos.

404 a.C.: Esparta derrotou Atenas na Guerra do Peloponeso, que durou 27 anos.

323 a.C.: Quando estava na Babilônia, Alexandre, o Grande, foi acometido de uma febre repentina e morreu.

Capítulo 5
A Ascensão e Queda de Muitos Impérios

As origens da cidade-estado de Roma são obscuras e perderam-se na história, isso quando não são lendas. Porém, a história de Roma, conforme ela se transformava em um dos maiores impérios que o mundo já tinha visto, não é nada obscura. Nem mesmo em 20 livros deste tamanho eu conseguiria contar tudo o que se sabe sobre o Império Romano e o seu povo, que dirá de seu legado.

A influente Roma deixou uma história tão grande e um marco tão duradouro no mundo que, às vezes, parece que o Império Romano foi o único grande império do século final antes de Cristo e dos primeiros séculos do *Anno Domini*. No entanto, o Império Romano estava longe disso. Impérios poderosos surgiram e ruíram no Oriente Médio e na Ásia. Novos impérios surgiram na China e nas Américas, distantes e isolados da esfera romana. A expansão imperial dominou grande parte do mundo. Você saberá mais sobre alguns destes impérios e outras civilizações contemporâneas do Império Romano mais adiante neste capítulo.

Assim como outros impérios surgiram e ruíram, isso aconteceu também em Roma. Neste capítulo, você também descobrirá como Roma cresceu a partir de uma cidade-estado governada por um rei até se transformar em um império democrático e, finalmente, deteriorar-se em uma ruína política dividida e empobrecida.

Vida e Morte de Roma

Desde seu início lendário até sua morte, a civilização romana tinha uma atração que capturava a imaginação não apenas dos historiadores, mas de todas as pessoas fascinadas pelas conquistas humanas, aventuras militares, intrigas políticas e pela tragédia. Shakespeare estava entre as pessoas que foram atraídas por suas histórias (veja mais sobre isso na seção "Ultrapassando os limites"), assim como eu.

Qual é a atração? É possível observar a ascensão e a queda de Roma a partir de vários ângulos e imaginar sua complexidade e sofisticação, isso para não falar da crueldade e da corrupção de sua longeva cultura. Nos breves trechos que se seguem, você encontrará dicas sobre o que fascinou tantas pessoas na civilização romana.

Formação da República Romana

A lenda romana diz que o semideus Rômulo, filho do deus grego da guerra, Marte, construiu a cidade de Roma no Rio Tibre em 753 a.C. e a governou como seu primeiro rei. A lenda também diz que uma loba alimentou o bebê Rômulo e o seu irmão gêmeo Remo. Os historiadores tendem a discordar, principalmente com relação à loba, e colocam a fundação de Roma um pouco mais adiante, em 645 a.C. (para saber mais sobre Rômulo e Remo, consulte o Capítulo 19).

Embora possa nunca ter provado o leite da loba ou assassinado seu irmão gêmeo, o lendário Rômulo é tido como o primeiro dos sete reis que governaram Roma como cidade-estado (da mesma maneira como as cidades-estado gregas ao redor do Mediterrâneo, sobre as quais você poderá ler no Capítulo 4) até 509 a.C., quando o rei Tarquínio, o Soberbo, ficou do lado errado de seu corpo conselheiro de magistrados cidadãos, o Senado Romano.

O Senado Romano ajudou Tarquínio, o Soberbo, a iniciar um sistema republicano de governo, criado para evitar que um tirano governasse Roma novamente. Dois *cônsules*, eleitos anualmente, serviam como executivos administrativos sob a supervisão do Senado Romano. O sistema republicano funcionou, levando a estabilidade de que Roma precisava conforme passava de cidade-estado a império. E como Roma cresceu.

Roma fez empréstimos livremente de outras culturas: um panteão de deuses dos gregos, a democracia em estilo ateniense e a tecnologia dos trabalhos em metal de uma antiga cultura indiana, os etruscos. Mesmo assim, a civilização romana fez tanto com o que pegou emprestado que não é possível superestimar seu impacto em seu tempo desde então. Como a influência de Roma é sentida hoje? De todas as formas. Primeiro, o idioma romano, o latim, é a base não apenas do italiano, mas também do francês, do espanhol, do português e do romeno. O latim também deixou uma marca profunda em idiomas não-latinos, como o inglês. Mesmo quando o latim caiu em desuso, ele continuou sendo a linguagem comum do aprendizado, principalmente na medicina e na ciência.

Obtendo a cidadania

Os romanos viviam em uma sociedade estratificada, organizada em camada (consulte o quadro "A classe romana" para saber mais). Oportunidades e empregos eram estritamente definidos pelo nascimento, assim como acontecia em muitas outras culturas dominadas por aristocratas privilegiados. Porém, o costume romano também oferecia maneiras de melhorar seu status ou o de seus filhos.

Roma permitia que estrangeiros e escravos se tornassem cidadãos. Era uma oportunidade altamente limitada para padrões modernos, mas bastante evoluída para a época. Oferecer aos que haviam nascido humildes e aos conquistados uma chance de inclusão na sociedade ajudava o Império Romano a conquistar a lealdade do povo para com Roma, o que ajudou muito no crescimento e na resiliência de Roma.

A democrática Atenas, na Grécia, não oferecia oportunidades como esta para estrangeiros (saiba mais sobre Atenas nos Capítulos 4 e 11). Em uma cidade-estado grega, um escravo poderia ser libertado, mas o melhor que ele podia esperar era uma permissão de residência para estrangeiros. Ele provavelmente não seria leal a um estado que o excluía (isso servia só para os homens. As mulheres nem sonhavam com a cidadania). Quando a guerra explodiu, os residentes estrangeiros não se uniram à causa.

Por que essa exclusividade? Os gregos valorizavam a *pureza grega* e não respeitavam aqueles que não falavam seu idioma nem adoravam seus deuses. Mas a exclusão também era econômica. As cidades-estado da rochosa Grécia geralmente tinham poucos recursos, principalmente na agricultura. Conceder a cidadania significava aumentar o número de pessoas com direito à comida. Fazer dos escravos cidadãos era caro demais e também significava aumentar o número de eleitores, o que poderia ter gerado mudanças de poder não previstas.

Na fértil Itália, por outro lado, a comida era relativamente abundante, portanto, as cotas não eram um problema. Além disso, eram blocos de votos, e não votos individuais, que determinavam as eleições romanas, portanto, um voto a mais em um bloco tinha pouco impacto.

Roma oferecia aos escravos a real possibilidade de ganhar a cidadania, mas somente na camada mais baixa: a dos *plebeus*. Os plebeus, no entanto, podiam esperar que seus filhos ascendessem a uma classe mais alta. Além disso, Roma uniu outras cidades ao seu império, agregando os povos conquistados. Os oficiais romanos sustentavam os aristocratas locais de províncias recém tomadas, fazendo com que eles se tornassem dependentes do apoio de Roma. Os homens do país derrotado eram alistados para o próximo conflito e recompensados com parte dos lucros da conquista praticamente inevitável: a lealdade era lucrativa.

Expandindo o império

Por volta do século III a.C., Roma tinha apenas um grande rival no oeste do Mediterrâneo: a cidade de Cartago, um porto comercial grande e rico do norte da África.

A camada romana

A palavra *plebeu*, que se refere a uma pessoa da camada inferior, ainda é utilizada. Em Roma, os plebeus pertenciam à segunda camada mais baixa dentre as quatro classes da sociedade. A mais baixa eram os *escravos*, que não tinham direito algum. Os plebeus tinham uma situação um pouco melhor, pois eram livres, mas além disso não tinham muito mais. A camada seguinte na hierarquia era a classe dos *equites*, ou cavaleiros. Eles eram pessoas ricas – homens ricos, na verdade – de uma camada que andava a cavalo quando eram chamados para lutar por Roma. No entanto, eles não eram ricos o suficiente para ter muito poder. Para isso, era preciso ser um *patrício*, ou nobre. *Patrício* também é uma palavra que ainda é usada. Atualmente, assim como antigamente, ela se aplica às pessoas de famílias ricas, acostumadas a ter autoridade.

Antes de 1000 a.C., os fenícios partiram do que atualmente é o Líbano para expandir as oportunidades comerciais e encontraram Cartago, atual Tunísia, em 814 a.C.. Por volta de 600 a.C., Cartago ficou tão rica e populosa que expulsou o governo fenício.

Cartago e Roma travaram três Guerras Púnicas de 264 a 146 a.C. (*Púnica* vem do latim *Punicus*, que significa "fenício"). Cartago devia ter desistido quando estava em vantagem. Na primeira dessas guerras, Roma conquistou a ilha da Sicília, sua primeira província ultramarina. Na segunda Guerra Púnica, Cartago perdeu o restante de seus territórios e se transformou em um aliado dependente de Roma. A aliança não foi nada calma e transformou-se na terceira Guerra Púnica, quando Roma destruiu Cartago.

Ao leste, Roma lutou contra os reinos helenísticos, que eram nações influenciadas pelos gregos, criadas a partir do império de Alexandre. Os romanos tomaram a Macedônia, a Grécia, a Ásia Menor e a costa leste do mar Mediterrâneo, incluindo Judá, fundada pelo líder judeu Judas, o Macabeu, em 168 a.C.. Os romanos saquearam Jerusalém em 63 a.C. e fizeram dela a capital da Judeia romana.

O império expandiu-se ao norte para a Gália, chegando aos rios Reno e Danúbio, e ficou tão grande que administrar um território de tal dimensão tornou-se muito difícil para a república, com seu governo desajeitado e geralmente contencioso. O tumulto abriu espaço para um gênio militar chamado Caio Júlio César dar um passo à frente.

Ultrapassando os Limites

Caio Júlio César (mais conhecido como Júlio César) era um aristocrata romano de uma das famílias mais antigas da república. Como comandante militar, suas conquistas estenderam o crescente domínio romano e ele era ambicioso tanto com relação a si quanto ao seu país.

No século I a.C., Roma precisava desesperadamente de um líder. Décadas de paz desconfortável, rivalidades políticas ferozes e rancores espalhados por toda parte seguiram-se por uma série de guerras civis. Os políticos que brigavam pelo poder deixaram o Senado Romano impotente. Em 60 a.C., três líderes formaram o Primeiro Triunvirato, ou "regra dos três", para restabelecer a ordem. Na verdade, este foi um acordo não oficial mantido em segredo inicialmente, mas o triunvirato dominou a política romana por grande parte de uma década. Os três membros eram Marco Licínio Crasso, Cneu Pompeu Magno (mais lembrado como Pompeu) e Júlio César, o mais jovem. César era muito temido pelos políticos que se opunham ao Triunvirato, em parte porque ele era sobrinho de Caio Mário, que por sete vezes havia sido cônsul, o posto administrativo mais alto do governo romano (um cônsul era mais ou menos uma mistura entre o primeiro ministro e o procurador público).

As vitórias de César nas Guerras Gálicas (58 a 52 a.C.) ampliaram os limites do império até a costa atlântica da Europa. Ele também liderou a primeira invasão de Roma à Inglaterra em 55 a.C.. No entanto, enquanto Júlio César estava fora, Crasso morreu e o Primeiro Triunvirato se desfez. Pompeu tentou consolidar seu próprio poder, passando a ser rival de César, e não seu aliado.

Retornando a Roma em 49 a.C., César iniciou outra guerra civil, desafiando uma lei que afirmava que as tropas romanas deveriam ficar ao norte do Rubicão, onde atualmente fica o norte da Itália. A lei pretendia evitar que um líder militar assumisse a república à força. César cruzou o rio com suas tropas e lutou contra outros líderes romanos pelo poder absoluto em batalhas que continuaram até 45 a.C. (desde então, *Rubicão* significa "ponto sem volta") Com seus rivais derrotados, César assumiu o título de "Ditador Democrático".

César não foi, tecnicamente, um imperador, mas seu reinado marcou o final da república romana e o início de uma era de imperadores. As famílias que governavam Roma não aceitaram muito bem o fato. O ditador gostava de elogios elaborados e tributos formais, fazendo com que seus inimigos pensassem que ele visava não apenas a um status de realeza, mas também a uma espécie de divindade imperial. Muitos romanos não gostavam do que César estava fazendo com a república e ainda falavam de Tarquínio, o Soberbo, o último rei romano, e sobre como o Senado Romano o havia expulsado. Dois senadores, Brutus e Cássio, planejaram o assassinato de César e foram bem-sucedidos.

O inglês William Shakespeare escreveu uma incrível peça sobre a queda de César, 1600 anos após o acontecimento. Se você já disse alguma vez: "Os idos de março" ou "Amigos, romanos, cidadãos, deem-me seus ouvidos", citou trechos de *Júlio César*, de Shakespeare. O diretor Joseph L. Mankiewicz fez uma versão para o cinema em 1953, com a sensação das telas nos anos 1950, Marlon Brando, ao lado do peso-pesado shakespeariano John Gielgud. O filme não é tão divertido quanto uma boa produção da peça nos palcos, mas poderia ser muito pior. Adaptações mais recentes para o cinema foram feitas em 1970 e 1979. No entanto, não aceite a peça ou os filmes sobre *Júlio César* como a verdade absoluta. Shakespeare era um excelente dramaturgo e não um historiador.

Muitos anos de guerra civil se seguiram após o assassinato de César. O primo de César, o general Marco Antônio, ficou em posição de assumir o poder supremo. Mas seu formidável rival, o sobrinho-neto e filho adotado de César, Otaviano, chegou ao topo em 31 a.C. com uma vitória sobre as forças combinadas de Marco Antônio e sua esposa, a rainha do Egito, Cleópatra, em Áccio, próximo à costa grega.

Dando poder ao imperador

Assim como seu antecessor, Otaviano não chamou a si mesmo de rei ou imperador, embora ele o fosse como incontestável governador do mundo romano. Em vez disso, ele adotou o modesto título de *Pincipate*, ou "primeiro cidadão". Sua modéstia teria parecido sincera caso ele não tivesse solicitado que o Senado o renomeasse como *Augusto*, que significa "exaltado". Augusto já tinha o nome da família de César. Tanto Augusto quanto César tornaram-se títulos transmitidos a sucessivos imperadores romanos.

Augusto reduziu o expansionismo desenfreado dos últimos dias da república e determinou limites territoriais: os rios Reno e Danúbio na Europa e o rio Eufrates na Ásia. O império era estável. Ele não anexou qualquer território até tomar a Inglaterra em 44 AD. Depois, em 106 AD, o Imperador Trajano, sedento por ampliar seu território, tomou a Dácia (atual Romênia) e a Arábia.

Caminhando para o leste

Os imperadores governaram Roma por mais centenas de anos, enquanto dinastias surgiram e ruíram e a pressão ao longo das fronteiras exigia vigilância (para saber mais sobre as estratégias de defesa de Roma, consulte o Capítulo 16). Reduzir a expansão diminuiu o conflito, mas não deteve as incursões externas.

A pressão maior era sempre na fronteira formada pelos rios Reno e Danúbio. Sucessivos imperadores romanos precisavam concentrar recursos naquela região, levando a um foco mais administrativo no leste. No século III AD, o Imperador Diocleciano construiu uma nova capital oriental, Nicomédia, na Ásia Menor, onde atualmente fica a cidade turca de Izmit. Em 324 AD, o Imperador Constantino colocou sua capital, Constantinopla (onde atualmente fica Istambul, Turquia), também no leste. Ele construiu a *Nova Roma*, como Constantinopla era constantemente chamada, no lugar de uma antiga cidade bizantina no Bósforo, o canal que liga o Mar Negro ao Mediterrâneo. Concluindo o projeto em 330 AD, o imperador renomeou a cidade com seu nome.

Constantino tornou-se o primeiro imperador cristão, encerrando um século de perseguições contra aqueles que seguiam a nova religião. Os cristãos eram relativamente poucos até o século III e eram amplamente ignorados, porém, em 235 AD, a Dinastia Severiana ruiu e o Império Romano entrou em 50 anos de caos. O Imperador Décio, procurando bodes expiatórios, começou a cercar e assassinar um número cada vez maior de cristãos. Seu sucessor, Valério, fez mais ou menos a mesma coisa. Os góticos mataram Décio e os persas capturaram Valério em atos que os cristãos viam como retribuição divina. Talvez os imperadores pensassem a mesma coisa. Os romanos eram muito supersticiosos e a má sorte convenceria até mesmo um imperador de que forças sobrenaturais estavam contra ele. A perseguição aos cristãos cessou por um tempo e o cristianismo ganhou muitos adeptos.

Foi Diocleciano, um soldado croata que se tornou imperador em 284 AD, quem colocou o Império Romano de volta nos trilhos. Depois de fazer isso, Diocleciano recomeçou a perseguir os cristãos.

Como ele restaurou a ordem? Ele dividiu o império em dois, como a seguir:

- **O Leste**: Diocleciano tomou a metade rica e saudável do leste do Império Romano para si, baseando sua nova capital na Turquia.

- **O Oeste**: Diocleciano nomeou o general responsável pela Gália, Maximiano, para governar a metade oeste do Império Romano.

Tanto Diocleciano quanto Maximiano tinham o título *Augusto* e outros dois co-governantes, Constantino e Galério, receberam o título menor de César. Quando Constantino morreu, seu filho, Constantino, mais tarde chamado de Constantino, o Grande, o sucedeu e, por fim, conquistou o controle de todo o império. No entanto, a reunificação não durou, principalmente pelo fato de Constantino se basear também no leste. A divisão de Diocleciano havia aberto um precedente.

Constantino fez muito mais pelos cristãos do que apenas deter sua perseguição. Começando em 331 AD, ele enriqueceu a Igreja:

- Pegando os tesouros dos templos pagãos e gastando-os em novas e magníficas igrejas cristãs da Itália até a Turquia e Jerusalém.

- Distribuindo dotes gigantescos.

- Autorizando os bispos a sacarem os fundos imperiais como forma de reparação pelos anos de animosidade.

Estes movimentos ajudaram a estabelecer a Igreja como uma instituição rica durante muitos séculos. Em 391 AD, o sucessor de Constantino, Teodósio I, acrescentou um toque final, proibindo a adoração pagã no antigo estilo romano.

Um resultado da mudança de poder foi que o Senado Romano, algumas vezes, foi relegado ao status de conselho municipal. De fato, Roma era uma cidade bem grande para ser supervisionada, mas o poder estava onde o imperador estava (ou onde os imperadores estavam). A metade oeste de Roma pouco a pouco deixou de ser um império e, portanto, ficou cada vez mais vulnerável às invasões de tribos bárbaras pelo norte – hunos, vândalos, visigodos, ostrogodos e muito mais.

Por volta de 400 AD, Teodósio tinha um senado em Constantinopla e uma equipe de dois mil burocratas. Também mais ou menos na mesma época, os coletores romanos de impostos não podiam se movimentar pela Europa sem escolta militar. Os visigodos saquearam Roma em 410 AD.

O império ocidental vira história

Com seu território oriental tomado por bárbaros e piratas, o Império Romano não era mais o mesmo. Em 439 AD, os vândalos avançaram para o norte da África, que pertencia a Roma, capturando Cartago, a antiga capital fenícia, que havia se transformado em uma das principais cidades do Império Romano Ocidental. O outrora poderoso império ocidental não foi capaz de defender seu valioso centro comercial.

Enquanto o Império Romano do Ocidente entrava em declínio, o governo imperial de Constantinopla sinalizava os tempos de mudança, declarando o grego e não o latim, como a língua oficial da capital. O latim era o idioma do ocidente, de Roma. O grego era o idioma do leste Mediterrâneo, o novo centro da ascendência romana. Assim como o Império Bizantino, este ramo oriental do Império Romano persistiria por mais mil anos. Para saber mais sobre isso, consulte o Capítulo 6.

A administração romana no oeste lutou até 476 AD, mas sem autoridade. Quando os líderes bárbaros chegaram ao último imperador a se sentar no trono romano, um pobre jovem chamado Rômulo Augusto (um nome que lembrava seus grandes antecessores), eles não se importaram em matá-lo. Também conhecido pelo diminutivo Augustulo, ele não foi considerado suficientemente importante.

O legado de Roma atravessou o Mediterrâneo, o Oriente Médio, a Europa e as Américas, e também lugares distantes afetados culturalmente pelos europeus: uma grande área que abrange as Filipinas, a África do Sul (e grande parte do restante do continente africano), a Austrália e, discutivelmente, o mundo todo.

Roma e a Igreja Católica Romana

Quando Roma deixou de ser a capital imperial, seu nome permaneceu por tanto tempo na mente das pessoas que continuou a significar poder e a ter uma aura de legitimidade. Isso aconteceu, em parte, porque a Igreja manteve sua sede lá, mas a Igreja estava em Roma por causa do que Roma tinha sido em seu auge político: o centro do mundo ocidental.

Os romanos não foram os primeiros cristãos. Na verdade, os romanos deram os primeiros cristãos para os leões só por diversão. Porém, quando o Império Romano foi oficialmente convertido ao cristianismo, ele promoveu, fortaleceu e espalhou a religião pela Europa, pelo oeste da Ásia, pelo norte da África – para todos os lugares que pertenciam ao império. A Igreja ganhou riqueza e poder sob a proteção dos imperadores romanos.

Roma tornou-se a capital do cristianismo ocidental e ainda é o lar da Igreja Católica Romana. Porém, ironicamente, quando o cristianismo se tornou a religião oficial de Roma, o Império Romano havia concentrado suas energias longe dali.

Qualquer que seja o nome, ela ainda é a Igreja

Ao falar da Igreja Cristã em seus primeiros anos, geralmente me refiro a ela simplesmente como *Igreja*. O cristianismo transformou-se em uma força cultural enorme a partir do tempo dos romanos. Antes da Reforma Protestante do século XVI, a *Igreja Católica* era a *igreja cristã* da Europa Ocidental – praticamente a única. Ela raramente era chamada de Igreja Católica, pois católico ainda era um adjetivo, que significava "universal", em vez de ser o nome de uma denominação religiosa (se escrito com um c minúsculo, *católico* ain-

da significa "universal" ou "amplo"). Depois que Roma baniu a adoração pagã e com o desaparecimento das crenças escandinavas e celtas, praticamente todo mundo era cristão. O catolicismo era a religião universal: todo mundo era Católico, mas as pessoas não se viam como tal, pois os Protestantes não existiam. Os cristãos sempre escreveram a palavra *Igreja* com letra maiúscula quando se referiam a um conjunto de catedrais, capelas, priorados e afins que obedeciam ao Papa, em Roma, assim como eu o faço neste capítulo e nos Capítulos 10 e 14.

Além de seu papel como raiz das Línguas Românicas (italiano, francês, espanhol, e outras), o latim era o idioma comum da Igreja Católica Romana, que para os romanos e outros cristãos europeus antes do século XVI AD era apenas a Igreja – a única que existia (consulte o Capítulo 12 para saber mais sobre o início do cristianismo). Após a Reforma Protestante e até meados do século XX, as missas católicas de todo o mundo eram rezadas em latim (consulte o Capítulo 14 para saber mais sobre a Reforma e a fundação de outras igrejas cristãs).

O Sagrado Império Romano não deve ser confundido com o Império Romano. O Sagrado Império Romano foi uma confederação bastante posterior de principados e ducados europeus, que teve suas formas e suas alianças alteradas com o passar dos séculos. Porém, ele obteve seu nome Romano por causa do respeito que os europeus medievais ainda tinham pelo conceito do poder romano. Este segundo império teve início em 800 AD, quando o Papa Leão III concedeu o novo título de Imperador do Ocidente a Carlos Magno, rei dos francos e primeiro governador desde a tentativa do Império Romano original de unificar grande parte da Europa Ocidental sob um único governo. O império de Carlos Magno, baseado onde atualmente fica a França, não sobreviveu por muito tempo após sua morte, mas o rei germânico Otto I criou um novo Sagrado Império Romano em 962 AD, um império que perdurou até o século XIX (para saber mais sobre o Sagrado Império Romano, consulte os Capítulos 6 e 14). Além da bênção do Papa, este império, que uniu terras germânicas e austríacas, pouco tinha a ver com Roma. Mesmo assim, o nome Romano tinha um sabor de legitimidade imperial.

Outros termos romanos também resistiram, principalmente aqueles que se referiam a posições de autoridade. O título russo *czar* (ou *tsar*, como geralmente é escrito) e o alemão *kaiser* vieram do título romano *caesar* (Julius Caesar, cujo nome passou a ser um título romano oficial, aparece novamente no Capítulo 20). O nome de uma poderosa família, os *Romanovs*, que governou a Rússia de 1613 a 1917, também faz referência à Roma imperial. Até mesmo no mundo islâmico, o nome Qaysar – um topônimo encontrado do Afeganistão ao Egito – vem de Caesar.

Construindo Impérios pelo Mundo

Após a morte de Alexandre, o Grande, em decorrência de uma febre repentina em 323 a.C., seu vasto império se desintegrou quase imediatamente. Sem Alexandre, não havia nada que unificasse lugares tão espalhados e diferentes como a Macedônia, o norte da Índia e o Egito – todos eles entre os territórios de Alexandre (saiba mais sobre Alexandre, o Grande, nos Capítulos 4 e 20).

No entanto, a queda do império de Alexandre deu origem a novos impérios, não tão grandes, mas, mesmo assim, impressionantes. Muitos deles foram fundados pelos antigos governantes militares de Alexandre.

Alexandre foi um conquistador e não um administrador. Ele não podia governar pessoalmente todas as terras que conquistava – principalmente enquanto conduzia outras campanhas militares – então, apontava *vice-reis* para governar em seu nome. Estes governantes assistentes acabaram sendo os principais comandantes militares de Alexandre.

Com a morte de Alexandre, os generais ficaram livres para transformar seus territórios, dos quais eles cuidavam em nome de seu chefe, em reinos pessoais (consulte o Capítulo 4 para conhecer a história de Ptolomeu, governador macedônio do Egito conquistado, que usou a procissão funerária de Alexandre para fundar sua própria dinastia egípcia). Embora o Império Romano, o maior e mais influente império a surgir após Alexandre, tenha surgido inicialmente como uma cidade-estado e, embora o Mediterrâneo estivesse cheio de cidades-estado bem-sucedidas, o poder imperial era o modelo para o governo em larga escala dos últimos séculos do período antes de Cristo e o início do *Anno Domini*.

Governando a Pérsia e a Pártia

Seleuco foi o general macedônio que Alexandre, o Grande, deixou responsável pela Pérsia (grande parte do que atualmente é o Irã) nos anos 330s a.C.. O Império Persa, em seu apogeu, por volta de 480 a.C., era imensamente poderoso, mas estava em declínio quando Alexandre o acrescentou à sua coleção de reinos. Mesmo assim, havia um precedente de governo imperial na Pérsia e Seleuco tirou proveito disso, levando os oficiais persas para governar macedônios e gregos, além de usar suas tropas para manter a ordem. Ele conseguiu se transformar em um rei; não era mais um vice-rei dependente do poder de Alexandre, o Grande para apoiá-lo.

Os descendentes de Seleuco, a Dinastia Selêucida, governou uma parte da Ásia que se estendia de Anatólia (a parte asiática da atual Turquia) até o Afeganistão. O governo de Seleuco perdurou até que um rival regional poderoso, os partianos, conquistaram a Pérsia no século II a.C..

A ascensão dos partianos data de 250 a.C., quando o líder Ársaces, da Ásia central, fundou Pártia no leste da Pérsia. Seu descendente, Mitridates I, empreendeu uma campanha para construção de um império próprio entre aproximadamente 160 e 140 a.C., reunindo terras desde o Golfo Pérsico até o Mar Cáspio, e a leste, até a Índia.

O objetivo de Mitridates era recriar o Império Persa governado por Dario I há mais de 300 anos antes (o Capítulo 4 fala mais sobre o Império Persa). Alexandre e seus sucessores substituíram a cultura persa pela cultura grega – uma mudança chamada *helenização*, porque os gregos chamavam a si mesmos de *helenos*. Mitridates reverteu a helenização e restaurou tudo o que era persa. O Império Partiano durou até 224 AD, quando um soldado chamado Ardacher, membro de uma nobre família persa chamada Sassânida, rebelou-se contra o rei e o matou. Assim como os partianos, a Dinastia Sassanid era o principal inimigo de Roma no leste, e durou até que os árabes muçulmanos conquistaram a Pérsia em aproximadamente 642 (para saber mais sobre os árabes, consulte o Capítulo 6).

Os impérios da Índia

As fronteiras políticas da atual Índia e do Paquistão mudaram algumas vezes ao longo dos séculos entre 300 a.C. e 400 AD, um tempo que deu origem ao primeiro império indiano unificado – a Máuria – e a era de ouro da Índia sob a Dinastia Gupta.

Dando o troco em Alexandre, o Grande

Em 322 a.C., um nobre chamado Chandragupta Máuria (às vezes escrito Candra Gupta Maurya) reverteu a conquista da Índia por Alexandre, o Grande, liderando uma revolta bem-sucedida contra os governantes de Alexandre em Punjabe (atual Paquistão, a noroeste da Índia). Ele também tomou Magadha, o principal estado do nordeste da Índia e formou a maior força política indiana que já houvera: o *Império Máuria*. Seleuco, o general que se tornou rei da Pérsia após a morte de Alexandre, invadiu pelo oeste em 305 a.C., mas Chandragupta derrotou-o e recebeu um tratado, que colocava as fronteiras da Índia ao longo das altas Montanhas Hindu Kush (as Montanhas Hindu Kush são uma extensão da cadeia do Himalaia e a mesma barreira que Alexandre precisou cruzar quando invadiu a Índia).

O filho e o neto de Chandragupta expandiram o império, principalmente ao sul, mas a guerra deixou o neto, Asoka, doente. Após as vitórias iniciais, ele se transformou em um budista devoto, dedicado à paz entre os povos e as nações. Em vez de tropas, ele enviava missionários para vencer em Muanmar e no Sri Lanka.

Chegando à idade dourada

Após a morte de Asoka, em 238 a.C., seus sucessores provaram ser menos capazes de manter o grande território unido e o Império Máuria entrou em declínio. Um ambicioso rival da família Sunga assassinou o último rei mauriano, Brihadratha, em 185 a.C., e tomou o poder. A resultante Dinastia Sung não conseguiu evitar que o subcontinente se dividisse em diversos reinos e repúblicas independentes, mais ou menos o que aconteceu durante o período medieval pelo qual a Europa logo passaria.

Então, outro líder, outro Chandragupta, unificou a Índia novamente em torno de 600 anos após os maurianos. O novo poder transformou-se no *Império*

Gupta, atingindo uma grande riqueza através do comércio amplamente distribuído e do governo inteligente, além de trazer o maior florescimento cultural que já havia passado pela Índia.

Conhecido como Chadragupta I, este conquistador deu início ao reino de Magadha em 320 AD, colocando os reinos vizinhos sob sua influência através da força e da persuasão. Ele ressuscitou muitos dos princípios de governo humanitário de Asoka. Assim como muitos romanos fizeram, ele colocou os líderes locais para trabalhar para ele em vez de matá-los ou aprisioná-los. Ele apoiou autoridades regionais e fez com que elas se tornassem dependentes de sua administração. Este modelo de governo indiano funcionou por um bom tempo. Até mesmo os britânicos utilizaram este modelo para governar a Índia no século XIX.

Chandragupta teve sucessores bastante capazes, inclusive seu filho, Samudragupta, que ampliou o território Gupta ao norte e a leste. O neto, Chandragupta II, um grande patrono das artes, governou de 376 a 415 AD, e gastou o dinheiro coletado com os impostos para promover a arquitetura, a pintura e a poesia. A era Gupta deu à Índia muitos templos e palácios gloriosos, bem como a escultura, a música, a dança e a poesia.

Os Guptas não estavam livres de inimigos. Os hunos da Mongólia e do norte da China invadiram a fronteira norte da Índia no século V. Nos anos 480 AD, após a morte do último rei Gupta, os hunos tomaram o norte (para saber mais sobre os hunos e o que eles estavam fazendo na Europa nesta mesma época, consulte o Capítulo 6).

Unificando a China: Sete em Qin

Dividida em sete estados em guerra, a China foi uma bagunça entre 485 e 221 a.C.. Então, o rei de um destes estados, um lugar conhecido como Qin, surgiu como líder dominante. Ele unificou a China pela primeira vez, derrotando seus rivais e consolidando seus territórios em um Qin ainda maior e chamou a si mesmo de qin shi huangdi ou Qin Shihuangdi, que significa "o Primeiro Imperador de Qin", o que sugere que ele achava que outros imperadores viriam depois dele. Ele estava certo. De Qin, que também pode ser escrito Chi'in, surgiu o nome China.

Qin Shihuangdi desempenhou bem seu trabalho. Ele pode ter se inspirado no grande construtor de estradas persa Dario I, pois assim como Dario construiu uma estrada de 2400 quilômetros, Qin Shihuangdi uniu as diversas muralhas de proteção na fronteira norte da China em uma Grande Muralha. Seus sucessores continuaram trabalhando na muralha até que ela atingiu mais de 4000 quilômetros de extensão; você pode vê-la na Figura 5-1 (Dario também inspirou o partiano Mitridates, sobre quem você poderá ler mais no início deste capítulo. Para saber mais sobre Dario, consulte o Capítulo 4).

Qin Shihuangdi também construiu estradas e canais de maneira desenfreada e, a partir de sua base no norte, conquistou o sul da China. Ele se livrou do feudalismo e desarmou os nobres, dividindo o país em 36 distritos militares, cada um com um administrador, utilizando sua influência para reformar pesos e medidas e padronizar tudo, desde a escrita chinesa até o comprimento dos eixos das carroças.

O imperador cuidou de si mesmo e de suas posses construindo um complexo palácio que dobrou de tamanho para abrigar milhares de pessoas. Ele também uniu centenas de palácios menores através de uma malha rodoviária. A partir desses fatos, podemos concluir que ele não gostava de ficar sozinho e, talvez, isso comprove o que os pesquisadores encontraram depois de abrirem seu túmulo em 1974: sete mil guerreiros esculpidos em terracota em formação de batalha, como se fossem proteger seu rei. Com os rostos pintados e uniformes, as esculturas ainda seguram armas de verdade. Cocheiros de terracota conduziam carruagens reais puxadas por cavalos de terracota.

Figura 5-1:
Qin Shihuang-
di iniciou o
trabalho de
união para
defesa que
resultou
na Grande
Muralha.

© Adam Jones/Getty Images

Não existe qualquer autenticidade histórica no filme de ação/terror/comédia de 2008 *A Múmia: Tumba do Imperador Dragão*. Porém, os produtores parecem ter sido inspirados pelo exército esculpido de Qin Shihuangdi. O filme traz Brendan Fraser lutando contra dez mil soldados de terracota, comandados por um malvado e imortal rei chinês antigo. O produtor de Hong Kong Ching Siu também utilizou o exército em cerâmica em sua aventura/comédia de 1990, *A Terra Cotta Warrior* (sem título em português), sobre um guardião de Qin que se transforma em um soldado de terracota, mas ressuscita nos anos de 1930 para proteger o imperador de ladrões de túmulo.

O primeiro imperador chinês morreu em 210 a.C. e sua dinastia não durou muito tempo. Porém, a família que surgiu como governante apenas quatro anos mais tarde, em 206 a.C., foi inteligente o suficiente para não desfazer o trabalho de Qin. Baseando-se nas reformas de Qin Shihuangdi, os governantes da *Dinastia Han* reinaram até 220 AD.

Em um ponto relativamente tardio da Dinastia Han, durante um período chamado Han Oriental, os chineses inventaram o papel e a porcelana, entre outros importantes avanços tecnológicos que floresceram sob dinastias posteriores, como a Sui, que teve vida curta, e a sucessora Tang.

O florescimento das civilizações nas Américas

Durante a era romana, toda a ação não estava apenas na Europa. Os impérios também surgiram nas Américas.

Compartilhando com os Maias

A cultura maia tomou forma por volta do ano 1 AD na América Central, chegando ao ápice por volta de 300 AD e apreciando o que os historiadores chamam de seu Período Clássico até aproximadamente 900 AD, quando entrou em um longo declínio.

Nas florestas tropicais da Península de Yucatán, em uma área que se estendia entre o atual sul do México, Guatemala, norte de Belize e oeste de Honduras, os maias construíram invenções e desenvolveram ideias em culturas próximas, como a Olmeca (consulte o Capítulo 4). Os maias também compartilharam aspectos de sua cultura com os Toltecas, do norte do México, cuja grande cidade de Tula (a aproximadamente 65 quilômetros ao norte da atual Cidade do México) se estendia por 20 quilômetros quadrados e tinha uma população de aproximadamente 60 mil pessoas (os Toltecas são anteriores aos astecas, que aparecerão no Capítulo 8).

Os maias desenvolveram a astronomia, um calendário sofisticado e uma técnica de escrita similar aos hieróglifos egípcios. Eles construíram cidades enfileiradas em grades retangulares perfeitas, além de templos em forma de pirâmides em cidades cerimoniais, como Copán, Palenque e Tikal. Tanto as cidades quanto os templos agora são ruínas para estudo dos arqueólogos e exploração (e escaladas) dos turistas.

Uma classe elitista de sacerdotes e nobres governava sobre a maioria, que se espalhava pelas clareiras da floresta. Os especialistas modernos ainda não determinaram por que os maias abandonaram suas cidades, embora o declínio ambiental pareça ter sido um fator determinante.

Construções no Peru

Mais ao sul, uma cultura chamada Paracas fixou raízes em aproximadamente 750 a.C., em uma península da costa sul do Peru. O que se sabe sobre os Paracas vem apenas de provas arqueológicas. Aparentemente, durante seu ápice, que ocorreu do século I a.C. até o século IV AD, esta civilização agricultora construiu grandes canais de irrigação.

Os Paracas tinham muita habilidade com tecidos, um fato ilustrado pelos tecidos lindamente bordados encontrados enrolando os corpos mumificados de seus mortos. Os arqueólogos referem-se a um grande complexo litorâneo de túmulos Paracas como a *Necrópole Paracas*, que significa "cidade dos mortos".

Nos vales secos do rio, no interior da costa sul do Peru, a cultura Nazca parece ter surgido por volta de 200 a.C., talvez como uma ramificação dos Paracas. Assim como aconteceu com os Paracas, grande parte do que se sabe sobre a cultura Nazca vem da interpretação de artefatos como tecidos e cerâmicas coloridas.

Com base nessas evidências, os arqueólogos acreditam que a cultura Nazca teve o apogeu de sua civilização entre 200 a.C. e 500 AD. Suas enormes gravuras na terra, desenhos que atualmente podem ser vistos do ar, são citados como prova de visitantes interplanetários de muito tempo atrás. Os teóricos afirmam que as figuras só podem ser vistas do céu e que seriam pontos de pouso para naves espaciais alienígenas. Os arqueólogos que estudam a cultura Nazca apontam que as figuras podem, de fato, ser vistas das montanhas e que as linhas dos desenhos são, muito provavelmente, caminhos de rituais que faziam parte da religião Nazca. Os cientistas rejeitam a antiga teoria astronauta e afirmam que ela não faz sentido.

Surgindo um pouco depois da cultura Nazca, no século I AD, nos vales férteis da costa norte do Peru, a cultura Moche deve ter sido parecida com a Grécia Clássica, pois provavelmente foi composta por cidades-estado independentes unidas por um idioma e uma religião comuns.

Embora os maias tivessem hieróglifos, os Paracas, os Nazca e os Moche não deixaram provas de qualquer linguagem escrita.

Percorrendo o Restante do Mundo

Durante o longo período de tempo entre o início e a queda do Império Romano, outras culturas de todo o mundo passaram por suas próprias mudanças.

- ✔ **Os Aksum**: No nordeste da África, onde atualmente fica a Etiópia, o povo Aksum construiu um império que ficou rico depois de 200 AD através do comércio com lugares tão distantes quanto a Índia. O povo Aksum passou a ser cristão no século IV AD e espalhou a nova religião para os povos vizinhos.

- ✔ **Os Celtas**: Um povo tribal com habilidades sofisticadas para o trabalho em metal, mas sem uma linguagem escrita, os celtas expandiram seu território europeu da Europa central nas direções oeste e sul. Por volta do século V a.C., eles dominavam a Gália (atual França), a Inglaterra, a Irlanda, grande parte da Escócia e partes da Espanha. Por volta do século III a.C., os celtas se espalharam pelos Bálcãs. Eles criavam belas joias e ornamentos em ouro. Em alguns lugares, os celtas construíram grandes fortes nos topos das montanhas e lutaram contra legiões romanas quando o império absorveu a Europa. Mais tarde, os celtas lutaram contra os bárbaros, que acabaram com seu território nos primeiros séculos AD.

- ✔ **Os Japoneses**: Ao descobrir como minar e fundir o ferro, os japoneses entraram para a Idade do Ferro em algum momento do século III AD. Eles enterravam seus imperadores e outros nobres com suas armas e outros objetos de valor em montículos de pedra e terra.

Percorrendo os Séculos

753 a.C.: De acordo com a lenda, este foi o ano em que Rômulo, o filho semimortal de um deus greco-romano da guerra, construiu a cidade de Roma.

Por volta de 645 a.C.: De acordo com os historiadores, os povos de diversos estabelecimentos do centro-oeste da Itália estabeleceram a cidade de Roma em um local montanhoso ao longo do Rio Tibre.

509 a.C.: Os romanos revoltam-se contra o rei Tarquínio, o Soberbo, e levam-no ao exílio. Eles estabeleceram uma república no lugar da monarquia.

0221 a.C.: O Primeiro Imperador de Qin uniu os estados chineses que estavam em guerra.

140 a.C.: Mitridates I iniciou uma campanha para expandir o Império Partiano.

45 a.C.: Júlio César surgiu vitorioso da guerra civil romana e assumiu o título de Ditador Democrático.

27 a.C.: Otaviano, sobrinho-neto do assassinado Júlio César, aceitou o título Augusto, tendo se tornado o primeiro imperador de Roma.

324 AD: O imperador romano Constantino construiu sua nova capital, Constantinopla, na Turquia, a leste de Roma.

476 AD: Invasores bárbaros removeram Rômulo Augusto, o último imperador romano do oeste, de seu trono.

Capítulo 6
A Crise de Meia Idade da História: A Idade Média

Idade Média e Medieval significam a mesma coisa: uma era entre eras. A Idade Média na Europa ocidental foi o período entre a queda do Império Romano Ocidental (oficialmente em 476 AD, embora não houvesse muita coisa do império para cair nessa época) e a Renascença do século XIV (você poderá ler mais sobre a Renascença no Capítulo 13).

Chamar este período de Idade Média não significa que nada aconteceu na Europa ocidental entre os séculos V e XIV. Não existe um espaço de 900 anos em que nada tenha acontecido. Este período significa que a Idade Média está espremida entre duas eras aparentemente mais monumentais – o Império Romano e a Renascença.

Como explicarei neste capítulo, na atual Turquia e em uma enorme região ao seu redor, a história não ficou entre duas grandes eras durante a Idade Média, mas foi traçada no meio de uma grande era: a do Império Bizantino. Outros impérios também tiveram seu apogeu nesses mesmos séculos, a Índia também floresceu e os árabes conquistaram muitas terras, inspirados por sua nova religião, o islamismo.

No entanto, no que costumava ser o Império Romano do Ocidente, a autoridade civil que lá existia foi descentralizada. As cidades já não eram mais tão importantes quanto antes e a economia passou a ser mais rural e local do que comercial e baseada nas trocas. As autoridades seguiam as complicadas regras da lealdade feudal, então, em vez de depender da hierarquia imperial, os vassalos locais serviam aos seus senhores em troca de favores e proteção (a exceção era a monolítica Igreja, extremamente poderosa e ainda baseada em Roma. Você poderá ler mais sobre o poder da Igreja medieval na Europa nos Capítulos 13 e 14).

A Idade Média refletiu os povos que a criaram, os diversos grupos bárbaros – hunos, góticos, ávaros e outros – cujas migrações para a Europa e constantes invasões levaram à queda de Roma. Os descendentes dos bárbaros permaneceram na Europa pós-Roma, misturando-se e brigando entre si e com os descendentes dos europeus. Estes descendentes formaram as bases nas nações modernas, enfrentando novas ondas de invasores do norte – os Vikings – e conquistadores do leste e do sul, os árabes e mouros. Os senhores locais cada vez mais precisavam unir forças, dependendo da aliança com um rei forte, que poderia uni-los para que pudessem se defender dos atacantes.

Enquanto os bárbaros saíam da Ásia, outras populações continuaram chegando e não apenas à Europa. Ondas e ondas de um povo chamado Banto transformaram o continente africano ao longo de um milênio de migrações.

O mundo que surgiu no final da Idade Média era muito diferente do mundo da época da queda de Roma. Portanto, talvez a Idade Média pudesse ser chamada de Idade da Transição...

Construindo (e Mantendo) o Império Bizantino

O imperador romano Constantino, o Grande, modelou seu ramo oriental do Império Romano (que se transformou no Império Bizantino) na antiga Roma imperial, com exceção de que o ramo oriental era uma força cristã e não pagã e as pessoas falavam grego em vez de latim.

Constantino escolheu a cidade de Bizâncio para sua nova capital, reconstruindo-a para que ela se encaixasse em seus conceitos de grande cidade e dando a ela o novo nome de Constantinopla em 330 AD. Quando a parte ocidental do Império Romano ruiu no século V, Constantinopla (atual Istambul, Turquia) era a força que rivalizava a antiga Roma nas mesmas proporções. O imperador bizantino tinha ainda mais poder do que seus antecessores ocidentais, e o senado bizantino havia evoluído na forma de uma burocracia ampla e complicada (e notavelmente corrupta).

Como centro do governo, a capital bizantina era surpreendentemente estável. Era um local urbano de grande poder, com um alto nível de instrução e riqueza, resultado da economia comercial e de muitas terras. Embora seus limites tenham sido alterados diversas vezes, o império sempre foi vasto.

Antes de falecer em 565 AD, Justiniano, que se tornou imperador em 537 AD, governou as terras dos litorais norte e sul do Mar Mediterrâneo, que se estendiam do sul da Espanha até o leste da Pérsia. Tentando reunir o leste e o oeste em um império cristão, Justiniano enviou seus exércitos para retomar muitas terras romanas na Europa e no norte da África. Ele conseguiu recuperar a Itália, estabelecendo a capital bizantina ocidental em Ravenna. Porém, não importava quanto tentasse, Justiniano não conseguia reconciliar os ramos oriental e ocidental da Igreja, que estavam amargamente divididos (para saber mais sobre o início da Igreja Cristã, consulte o Capítulo 12).

Para ficar durante tanto tempo como centro do poder, Constantinopla precisou passar, também, por provas físicas. A localização da cidade no Bósporo (o canal que liga o mar Mediterrâneo com o mar Negro) e suas muralhas fortemente protegidas ajudaram-na a resistir às invasões. Embora Constantinopla tenha levado uma surra, o cerco de quatro anos dos árabes finalmente terminou, sem sucesso, em 678 AD (você poderá ler mais sobre as vantagens estratégicas de Constantinopla no Capítulo 17. Consulte a seção "O surgimento do fervor islâmico" para saber mais sobre os árabes, que se transformaram em uma força que devia ser levada em conta).

Compartilhando e Impondo a Cultura

A chamada Idade Média foi um tempo de incertezas em grande parte do mundo, já que diferentes populações migraram, lutaram e se misturaram. A Europa continuou sentindo a influência dos povos bárbaros, que vieram do oeste, da Ásia, durante os últimos séculos do Império Romano. Enquanto isso, na África, o povo Banto espalhou sua língua e sua cultura na direção sul, enquanto subgrupos de Bantos migraram para o sul do continente século após século. Mais tarde, a partir dos séculos VIII a XI, invasores marítimos chamados Vikings atacaram, conquistaram e se estabeleceram em partes da Europa.

Ao mesmo tempo, as influências culturais da China e da Índia começaram a penetrar o Império Bizantino pelo oeste (Turquia e leste do Mediterrâneo), não através de migrações de populações, mas sim do crescente comércio ao longo de uma rota intercontinental: a *Rota da Seda*.

Lidando com os bárbaros

As hordas de bárbaros que forçavam as fronteiras de Roma há séculos trouxeram correntes culturais, embora destrutivas. De certa forma, os bárbaros criaram a Idade Média, portanto, é importante compreender quem eles eram. É impressionante a quantidade de povos que saíram do leste e quão longe e rápido eles chegaram sem híbridos a gás e elétricos e sem rodovias interestaduais.

Revelando as origens obscuras

Para os romanos, um *bárbaro* era um estrangeiro que não falava latim. O termo é aplicado com mais frequência, no entanto, aos membros de tribos como góticos e vândalos. Em busca de terras para se estabelecerem e sedentos por saquear, estes povos migratórios e briguentos foram uma potência no norte da Europa durante muito tempo antes e depois da queda de Roma.

Muitos bárbaros vieram do norte da Ásia, da região de estepes, e a maioria era formada por pastores nômades, antes de se transformarem em saqueadores. Os vândalos e os alanos vagavam pelo norte do Mar Negro antes de irem para o oeste, assim como alguns outros bárbaros, embora eles se mudassem com tanta frequência que é impossível determinar onde começaram. Uma vez na Europa, eles às vezes se fixavam em uma região específica: os hunos, na Hungria, por exemplo, e os vândalos, na Dinamarca. No entanto, isso não significava que os grupos ficavam estáticos. Os vândalos também construíram Vandalusia, uma região que fica na atual Espanha (com o passar do tempo, o "V" caiu e a região é conhecida atualmente como Andalusia).

Quando os vândalos chegaram à Dinamarca nos tempos romanos, eles se encontraram, lutaram e, finalmente, se misturaram com os povos que caçavam e plantavam na Escandinávia há milhares de anos. O aventureiro grego Pítias de Marselha, ao visitar a Inglaterra em aproximadamente 350 a.C., escreveu que havia viajado pela água (talvez o Mar do Norte) até um lugar ao qual deu o nome de Thule (talvez a Noruega). Lá, ele visitou um povo amigável e loiro, que armazenava seus ganhos dentro de casa para os poupar do clima úmido e frio. É difícil dizer se os corteses anfitriões de Pítias eram ancestrais diretos dos invasores, mas é possível que tenham sido.

Antes de 500 a.C., um prolongado encanto prevaleceu sobre o norte da Europa. Provas arqueológicas parecem mostrar que, durante um período, os antigos escandinavos não precisavam se preocupar com roupas. Porém, um clima cada vez mais frio e a dificuldade de encontrar comida deram às tribos do norte um incentivo para ir até o sul e atacar os celtas e romanos, que apreciavam o clima mais quente do continente. As incursões bárbaras duraram séculos e traçá-las até uma fria Escandinávia é apenas uma parte da história (talvez distorcida) dos movimentos populacionais que definiram aquelas centenas de anos.

Parentes dos mongóis que haviam tomado a China, os hunos precipitaram-se da Mongólia. Eles vagaram pela Europa no século IV AD e se estabeleceram ao longo do Rio Danúbio. A partir dali, seu líder Átila lançou ataques, no século V, sobre a Gália (atual França) e a Itália.

Procurando uma vida melhor

Até aproximadamente 550 AD, populações inteiras migravam constantemente, algumas por milhares de quilômetros e não apenas na Europa. A migração é uma resposta às dificuldades econômicas e às mudanças climáticas. Quando as pessoas se mudam, elas encontram outras pessoas. Se as que estão se mudando são briguentas e estão desesperadas, os encontros ficam feios.

Muitos bárbaros eram pobres e procuravam uma vida melhor. Se as pilhagens eram um caminho para uma vida melhor, eles começavam a pilhar. Sem dúvida, eles sentiram pressões similares àquelas que alimentaram a migração, em escala muito menor, dos homens de Oklahoma, para longe da bacia de poeira dos Estados Unidos nos anos de 1930.

Cruzando a África com os Bantos

Os bárbaros não foram as únicas populações a se mudarem. O povo Banto saiu da atual Nigéria e do centro-norte da África, iniciando no último século a.C. e continuando até o primeiro milênio AD. Os Bantos, um grupo de povos aparentados que falavam idiomas Banto (o maior grupo de idiomas africanos da atualidade), eram fazendeiros de grãos, além de trabalharem com metal, que se especializaram na tecnologia de fundição do ferro muito antes do restante da África.

O sucesso Banto levou ao crescimento da população que, por sua vez, os forçou a procurarem novas terras. Então, eles pegaram seus idiomas e sua tecnologia de trabalho com metais e surpreenderam populações nativas por todo o caminho na direção da ponta sul do continente africano. A maioria dos povos da África da atualidade é descendente dos Bantos.

Também como os bárbaros da Europa, novas ondas de Bantos continuaram a se mover para o sul ao longo de séculos, surpreendendo os descendentes das primeiras ondas de imigrantes Bantos. No século XII, os Bantos fundaram a poderosa civilização Monomotapa (no atual Zimbábue), centralizada na cidade de Grande Zimbábue.

Navegando e se estabelecendo com os Vikings

Na Europa, outra onda de invasões do norte, que começou por volta do ano 800, marcou profundamente a Idade Média. Os povos da Noruega, Dinamarca e Suécia, que prosperavam através da agricultura e do comércio marítimo, começaram a ficar sem terras boas para o plantio. Assim como os povos do norte e do leste anteriores a eles, eles decidiram ir em busca de novas oportunidades. Uma maneira de fazer isso era dar uma de *viking:* aventurar-se até onde seus navios os pudessem levar, o que, de fato, era bem longe. Com a vantagem de terem barcos bons e grandes e navegadores experientes, os Vikings invadiram as costas da Inglaterra, Irlanda, França, Espanha, Marrocos e Itália.

Os Vikings eram oportunistas e negociadores, além de guerreiros. Assim como os primeiros bárbaros, os Vikings se estabeleciam nos lugares invadidos. Eles fundaram Dublin e Limerick, na Irlanda, e as Ilhas Shetland da Escócia pertenceram à Noruega durante séculos. No noroeste da Inglaterra, a cidade de York já foi um estabelecimento Viking chamado Yorvig. As dinastias vikings também deram origem a reinos noruegueses em diversas partes da Europa, desde a Sicília até a Rússia e a Normandia, que faz parte da França, e recebeu o nome dos homens do norte que vieram para saquear e acabaram se estabelecendo.

Invadindo os primeiros invasores da Inglaterra

Os governantes anglo-saxões da Inglaterra combateram onda após onda de invasores vikings, mesmo tendo sido, eles mesmos, invasores. Anglos, saxões e jutos estavam entre os povos tribais do norte chamados pelos romanos de bárbaros (para obter uma explicação sobre o motivo para o nome dos anglos entrarem na palavra anglo-saxão, consulte o quadro "Movimentando o nome de uma nação", neste capítulo).

Do norte da Europa (Dinamarca e Alemanha), algumas tribos germânicas haviam se estabelecido na Inglaterra no século IV AD. No entanto, só algum tempo depois de os romanos deixarem a ilha com suas próprias defesas no início do século V, os anglos, saxões e jutos chegaram à Inglaterra em número significativo. Estes recém-chegados surpreenderam os nativos celtas, ou bretões, e fizeram com que alguns deles fossem para oeste, para a Cornuália e o País de Gales, ao norte da Escócia, e para o território do outro lado da Inglaterra (que hoje faz parte da França).

Os descendentes medievais dos invasores eram anglo-saxões, assim como o são seus descendentes hoje. Devido à forma como os líderes saxões exerciam o poder, os anglo-saxões dos séculos IX a XI geralmente são citados apenas como saxões – principalmente os reis, que controlaram partes da Inglaterra por centenas de anos. Uma vez, os vikings desafiaram o controle saxão e governaram todo o norte da Inglaterra, inclusive Yorkshire. Porém, os saxões retomaram o controle em 878 AD, quando o rei de Wessex (ou oestes da terra saxã), Alfred, derrotou o governador viking Guthrum. Ele deixou que Guthrum ficasse com o norte, chamado de Danelaw, mas Alfred exigiu que os vikings lhe pagassem um imposto. Os saxões governaram a Inglaterra durante grande parte dos 200 anos seguintes, embora os vikings tenham reassumido o controle durante um tempo no início do século XI. Alfred é o único rei inglês a ser chamado de "o Grande".

Gerações e gerações

Assim como ocorreu com as primeiras ondas de movimento populacional na Europa, o impacto prolongado e sucessivo dos Vikings ecoou pelo continente de formas interessantes. Por exemplo, o líder Viking Hrolfr (ou, em francês, mais fácil de pronunciar, Rollo) fundou a dinastia dos reis normandos no ducado (como um reino) da Normandia (agora, parte da França) quando conquistou essa terra em 911 AD.

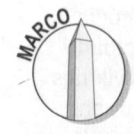

William, o Conquistador, era o descendente de Hrolfr. Porém, ao invadir a Inglaterra e reclamar o trono inglês em 1066, ele enfrentou um reino que recentemente havia estado sob o governo de Vikings da Dinamarca. Eduardo, o Confessor, de linhagem saxã, assumiu o trono em 1042, quando um rei chamado Hardicanute, um dano, não conseguiu deixar um sucessor. O pai de Hardicanuto, Canuto (ou Cnut) governou a Inglaterra, a Dinamarca e a Noruega ao mesmo tempo. Seu pai, o governante dinamarquês Sweyn Forkbeard, havia conquistado a Inglaterra com as invasões Vikings em 1013.

Encontros e desencontros no Novo Mundo

Um dos lugares onde os Vikings tiveram pouco impacto foi na América do Norte. Os noruegueses da Groenlândia chegaram ao Canadá por volta de 1000 AD, mas, após alguns anos, eles perderam o interesse na nova terra. O primeiro norueguês a ver a América do Norte, o comerciante Bjarni Herjolffson, tentava ir da Islândia (colonizada pelos noruegueses nos anos 860s AD) para a recém-estabelecida Groenlândia no verão de 986 AD. Ao se perder em meio à névoa, Herjolffson chegou a um litoral, provavelmente em Labrador, que obviamente não era seu destino original, portanto, fez meia volta sem explorar. Por volta de 15 anos mais tarde, o jovem Leif Eriksson (filho de Erik, o Vermelho, que havia descoberto a Groenlândia) comprou o barco de Herjolffson, formou uma tripulação e partiu da Groenlândia para encontrar novas terras.

Por um curto período de tempo, os noruegueses exploraram e até tentaram se estabelecer no lugar que chamavam de Vinland (atual nordeste de Terra Nova). Eles lutaram contra alguns nativos, porém, ao contrário dos exploradores espanhóis, que chegaram à América do Norte 500 anos mais tarde, pelo sul, os Vikings não tinham armas de fogo, portanto, não tinham muita vantagem nas batalhas. Além de lutar contra eles, os recém-chegados também fizeram comércio com o povo nativo. Alguns noruegueses (e também norueguesas) construíram casas e ficaram por um tempo, mas acabaram brigando entre si, minando suas chances de prosperar. As viagens a oeste da Groenlândia logo tiveram um fim, e os estabelecimentos de Vinland caíram no esquecimento.

Os noruegueses são os bandidos na aventura/drama de 2007 *Desbravadores*. O filme retrata um menino Viking de 12 anos, que é deixado para trás na América do Norte, onde uma tribo nativa o adota e o treina como guerreiro. Quando os vilões sedentos de sangue que chegam do outro lado do oceano retornam, anos mais tarde, o menino, agora um homem, luta contra seus antigos compatriotas.

Mesmo que os noruegueses tivessem um pequeno interesse na América do Norte, sua descoberta foi frustrada por diversos fatores.

- ✔ **O clima mudou.** Após 1200, o Atlântico Norte passou por uma mini era do gelo, que fechou com gelo as portas de entrada e acabou com os estabelecimentos Vikings na Groenlândia. Não chegaram novos colonos e muitos foram embora.

- ✔ **O comércio ficou menos lucrativo.** As peles russas invadiram o mercado europeu e os artesãos exigiam mármore de elefante, considerado superior às presas de morsa oferecidas pelos habitantes da Groenlândia.

- ✔ **A peste bubônica, também conhecida como Peste Negra, destruiu a Groenlândia norueguesa**. Quando a peste chegou à Groenlândia no século XIV, dizimou o restante da população norueguesa. A Noruega e a Islândia, ambas bastante atingidas pela epidemia, não tinham mais motivos para enviar navios para o oeste.

Percorrendo a Rota da Seda

Por volta do século II AD, os comerciantes começaram a movimentar quantidades de mercadorias cada vez maiores tanto para o leste quanto para o oeste ao longo da *Rota da Seda*, uma rota de caravanas que seguia a Grande Muralha da China e, em seguida, percorria um corredor natural através das Montanhas Pamir e do Tajiquistão, cruzando o Afeganistão e o sul do Mar Cáspio, indo em direção ao leste do Mediterrâneo. Por volta do século VI AD, a Rota da Seda chegou a Constantinopla.

Uma única caravana não conseguia fazer toda a jornada. Por isso, os comerciantes operavam um sistema improvisado de revezamento, com mercadores regionais que compravam e enviavam as mercadorias por distâncias selecionadas ao longo da Rota da Seda. Lã e metais preciosos eram comerciados no leste, enquanto a seda chinesa, o luxuoso tecido que deu nome à rota, era o principal produto de comércio no oeste. Consulte o Capítulo 7 para saber mais sobre como os séculos de comércio de seda e especiarias alterou os gostos ocidentais e contribuíram com os impérios europeus espalhados pelo mundo.

Plantando as Sementes das Nações Europeias

Na Idade Média, o mapa europeu não era nada parecido com o que se vê em um atlas moderno. Não havia a França, a Alemanha e a Espanha. Em nome da conveniência, às vezes me refiro a estas regiões pelo nome que elas têm hoje, mas o conceito de nação foi perdido durante um tempo na Europa após a queda do Império Romano.

Porém, ainda na Idade Média, os povos e as regiões começaram a se unir para assumir outras identidades, que levariam às nações modernas, como a França. O catalisador desta unificação veio, parcialmente, de dentro, quando os líderes feudais começaram a buscar mais poder. No entanto, a unificação ganhou um grande incentivo externo, das mesmas invasões sobre as quais falarei neste capítulo.

Por exemplo, quando os povos da Irlanda se cansaram dos ataques Vikings, eles procuraram um rei forte o suficiente para unir os senhores regionais e montar uma defesa. Na França (chamada, na época, de Gália), um povo conhecido como francos temiam a invasão dos árabes e também dos ferozes magiares, da Hungria. Os francos, assim como os irlandeses e outros europeus, procuravam alguém para uní-los.

Combatendo os invasores

Alfred, o Grande, foi o líder que uniu os saxões, anglos e jutos, na Bretanha (você poderá ler mais sobre ele no quadro "Invadindo os primeiros invasores da Inglaterra").

Na Irlanda, um guerreiro chamado Brian Boru tomou o poder como *alto rei* (um rei que governava reis menos poderosos) e reuniu forças suficientes para conquistar os Vikings de Clontarf, perto de Dublin, em 1014. Brian morreu nessa batalha, mas os irlandeses venceram e, pela primeira vez, unida sob um líder irlandês, a Irlanda não mais pertencia aos nórdicos.

Unificando a Europa Ocidental: Carlos Magno coloca ordem na casa

Os francos deram origem ao mais forte dos novos reis, o único a forjar um império parecido com a antiga Roma. Um povo germânico da região do Reno, os francos, estabeleceu-se na Gália (identificada como a França moderna) por volta de 400 AD e, em 451 AD, eles ajudaram os romanos a combater Átila, o huno, em Châlons. Por volta de 481 AD, os romanos da Gália não tinham mais um Império Romano para apoiá-los. O rei dos francos, Clóvis, derrotou os romanos e tomou posse de todas as terras entre os rios Somme e Loire. A dinastia de Clóvis, chamada *merovíngia*, abriu caminho para uma nova dinastia franca, chamada *carolíngia*, em meados do século VIII.

Movimentando o nome de uma nação

Os governantes anglo-saxões da Inglaterra eram chamados de *anglo-saxões*, da mesma forma que são chamados atualmente, pois eles descendiam de tribos germânicas, entre elas, os anglos e os saxões. Na verdade, *Inglaterra* significa "Terra dos Anglos" e as regiões internas da Inglaterra também receberam seus nomes com base nestes povos. Por isso, existem Wessex (Terra Saxã do Oeste), Sussex (Terra Saxã do Sul), Essex (Terra Saxã do Leste) e Anglia Oriental.

As pessoas dizem "Anglo-Saxão" devido à influência do latim no idioma inglês. *Anglo* é uma versão latinizada de *Angle*, aplicada quando a palavra (atualmente usada para se referir a "inglês" ou até mesmo "britânico") é usada junto com o nome de outro grupo étnico ou nacional, como em "empreendimento comercial

anglo-dinamarquês", ou "Aliança anglo-japonesa de 1902".

Francês passa a ser *franco* nessas combinações, como em acordo comercial *franco-americano*. A situação fica ainda mais complexa quando se fala dos chineses, pois os cientistas políticos, historiadores e até mesmo alguns jornalistas utilizam uma antiga palavra grega para os chineses e, em seguida, acrescentam uma terminação latina. Por isso, você poderá ler sobre uma conferência econômica *sino-japonesa*.

Os americanos modernos utilizam "anglo" sem ligar esta palavra a outra, mas geralmente a usam para se referir aos americanos com antecedentes brancos e que falavam inglês, ao contrário dos americanos com outros antecedentes étnicos e daqueles que falam espanhol.

O Império Árabe surgiu no Oriente Médio no século VII, conquistando grande parte do norte da África e, em seguida, estendendo-se ao norte até a Espanha (saiba mais sobre os árabes na seção "O Surgimento do Fervor Islâmico"). Na Espanha, os árabes, que eram muçulmanos (seguidores da fé islâmica) e seus camaradas norte-africanos, os mouros, derrotaram os governantes visigodos em 711 AD, assumindo grande parte da Península Ibérica. Os visigodos estavam entre os diversos grupos de bárbaros que contribuíram para a queda do Império Romano (falei sobre os bárbaros anteriormente neste capítulo). A partir de sua fortaleza na Espanha, estes mouros (como todos os muçulmanos espanhóis passaram a ser chamados) acabaram com o sul da Gália, conquistando uma posição segura assim que os carolíngios tomaram o poder mais tarde, no século VIII.

Em 732 AD, as forças islâmicas tentaram conquistar Gália. O rei carolíngio, Carlos Martel, enfrentou-os e expulsou-os. Caso ele não tivesse feito isso, os historiadores dizem que a Europa ocidental poderia ter sido islâmica. Isso teria irritado o neto de Carlos Martel, Carlos Magno, um cristão devoto. Carlos Magno (o nome significa Carlos, o Grande) tornou-se rei dos francos do ocidente em 768 AD e governou todos os francos após a morte de seu irmão Carlomano em 771 AD.

Carlos Magno não era o rei dos cristãos que pensava que os humildes haviam herdado a terra. Para converter os saxões da Alemanha (sim, eles eram chamados de saxões da Inglaterra) à sua fé, ele lutou contra eles e os subjugou. Em vez de esperar outra invasão dos mouros, ele levou suas forças à Espanha e atacou Emir de Córdoba. Ele também acabou com o reino da Lombardia, no norte da Itália, entre muitas outras conquistas, que colocaram grande parte da Europa ocidental sob seu governo. A extensão do império de Carlos Magno na época de sua morte é ilustrada na Figura 6-1.

O Papa Leão III gostou dos esforços de Carlos Magno para conquistar e converter, principalmente da parte em que o monarca se livrou dos incômodos lombardos, que eram uma ameaça aos Estados Papais (uma região governada diretamente pelo Papa). O papa coroou Carlos Magno como Carolus Augustus, Imperador dos romanos (ou Imperador do Sacro Império Romano) em 800 AD, dando início a uma entidade europeia estrangeira, porém forte: o Sacro Império Romano.

Carlos Magno ficou mais afável em seus últimos anos. Construiu igrejas e promoveu a educação e as artes, juntamente com o cristianismo e patrocinou a melhoria na agricultura e na manufatura. Seu reinado estável criou uma espécie de mini-renascença, centenas de anos antes da grande Renascença. Porém, após sua morte em 814 AD, seu império entrou em forte decadência.

Unindo nações inexperientes

Embora tenham aparecido reis fortes para unir *principados* e *ducados* diferentes e pequenos (governados por príncipes e duques, respectivamente), era difícil manter um poder consolidado. O título de rei, ou até mesmo de imperador, não garantia que os senhores inferiores do sistema feudal permaneceriam leais. Por exemplo, Otto I (ou Otto, o Grande), da Alemanha, que se tornou

Imperador do Sacro Império Romano em 936 AD, também recebeu o título de rei dos lombardos em 951 AD, após resgatar a rainha Adelaide da Lombardia (aprisionada por um príncipe vizinho) e se casar com ela. A Lombardia fica no centro-norte da Itália e o império de Otto (supostamente romano, embora fosse baseado na Alemanha) incluía outras terras italianas. Porém, mesmo após conseguir que o Papa João XII lhe concedesse uma coroação oficial como imperador em 962 AD, o rei alemão não recebeu apoio dos italianos. Os príncipes italianos que eram, oficialmente, seus *vassalos* (o que significava que eles precisavam pagar impostos a Otto) lutaram contra ele.

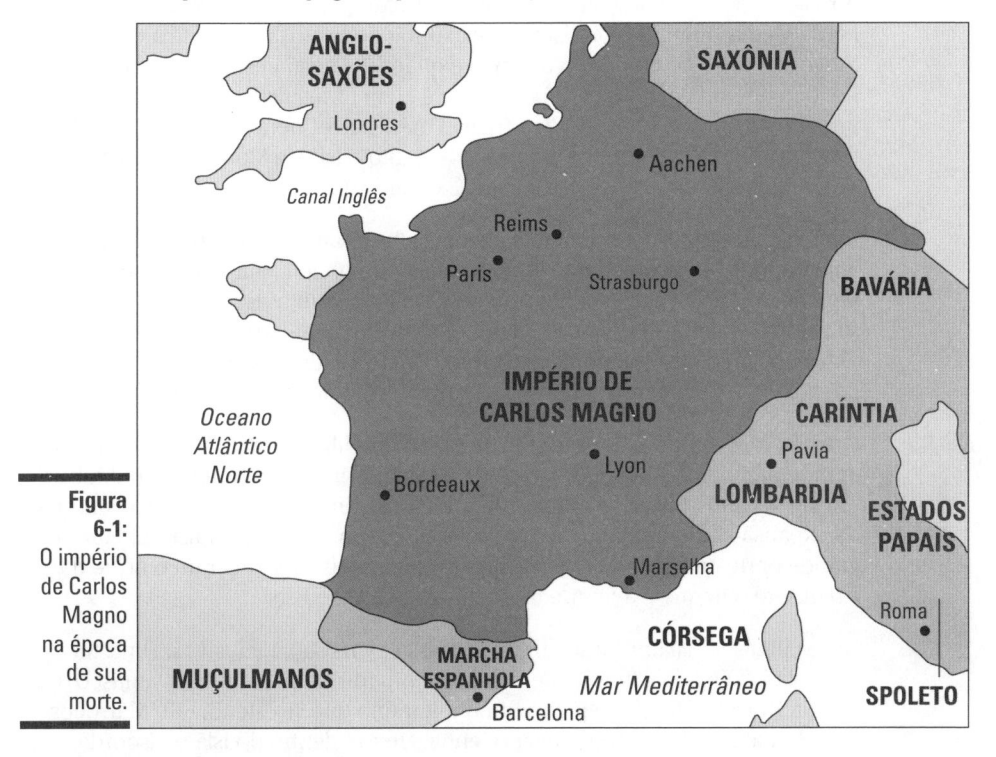

Figura 6-1: O império de Carlos Magno na época de sua morte.

O Surgimento do Fervor Islâmico

Os árabes são um povo semita, relacionados aos hebreus e aos antigos assírios e mesopotâmios. Assim como os hebreus, eles se consideram descendentes do patriarca bíblico Abraão. Originalmente fazendeiros da então fértil região onde atualmente fica o Iêmen e também nômades e comerciantes de toda a Arábia, eles são pouco mencionados na história até o século VII. Estados árabes surgiram e ruíram. O comércio floresceu e a riqueza cresceu, principalmente porque os árabes tinham duas substâncias: olíbano e mirra, resinas aromáticas refinadas de seiva de árvore (olíbano) e arbustos (mirra). Altamente vaiorizados pelo seu perfume, o olíbano e a mirra eram tão valiosos quanto o ouro. Lembre-se disso na próxima vez em que o vendedor da perfumaria oferecer uma amostra.

Os árabes seguiam diversas religiões, inclusive o paganismo em estilo grego. O judaísmo ganhou apoio e o cristianismo converteu muitas pessoas. Mas isso foi antes de um comerciante árabe, chamado Mohammed (Maomé), deixar seus negócios para se dedicar a contemplar Alá, ou o Único e Verdadeiro Deus. As coisas na parte do mundo de Mohammed nunca mais seriam iguais.

A religião era bastante volátil durante o final do período romano e através da Idade Média, quando o budismo se espalhou do leste da Índia até a China, ao longo das rotas do comércio da seda, e quando o cristianismo se transformou no foco de unificação de toda a Europa e além (a fé cristã espalhou-se até o Império Aksum, no nordeste da África). Porém, talvez nenhuma religião tenha tido um efeito tão poderoso e imediato quanto o Islã de Mohammed (para saber mais sobre religiões, consulte o Capítulo 10).

Mohammed disse que a nova religião havia lhe aparecido em uma visão do anjo Gabriel. Mohammed transformou-se em um profeta, mas conforme reunia seguidores, ele também ganhava autoridade nos assuntos terrenos. Os líderes de sua cidade natal, Meca, viram seu poder crescer e expulsaram-no. Entretanto, na cidade de Medina, Mohammed se tornou um legislador e juiz. Logo, o profeta liderou um exército muçulmano que partiu de Medina para conquistar Meca.

Quando Mohammed morreu, em 632 AD, os muçulmanos haviam conquistado grande parte da Arábia. Seu sucessor imediato, Abu Bakr, terminou o trabalho em alguns anos. Então, os árabes muçulmanos conquistaram o Egito a caminho da expansão ocidental para a Argélia, no norte da África, conquistando também grande parte da Espanha e de Portugal. Os muçulmanos forçaram o norte da Arábia até o Iraque e a Síria, e também o oeste, até a Pérsia.

Novas dinastias islâmicas seguiram-se a essa expansão, inclusive a Dinastia Umayyad (Omíada), fundada em 661 AD. A partir de sua capital, Damasco, na Síria, a Dinastia Umayyad governou um império que se estendia do Marrocos até a Índia. Embora o partidarismo tenha surgido dentro do Islã e discordâncias tenham levado a batalhas e guerras pelo poder, houve uma surpreendente continuidade no mundo árabe. A Dinastia (Abássida), descendente do tio de Mohammed, foi a sucessora dos Umayyads. A nova dinastia passou a capital para Bagdá e governou durante 500 anos.

Rechaçando os Guptas na Índia

Os exércitos islâmicos cresceram a leste e a oeste, e novas identidades nacionais e étnicas foram formadas em torno da fé e de suas variações. Os muçulmanos do Afeganistão conquistaram grande parte da Índia em 1100.

Porém, antes mesmo de os muçulmanos chegarem por lá, a Índia passou por outro florescimento, similar ao da Dinastia Máuria nos séculos IV a II a.C.. No

Capítulo 5, falo sobre os maurianos, a primeira dinastia a unificar grande parte da Índia, e sobre a Dinastia Gupta, cujo governo estável levou à Índia a era de ouro nas artes, na arquitetura e na religião de meados do século IV a meados do século VI AD.

Os ataques dos hunos na fronteira norte da Índia causaram a ruína do Império Gupta, assim como um contingente ocidental de hunos estava entre os povos bárbaros cujos ataques acabaram com a autoridade romana na Europa, dando início à Idade Média. Com o passar das décadas, os hunos da Índia se tornaram mais indianos, adotando os costumes e hábitos locais.

A assimilação da população como um todo difundiu o poder dos hunos e ajudou um líder Gupta, chamado Harsha, descendente dos grandes reis da dinastia de mesmo nome, a restabelecer o Império Indiano em 606 AD. Igualmente bom em conquistas e em administração, e amante das artes, assim como seu ancestral Chandragupta II, da Dinastia Gupta, Harsha construiu uma gloriosa capital, Kanauj, famosa por suas construções imponentes, às margens do Rio Ganges. A cultura indiana, fortalecida, espalhou-se para Myanmar, Camboja e Sri Lanka. A influência indiana sobre a região continuou até que os Chola, do sudeste da Índia, conquistaram grande parte do país após 880 AD. Comerciantes e empresários mais instruídos, os Chola construíram prósperas rotas comerciais com os árabes a oeste e com os chineses a leste. O estilo de governo Chola continuou a tradição Gupta de permitir o controle local.

Arredondando o Mundo

Através do milagre da viagem pelo tempo e pelo espaço, eis uma amostra dos acontecimentos em outras partes do mundo durante a Idade Média na Europa:

- **Os japoneses**: O Japão foi profundamente influenciado pela China, tendo início em algum momento por volta do século IV. Por volta de 538 AD, esta influência assumiu a forma de conversão religiosa, quando a corte japonesa adotou o budismo e substituiu os antigos templos por templos novos. O pêndulo cultural começou a balançar para o outro lado somente no século VIII, quando os imperadores japoneses, influenciados pelos chineses, perderam o poder para uma classe de guerreiros, que estava em ascensão. Os líderes guerreiros, ou *samurais*, eram organizados em clãs e lutavam entre si, mergulhando a ilha em uma guerra civil no século XII e abrindo espaço para o nascimento da casa imperial de *shogun*. Minamoto no Yoritomo tornou-se um shogun em 1192 e utilizou seus servos samurais para impor a lei e a ordem. O Japão foi governado desta maneira durante séculos.

- **Os Khmer**: No sudeste da Ásia, o povo Khmer, do Camboja, libertou-se da influência estrangeira (chinesa e indiana) ao estabelecer seu primeiro estado, chamado Funan, no rio Mekong. A posterior Dinastia Angkoriana transformou-se em um império, que construiu a capital em Angkor e governou até o século XIV.

✔ **Os maias**: Na América Central, a civilização maia durou de 300 a.C. a 1500 AD, embora o que tenha sobrado após 900 AD tenha sido apenas uma sombra do que ela já fora. Grandes cidades maias (na verdade, cidades-estado independentes) construíram templos, salões de baile e casas comunitárias. E os maias plantavam muito mais do que milho: eles também colheram feijões, pimentas, outros vegetais, cacau e tabaco. Eles domesticaram abelhas, patos e perus. O mais importante é que os maias foram o primeiro povo do hemisfério ocidental a usar uma forma avançada de pictografia. Bons em matemática e astronomia, os maias desenvolveram um calendário de 365 dias (saiba mais sobre os maias no Capítulo 5).

Mel Gibson dirigiu o drama *Apocalypto*, de 2006, sobre um jovem nativo que foi capturado por soldados maias e quase se transformou em sacrifício humano para os deuses maias antes de escapar e encontrar o caminho de volta para sua família.

Os polinésios: Entre 400 e 800 AD, o povo polinésio, originário do sudeste da Ásia, espalhou-se por milhares de quilômetros de oceano para praticamente todas as ilhas do Pacífico – Havaí, Taiti e Ilha de Páscoa, entre outros – provando ser alguns dos navegadores mais habilidosos e corajosos do mundo. Por volta do ano 1000, quando Leif Eriksson chegou à costa do Canadá, um grupo de polinésios se estabeleceu na Nova Zelândia, onde desenvolveram a cultura Maori.

Os toltecas: Mais ao norte do que os maias, os nômades toltecas se estabeleceram e começaram a plantar no centro do México muito antes de os Astecas surgirem na mesma região. Os toltecas construíram a cidade de Tula. Cobrindo 20 quilômetros quadrados, Tula pode ter sido o lar de aproximadamente 60 mil pessoas.

Percorrendo os Séculos

330 AD: O imperador romano Constantino mudou o nome de sua capital oriental, Bizâncio (onde atualmente fica a Turquia), para Constantinopla.

538 AD: Os japoneses adotaram o budismo chinês.

565 AD: Justiniano, o imperador bizantino, governou terras que se estendiam do oeste de sua capital em Constantinopla (atual Istambul), tendo abrangido grande parte do norte da África, que anteriormente pertencia a Roma, e parte da Espanha, até o leste, na Pérsia.

632 AD: Mohammed, fundador de uma nova e vigorosa religião chamada Islã, morreu após conquistar grande parte da Arábia.

661 AD: A Dinastia Umayyad (Omíada) chegou ao poder nas terras árabes, tendo governado a partir de sua capital em Damasco, na Síria.

800 AD: O Papa Leão III coroou o rei franco Carlos Magno com um novo título (anacrônico), Imperador dos Romanos. Foi o início do Sacro Império Romano.

878 AD: O Rei Alfred de Wessex e seus seguidores anglo-saxões derrotaram o governante Viking Guthrum, que passou a pagar tributos a Alfred (mais tarde citado como Alfred, o Grande).

911 AD: O líder Viking Hrolfr (ou Rollo) fundou uma dinastia de reis normandos na Normandia, que mais tarde passou a fazer parte da França.

1000: Leif Eriksson e um grupo de navegadores da Groenlândia chegaram à costa do Canadá.

1014: Brian Boru, o primeiro alto rei da Irlanda, liderou guerreiros irlandeses para derrotar os Vikings em Clontarf, perto de Dublin.

1343: A peste bubônica começou sua marcha pela Europa, tendo matado um terço da população.

Capítulo 7
A Batalha para Dominar o Mundo

Se você estivesse vivo por volta do ano 1000 AD, e lhe perguntassem qual cultura você acreditava que acabaria dominando grande parte do mundo nove séculos mais tarde, você provavelmente não teria dito a Europa Ocidental. Com suas batalhas feudais pelo poder, divisões confusas entre a autoridade secular e a espiritual, a vulnerabilidade para os ataques Vikings e as práticas de agricultura atrasadas, a região e a sua cultura precisavam crescer muito.

Suas outras opções seriam os árabes, que transformaram uma grande parte do mundo com surpreendente zelo e ingenuidade nos séculos VII e VIII, e os chineses, a civilização mais avançada em termos de tecnologia e mais bem governada da terra. Estas duas culturas orientais tinham suas próprias falhas de personalidade, assim como a Europa Ocidental. Os líderes chineses de mil anos atrás eram orgulhosos, porém complacentes, certos de que nenhum outro país tinha nada do que eles queriam. E o Império Árabe original ruiu em seitas competitivas e emirados em guerra, unidos pela fé islâmica, mas cada vez mais desunidos com relação aos objetivos internacionais.

Neste capítulo, você conhecerá os principais jogadores do mundo – o Império Árabe, o Oriente (especialmente a China) e os países e as culturas da Europa Ocidental – e a abordagem global para a exploração e o comércio de cada um até o século XV. Também falarei sobre o que fez com que a Europa quisesse e pudesse se firmar no final de tudo.

Expandindo o Império Árabe e Espalhando o Islã

Os árabes chegaram ao poder com incrível força e rapidez no século VII e início do VIII (você poderá ler mais sobre essa ascensão no Capítulo 6). O império foi inspirado por uma nova religião, o Islã, que deu ao seu povo não apenas a intensidade guerreira, mas também trouxe avanços intelectuais e na educação.

Elevando a educação e os estudos a um novo patamar

O Califado de Abássida, a dinastia muçulmana que governou grande parte do centro do Oriente Médio de 750 a 1258 AD, conquistou uma intelectualidade muito mais difundida do que qualquer outra cultura do planeta nessa época. Mohammed, fundador do Islã, deixou um livro para seus seguidores, o Corão (ou *Qur'an*), como centro sagrado de sua fé e um guia de como viver da maneira correta (você poderá ler mais sobre as raízes do Islã no Capítulo 10, além de saber por que o Corão é um dos documentos mais importantes, no Capítulo 24). Ao contrário dos cristãos da Idade Média, que deixaram a leitura das escrituras para os padres e monges, os muçulmanos enfatizavam que todos podiam e deviam ler o Corão. Desta forma, muitos muçulmanos precisaram aprender a ler. Como o livro sagrado era uma obrigação, o mundo islâmico se transformou em uma cultura de aprendizado e intelectualidade.

Os avanços na ciência e na tecnologia

Os árabes governaram grande parte do que fora o mundo helenizado, ou dominado pelos gregos, e mantiveram grande parte da antiga literatura grega, inclusive as bases filosóficas, científicas e matemáticas dos gregos. Eles abraçaram a engenharia romana, que havia se espalhado pelo Oriente Médio e servira ao poderoso Império Bizantino durante a Idade Média. Sobre essas bases, os árabes adaptaram e refinaram os avanços romanos em arquitetura, como o domo, ao qual adicionaram o delicado minarete islâmico. Você pode ver exemplos dessas torres altas, que adornam ou fazem parte das mesquitas, e a partir das quais as pessoas são chamadas para rezar, na Figura 7-1.

Grandes astrônomos e matemáticos, os árabes não ficaram contentes em seguir a chama do aprendizado grego e romano. Por exemplo, eles adotaram novas noções, como o sistema numérico (da Índia), e as transmitiram como numerais arábicos: 1, 2, 3 e assim por diante. Também não é coincidência que as palavras "zero" e "álgebra" tenham vindo do mundo árabe.

Figura 7-1: A Mesquita Azul possui os distintos minaretes (torres) do Oriente Médio.

Os árabes também estavam muito à frente do restante do mundo em termos de medicina. Durante séculos, os livros médicos europeus foram, na verdade, coleções persas de conhecimento árabe.

A perfeição no Oceano Índico

Embora fossem originários do deserto, alguns árabes adentraram o mar e se transformaram em navegadores criativos. Os árabes compreenderam os ventos e especializaram-se no Oceano Índico antes de qualquer outro povo.

Embora nenhum árabe tenha feito a viagem para testar a teoria, o grande cientista muçulmano Al-Biruni especulou por volta do ano 1000 AD que deveria haver uma rota marítima ao sul da África. Quando o explorador português Vasco da Gama encontrou essa rota e chegou à cidade portuária de Calecute, no norte da Índia, em 1498, tornando-se o primeiro europeu a chegar a esta pelo mar, ele o fez com a ajuda dos árabes (você poderá ler mais sobre Vasco da Gama no Capítulo 8). Os marinheiros árabes estavam bastante familiarizados com o braço de Oceano Índico chamado de Mar Arábico, que era notavelmente difícil de navegar e praticamente desconhecido pelos europeus. Vasco da Gama utilizou a melhor ciência náutica da Europa para navegar ao redor da ponta da África, mas não teria conseguido seguir viagem sem a ajuda do grande navegador árabe Ibn Majid, autor do melhor diretório náutico da Arábia (você poderá ler mais sobre Ibn Majid no Capítulo 21).

Montando e desmontando um império

O final do século VII provou ser um ótimo momento para os árabes expandirem seu império, mas eles não conseguiram mantê-lo nos séculos IX e X.

Tirando proveito das circunstâncias

Os árabes muçulmanos cresceram sobre o sucesso do profeta fundador Mohammed após sua morte em 632 AD, completando a conquista da Península Arábica e, em seguida, voltando sua atenção para outras terras próximas. As circunstâncias favoreciam os avanços árabes: antigas forças do Oriente Médio – os Impérios Bizantino (Síria) e Sassânida (Pérsia) – estavam ocupados lutando entre si e repelindo as invasões bárbaras. Os Sassânidas precisavam preocupar-se com os hunos, que tentavam invadir suas fronteiras, enquanto invasores Ávaros e Berberes atormentavam os bizantinos (os Berberes ainda não haviam se tornado islâmicos, mas o fariam mais tarde).

O fato de vários súditos do império bizantino, como os egípcios, estarem cansados de aceitar ordens de Constantinopla não prejudicou os esforços árabes para aumentar ainda mais seu império (consulte o Capítulo 6 e a seção "Destacando-se na Ásia Oriental", mais adiante neste capítulo, para saber mais sobre as invasões bárbaras).

O distanciamento

O Islã continuou sendo uma forma religiosa, cultural e política extremamente importante no início do século XI, mas a ascendência do império árabe já havia passado de seu ápice.

Os árabes brigam entre si desde 656 AD, quando a guerra civil resultou na transferência da capital de Medina (atual Arábia Saudita), centro do poder de Mohammed, para Damasco (atual Síria). Nos séculos IX e X, *califados* (reinos islâmicos) rivais surgiram no norte árabe da África e na Espanha, dividindo o império que, embora ainda fosse unido pela fé, não estava mais unido em termos políticos.

Embora o império tenha sido dividido principalmente por causa de problemas com o poder e controle local, o mundo islâmico também se dividiu em frações religiosas. As duas maiores ramificações são os Sunitas e os Xiitas, que existem até hoje. Suas diferenças levaram a uma discussão sobre quem era mais qualificado para liderar o povo, tanto espiritual quanto politicamente. Os Xiitas, ou Shia, nomeiam como seu líder Ali, o genro do Profeta Mohammed e limitam o titulo de *iman* aos descendentes do clã de Mohammed. Os Sunitas, que são maioria, têm uma abordagem menos rígida para escolher seus líderes religiosos.

Atualmente, os muçulmanos da Arábia Saudita, Kuwait, Qatar e Indonésia, entre outros países, são, em sua maioria, Sunitas. O Irã e o Azerbaijão têm maiorias Xiitas e, no Iraque, estes compõem cerca de 60 por cento da população muçulmana, enquanto os Sunitas representam os outros 40 por cento.

Grande demais, diversa e bastante multifacetada, a civilização islâmica foi incapaz de varrer o mundo novamente como uma única e surpreendente força após sua queda nos séculos IX e X.

Destacando-se na Ásia Oriental

Excelente tanto na expansão territorial quanto nas conquistas culturais, a China estava tão distante e parecia tão estranha que os europeus medievais mal conseguiam imaginá-la. Porém, a China era um berço de invenções tecnológicas, uma maravilha econômica e um modelo cultural para as nações vizinhas. Os líderes chineses, sabendo que tinham algo especial nas mãos, tendiam a ser um pouco convencidos.

Inovação à moda chinesa

A Dinastia Han, de 400 anos (206 a.C. a 220 AD), foi o berço da inovação e do avanço. A seguir, alguns exemplos:

- ✔ Os cientistas chineses inventaram a bússola e os primeiros mapas precisos baseados em grades.

  Os chineses nem sempre utilizam suas invenções de maneiras aparentemente óbvias. Por exemplo, em vez de usar a bússola inicialmente como dispositivo de navegação, eles achavam que ela era uma ótima ferramenta para garantir que os templos fossem construídos no alinhamento sagrado correto.

- ✔ Eles colocaram eficientes lemes nas embarcações, enquanto os romanos e os bárbaros ainda manobravam enfiando um enorme remo dentro da água na parte de trás do barco.

- ✔ Eles inventaram o arco e a flecha, uma enorme evolução em termo de armas para a época.

- ✔ Eles criaram o primeiro papel do mundo, o que parece ser trivial, até que você considere como seria o mundo sem ele. (em primeiro lugar, você estaria lendo este livro em *pergaminho*, feito com pele de animal tingida).

A inovação não parou com a ruína da Dinastia Han em 221 AD. As dinastias sucessoras deram origem ou abraçaram novas ideias, inclusive a do estribo, que permitia aos cavaleiros terem muito mais controle e estabilidade e conferindo grande vantagem aos cavaleiros chineses durante a guerra, mesmo que por pouco tempo.

Sob a Dinastia Tang, que teve início em 618 AD, a China desenvolveu elementos belos, como a porcelana, e objetos complexos, como a impressão gráfica, que só foi chegar à Europa após alguns séculos. Os chineses também inventaram a pólvora e a utilizavam em guerras por volta do ano 1000.

A economia e a agricultura da China eram excelentes. Durante a Dinastia Han, a capacidade de a China alimentar sua grande população serviu de modelo de autossuficiência. O clima, principalmente no sul, permitia duas colheitas de arroz por ano, o que alimentava muitas pessoas e, portanto, fez com que o crescimento da China fosse muito maior do que em qualquer região do planeta.

Aproximadamente no início do século XII, os camponeses chineses ficaram à beira da inanição, mas isso aconteceu após um longo declínio nas condições.

Seguindo a Rota da Seda em nome do comércio e do intercâmbio cultural

Como a China tinha muitos dos elementos desejados por outras partes do mundo, seus líderes raramente se importavam com o mundo para além de seus limites.

A partir da Dinastia Han, os chineses acreditavam estar no centro do mundo, pelo menos na parte que lhes interessava. Certamente, eles eram o centro cultural da Ásia Oriental e tinham uma profunda influência no idioma, na escrita, no governo e na arte, desde Burma até a Coreia e o Japão.

Mesmo tendo alguns de seus políticos mais inclinados às políticas isolacionistas, os empresários chineses certamente faziam negócios além da Grande Muralha. A partir do século II, as mercadorias chinesas começaram a viajar para o oeste, no lombo de camelos que percorriam a *Rota da Seda*. As caravanas seguiam um corredor natural do norte da China até a remota Ásia Central, entre os picos das Montanhas Pamir, atravessando o deserto de Taklimakan até a Pérsia (atual Irã) e o Mar Mediterrâneo. Como resultado, os habitantes do Oriente Médio – e também alguns povos do oeste – puderam conhecer a seda chinesa, o melhor tecido do mundo, além de outros luxos, como as especiarias.

Os camelos levavam de volta o ouro até a China, mas o caminho também contava com o intercâmbio cultural. Os missionários cristãos da Igreja Nestoriana, uma ramificação controversa da seita cristã, viajaram pela Rota da Seda para espalhar sua fé após seu exílio por parte do Império Bizantino no século V.

Porém, os chineses não ansiavam pelo pouco que as outras culturas ofereciam. Sob a primeira Dinastia Ming – fundada pelo monge guerreiro Chu Yuan-chang em 1368, depois de exterminar os governantes mongóis da Dinastia Yuan – os governantes da China passaram até a proibir que embarcações deixassem o litoral. Com as longas viagens proibidas, os construtores de navios chineses pararam de construir embarcações grandes, feitas para o mar.

Navegando durante um período

No início do século XV, o Imperador Young Lo se virou para o exterior – uma postura incomum para um governante chinês – e patrocinou impressionantes viagens de exploração. Zheng He (às vezes escrito *Chung Ho ou Cheng Ho*), um eunuco da corte muçulmana que também era um competente almirante marítimo, comandou as aventuras. (Um eunuco era um servo, geralmente escravo, que havia sido castrado, presumivelmente para o tornar mais dócil e para garantir que ele não fosse tentado pela esposa do mestre, ou ela por ele). De alguma forma, Zheng He superou este status para se tornar um importante membro da corte de Yung.

Quebrando a Muralha: a invasão da China

A China resistiu por tanto tempo que podemos chegar a pensar que ela não era vulnerável, porém, algumas vezes, o império sucumbiu aos invasores.

Os chineses iniciaram a Grande Muralha da China como um cordão de pontos de defesa no século III a.C.. Em seguida, foram aumentando essa barreira no decorrer de muitos milhares de anos. Mas alguns inimigos conseguiram passar pela muralha. Por volta de 100 a.C., o povo Xiongnu desafiou a grande Dinastia Han. Mais de mil anos mais tarde, no século XIII, um invasor mongol bem-sucedido passou pela muralha. Ele era Genghis Khan e seu neto, Kublai Khan, fundou a dinastia Yuan da China.

Genghis Khan, cujo nome significa "chefe do universo", unificou as terras que iam do Oceano Pacífico até o Mar Negro. Antes de morrer em 1227, Genghis Khan dividiu seu império em quatro partes, chamadas *canatos*. Suas terras chinesas compunham o khanate oriental.

Kublai Khan foi o primeiro governante mongol sobre o qual os europeus descobriram mais coisas, pois o viajante veneziano Marco Polo escreveu sobre a vida e o trabalho em sua corte (saiba mais sobre Marco Polo mais adiante neste capítulo). Kublai Khan terminou o que seu avô tinha iniciado, fazendo de Cambalue (atual Pequim) sua capital mongol em 1267 e, finalmente, encerrando a Dinastia Song (ou Sung) da China 12 violentos anos depois.

Zheng comandou sete grandes e bem financiadas expedições. Seus navios aportaram na Índia, navegaram pelo Golfo Pérsico e ancoraram no leste da África. Suas embarcações eram maiores e mais rápidas do que os navios árabes e europeus da época e equipadas com *anteparas* sofisticadas (paredes entre as seções de um barco), para que, se uma parte do navio fosse furada ou pegasse fogo, o dano poderia ser contido e o navio não afundaria.

Após a morte do imperador Young Lo, as expedições cessaram e nada de grande valor foi aproveitado das viagens de Zheng, pois não houve expansão do comércio, extensão da influência política, nem ampliação da influência militar. Porém, a ideia nunca fora dominar outras partes do mundo. No pensamento chinês, a China não era simplesmente o melhor estado, ela era o único estado soberano. Os navios eram, em parte, um esforço pacífico para divulgar a mensagem da superioridade chinesa. Porém, para os sucessores de Yung Lo, o resto do mundo aparentemente não valia a pena, já que eles não mantiveram os esforços de exploração.

A Europa Desenvolve o Gosto pelas Mercadorias Orientais

Assim como os árabes e muitas outras culturas dos séculos XIII ao XVIII, os europeus lutaram entre si, mas sua competição também assumiu a forma de uma corrida por riquezas mais extensas. Eles sabiam que uma grande riqueza poderia ser encontrada no comércio, principalmente com a China. Diversos fatores aumentaram a sede dos europeus por fazer mais comércio com o Oriente, como você pode ver a seguir:

- Alguns europeus receberam uma amostra tentadora dos luxos asiáticos – inclusive sedas finas e especiarias desconhecidas no Ocidente – graças às Cruzadas, que foram centenas de anos de expedições militares cristãs, que começaram contra a Palestina controlada pelos turcos seljúcidas no século XI (se você acha que as especiarias não têm nada de mais, imagine como era o gosto da comida europeia sem elas).

- Os mouros da Espanha, com seus laços orientais, tinham acesso aos prazeres chineses através das rotas. Um vasto Império Mongol euro-asiático estendeu-se do Mar Negro até a China, abrindo as rotas de comércio no norte e levando as mercadorias do Oriente até o Ocidente, nos estados germânicos.

- *As Viagens de Marco Polo*, um livro sobre a China escrito por um viajante comercial do século XIII da cidade italiana de Veneza, despertou o interesse pelo Oriente, um lugar que parecia incrível demais para ser verdade.

- Estranhamente, uma terrível praga no século XIV ajudou a abrir o mercado para as exóticas mercadorias do Oriente.

Estes fatores se somaram à propaganda que promovia o comércio entre a Europa e o Oriente. Esta seção falará sobre a influência de Veneza e seu filho Marco Polo e os esforços da Europa para driblar o Império Otomano e criar sua própria rota para o Oriente. Devido à sua grande escala e impacto sobre muito mais do que o comércio no Oriente, falarei sobre as Cruzadas na seção "O Surgimento das Cruzadas".

Antes de atender ao crescente mercado e ao interesse nos produtos orientais, os europeus precisavam solucionar alguns obstáculos geográficos complexos. Eles precisavam encontrar maneiras de trazer cargas da Índia e da China. O Império Bizantino e os reinos turcos (os seljúcidas e, mais tarde, os poderosos Otomanos) controlavam as rotas de comércio no leste e, fora delas, apenas navios cargueiros poderiam transportar o volume de mercadorias que os sonhadores europeus tinham em mente. O problema era que ninguém na Europa sabia como chegar ao leste da Ásia pelo mar. Os europeus precisavam de rotas marítimas e a busca por estas criou um mundo cheio de ligações culturais.

Orientando Veneza

Veneza era uma cidade-estado com comerciantes ambiciosos e também havia sido um refúgio para os bárbaros no século V AD. Ela fez parte do Império Bizantino até o século IX e depois, como cidade-estado independente, os venezianos aproveitaram o comércio com os bizantinos. Esta conexão oriental deu a Veneza uma vantagem econômica, utilizada por seus governantes para construir um pequeno império no Mediterrâneo, incluindo as italianas de

Pádua (Padova), Verona e Vicenza, juntamente com as ilhas mediterrâneas de Creta e Chipre, estrategicamente posicionadas.

Em termos econômicos e militares, Veneza estava voltada para Constantinopla e para a Ásia. A palavra *oriente* significa "leste" ou "olhar para o leste".

Embora outra cidade litorânea da Itália, Gênova, oferecesse um pouco de concorrência, Veneza dominou o comércio no Mediterrâneo. Os ricos venezianos apreciavam este fato, pois seu acesso ao Oriente fez com que o resto da Europa os notasse.

O primeiro "best-seller" de viagem

Ao longo da Rota da Seda para a China, transportadores e vendedores trocavam mercadorias somente com o vendedor mais próximo na rota, de modo que nenhum comerciante ou transportador percorresse toda a longa e exaustiva rota. O pai e o tio do viajante do século XIII, Marco Polo, foram mais ambiciosos do que a maioria dos outros comerciantes de Veneza: eles viajaram da Itália até a China em busca de negócios mais lucrativos.

Os parentes de Marco estavam em sua segunda viagem para o oriente quando convidaram o jovem Marco (provavelmente com 17 anos na época) para ir com eles. O trio chegou a Pequim em 1275. Segundo o livro escrito mais tarde por Marco Polo, ele entrou para o serviço diplomático do Imperador Kublai Khan e viajou para outras capitais mongóis em missões oficiais (Kublai Khan, embora fosse imperador da China, era mongol).

Quase duas décadas se passaram. O jovem Marco Polo, que já não era tão jovem, finalmente deixou a China em 1292 e voltou a Veneza. Mas as cidades-estado rivais estavam em guerra e Marco Polo foi capturado. Ele estava em uma prisão de Gênova quando escreveu, ou ditou a um companheiro, a história de seus anos fantásticos no estrangeiro: *As Viagens de Marco Polo* (conhecido também como "O Livro das Maravilhas").

Muitos dos contemporâneos de Marco Polo achavam que ele mentia em seu livro e alguns estudiosos modernos acham que eles estavam certos, pois Marco Polo, no mínimo, exagerou um pouco em suas histórias. Mas isso não diminuiu o impacto de suas descrições. Seu livro retratava um lugar muito distante e, para os europeus do final do século XIV, era como se ele estivesse abordando o espaço. No mínimo, as histórias de Marco Polo se espalharam e alimentaram a percepção de que a China era a principal fonte dos comerciantes. *As Viagens de Marco Polo* foi o livro mais influente da época.

Lutando pela vantagem econômica

O sucesso no comércio de Veneza gerou conflitos militares com a cidade-estado rival, Gênova, e com concorrentes mais distantes. Veneza estava balançando quando os cristãos europeus iniciaram as Cruzadas (veja a seção "O Surgimento das Cruzadas" mais adiante para obter mais detalhes).

Qualquer campanha militar contra aqueles que controlavam o acesso à Rota da Seda – fosse ela composta por cristãos turcos ou bizantinos (cruzados ocidentais saquearam Constantinopla em 1204) – interessava aos venezianos. Eles eram os primeiros entre os europeus que queriam acesso livre à rota.

Veneza declinou como principal força comercial do Mediterrâneo logo após a batalha naval de 1571 de Lepanto contra os turcos otomanos (sucessores dos bizantinos). Neste conflito, os venezianos se aliaram a Roma e à Espanha na *Liga Sagrada*, criada pelo Papa. Veneza venceu a batalha de Lepanto, mas perdeu sua colônia no Chipre, um importante ponto comercial, e seu poder começou a diminuir.

Os Otomanos controlam as rotas comerciais entre a Europa e o Oriente

A construção do império turco atingiu seu ápice no século XV, quando outro clã turco islâmico, os otomanos, reuniram um enorme grupo de terras sob o Império Otomano. Seu poder resistiu até o século XX. Em seu período áureo, o império progrediu bastante no leste europeu (a animosidade entre os bósnios islâmicos modernos e os sérvios cristãos está enraizada há muito tempo, desde a incursão dos otomanos no oeste).

Os comerciantes europeus que perseguiam as riquezas orientais precisavam levar em conta os Otomanos, pois estes turcos bloquearam as rotas de comércio no leste. Junto com o domínio de Veneza e Gênova no Mediterrâneo, a presença turca fez com que os europeus imaginassem se poderiam encontrar suas próprias Rotas da Seda, talvez pelo mar. Um navio poderia levar mais carga do que os camelos. O problema era que ninguém sabia como ir da Europa até o leste da Ásia pelo mar.

A necessidade, como diz o ditado, transformou-se na mãe das invenções. Ou talvez a cobiça tenha sido maior do que a necessidade. De qualquer forma, essa sede de encontrar uma nova maneira de conquistar o tesouro do leste deu origem a uma nova era de impérios europeus.

Os portugueses, holandeses, espanhóis e ingleses queriam uma parte do mercado asiático e começaram a explorá-lo como nunca. O primeiro a arriscar uma ousada incursão à Ásia, Cristóvão Colombo, não encontrou o que procurava, mas acabou nas Américas, que logo se tornaram um mercado lucrativo que utilizava escravos para extrair produtos valiosos, como tabaco e açúcar (para saber mais sobre Colombo, vá para a seção "Buscando um caminho para o oriente e encontrando coisas no Ocidente").

O Surgimento das Cruzadas

Pode parecer que a civilização chegou ao grau atual de interconectividade por causa das viagens aéreas e da revolução eletrônica das últimas décadas. Porém, as conexões mundiais atuais, como você pode perceber ao dar uma lida em qualquer seção deste capítulo, começaram mesmo a tomar forma há muitos séculos.

As Cruzadas talvez tenham sido os primeiros eventos que apontaram na direção do mundo atual, que ainda é profundamente marcado pelos impérios europeus dos séculos XVI a XX. Resumindo, as Cruzadas foram centenas de anos de campanhas militares cristãs esporádicas (para saber mais sobre as marcas deixadas no mundo atual pelos impérios europeus do segundo milênio, consulte o quadro "A predominância cultural em perspectiva" neste capítulo. Não se preocupe, não é tão complexo quanto parece).

Conhecendo os personagens principais

As Cruzadas tiveram início em 1095, quando diversos europeus, respondendo a um chamado do papa e unidos pelo zelo religioso (pelo menos era o que eles diziam), tentaram libertar a Terra Santa, a Palestina, dos governantes turcos. Não se tratavam dos turcos otomanos, cujo grande império suplantaria o Império Bizantino no século XV, mas sim de seus antecessores na construção dos impérios no Oriente Médio: os turcos seljúcidas.

Os turcos seljúcidas eram uma população nômade e ladra de bárbaros do centro-norte asiático. Os bárbaros aparecem nos Capítulos 5 e 6 e também neste capítulo, pois fizeram parte de vários séculos, chegando a terras tão diversas e amplas quanto China e Espanha.

Assim como os mongóis que conquistaram a China, os turcos chamavam seus chefes pelo título *khan*. Nos primeiros séculos do primeiro milênio, os turcos eram um povo submisso, que pagava tributos (uma espécie de imposto sem representação) a outro grupo bárbaro, o Juan-Juan. Mas quando as conquistas árabes dos séculos VII e VIII espalharam o Islã, os turcos se converteram e adotaram o fervor árabe na construção de impérios.

A ascendência seljúdica (que conquistou a Ásia Menor no século XI e derrotou, em 1071 mais precisamente, os exércitos do Império Bizantino) alarmou os cristãos (o mundo cristão) até Roma, onde a gota d'água para o Papa Urbano II foi a invasão da Palestina pelos seljúcidas. Os cristãos do Ocidente tinham um sentimento de posse sobre essa região – atual território israelense e palestino, pois Jesus de Nazaré vivera e morrera ali e a região também abrigava as origens sagradas do cristianismo. Enquanto isso, ninguém perguntou às pessoas que viviam na Palestina se elas queriam ser libertadas do governo turco.

O papa também ficou enfurecido com o fato de os turcos estarem importunando os peregrinos em suas procissões a locais da Terra Santa. Como muçulmanos, os governantes seljúcidas tinham poucos motivos para proteger esses viajantes cristãos, que podiam facilmente ser presos como ladrões. O papa ficou tão indignado que, em 1095, iniciou uma guerra para garantir novamente a segurança dos cristãos em Jerusalém. As Cruzadas, a resposta ao seu chamado, podem ter iniciado como uma aventura religiosa idealista, mas acabaram transformando-se em guerras brutais de ódio e oportunismo.

Os turcos seljúcidas, assim como os mongóis, eram ótimos cavaleiros; os guerreiros seljúcidas podiam disparar flechas com uma precisão incrível, enquanto seus cavalos corriam a todo galope. Essa habilidade os ajudou a estabelecer o caos em potências estabelecidas ao mesmo tempo em que varriam o Afeganistão e a Pérsia no século XI, invadindo Jerusalém no caminho para Bagdá, uma capital em declínio de um antigo império muçulmano fundado pelos árabes, para conquistar o Oriente Médio.

Observando o zelo desviado de Cruzadas específicas

Infelizmente, os milhares de europeus comuns que foram à Palestina cheios de fervor cristão eram cruzados com menos possibilidades de sobreviver. Eles eram ignorantes e de maneira alguma estavam prontos para o que enfrentariam. Porém, nobres bem armados e habilidosos também foram para o leste. A seguir, uma lista de algumas Cruzadas:

- **Primeira Cruzada**: Em 1099, a primeira força europeia oficial que chegou a Jerusalém massacrou a maioria das pessoas antes mesmo de estabelecer os reinos latinos governados pela Europa, principalmente o Reino de Jerusalém, ao longo do litoral oriental do Mediterrâneo.

- **Cruzada Popular**: A Cruzada Popular foi um resto da Primeira Cruzada liderada por um pregador itinerante da França, um monge chamado Pedro, o Eremita. Seus seguidores participaram de um massacre dos seljúcidas (para saber mais sobre Pedro, o Eremita, e seu colega, Valter "Sem Vintém", consulte o Capítulo 20);

- **Segunda Cruzada**: A Segunda Cruzada teve início em 1147, quando os cruzados que invadiam pelo leste pararam no meio do caminho para matar os judeus que viviam no Vale do Reno, na Alemanha.

- **Terceira Cruzada**: Em 1189, a força expedicionária da Terceira Cruzada foi para o leste para atacar o líder curdo Saladino, que havia unido forças muçulmanas da Síria e do Egito e tomado a cidade de Jerusalém de seus governantes cristãos em 1187. Os cruzados dessa força incluíam o Rei Ricardo I (Coração de Leão) da Inglaterra, o Imperador Frederico I (Barbarossa) do Sacro Império Romano, e o Rei Felipe II da França. O imperador afogou-se ao cruzar um lago da Cilícia.

Tendo como cenário a Terceira Cruzada no final do século XII, o filme *Cruzada*, de 2005, do diretor Ridley Scott, conta a história fictícia do reino cristão de Jerusalém. Se você encontrar o filme em DVD, posso afirmar que a versão do diretor, com 194 minutos, é superior à versão mais curta, feita para efeito de lançamento.

- **Quarta Cruzada**: A Quarta Cruzada, que aconteceu de 1202 a 1204, deve ter sido a mais feia de todas. Os cruzados cristãos saquearam Constantinopla, uma cidade cristã, e basearam outro reino latino por lá (como se a divisão entre a igreja católica romana e a igreja ortodoxa do leste já não fosse suficiente).

✔ **Cruzada das Crianças**: A Cruzada das Crianças de 1212 foi a mais patética. Aproximadamente 50 mil crianças e adultos pobres caminharam para o sul, partindo da França e da Alemanha sob a ilusão de que poderiam devolver o controle da Palestina aos cristãos. A maioria das crianças que conseguiu chegar aos portos italianos foi enviada diretamente para os mercados de escravos muçulmanos do norte da África e do Oriente Médio. Ouviu-se falar novamente de muito poucas delas. Alguns dizem que a história do Flautista de Hamelin é baseada na Cruzada das Crianças.

Determinando um precedente para a conquista

De onde os europeus dos séculos XVI ao XIX tiraram coragem para navegar pelo mundo reclamando porções de outros continentes para seus reinos? Você poderia argumentar que a atitude deles se deve aos hábitos imperiais de Roma, ou que os europeus, muitos de descendência bárbara (e, portanto, talvez tão asiáticos quanto europeus), nasceram para a conquista.

Você poderia dizer isso, mas este argumento poderia ser muito vago. Mais precisamente, você poderia voltar até a Idade Média, à necessidade de combater os invasores Vikings e como essa necessidade fez com que os vassalos feudais se transformassem em fortes líderes. Esta tendência começou a construir nações como a Inglaterra Saxã, que tomou forma sob o governo de Alfredo, o Grande. Mas a construção de uma nação era um processo lento e os europeus não pensavam em termos de um estado político baseado na identidade nacional (para saber mais sobre o surgimento dos reis mais fortes, como Alfredo e Carlos Magno, e o início da construção das nações, consulte o Capítulo 6).

Os cruzados moldaram uma imagem europeia e cristã no restante do mundo, e ensinaram os ocidentais a estabelecer-se além da Europa. Governantes investiram seus recursos em um empreendimento imperial de modo sistemático, abrindo um precedente para o exercício do poder. O cristianismo passou a ser militante, confiante em sua capacidade de estabelecer-se em outras partes do mundo. Esta confiança serviu muito bem à Europa nos vários séculos que se seguiram, depois que os navegadores conseguiram ter uma ideia razoavelmente precisa de como era o globo.

Aumentando o Comércio entre o Oriente e o Ocidente

No início do século XIII, Genghis Khan e seu clã mongol conquistaram uma grande região da Ásia, que se estendia do Oceano Pacífico até o nordeste da

Europa, acima do Mar Negro. Durante parte desse século, essas terras ficaram sob o um único poder e, mesmo após a morte de Genghis Khan em 1227, elas continuaram pertencendo a uma aliança de poderes mongóis.

O Império Mongol eliminou as rotas de comércio entre o oriente e o ocidente ao norte, sendo que algumas delas utilizavam os rios Volga e Dniepre, que desaguavam no Mar Negro e no Mar Cáspio, no Oriente Médio. Estas rotas foram usadas durante séculos pelos vikings e pelos eslavos e, graças aos mongóis, os europeus do norte puderam tirar proveito da malha comercial do leste, que fluía mais livremente que nunca.

Quando as boas notícias se espalharam pelo norte europeu, as cidades cresceram. Hamburgo floresceu às margens do Rio Elba, assim como Lubeck, no Mar Báltico. Mas os comerciantes tinham um problema: não havia um governo alemão unificado e confiável e também não havia uma fonte de ordem amplamente reconhecida para defender suas rotas de ladrões e piratas.

Em 1241, os comerciantes de Hamburgo e Lubeck formaram a *hansa*, uma associação para proteção mútua. No início do século seguinte, esta associação se transformou na *Liga Hanseática*, uma confederação comercial formada por 70 cidades, que se estendiam de Flandres (atual Bélgica e parte do norte da França) até a Rússia. Seus interesses eram puramente comerciais, mas a liga também desempenhava algumas funções governamentais. Ela entrou até em uma guerra em meados do século XIV, quando o rei dinamarquês Waldemar IV tentou mexer com o comércio. No final, Waldemar mostrou não ser páreo para o Comércio Real.

Sobrevivendo a Peste Negra

Os europeus do século XIV observavam o mundo sob uma nova perspectiva, enxergando lugares mais distantes como desejáveis, sobre os quais valia a pena saber mais e talvez até valesse a pena comprá-los. Porém, antes de os europeus realmente começarem a desbravar esse mundo, era preciso que houvesse riquezas pessoais suficientes para criar um mercado de tamanho decente para os luxos externos. Estranhamente, foi necessário uma doença terrível e a morte em uma escala fantástica para que o mercado encontrasse um ponto de apoio.

A *Peste Negra* foi uma epidemia devastadora de peste bubônica e suas variantes, que provavelmente teve início nos pés da cadeia de montanhas do Himalaia, na Ásia. Porém, no século XIV, algo aconteceu para fazer com que a doença se espalhasse, e muitos especularam que o culpado foi o aumento do comércio. A doença ficava nas pulgas, levadas pelos ratos e, aonde as pessoas iam, principalmente levando comida, também iam os ratos e seus parasitas.

Quando um rato morria, as pulgas iam para outro rato. Quando não havia nenhum rato próximo, as pulgas escolhiam hospedeiros secundários. Quando os hospedeiros passaram a ser os humanos, as pessoas ficavam muito doentes e a maioria morria rapidamente. Os hematomas negros que apareciam sob

A predominância cultural em perspectiva

Os europeus passaram vários séculos do segundo milênio AD aventurando-se em outras partes do mundo, subjugando moradores locais e construindo impérios. O mundo como você o conhece – com pessoas que falam inglês na África do Sul e português no Brasil – ainda carrega inúmeras marcas econômicas e culturais (muitas pessoas as chamam de cicatrizes) dessas aventuras.

Algumas pessoas, inclusive alguns historiadores (embora nenhum muito recente), tratam essa ascendência europeia como inevitável e até mesmo certa. Esta visão é chamada de *eurocentrismo*, e você pode achar que sente o cheiro dele neste livro. Um motivo para isso é que a dominação europeia é muito recente, relativamente falando, e ela continua com a difusão dos estilos de vestimenta ocidentais, o idioma inglês, o sistema econômico em estilo ocidental e os filmes americanos. Ele continua apesar dos movimentos opostos de determinados grupos, como os extremistas islâmicos, que rejeitam os valores ocidentais. Este livro é, em parte, um relato de como a civilização chegou a este ponto específico, portanto, deve incluir a história de como os europeus (e seus herdeiros, como os Estados Unidos) conseguiram fazer o que fizeram.

Ao longo deste livro, relato como uma ou outra cultura sempre parece estar em destaque, predominando durante séculos, até mesmo por um milênio, e se firmando como superior. Também aponto como grandes civilizações podem desaparecer de forma tão completa que ninguém se lembra delas (por exemplo, veja as informações sobre os hititas no Capítulo 4). O desaparecimento da civilização do mundo em que vivemos parece inconcebível em uma era de satélites, computadores e outras invenções malucas que transformaram o comércio e a vida diária. Porém, qualquer estudo histórico mostra que as civilizações não apenas surgem, elas também caem inevitavelmente.

a pele das pessoas eram chamados bubões, que acabaram dando o nome à peste bubônica. Uma variante ainda mais mortal da doença, a peste pneumônica, espalhava-se pelo ar e podia passar de uma pessoa à outra.

Matando a esmo

Em 1333, a peste havia matado milhares de chineses e fora para o oeste. Por volta de 1347, ela chegou a Constantinopla, onde foi chamada de *Grande Peste*, e continuou se espalhando rapidamente pelo ocidente através dos Bálcãs, da Itália, França e Espanha. Então, ano após ano, a doença avançou para o norte. Em alguns anos, a Peste Negra chegou à Rússia, Escandinávia e além, seguindo as rotas comerciais dos vikings até a Islândia e devastando completamente os estabelecimentos nórdicos da Groenlândia (para saber mais sobre os nórdicos da Groenlândia, consulte o Capítulo 6).

Aproximadamente 25 milhões de pessoas morreram de Peste Negra na Europa. Talvez um terço da população da Inglaterra tenha morrido. Epidemias periódicas aconteceram nos séculos seguintes, mas a Peste Negra teve um impacto que foi muito além do horror e da tristeza que causou (e não se esqueça do fascínio mórbido: muitos exemplos de arte dessa época se concentram em doenças e na morte).

Um pouco de matemática: menos pessoas, mais riqueza

A Peste Negra reduziu a população europeia de maneira tão drástica que uma pequena união trabalhadora mudou a economia. Ironicamente, esta virada nos acontecimentos melhorou a vida de muitos europeus, criando uma renda disponível que, por sua vez, gerou uma demanda por luxos e até mesmo ideias orientais. O resultado intelectual e cultural dessa redução na população e o foco no leste foi chamado de Renascença. Você poderá ler mais sobre a Renascença no Capítulo 13.

Com tantos mortos, sobraram menos pessoas para trabalhar nas terras. Alguns trabalhadores tiveram a coragem de enfrentar os nobres e proprietários de terras e dizer que não trabalhariam mais pelo mesmo salário. A reserva de trabalhadores não ficara apenas menor, mas também mais valiosa. A mais famosa dessas revoltas foi liderada por Wat Tyler, um agitador inglês que acabou sendo morto em 1381.

A economia pós-praga forçou alguns donos de terras grandes a dividir suas propriedades em terrenos menores. Em vez de continuar sendo meros arrendatários que entregavam grande parte do que plantavam para o dono da propriedade, alguns trabalhadores começaram a receber um salário por seu trabalho.

Embora houvesse menos pessoas no geral, cada vez mais pessoas tinham terras, renda e potencial para comprar mercadorias. Esta condição estimulou uma alta entre os comerciantes, artesãos e fornecedores habilidosos que conseguiam enviar as mercadorias. Até então, as pessoas eram ricas ou pobres, geralmente, pobres. A praga deu origem à classe média.

Buscando um Caminho para o Oriente e Encontrando Coisas no Ocidente

A sede das nações europeias pelo luxo que havia na China, na Índia, no Japão, na Indonésia e em outras culturas orientais e também pela riqueza que vinha para aqueles que podiam importar mercadorias como seda e especiarias raras levou muitos capitães aventureiros dos séculos XV e XVI a buscar rotas marítimas navegáveis até os portos asiáticos. Você poderá ler mais sobre essas jornadas marítimas e os seus resultados no Capítulo 8. Um navegador em particular destaca-se do restante, no entanto, por ter sido o primeiro a navegar na direção oeste em busca das terras que ficaram a leste da Europa. Este navegador era Cristóvão Colombo.

Colombo não encontrou o que procurava, mas mudou a história mundial de modo fundamental ao aportar em ilhas povoadas dos mares caribenhos e, mais tarde, no continente sulamericano.

Conhecendo os americanos que receberam Colombo

As tribos Arawak e Carib vinham das ilhas que mais tarde foram chamadas de Índias Ocidentais, no norte da América do Sul. Antes do ano 500 AD, alguns Arawaks migraram para as ilhas e praticaram a agricultura durante centenas de anos antes da chegada dos Caribs.

Os Caribs não gostavam muito de agricultura. Guerreiros e canibais, os Caribs torturaram, mataram e comeram os homens das tribos conquistadas e transformaram as mulheres em esposas escravas. Pelo menos é isso que dizem os registros históricos. Algumas pessoas, inclusive os descendentes desses americanos nativos, são uma exceção a esta descrição e afirmam que Colombo e seus sucessores inventaram essas histórias de canibalismo como desculpa para escravizar esses povos.

Por volta do ano 1000 AD, os Caribs iniciaram suas próprias jornadas marítimas a partir da Venezuela e da Guiana para as ilhas. Atacando vilarejos Arawak, os Caribs quase dizimaram os fazendeiros de algumas ilhas.

Ao chegar às Índias, Colombo provavelmente encontrou alguns Arawaks e, depois, os Caribs, mais hostis. Cheio de esperanças de estar na costa da Ásia, Colombo chamou-os de *índios* e o nome pegou.

A queda

Os folcloristas dispensam a ideia, mas muitas pessoas acreditam que a rima infantil da ciranda americana pode ser muito mais antiga e muito mais mórbida do que a maioria dos pais pensa. A rima é um eco dos tempos da peste, quando "rosie" (rosadinha) era uma brotoeja que aparecia nas vítimas da doença. "Com o bolso cheio de flores" poderia referir-se à crença de que as pétalas das flores eram uma defesa contra a doença, ou pelo menos contra o implacável cheiro de morte. "Cinzas, cinzas" vem dos versos funerais "do pó viestes, ao pó retornarás". E a frase final "tudo cai", originalmente, pode ter significado que poucas pessoas se levantariam novamente, se é que se levantariam. Os estudiosos das tradições orais dizem que isso não é verdade, pois não há evidências escritas de que a rima tinha estas palavras até os séculos mais recentes.

Alguns comemoram a descoberta, outros a lamentam

A descoberta das Américas por Cristóvão Colombo, uma parte do mundo desconhecida de seus contemporâneos europeus, abriu caminho para a colonização e o comércio, trazendo muitas riquezas para a Espanha, a nação que patrocinou suas quatro viagens para os mares caribenhos, e também para outras potências imperiais da Europa. Sua descoberta também trouxe séculos de morte e destruição às populações nativas e suas culturas. Embora muitas pessoas, inclusive historiadores tradicionais, tenham celebrado Colombo como um herói, outras avaliações, menos elaboradas, levam em conta todos os pontos negativos – escravidão, assassinatos, doenças e mudanças – que seguiram a sua descoberta em 1492.

O preparo e a experiência moldaram Colombo

De sua parte, Colombo nunca buscou descobrir um novo mundo e foi para o túmulo em 1506 admitindo que o houvesse feito.

Nascido em Gênova em 1451 e educado no mar, Colombo leu os antigos gregos, principalmente o astrônomo do século II AD, Ptolomeu. Um grego que vivera em Alexandria, Egito, Ptolomeu viu o mundo como um globo. Seus escritos influentes foram preservados pela letrada cultura árabe que governou o Egito e chegaram à Europa através de traduções.

Como navegador, Colombo reuniu um impressionante currículo de viagens, tendo viajado uma vez até a Islândia, que fica bem distante da Itália e de Lisboa, Portugal, cidade portuária onde construiu seu lar.

Portugal era uma boa base para um navegador, pois era lá que ficava a mais importante e antiga escola de navegação, astronomia e cartografia da Europa (estabelecida pelo Príncipe Henrique, o Navegador, no século XV). Os graduados exploravam a costa oeste da África em busca de um caminho para o continente das Índias (você poderá ler mais sobre a descoberta de uma rota marítima da Europa para a Índia pelos exploradores portugueses no Capítulo 8. Henrique, o Navegador, aparece no Capítulo 21).

Tropeçando nas Índias Ocidentais

Enquanto trabalhava com os monarcas espanhóis, Colombo buscou uma rota marítima que ligasse a Europa e a Índia e viajou para o oeste em vez de ir para leste, direção na qual a maioria dos navegadores europeus pensaria. Este navegador tinha um bom entendimento da forma da Terra – mesmo tendo subestimado seriamente sua circunferência. Mas Colombo nunca buscou novos continentes e recusava-se a encarar o fato de ter, de fato, encontrado um: um continente que, mais tarde, foi chamado de América do Sul.

Após sua primeira viagem para o Caribe, ele continuou voltando para lá (o lugar recebeu o nome do povo Carib), não porque gostava de piña colada e do ritmo calipso, mas porque não podia admitir que o que encontrara era um lugar totalmente novo, pelo menos para os navegadores europeus.

 Colombo queria que a América fosse o leste asiático e dizia a si mesmo e a qualquer um que quisesse ouvir que essas ilhas eram apenas uma parte obscura da Indonésia: as *Índias*. Se Cuba não era parte do continente asiático, o que ele fez com que seus oficiais jurassem que fosse, ele queria que Cuba fosse o Japão. Quem queria um Novo Mundo quando um mundo antigo – a China – era o maior prêmio do comércio marítimo?

Percorrendo os Séculos

618 AD: A Dinastia Tang assumiu o controle da China, tendo iniciado um período de inovação tecnológica que incluiu a invenção da impressão e da pólvora.

Por volta de 1000 AD: Membros da tribo Carib viajam da Venezuela para as ilhas do Caribe. O povo Carib ainda estava lá quando Colombo chegou 500 anos mais tarde.

1071: Os turcos seljúcidas derrotaram o exército do Império Bizantino na batalha de Manzikert, tendo capturado o Imperador Romano IV Diógenes.

Fumaça

Entre os objetos mais confusos que Colombo levou de volta das Índias Ocidentais foram folhas e sementes pungentes de uma planta bastante usada pelos nativos caribenhos. As folhas secas deste tipo estavam entre os primeiros presentes que os nativos americanos ofereceram aos visitantes europeus, que não sabiam o que fazer com elas e as jogavam fora. Melhor para os pulmões dos marinheiros, pois as folhas eram de tabaco.

Alguns colegas de Colombo, Rodrigo de Jerez e Luis de Torres, viram nativos de Cuba fazendo com que as folhas tomassem a forma de um mosquete, envoltas por uma folha de palmeira ou milho, e acendendo uma das pontas com fogo, colocando a outra ponta na boca e *bebendo* a fumaça. Jerez experimentou, gostou e levou o hábito para a Espanha. A fumaça que saía de sua boca e de seu nariz assustou seus vizinhos e eles o entregaram à Inquisição Espanhola. Jerez passou sete anos na prisão. E algumas pessoas acham que as leis antifumo de hoje são extremas.

1147: As cruzadas cristãs, em sua jornada para o leste para libertar Jerusalém do governo muçulmano, fizeram uma pausa no Vale do Reno, na Alemanha, para massacrar os judeus que lá moravam.

1211: O líder mongol Genghis Khan invadiu a China, tendo acrescentado o território chinês ao seu vasto império euro-asiático.

1212: Aproximadamente 50 mil pessoas pobres, em sua maioria crianças, partiram da França e da Alemanha na direção dos portos italianos. Esses cruzados acreditaram que podiam libertar a Terra Santa do governo muçulmano. Aqueles que não morriam no caminho eram vendidos em mercados de escravos no norte da África.

1241: Duas cidades do norte da Europa, Hamburgo e Lubeck, formaram uma "hansa", que acabou se transformando na Liga Hanseática, uma confederação comercial e quase governamental composta por aproximadamente 70 cidades.

1275: Marco Polo, um veneziano adolescente, chegou a Pequim e aceitou um trabalho no serviço diplomático do imperador mongol.

1347: A Peste Negra (peste bubônica) chegou a Constantinopla em sua marcha da Ásia para a Europa. Os bizantinos chamaram a epidemia de Grande Praga.

1381: Na Inglaterra, Wat Tyler liderou os camponeses em uma revolta contra os donos de terras. Ele morreu no conflito, mas a rebelião gerou reformas agrárias.

1571: A cidade-estado comercial de Veneza perdeu sua colônia na ilha de Chipre para o Império Otomano. Sem seu posto no Adriático, o comércio veneziano começou a enfraquecer e a declinar de modo permanente.

Capítulo 8
Abraçando o Mundo

*Q*uando os navegadores europeus iniciaram suas viagens em busca de novas rotas marítimas nos séculos XV e XVI, eles estavam interessados no dinheiro. As riquezas acenavam para eles. Alguns marinheiros, cujas viagens alteraram a circunferência do globo incluem:

✔ **Cristóvão Colombo**: Um genovês (da cidade-estado italiana de Gênova) que partiu da Espanha, ele descobriu a América em 1492 porque estava tentando chegar à Ásia, uma fonte de mercadorias comerciais lucrativas.

✔ **Vasco da Gama**: Um capitão português que também procurava uma rota marítima para a Ásia contornando a África e navegando para o leste, chegando à Índia em 1498.

✔ **Fernão de Magalhães**: Outro português, mas navegando em nome da Espanha, ele zarpou para as Ilhas das Especiarias (atual Indonésia), na Ásia através de uma rota diferente da rota de Vasco da Gama, em 1519.

Magalhães, embora tenha morrido na viagem, provou que era possível ir da Europa à Ásia navegando pelo oeste, como afirmava Colombo (era preciso apenas fazer a volta pelo sul da América do Sul). Magalhães também provou que os europeus podiam dar a volta ao mundo. O único navio que sobreviveu dos cinco originais deu a volta na África pelo leste e navegou até Sanlúcar de Barrameda, na Espanha, em 1522.

A conquista de Magalhães foi um passo enorme nas navegações, mas também foi um triunfo simbólico. Os europeus podiam dar a volta ao mundo navegando e logo através da conquista comercial e militar. Também no início do século XVI, dois generais espanhóis conquistaram as duas maiores civilizações das Américas:

- ✔ Hérnan Cortés derrotou os astecas no México em 1521.

- ✔ Francisco Pizarro derrotou o império inca do Peru em 1533.

Os europeus falavam de um Novo Mundo, referindo-se às Américas, mas no sentido de que o mundo inteiro era novo, pois estava, de repente, ao alcance de todos, uma ameixa madura pronta para ser colhida. Os espanhóis e os portugueses, aos quais logo se juntaram outros europeus, como os holandeses, ingleses e franceses, colheram a ameixa fazendo comércio, conquistando, explorando e escravizando os povos do Novo Mundo.

Entre 1500 e 1900, as forças marítimas europeias colocaram grande parte do planeta sob sua influência, mas com um preço. Tão logo os europeus dominaram outros povos, estes começaram a lutar para reconquistar sua liberdade. Essa era de impérios transformou-se em uma era de revoluções e não apenas nas Américas e outras regiões colonizadas. A febre da liberdade espalhou-se e a revolução também chegou à Europa.

Navegando para o Sul para Chegar ao Leste

Para os europeus, 1498 foi um ano ainda mais monumental do que 1492, quando "Colombo navegou pelo oceano azul". Ele estava tentando chegar aos ricos portos da Ásia pelo mar, um grande objetivo para os comerciantes e navegadores. Vasco da Gama, que navegava para o rei Manuel I (Manuel, o Afortunado) de Portugal, na verdade fez o que Colombo não conseguiu: encontrar uma rota marítima para o Oriente.

Vasco da Gama encontrou uma rota navegando pelo sul, ao redor da ponta da África e subindo pela costa daquele continente, através das águas traiçoeiras entre a grande ilha de Madagascar e o continente africano. Em seguida, com a ajuda de um navegador árabe, atravessou o Oceano Índico. Tendo sido a maior aventura marítima da época, a jornada de Vasco da Gama cumpriu sua promessa de retorno econômico, enquanto a descoberta enganada de Colombo das ilhas selvagens ainda precisava provar ser economicamente recompensadora.

Conseguindo apoio no comércio indiano

Vasco da Gama cruzou o Mar Arábico e chegou à costa sudoeste da Índia em 1498. Ele aportou na cidade portuária de Kozhikode (chamada, na época, de Calicute, mas não confunda com Calcutá). Ele estava à procura de especiarias asiáticas, mas não fora bem preparado. De acordo com os costumes, a maneira correta de homenagear o governante hindu de Calecute, chamado *samorin*, principalmente se você queria um favor, era encher o samorin de presentes.

Mas os indianos não ficaram impressionados com a oferta de Vasco da Gama, que ofereceu bacias, tecidos, chapéus, contas e torrões de açúcar.

Esses presentes foram bem aceitos na costa da África, mas eram desprezíveis para o rico comércio de Calecute.

Vasco da Gama precisou trabalhar duro para conseguir um acordo comercial com o "zamorin", mas depois de três meses de conversas, ele recebeu a aprovação. Vasco da Gama conseguiu comprar especiarias suficientes para impressionar seus companheiros em Lisboa.

Exigindo Respeito

A primeira viagem de Vasco da Gama para a Índia, em 1498, pareceu apontar o caminho para um comércio pacífico. Antes de retornar a Calecute, no entanto, o tom das relações entre Ocidente e Oriente teve uma grande reviravolta.

Apenas três dos quatro navios de Vasco da Gama e 55 pessoas de sua tripulação original de 177 sobreviveram à primeira viagem à Índia. Estas perdas eram consideráveis para a época, principalmente em se tratando de uma grande descoberta. O Rei Manuel de Portugal ficou satisfeito. Ele patrocinou uma segunda expedição, liderada por Pedro Álvares Cabral, em 1500. Em seu caminho pela costa da África, Cabral se desviou demais para o oeste e acabou descobrindo o Brasil. Cabral levou a novidade à Portugal, dando ao Rei Manuel mais uma parte do Novo Mundo a ser acrescentada à rota para a Ásia.

Cabral continuou, contornou a África e chegou a Calecute, onde cresceu sobre o trabalho de Vasco da Gama, que havia conquistado privilégios comerciais negociando um tratado comercial com o "zamorin". Ao deixar a Índia, Cabral deixou um pequeno grupo de comerciantes portugueses para representar os interesses do rei Manuel. Embora estes comerciantes tivessem permissão do "zamorin" para ficar, sua presença enfureceu os mercadores muçulmanos da cidade portuária. Eles enxergavam os europeus como um obstáculo ao seu negócio de importação e exportação. Um grupo destes empresários muçulmanos decidiu revidar, atacou e matou os portugueses.

Quando a notícia dos assassinatos chegou a Portugal, o rei Manuel enfurecido culpou o "zamorin" por falhar em proteger seus embaixadores. Determinado a mostrar sua insatisfação, ele enviou Vasco da Gama em outra viagem à Índia em 1502. Desta vez, o navegador comandou uma frota de navios bem armados.

Cruzando o Mar Arábico na direção da Índia, Vasco da Gama interceptou um navio que levava os muçulmanos de volta para casa, vindos de sua peregrinação a Meca. Demonstrando uma nova atitude militante, Vasco da Gama exigiu todo o tesouro que havia a bordo. Após recolher o dinheiro e os bens dos passageiros, os portugueses queimaram o navio árabe e as centenas de pessoas a bordo, inclusive mulheres e crianças.

Ao chegar em Calecute, Vasco da Gama exigiu a rendição do "zamorin" e que os muçulmanos, a quem ele culpava pela morte dos representantes portugueses, fossem banidos da cidade. O "zamorin" recusou-se a fazer isso. Vasco da Gama respondeu bombardeando o porto. Ele também ordenou a execução de 38 comerciantes e pescadores, que haviam partido em seus pequenos barcos para receber os navios de Vasco da Gama. Essas vítimas não eram muçulmanas e, sim, hindus, como o "zamorin". Quando Vasco da Gama finalmente partiu para sua viagem de retorno a Lisboa, deixou cinco navios para reforçar as regras portuguesas.

"Descobrindo" a América

Colombo não via a si mesmo como um *descobridor* e talvez você também não devesse vê-lo como tal. Toda a noção de descoberta é um insulto para as pessoas que já viviam nas Américas e não sabiam que não haviam sido descobertas ainda.

Muitos povos diferentes viviam nas Américas antes da chegada de Colombo. Ele chamou as pessoas que encontrou nas ilhas caribenhas de *índios*, pois acreditava estar na Ásia, portanto, os povos originais das Américas foram reunidos sob este rótulo desde essa época (embora alguns prefiram ser chamados de *nativos americanos ou ameríndios*). Não importa o nome que se dê a eles, esses americanos nunca foram uma única cultura. Eles viviam em climas bastante variados, ganhavam a vida de modo diferente uns dos outros, falavam idiomas diferentes e vestiam roupas diferentes. Até mesmo suas origens, provavelmente, eram diferentes.

Até o final do século XX, muitos estudiosos achavam que todos os americanos pré-colombianos haviam cruzado uma ponte que ligava a Ásia com o Alasca entre 20 mil e 10 mil anos atrás. Então, descobertas arqueológicas começaram a sugerir que pelo menos algumas pessoas viviam nas Américas muito antes de outros grupos chegarem em diferentes momentos.

Quando os europeus chegaram, as Américas já tinham visto civilizações surgirem e ruírem. Os espanhóis chegaram em tempo de ver a grande civilização maia do México e os Yucatán, embora suas cidades impressionantes estivessem em profundo declínio no século XVI.

Ao norte das cidades maias, nos planaltos do centro do México, o comandante militar espanhol Hérnan Cortés encontrou uma grande cidade, que estava em seu ápice em 1519: a capital asteca de Tenochtitlán. Os soldados espanhóis diziam que Tenochtitlán, com suas pirâmides pintadas com cores brilhantes e amplas trilhas que ligavam a cidade na ilha ao continente, era tão magnífica quanto Roma ou Constantinopla. Os espanhóis então foram tomá-la, é claro, mas ninguém nunca disse que a conquista é bonita.

Embora as civilizações pré-colombianas tenham tido muitas conquistas, elas possuíam algumas desvantagens apreciadas pelos invasores espanhóis:

✔ **Pólvora**: Esta tecnologia havia se espalhado da China para a Europa, mas não chegou às Américas até a chegada dos espanhóis.

- ✔ **Ferro**: Embora diversas culturas americanas tenham feito trabalhos esplêndidos em metal por volta do século XVI, nenhuma delas havia aprendido a fazer armas de ferro mais resistentes e duráveis.

- ✔ **Cavalos**: Não havia cavalos nas Américas (consulte o Capítulo 17 para saber mais sobre o papel dos cavalos na guerra).

- ✔ **Imunidade**: Os europeus levaram doenças que nunca haviam cruzado o oceano. Os índios não tinham defesas biológicas contra elas.

Como os Astecas surgiram e caíram

Antes de os Astecas do México chegarem ao poder, eles foram um povo conquistado, basicamente, escravo. Diz a lenda que eles seguiram uma profecia, que lhes disse para construir sua capital, a cidade de Tenochtitlán, onde vissem uma águia sentada em um cacto (ui!) comendo uma cobra. O cacto ficava em uma ilha de um grande lago (agora coberto pela Cidade do México). Relatos mais verossímeis dizem que os astecas escolheram a ilha como uma posição defensiva e esconderijo de seus antigos mestres.

O México adotou a imagem da águia, da cobra e do cacto em sua bandeira nacional, detalhe mostrado na Figura 8-1.

Figura 7-1:
A bandeira mexicana comemora a lenda dos Astecas.

O surgimento dos mestres

Os astecas (também chamados de *mexica*) fundaram Tenochtitlán em aproximadamente 1325 e começaram a desenvolver habilidades militares para que outros povos não pudessem escravizá-los. Eles construíram templos, estradas, um aqueduto e trilhas sobre o lago. Lá, eles estabeleceram uma sociedade hierárquica na qual os comuns, embora tivessem direito à terra, deviam pagar tributos e servir aos nobres, que acreditavam ser descendentes do deus Quetzalcóatl. A linhagem familiar determinava o lugar de uma pessoa dentro das comunidades em forma de cidade, chamadas *calpulli*. Essas comunidades eram agrupadas em estados territoriais chamados *altepetl*, que eram governados por chefes locais ou reis. O Império Asteca tomou forma quando o altepetl principal fez uma aliança ainda maior.

Por volta do século XV, os astecas eram fortes o suficiente para derrotar as tribos que abrigavam seus antigos mestres. Os reis astecas Itzacoatl e Montezuma I (ou Moctezuma) travaram guerras para conquistar o Vale do México e além.

Por que brigar? Eles acreditavam que o deus asteca da guerra, Huitzilopochtli, exigia vítimas em sacrifício. A religião asteca incluía a crença de que Huitzilopochtli gostava especialmente de corações humanos frescos, preferencialmente de vítimas corajosas. Na inscrição de uma pirâmide em 1489, os padres astecas cortaram 20 mil prisioneiros. As vítimas das guerras astecas alimentavam Huitzilopochtli.

A crença no retorno de Quetzalcoatl

No século XVI, as coisas estavam um pouco confusas para os astecas. Os povos subjugados começaram a revoltar-se. O rei Montezuma II tentou restaurar a ordem, mas foi interrompido quando um explorador espanhol renegado, Hérnan Cortés, apareceu em 1519.

Além de Huitzilopochtli, os astecas e seus povos subjugados temiam a divindade de pele branca e barba, Quetzalcóatl. De acordo com um mito que data dos maias, Quetzalcóatl atravessou o mar e profetizou que retornaria para governar o império. Logo depois que Cortés aportou na costa da Península de Yucatán, ele percebeu que, para os locais, ele se encaixava na descrição de Quetzalcóatl. Os nativos achavam que o espanhol e seus soldados eram mais do que simples homens. Para os astecas, que nunca tinham visto um cavalo, um soldado montado parecia uma fera de duas cabeças.

Quando Cortés chegou à capital asteca, Montezuma II o recebeu provavelmente acreditando que ele fosse Quetzalcóatl, ou possivelmente tentando suborná-lo com uma aliança. Cortés suspeitou de uma armadilha e prendeu Montezuma II. Era tarde demais para o imperador, pois ele havia se curvado diante dos espanhóis e perdido o respeito de seus próprios súditos. Quando Montezuma II tentou falar diante dos astecas, seu público se voltou contra ele e começou a atacá-lo com pedras e flechas. Ele foi ferido mortalmente. Em 1521, uma Tenochtitlán sem líderes se rendeu aos espanhóis.

Os incas conquistam a grandiosidade, mas caem diante dos espanhóis

A conquista dos astecas por Cortés em 1521 inspirou outro comandante espanhol, Francisco Pizarro, a invadir uma grande civilização da América do Sul, os incas, uma década mais tarde. Com apenas 200 soldados para subjugar um império com mais de um milhão de pessoas, ele precisou de apenas dois anos para tomar o poder em Cuzco, a capital inca.

O prêmio de Cortés, o império inca, estava à sua altura. Centrado nas montanhas dos Andes peruanos e espalhado por um território que ia do norte do Chile até o Equador, o império abrangia uma rede de diferentes tribos, todas subjugadas e administradas por uma cultura dominante.

Construindo um império como nenhum outro

Assim como os astecas no norte, os incas iniciaram como um povo subjugado sob as leis dos impérios peruanos anteriores. Os incas começaram a se mexer no século XII. Nos anos de 1430, um governante chamado Pachacuti combateu uma invasão de um povo vizinho e continuou lutando para aumentar o tamanho do Império Inca até que ele abrangesse partes dos atuais Chile, Bolívia e Equador.

Por volta do século XVI, os sucessores de Pachacuti controlavam mais terras do que qualquer povo sulamericano anterior a eles. Assim como os romanos (leia mais sobre eles no Capítulo 5), os incas transformaram a liderança do povo conquistador em parte do império, recompensando aqueles que se uniam a eles e tornavam a cooperação mais fácil do que a resistência. Também como os romanos, os incas eram ótimos engenheiros. Os pedreiros incas construíram fortificações a partir de blocos de granito gigantes de modo tão perfeito que uma lâmina de faca não conseguiria penetrar em uma junta, mesmo nos dias de hoje.

De modo igualmente surpreendente, os incas mantiveram um sistema de estradas de aproximadamente 30 mil quilômetros e o governo enviava mensageiros rápidos por essas estradas, colocados a cada 2,5 quilômetros. Utilizando este sistema, eles podiam enviar uma mensagem a 240 quilômetros em um dia.

A família governante mantinha a ordem, um fato que provou ser o ponto fraco dos incas. Tudo o que Pizarro teve que fazer foi superar a realeza, e o império ruiu. Ele conseguiu isso em 1532, através de pura trapaça.

Aceitando o convite dos invasores

Em 1532, Francisco Pizarro convidou o rei dos incas, Atahualpa, para uma reunião em Cajamarca, uma cidade distante de sua capital. Quando o rei chegou, juntamente com seus vários acompanhantes, Pizarro o sequestrou, surpreendeu seus súditos e matou algumas centenas deles. As vítimas incluíam os familiares do rei. Atahualpa tentou libertar-se, mas Pizarro queria usá-lo como um governante marionete. Atahualpa não aceitou a oferta, recusando-se a converter-se ao cristianismo. Então, Pizarro também matou o rei. Em seguida, Pizarro e suas tropas marcharam para Cuzco, capital de Atahualpa, capturando-a em 1533.

Os espanhóis passaram aproximadamente 30 anos combatendo revoltas nas terras incas (e lutando entre si enquanto combatiam os rebeldes), mas tomaram o controle total do império por volta dos anos de 1560.

O filme *O real caçador do sol*, de 1969, é uma adaptação de uma peça britânica e conta a história de Pizarro e seu encontro com Atahualpa. Ao contrário da peça, que foi reencenada em Londres em 2006, o filme não foi um sucesso de bilheteria.

Dando a Volta no Planeta

Assim como Vasco da Gama, Fernão de Magalhães foi um explorador português que encontrou uma rota marítima para a Ásia. Assim como Cristóvão Colombo, Magalhães era um comandante não espanhol de uma frota espanhola que tentava chegar à Ásia navegando a oeste da Europa.

A expedição de Magalhães foi bem-sucedida, apesar de ter perdido seu capitão, quatro de seus cinco navios, todos os seus oficiais e a maioria de sua tripulação na viagem cheia de acontecimentos que cruzou o Atlântico. Passou pelo estreito na parte sul da América do Sul (desde então chamado de *Estreito de Magalhães*), cruzou o Oceano Pacífico (Magalhães deu esse nome a ele), passou pelos portos das Ilhas das Especiarias (na atual Indonésia), retornou pelo leste da África, até chegar em casa.

Embora tenha morrido durante a viagem, Magalhães obteve o crédito como o primeiro a dar a volta no globo. Ele chegou até as Filipinas, e como já tinha ido para o leste com expedições portuguesas, pode-se dizer que ele, pessoalmente, viajou ao redor do mundo. Tecnicamente, seu mestre de navegação (que era como um segundo comandante de um navio moderno), Juan Sebastián Del Cano (ou de Elcano) foi o primeiro comandante a navegar ao redor do globo com sucesso, chegando de volta à Espanha em 1522. Ele assumiu o comando da expedição quando os nativos das Filipinas mataram Magalhães.

O sucesso da expedição deu aos europeus uma prova de que as Américas eram mais do que apenas uma parte inexplorada da Ásia. O vasto oceano a oeste do Novo Mundo confirmou que se tratava realmente de um novo mundo para os europeus. Além disso, Magalhães provou que era possível chegar à Ásia tomando qualquer direção. Em 1522, quando o navio que restava de sua expedição e seus poucos doentes marinheiros retornaram à Espanha, a Ásia ainda era o prêmio dos comerciantes europeus, também desejado pelos monarcas.

Os otomanos crescem entre os impérios do Oriente

Embora os europeus fossem fortes e ficassem mais fortalecidos com suas rotas pelo mundo, eles não eram capazes de abocanhar imediatamente grandes partes da Ásia do mesmo modo como Espanha e Portugal haviam feito com a América do Sul e a América Central no final do século XV e início do XVI. Ainda eram os tempos dos impérios asiáticos ou, no caso do Império Otomano, um enorme império asiático, africano e europeu.

O poder dos clãs turcos cresce; os Otomanos acumulam muitas terras

O Império Otomano surgiu no final do século XIII no norte da Ásia Menor (parte da atual Turquia). Relacionados com os mongóis e outros nômades, os turcos, um grupo de povos nômades da Ásia central, eram organizados em clãs dinásticos. Um destes clãs era dos turcos seljúcidas, poderosos no Oriente Médio no século XI. Os cruzados europeus combateram-nos na Primeira Cruzada, em 1095.

Os Otomanos, outro clã de turcos, capturaram Constantinopla em 1453, acabando com o Império Bizantino (os turcos otomanos não receberam o nome da banqueta acolchoada; a banqueta, adaptada a partir de uma cadeira baixa e sem espaldar no estilo do Oriente Médio, é que recebeu o nome deste povo).

Assim como os turcos seljúcidas, os árabes e outros povos da Ásia ocidental, os turcos otomanos eram muçulmanos (consulte o Capítulo 6 para saber mais sobre o surgimento e a difusão do Islã). Assim como os árabes, os turcos otomanos reuniram um grande império que, assim como o Império Bizantino, ligava o oeste da Ásia ao leste da Europa. Além de se estender de Budapeste, no norte da Hungria, até Bagdá, no Iraque e Assuão, na parte superior do Nilo, o império também continha a costa mediterrânea da África.

Observando outros impérios asiáticos a leste

Nômades como os turcos, os mongóis saíram da Ásia Central para construir impérios. Seu maior rei guerreiro, Genghis Khan, controlou um grande império da Ásia até o nordeste da Europa no século XIII. Seu neto, Kublai Khan, conquistou a China e estabeleceu uma dinastia em 1280.

O Império Mongol ruiu no final do século XIII, mas os descendentes de Genghis Khan continuaram no poder. Um dos mais famosos, o brutal Tamerlão (ou Timur, o Coxo), saiu do Turquistão para atormentar os persas e otomanos no século XIV. Suas conquistas foram até Moscou, ocupada por suas tropas no final dos anos 1390. O descendente de Tamerlão, Babur, conquistou o norte da Índia (inclusive o atual Paquistão) em 1526, fundando a Dinastia Mogul; o nome é uma variação de Mongol, em referência à herança de construção de impérios de Babur.

A Dinastia Mogul queria mais do subcontinente indiano e lançou mão de governantes fortes e de uma estabilidade surpreendente até o século XVIII, quando as disputas dentro da corte real enfraqueceram a autoridade central. O império começou a dividir-se quando os governantes de províncias, sujeitas ao rei Mogul, pediram mais poder. Este declínio do governo Mogul facilitou o caminho na Índia para as nações europeias, sedentas pelo comércio. Os britânicos aboliram a corte Mogul em 1857.

Os comerciantes europeus moveram-se rapidamente para o leste depois que os portugueses abriram a rota marítima pela África em 1498. Depois que Portugal invadiu Calecute, os comerciantes dessa nação tomaram outro porto indiano, Gao (agora Goa Velha). Navegando para as Ilhas das Especiarias (atual Indonésia), eles também reclamaram a posse de Macau, uma península da costa norte da China, próxima a Cantão.

Os portugueses construíram postos fortificados, a partir dos quais poderiam monopolizar o comércio de especiarias no Oriente. O comércio pagava tão bem que os holandeses e britânicos não podiam ficar sentados observando Portugal se encher de ouro.

A Fundação das companhias das Índias Orientais

Em 1599, 80 mercadores de Londres se juntaram e formaram a Companhia das Índias Orientais. Elizabeth I concedeu-lhes um cargueiro em 1600. Os holandeses formaram sua própria Companhia das Índias Orientais em 1602. Os franceses também entraram em ação e fundaram sua Companhia das Índias Orientais em 1664.

Por um curto período de tempo, os portugueses apreciaram um monopólio comercial como a única nação europeia com mapas de navegação e também com os contatos comerciais necessários para transportar as mercadorias asiáticas pelo mar. Como as Companhias das Índias Orientais resolveram o problema do monopólio português? Mais ou menos da mesma forma com que os portugueses estabeleceram este monopólio: forçando a barra. Depois que a Inglaterra estabeleceu sua primeira estação de troca em Surate, na Índia, em 1612, os ingleses passaram a explorar outros portos indianos. Em 1639, os britânicos construíram uma fortaleza e um posto comercial em um vilarejo de pescadores chamado Madraspatnam, na Baía de Bengala. O lugar transformou-se na cidade de Madras, nome dado ao tecido xadrez Madras. Os comerciantes britânicos construíram um posto em Bombaim em 1688 e colocaram Calcutá como seu escritório central na Índia em 1690.

Os holandeses capturaram Jacarta, uma cidade com um bom porto protegido na costa norte da ilha de Java (parte da atual Indonésia), em 1619, e chamaram-na Batávia (em homenagem aos Batavii, uma tribo celta que

Diferenciando o Oriente do Ocidente

Por que as organizações de comércio inglesas, holandesas e francesas da Ásia eram chamadas de Companhias das Índias Orientais? A Índia não ficava no leste da Europa?

Bem, sim. Mas quando as companhias estavam se formando, havia as outras Índias no oeste. Quando Colombo chegou ao Caribe em 1492 (leia mais sobre Colombo no Capítulo 7 e no início deste capítulo), ele queria desesperadamente que tivesse descoberto uma parte da Ásia. Ele imagi-nava que estava em algum ponto da costa da China, talvez na Indonésia, então, chamou as ilhas caribenhas de *Índias*.

Depois que todos descobriram que Colombo estava errado, que as ilhas americanas a oeste da Europa não eram as ilhas da Ásia a leste, eles faziam a distinção dizendo Índias *Ocidentais* e Índias *Orientais*. Por um tempo, sempre que as pessoas deixavam um porto, elas precisavam especificar a quais Índias pretendiam chegar.

vivia na Holanda nos tempos romanos). A Companhia das Índias Orientais holandesas fez da Batavia seu escritório central. Em 1638, os holandeses tiveram outra exclusividade: em um decreto que bania os comerciantes europeus dos portos japoneses, o governante isolacionista daquele país fez uma única exceção para estes. Para obter o direito de ficar, os holandeses precisaram prometer que não pregariam o cristianismo.

O comércio de especiarias provou-se uma profissão de alto risco. Os holandeses tomaram Amboyna, uma base em Molucas, longe dos portugueses. Então, quando os mercadores ingleses tentaram fazer negócios por lá, os holandeses mataram os intrometidos.

Fechando as portas para o Japão

O Japão sempre foi um caso especial entre as nações asiáticas. Isolado pelo mar, o país não sucumbiu às invasões das tribos nômades que vagavam pelo restante do leste da Ásia e chegaram ao poder através dos impérios (povos como os mongóis, sobre os quais falei no Capítulo 7). Embora seu governo imperial fosse estruturado como o da China, desde 1192 o poder no Japão estava nas mãos de uma classe de guerreiros. A autoridade japonesa estava concentrada no shogun, um senhor da guerra apontado pelo imperador, mas na verdade o *shogun* era muito mais poderoso do que este. Os shoguns da família Tokugawa, que governaram de 1603-1868, eram basicamente ditadores militares em todo o Japão. A seguir, uma lista dos três primeiros desses shoguns:

- **Tokugawa Ieyasu**, o primeiro dos shoguns Tokugawa, ganhou espaço no final de uma série de guerras civis. Tokugawa suspeitava dos estrangeiros, principalmente dos europeus. Quando os comerciantes portugueses montaram um ponto no Japão (antes de os holandeses fazerem um monopólio), eles ficaram preocupados de que suas influências poderiam minar a autoridade do sistema shogun. Como ele havia acabado de restaurar a ordem no país, estava determinado a não ver sua autoridade diluída.

- **Tokugawa Hidetada** herdou a desconfiança de seu pai com relação aos cristãos europeus. Hidetada achava que, se os cristãos ganhassem muitos convertidos japoneses, a capacidade do país de se defender contra uma invasão seria enfraquecida. O shogun perseguiu os cristãos de modo cada vez mais severo. Em 1622, seus oficiais em Nagasaki crucificaram 55 missionários de uma vez.

- **Tokugawa Iemitsu**, o shogun seguinte, expulsou todos os missionários e a maioria dos comerciantes do Japão durante seu reinado, de 1623 a 1651. Ele declarou ilegais as viagens ao estrangeiro por parte dos japoneses e proibiu os construtores de barcos de montar grandes embarcações para expedições longas. Iemitsu chegou até a restringir o budismo, preferindo a ênfase confuciana na lealdade aos superiores.

O Japão continuou fazendo comércio com a China, a Coreia e um pequeno número de holandeses, sendo que estes últimos eram mantidos afastados do continente na maior parte do tempo, em uma ilha na Baía de Nagasaki. A família Tokugawa manteve o Japão fechado para o comércio ocidental extensivo até meados do século XIX.

Seguindo as regras da Companhia das Índias Orientais britânica

Os britânicos, expulsos de Moluca e do Japão, tinham muitos outros portos para explorar, principalmente na Índia. A partir de sua central em Calcutá, na Índia, a Companhia das Índias Orientais Britânica negociava tecidos e expandia sua influência. Ela fiscalizava a administração comercial, mas também governava os súditos britânicos em seus portos comerciais e, além deles, se transformando em um semigoverno.

Em meados do século XVIII, a Companhia das Índias Orientais britânica expandiu seu papel para o poder militar, declarando guerra ao governante Mogul local, ou nawab. O *nawab*, Siraj-ud-Daulah, havia pedido que a Inglaterra parasse de fortificar Calcutá. Quando houve a recusa, ele capturou a cidade em 1756, forçando os oficiais da companhia a fugir. As forças do nawab capturaram uma guarnição militar de guardas da Companhia das Índias Orientais e colocou-os em uma pequena cadeia, conhecida deste então como Buraco Negro de Calcutá. Um sobrevivente inglês afirmou que 146 pessoas foram colocadas na cela, que tinha 5X4 metros, para passarem a noite e apenas 23 sobreviveram (os estudiosos mostraram que o número de prisioneiros provavelmente foi, inicialmente, 64). A história uniu a opinião pública britânica contra Siraj-ud-Daulah e fez com que a Companhia das Índias Orientais revidasse.

Os soldados da companhia responderam atacando e derrotando uma coalizão de governantes muçulmanos aliados ao nawab e ao imperador Mogul. No final da guerra, uma empresa comercial inglesa havia se transformado no governante residente da região Bengali da Índia.

O poder e os lucros da companhia cresceram de modo alarmante, assim como o mau gerenciamento e a corrupção. Especulações irresponsáveis no estoque da companhia contribuíram para uma crise bancária em 1772 e o governo britânico criou uma série de leis para reformar a Companhia das Índias Orientais, exigindo uma supervisão mais direta do governo sobre os seus assuntos.

Em 1857, rebeldes hindus e muçulmanos massacraram os soldados britânicos e estes responderam com um armamento surpreendente e execuções em massa. A revolta contra a Companhia das Índias Orientais forçou o governo de Londres a reavaliar as políticas coloniais. Em 1858, o Parlamento criou um ato exigindo que a Companhia das Índias Orientais entregasse seus poderes para a coroa britânica.

A China passa de Ming para Qing

A Dinastia Ming governou a China de 1368 a 1644, um período conhecido pelo bom governo, pela paz, pelas conquistas artísticas e pela prosperidade.

Os imperadores Ming tinham interesse pelo bem-estar das pessoas, chegando a dividir estados grandes para redistribuir terras entre os pobres. Será que isso foi um prelúdio para o governo socialista que os chineses estabeleceram no século XX? Na verdade, não, mas tinha ideias modernas.

A China também teve sorte porque, quando a Dinastia Ming finalmente ruiu em 1644, uma família governante da província da Manchúria assumiu o poder, estabelecendo a Dinastia Qing (ou Chi'ing), que durou até o século XX. A esta altura, essa deu à China alguns de seus imperadores mais capazes e uma das administrações mais estáveis.

Kangxi, o imperador Qing de 1736 a 1796, moldou-se na imagem do governante confuciano ideal: um protetor benevolente do povo (consulte o Capítulo 10 para saber mais sobre Confúcio). Kangxi enfatizava a lealdade, a moralidade tradicional e o trabalho para o bem comum, principalmente na agricultura.

A produção adequada de alimentos é o maior bem comum de um país que crescia tão rápido quanto a China no século XVIII. Por volta de 1800, a população chinesa chegou a 300 milhões de pessoas, o dobro do que era um século antes. Sob sucessivos imperadores Qing, eles desenvolveram variedades de arroz com maturação rápida para que pudessem produzir diversas colheitas em uma única estação.

Utilizando a força e o ópio para abrir as portas chinesas

A Dinastia Qing foi bem-sucedida no comércio. Chegou até a importar alimentos como milho e batata doce dos americanos (com 300 milhões de bocas para alimentar, por que não?). Mas a China ainda suspeitava e resistia à maioria das aberturas comerciais com os europeus, restringindo os comerciantes estrangeiros a portos específicos, como Cantão e Xangai. Na maioria das transações, os chineses queriam obter uma moeda, como metais preciosos. A Companhia das Índias Orientais britânica precisava pagar pelo chá e por outras mercadorias chinesas com prata. Os ingleses sentiram que estavam ficando com as sobras nesse acordo, então buscaram outros bens que poderiam ser trocados com os chineses. Por volta do século XIX, eles encontraram: a droga ópio, da Índia governada pela Inglaterra. Cada vez mais chineses, principalmente no sul, fumavam ópio e ficavam viciados, a ponto de querer pagar por ele com chá, seda e até mesmo prata, que ajudavam a financiar a Índia britânica.

O ópio destruiu as vidas dos chineses e danificou a economia do país. Por esses dois motivos, o imperador Qing enviou oficiais a Cantão para queimar 20 mil baús de ópio inglês. Este tipo de coisa irrita os senhores da droga até hoje. Os ingleses eram loucos o suficiente para iniciar uma guerra por causa disso. E foram em frente.

Após a primeira Guerra do Ópio, o Tratado de Nanjing, de 1842, forçou os chineses a ceder o porto da ilha de Hong Kong para a Inglaterra. Hong Kong continuou pertencendo à Coroa britânica durante grande parte do século XX (em 1997, a Inglaterra restaurou a cidade portuária e o território adjacente da China). Outra

Guerra do Ópio aconteceu de 1856 a 1860, com resultado similar. A China foi forçada a abrir mais portos para a Inglaterra e outros comerciantes ocidentais.

A Difusão do Comércio de Escravos

A escravidão é cruel. Você e eu sabemos de que a posse de seres humanos por outros seres humanos está entre as piores práticas para deteriorar a humanidade. Porém, grande parte do que se chama de civilização foi construída sobre a escravidão. Nas culturas antigas, inclusive os sumérios, babilônios, a antiga Grécia e Roma, a escravidão era uma base econômica e geralmente considerada um modo de vida razoavelmente tolerável pelos menos privilegiados, que preferiam a escravidão a morrer de fome.

Perpetuando o mal

Os árabes tinham poucos problemas com a escravidão, fazendo deles os clientes ideais para os vikings, que vendiam escravos. Grande parte do litoral da Suécia fica no mar Báltico, de frente para o leste; então, os vikings dessa parte da Escandinávia geralmente navegavam para o leste em vez de irem para o oeste e para o sul, como faziam os vikings noruegueses e dinamarqueses. Conforme esses aventureiros nórdicos da Suécia exploravam portos nas atuais Letônia, Lituânia e Estônia, eles começaram a navegar mais para o leste, atravessando pequenas baías e rios até chegarem à Rússia. Nas florestas do norte da Rússia, eles encontraram uma fonte de riqueza: um povo tribal, que foi capturado para ser vendido como escravo.

Os vikings não tinham dificuldade para chegar aos mercados de escravos do Oriente Médio pelo mar. Eles simplesmente transportavam sua carga através de um rio. O Dniepre corre pelo atual oeste da Rússia, passando pela Ucrânia e pela Bielorrússia em seu caminho até o Mar Negro. A partir dali, eles podiam navegar até Constantinopla. Mais a leste, o rio Volga segue na direção sul até o Mar Cáspio, que faz fronteira com o atual Irã. A partir do Mar Cáspio, os vikings podiam chegar aos lucrativos mercados de escravos de Bagdá. Quando os missionários cristãos se aventuraram pela primeira vez na Escandinávia, os nórdicos capturaram e venderam alguns deles.

Os árabes já lidavam com escravos havia muito tempo e tinham outras fontes além dos comerciantes vikings para seres humanos prisioneiros. Desde a conquista de grande parte do norte da África, nos séculos VI e VII, os árabes levavam escravos daquele continente (saiba mais sobre as conquistas árabes no Capítulo 6).

As guerras africanas, assim como as guerras em grande parte do restante do mundo desde os tempos pré-históricos, geralmente envolviam uma tribo ou um vilarejo que capturava as pessoas de outra tribo ou vilarejo. Conforme os comerciantes árabes penetraram no continente a partir do século VI, os africanos aprenderam que poderiam trocar seus inimigos prisioneiros por mercadorias valiosas com estes estrangeiros.

O comércio escravo árabe criou uma economia escrava na África, que ainda tinha força no final do século XV. Quando os navegadores portugueses começaram a aportar no oeste africano, encontraram vendedores de escravos locais dispostos a vender trabalhadores. Em 1482, os comerciantes portugueses construíram seu primeiro posto de troca de escravos em Gana. No início do século XVI, os portugueses enviavam prisioneiros para Portugal e as Ilhas dos Açores, no Atlântico, onde os colonizadores portugueses precisavam de trabalhadores. Em alguns anos, havia um novo mercado para estes escravos nas Américas e os portugueses foram obrigados a fornecer para ele.

O desenvolvimento de um novo mercado

Em meados do século XVI, os colonizadores espanhóis das ilhas caribenhas haviam decidido que precisavam de uma nova fonte de trabalho. Os indígenas locais, que haviam sido escravizados, não tinham imunidade contra as doenças da Europa. Muitos estavam doentes ou fracos e muitos haviam morrido.

Os espanhóis começaram a importar escravos africanos, que tinham menos propensão de contrair varíola (a varíola – uma das doenças mais mortíferas entre os europeus e muito mais para os indígenas caribenhos – estava tão espalhada pela África que os escravos africanos acabaram desenvolvendo uma resistência natural). Os primeiros escravos africanos foram comprados de navios portugueses por volta de 1530, iniciando um comércio que aumentou bastante ao longo dos séculos XVI e XVII e teve seu ápice no XVIII.

Também no século XVI, os espanhóis descobriram que o trabalho escravo fazia com que as colheitas, como a do açúcar, que podia ser cultivado em Hispaniola e outras ilhas caribenhas, fossem altamente rentáveis. Assim, eles compraram mais escravos. Por volta de 1700, quatro mil chegavam às ilhas governadas pela Espanha todos os anos.

Os ingleses, que estavam construindo seu primeiro estabelecimento permanente na América do Norte, em Jamestown, Virgínia, em 1607, não esperaram muito para começar a importar escravos. Os ingleses também tinham uma plantação bastante rentável e que exigia muitos trabalhadores: o tabaco. Em 1619, a Virgínia começou a usar escravos africanos nos campos de tabaco.

Portugal levou escravos para o Brasil em uma quantidade tão elevada que, por volta de 1800, metade da população deste país enorme tinha herança africana.

O Sucesso no Comércio de Escravos

O tráfico de escravos era uma das maneiras mais certas de ficar rico com o comércio intercontinental, de 1500 a 1800. Os europeus se uniram aos comerciantes árabes e aos governantes africanos, que também podiam fazer fortuna com este negócio horrível. Os holandeses, ingleses, franceses e dinamarqueses se uniram aos portugueses, construindo estações de escravos na África.

Em 1713, a Espanha concedeu à Inglaterra um monopólio para abastecer suas colônias americanas com 4800 escravos por ano durante 30 anos. Ninguém sabe quantas pessoas foram capturadas e vendidas, mas os números podem ter chegado a sete milhões somente no século XVIII. É difícil chegar a um número exato, parcialmente porque muitas pessoas morreram no transporte. As condições aterradoras a bordo dos navios negreiros incluíam colocar escravos acorrentados em ganchos com pouco mais de 90 centímetros de altura. Muitos morriam na sujeira, de doenças e de desespero e os marinheiros jogavam os corpos, sem qualquer cerimônia, no mar. Aqueles que sobreviviam eram vendidos em leilões.

O Início das Revoluções

Muitos europeus que chegaram nas Américas queriam se distanciar dos países de onde vinham por um ou outro motivo. Geralmente, estes motivos eram econômicos. O Novo Mundo oferecia terras para os que não as tinham e oportunidades aos pobres.

A religião também tinha um papel importante em fazer do Novo Mundo um destino desejável. Era o caso dos cristãos separatistas da Inglaterra, que chegaram à América do Norte em 1620, pessoas de quem os americanos se lembram como os Peregrinos da Colônia de Plymouth. Em Massachusetts, estes imigrantes podiam fazer mais do que adorar a Deus de acordo com suas crenças puritanas; eles podiam viver e governar a si mesmos de acordo com as mesmas. A Inglaterra ficava muito distante para conseguir supervisionar esse governo. Outros refugiados religiosos seguiram-se aos primeiros, inclusive outra seita de puritanos que foi para Boston, católicos que foram para Maryland, batistas que foram para Rhode Island, e quacres que foram para a Pensilvânia.

A chegada do novo

As Américas atraíram pessoas que buscavam algo novo. No final do século XVIII, duas revoluções monumentais acabaram com a antiga ordem: a Revolução Americana e a Revolução Francesa. Não é surpresa que a primeira aconteceu na América do Norte.

A Revolução Americana dos anos de 1770 criou os Estados Unidos da América e espalhou a ideia de que os colonos poderiam se livrar do governo inglês. A Revolução Francesa de 1789 chocou os tradicionalistas de maneira ainda mais profunda, revelando que a antiga ordem poderia ser totalmente removida de sua mente, pelo menos por um tempo. A Revolução Francesa também confirmou que a cabeça da antiga ordem – isto é, a cabeça do rei Luís XVI – poderia ser cortada e jogada dentro de um cesto.

Esses grandes acontecimentos, juntamente com algumas revoluções pacíficas na agricultura e na indústria, reconstruíram o mundo.

Jogando com ideias perigosas

Antes das revoluções, surgiu um movimento intelectual: o Iluminismo.

As revoluções americana e francesa surgiram de questões políticas e econômicas entre o povo e os seus governantes, mas também foram alimentadas pelas ideias de uma nova safra de filósofos e cientistas. O inglês John Locke (1632-1704) foi pioneiro em argumentar que a autoridade do governo vem dos governados. A visão de Locke, um grande desvio da tradição, certamente foi marcada pela Guerra Civil inglesa de 1642 a 1649, um conflito entre aqueles que eram a favor do rei Charles I e seus oponentes do Parlamento, os Cabeças Redondas (que receberam este nome por causa do corte de cabelo). A Guerra Civil levou ao julgamento e à execução do rei inglês (saiba mais sobre Locke e sobre o Iluminismo no Capítulo 15).

Ideias como as de Locke – de que as pessoas são livres e iguais – ganharam força entre as pessoas mais educadas da Europa. Na França, os escritores François Voltaire e Jean-Jacques Rousseau desafiaram antigas ideias sobre o rei ser um representante de Deus.

O Iluminismo também cresceu entre o pensamento científico, quando homens como Isaac Newton, na Inglaterra, e Antoine Lavoisier, na França, elaboraram teorias, fizeram descobertas e provaram leis naturais como a gravidade.

Decapitando a monarquia inglesa

Em 1215, os barões insatisfeitos forçaram o impopular Rei John a assinar a *Magna Carta* (consulte o Capítulo 24 para saber mais sobre este acordo), supostamente garantindo ao povo inglês e especificamente aos nobres ingleses liberdades políticas e civis. Nem todos consideravam o acordo obrigatório, principalmente o Papa Inocêncio III, que absolveu o Rei John de qualquer responsabilidade.

A Guerra Civil inglesa não foi um choque internacional como foi a Revolução Francesa, mas ainda assim foi impressionante. Apesar da Renascença e da Reforma Protestante (consulte o Capítulo 13 para saber sobre a Renascença e o Capítulo 14 para saber sobre a Reforma), que acabaram com a autoridade da Igreja Católica Romana, a maioria das pessoas na Europa ainda concordava com o Papa Inocêncio III de que ninguém, exceto Deus (e às vezes o Papa), poderia dizer a um rei o que fazer. Os reis Stuart, James I (que governou de 1603 a 1625) e Charles I (rei de 1625 a 1649) certamente acreditavam nisso. Assim como a maioria das pessoas e todos os reis, eles viam a si mesmos como designados de Deus, uma vice-divindade responsável pelas questões terrenas. A Magna Carta, eles diziam, não valia o pergaminho em que fora escrita. Esta noção levou a uma séria revolta, que culminou com a Guerra Civil inglesa em 1649, quando o filósofo Locke ainda era um adolescente. Os revolucionários protestantes decapitaram Charles I e determinaram a Commonwealth (uma espécie de república), rapidamente seguida por um Protetorado (uma espécie de ditadura) liderado por Oliver Cromwell.

A Inglaterra reconquistou sua monarquia em 1660 após a morte de Cromwell, quando Charles II surgiu para assumir o trono (ele estava escondido com amigos na França). Os *realistas*, que apoiavam a monarquia, ainda enfurecidos, desenterraram o corpo de Cromwell e enforcaram-no. É isso mesmo! Este período foi chamado de Restauração, quando se deu a volta da monarquia.

Tentando promover a desordem na França

Os reis da França tomaram algumas medidas para evitar insurreições como a da Inglaterra em 1649. Primeiro, um clérigo inteligente, o Cardeal Richelieu (1585-1642), estabeleceu escritórios governamentais que dividiam o poder dos nobres franceses e concentravam a autoridade do rei. Primeiro ministro de Luís XIII, Richelieu serviu muito bem a Luís XIV, sucessor do trono em 1643.

A Guerra Civil inglesa, que começara antes da coroação de Luís XIV, foi um choque entre o rei Charles I e os membros do Parlamento. Luís XIV buscou eliminar um potencial fórum por discordar, quando ele parou de convocar sessões no equivalente francês do Parlamento, o Estado Geral.

Assim como os Stuarts da Inglaterra – James I e Charles I – Luís XIV acreditava que ele, como rei, era o representante de Deus. Seu palácio exageradamente luxuoso em Versailles, atração turística de toda a Europa, refletia esta convicção. Luís XIV elevou os impostos para suportar seus gastos e travou uma cara guerra contra a Inglaterra de 1701 a 1713. O povo francês começou a reclamar e continuou o protesto, enquanto rei após rei envolvia a França em conflitos que consumiam cada vez mais dinheiro, inclusive a Guerra de Sucessão Austríaca, de 1740 a 1748 (a França ficou do lado de Frederico, o Grande, da Prússia), e a Guerra dos Sete Anos, de 1756 a 1763, o conflito que os americanos chamam de Guerra franco-indiana.

Os Rebeldes Americanos

As ideias do Iluminismo também chegaram ao outro lado do oceano, onde a ciência e a engenharia racionais, inclusive as reformas agrárias, colocaram os norte-americanos em um molde racional e pragmático de pensar sobre o governo. Tão independentes quanto os americanos sempre foram, eles não tiveram muitos problemas em aceitar as ideias que os homens (embora apenas homens brancos, de acordo com as ideias da época) eram inerentemente livres e que a autoridade dos governantes vinha do povo e não de Deus.

Quando o governo britânico impôs uma série de taxas sobre as colônias americanas para pagar a guerra franco-indiana, estas não aceitaram muito bem. "Onde está nossa voz?", elas perguntavam. "Quem representa nossos interesses no Parlamento?". As respostas: não pode ser ouvida e ninguém.

Em um dos mais criativos atos de resistência, alguns moradores de Boston se vestiram como nativos americanos e destruíram as cargas de diversos navios de chá. O Parlamento revidou enviando tropas e fechando o porto de Boston. Os novos ingleses combateram os velhos em dois vilarejos de Massachusetts, Lexington e Concord, em 1775, dando início à Revolução Americana. Um

Congresso Continental formado por representantes de 13 colônias britânicas (o Canadá britânico não participou) declarou a independência da Inglaterra no ano seguinte em um documento, a Declaração da Independência, que está de acordo com a filosofia do Iluminismo. O grande choque foi que o número de colonos, que era menor, venceu, mas teriam conseguido sem a ajuda dos franceses, que forneceram dinheiro, armas e tropas para ajudar a derrotar os ingleses.

O Ímpeto Francês

As ideias do Iluminismo ligam as Revoluções Americana e Francesa, mas a economia também. Assim que o governo inglês incitou a irritação dos americanos, elevando as taxas para pagar sua guerra, o governo francês criou um desconforto entre os nativos. E a administração do Rei Luís XVI piorou a situação, estendendo as finanças francesas para apoiar os patriotas americanos.

A generosidade de Luís XVI relativa aos revolucionários americanos fez com que seu governo ficasse muito mais vulnerável com as revoltas que surgiram na França – que acabaram se espalhando por grande parte da Europa – tendo início em 1789 com a Revolução Francesa.

Foi nesse ano que Luís XVI convocou uma reunião dos *Estados Gerais,* o parlamento francês. Foi um movimento ousado, considerando que o corpo não se encontrava há mais de 150 anos. Cheio de boas intenções e inteligente o suficiente para saber que as coisas precisavam mudar, Luís estava tentando não perder sua coroa, ou sua cabeça, no processo. Convocar o Estado Geral foi uma tentativa de chegar a um acordo sobre as reformas necessárias.

Mas quando ele convocou o Estado Geral após um longo período de dormência – praticamente inexistente desde meados do século XVII – Luís começou algo que não podia controlar. A ideia de que o rei poderia permitir uma reforma de qualquer tipo gerou uma enxurrada de descontentamento. As pessoas estavam cheias das classes privilegiadas e dos altos impostos.

No dia 14 de julho de 1789, um grupo parisiense invadiu a prisão da Bastilha, um símbolo da injustiça arbitrária e as coisas não se acalmaram durante anos. Liderado por alguns de seus membros mais radicais, o Estado Geral transformou-se na Assembleia Nacional democrática, que emitiu uma Declaração dos Direitos Humanos, abolindo a constituição e a monarquia em 1792. O governo revolucionário usou a guilhotina – um meio supostamente humano de execução – para decapitar Luís XVI no início do ano seguinte.

A decapitação de Luís, no entanto, não significava o fim do tumulto, nem de longe. O Reinado do Terror durou de 1793 a 1794. Foi um período em que os nobres franceses podiam perder suas cabeças por olhar torto para alguém.

Em uma década, em um clássico caso de pêndulo, os excessos de decapitações da Revolução Francesa ofereceram uma oportunidade para o primeiro homem que podia restaurar a ordem. Ele não estava exatamente esperando sentado – a menos que você ache que invadir a Itália e o Egito signifique esperar sentado – mas quando um oficial militar oportunista, ousado e carismático (mesmo que desfavorecido fisicamente) chamado Napoleão Bonaparte voltou para a França, a era revolucionária abriu espaço para um império à moda antiga. Você poderá ler mais sobre o impacto de Napoleão no próximo capítulo.

Escrevendo o Prelúdio da liberdade

Depois que as pessoas começaram a distribuir as ideias do Iluminismo na França revolucionária, estas ideias assumiram vida própria. François-Dominic Toussaint, um escravo no Haiti, foi inspirado pelos filósofos do Iluminismo, e também pelas novidades vindas de Paris.

Chamando a si mesmo de Toussaint L'Ouverture, ele liderou outros escravos contra as autoridades francesas no início dos anos de 1790. Em 1795, ele controlava grande parte do território francês (o Haiti ocupa aproximadamente metade da ilha de Hispaniola). Ele aboliu a escravatura lá e declarou o Haiti independente em 1801. Napoleão tentou colocar um fim nisso em 1803, quando suas forças retomaram a nação da ilha, capturou L'Overture e o levou para Paris, onde morreu mais tarde, no mesmo ano. Mas o brilho da liberdade nem sempre é tão fácil de se extinguir. Jacques Dessalines logo liderou os haitianos contra os franceses novamente e os expulsou em 1804 (para saber mais sobre L'Overture, consulte o Capítulo 22).

Esses eventos no Haiti foram uma prova de que as ideias importadas da Europa se enraizaram entre as pessoas que as queriam seguir, durante os séculos seguintes, para sacudir a Europa.

Percorrendo os Séculos

Por volta de 1345: Os astecas estabeleceram sua grande capital, Tenochtitlán.

1482: Os portugueses de Gana construíram seu primeiro posto de escravos africanos.

1522: Um navio sobrevivente da expedição de Fernão de Magalhães à Ásia completou a viagem ao redor do mundo, tendo retornado à Espanha.

1603: Tokugawa Ieyasu fundou a Dinastia Tokugawa, antiocidente, no Japão.

1619: Comerciantes holandeses capturaram Jacarta, na Indonésia, e chamaram-na de Batavia.

1649: Os puritanos ingleses executaram o rei Charles I da Inglaterra.

1776: Os americanos declararam sua independência da Inglaterra.

1789: Parisienses revoltados invadem a Bastilha.

1801: O escravo rebelde Toussaint L'Ouverture declarou a independência do Haiti.

1842: A China cedeu o porto da ilha de Hong Kong à Inglaterra.

1997: A Inglaterra devolveu Hong Kong à China.

1999: Portugal devolveu Macau à China.

Capítulo 9
Conflitos no Mundo Todo

• •

Neste Capítulo
▶ Combatendo as colônias
▶ A Europa dançando no ritmo da revolução
▶ Um salto à frente nos campos do transporte e da comunicação
▶ Os ecos das Guerras Mundiais e da Guerra Fria
▶ Tentando evitar mais guerras: A Liga das Nações e as Nações Unidas

• •

*N*o início do século XIX, o mundo seguiu duas direções – desafiadoramente para longe do imperialismo europeu e de encontro ao período mais imperialista de todos os tempos.

Após duas revoluções monumentais – a rebelião norte-americana contra o governo inglês e a queda do regime monarquista na França – movimentos de libertação surgiram nas colônias ultramarítimas, como as terras governadas pela Espanha na América Latina, e também no continente europeu. Estes movimentos se prolongaram até o início do século XX, quando o fervor da reforma transformou a Rússia em uma nova espécie de estado socialista.

Na França, o espírito revolucionário foi desfeito quando Napoleão Bonaparte assumiu o poder, transformando os vizinhos europeus da França em um império. A Inglaterra uniu-se à Prússia, à Rússia e a outros aliados para deter Bonaparte, porém, ao mesmo tempo, a Inglaterra acumulava mais territórios para si. Embora tenha perdido as colônias da América do Norte, a Inglaterra garantiu um império que se estendeu pelo mundo.

Africanos, asiáticos e outros povos tentaram resistir ao controle europeu e os que queriam expulsar estes governantes europeus tiveram bastante dificuldade, principalmente antes de as potências europeias começarem a se enfrentar nos conflitos cataclísmicos do século XX, que se espalharam pelos seus impérios no mundo todo, atraindo também potências não europeias. A Primeira e a Segunda Guerra Mundial esgotaram os recursos e a resolução das colônias, forçando os colonizadores a abrir mão de suas posses no terceiro mundo. Essas guerras fizeram com que as pessoas de todo o mundo reavaliassem os combates e dessem início a esforços internacionais para evitar futuros conflitos armados.

Gerenciando Impérios Sem Precedentes

Desde que os navegantes portugueses Fernão de Magalhães e Vasco da Gama deram início às rotas marítimas ao redor do mundo no final dos séculos XV e XVI (consulte o Capítulo 8), diversas nações construíram impérios que o mundo jamais havia visto. A Rússia ampliou seu território no leste, cruzando a Ásia na direção do Oceano Pacífico, e aventurando-se no Ocidente. Descendentes de europeus na América do Norte se espalharam pelo Pacífico.

Em 1915, a Inglaterra e a França governavam mais pessoas em suas terras colonizadas do que em seus próprios territórios na Europa. A África, cuja maioria do território não havia sido explorada pelos europeus antes de 1800, em um século se transformou em uma colcha de retalhos louca de colônias que pertenciam à Alemanha, Bélgica, França e outras potências.

A Inglaterra luta em diversas frentes

A Inglaterra deveria ter derrotado os calças de nanquim, líderes dos rebeldes americanos nas décadas de 1770 e 1780. O que eram os *calças de nanquim*? Também chamados de *breeches*, eles eram os cáquis de seu tempo – calças feitas com algodão forte, com uma cor amarelada, que a Companhia das Índias Orientais britânicas comprou dos comerciantes chineses.

Na época da Revolução Americana, os ingleses eram a maior potência marítima e uma das maiores potências comerciais do mundo. Eles estavam a caminho de construir um império que, com seu tamanho, poderia fazer os olhos de Alexandre, o Grande, saltarem de sua bela cabeça macedônica.

A perda americana (embora a Revolução Americana não tenha sido como tal para os colonizadores) poderia ter como responsável a distância e a difusão dos britânicos. Eles estavam ocupados em outras partes do mundo no final do século XVIII. Os soldados britânicos combateram as forças francesas no oeste da África e nas Índias Ocidentais, além de enfrentarem a oposição holandesa na Índia. A Espanha entrou na briga e bloqueou a colônia britânica em Gibraltar. Enquanto isso, tropas da Companhia das Índias Orientais entraram na segunda de quatro Guerras Mysore contra os muçulmanos, que governavam o sudoeste da Índia.

As forças britânicas estavam tão espalhadas e sua riqueza era tão grande que a Inglaterra teve que lutar na guerra americana com mercenários alemães contratados, os hessianos (Hesse é um estado da Alemanha). Bem treinados, mas pouco unidos pela causa inglesa, muitos soldados alemães se tornaram americanos após a guerra.

No esquema mais amplo do domínio do mundo, a queda da Inglaterra na América – até mesmo sua incapacidade de derrotar os americanos na Guerra de 1812 – não resultou em muita coisa. Não se compararmos com todas as vitórias e conquistas inglesas no século XIX.

O progresso das potências coloniais foi um fardo muito pesado para vários povos nativos do mundo todo. A Austrália, o último continente habitável a receber os europeus, foi o lar de uma colônia penal britânica iniciada em 1788. Depois, colonos voluntários se instalaram por lá. Muitos aborígenes australianos, que estavam isolados de grande parte do mundo há milhares de anos, tiveram o mesmo destino dos nativos das Américas: epidemias geralmente fatais. Sem imunidade contra as doenças dos europeus e sem armas para combater o "arsenal europeu", toda a população nativa da Tasmânia, a grande ilha do litoral sul da Austrália, morreu entre 1803, quando os ingleses construíram a colônia penal, e 1876. Eles foram dizimados em apenas uma geração.

"Onde quer que o europeu tenha pisado", escreveu o biólogo inglês Charles Darwin em 1836, "a morte parece ter perseguido os aborígenes". Darwin referia-se à Austrália, às Américas, à Polinésia e à África.

No início do século XX, o império britânico tinha aproximadamente 400 milhões de pessoas, sendo que apenas 35 milhões viviam no Reino Unido (que, nesta época, ainda incluía o território que atualmente é a República da Irlanda).

Reinventando a França pós-revolucionária

As circunstâncias na Europa forçaram os britânicos a levar os desafios mais a sério do que haviam feito com a separação das colônias americanas. Outra rebelião contra um rei, a Revolução Francesa (veja o Capítulo 8) mudou radicalmente a França em 1789, mas os governos de Paris e de Londres continuaram inimigos, mais amargos do que nunca.

A rivalidade entre britânicos e franceses intensificou-se quando Napoleão Bonaparte tomou o poder em Paris e expandiu seu império para grande parte da Europa. Conquistando a Espanha, a Itália e a Holanda, Napoleão tentou tomar todo o continente no início do século XIX.

Napoleão foi tão bem-sucedido em suas conquistas militares e era tão poderoso que alguns de seus piores oponentes – inclusive a Áustria e a Inglaterra – concordaram em assinar acordos de paz frágeis e curtos, fazendo concessões econômicas e territoriais à França.

Finalmente, em 1812, ao cometer um erro grave, Napoleão invadiu a Rússia, marchando com uma força de 500 mil homens sobre um terreno lamacento e acidentado. Os russos, em número muito menor, bateram em retirada tão rapidamente que os franceses se viram chegando a Moscou, guiados pelas carroças de suprimentos, que não conseguiram manter o ritmo e quebraram no caminho. As tropas de Napoleão foram usadas para explorar e viver da marcha, mas a Rússia, uma região com fazendas pobres e muito distantes entre si, com plantações pequenas, que já haviam sido saqueadas, e até mesmo queimadas pelos russos, que batiam em retirada, oferecia pouquíssimo sustento. Napoleão conquistou Moscou, mas foi incapaz de alimentar ou abrigar suas tropas no inverno russo que se aproximava, principalmente depois que um incêndio de origem duvidosa devastou a cidade. Milhares de soldados franceses famintos congelaram até a morte durante uma desesperada jornada de volta para o oeste.

As nações europeias que eram contra Bonaparte – Inglaterra, Áustria, Prússia, Rússia, Suécia, entre outras – uniram-se a uma série de alianças durante os anos de governo de Napoleão. Embora os líderes desses países geralmente desconfiassem uns dos outros, eles desconfiavam ainda mais de Napoleão.

Após o desastre da invasão à Rússia, Napoleão ficou vulnerável. Seus inimigos se aproveitaram da situação e invadiram a França em 1814. Os exércitos comandados por Alexandre I da Prússia removeram o autoproclamado ditador da França de seu trono naquele mesmo ano. Napoleão foi exilado para uma ilha, Elba, no Mediterrâneo, mas não reconheceu a derrota. Napoleão fugiu de Elba, retomou o poder em Paris e lutou novamente contra os aliados. A Inglaterra, a Prússia, a Rússia e a Áustria derrotaram Napoleão pela última vez em Waterloo, Bélgica, em 18 de junho de 1815.

Outro Luís – número XVIII, irmão do antigo rei – assumira o trono durante o exílio de Napoleão em Elba, mas precisou sair da cidade quando Bonaparte voltou. Após Waterloo, Luís reassumiu a coroa e permaneceu por mais algum tempo.

O que aconteceu com Luís XVII? O filho de Luís XVI e Maria Antonieta provavelmente morreu na prisão sem ter nenhuma peça de mobília com seu nome. O fato de não ter sido guilhotinado levantou rumores de que ele ainda estaria vivo. Diversos impostores que afirmavam ser Luís XVII surgiram após a revolução. Alguns ganharam pequenos grupos de seguidores, mas poucos foram em frente.

Dividindo a África

Os europeus puseram os pés na porta da África no século XV. Portugal foi a primeira força marítima europeia a navegar ao redor da África e também foi o primeiro país a estabelecer um posto de escravos na costa oeste do continente, iniciando o comércio de seres humanos antes de 1500.

Outras nações europeias seguiram os portugueses no lucrativo comércio de escravos. Porém, era inevitável que os construtores de impérios quisessem muito mais da África do que apenas o trabalho escravo. No século XIX, os europeus, sedentos por território, encheram o continente de colônias.

Invasões graduais

Demorou um tempo para que os europeus dominassem grandes áreas da turfa africana, pois, por centenas de anos após a chegada dos portugueses aos portos africanos, poucos estrangeiros conseguiram chegar ao interior. Florestas fechadas, desertos quentíssimos e terras úmidas cheias de doenças tornavam as viagens muito difíceis. Em 1760, os europeus não sabiam nada da África além do Egito e do Mediterrâneo, já conhecidos por seus ancestrais dos tempos romanos – talvez soubessem até menos.

Presumindo o Dr. Livingstone

Na década de 1860, durante uma expedição à África para decidir uma discussão sobre a origem do Nilo (os europeus não tinham certeza sobre onde o rio começava), o explorador inglês, médico, missionário e autor popular Dr. David Livingstone, desapareceu.

Famoso por suas expedições anteriores à África, Livingstone intrigou os leitores de jornais americanos e ingleses, que devoravam qualquer artigo que ele escrevia. Sem nada para dizer sobre o médico desaparecido, o *The New York Herald* contratou outro explorador, Henry Morton Stanley, para procurar por Livingstone (Stanley havia criado sua reputação escrevendo despachos do oeste americano e do Oriente Médio).

Após dois longos anos de buscas, Stanley enviou uma história reportando o que havia dito quando encontrou o homem: "Dr. Livingstone, eu presumo?" Talvez porque o público esperava há muito tempo por notícias de Livingstone, ou porque o cumprimento de Stanley tenha sido uma conclusão superficial e civilizada para uma busca tão longa e difícil, a expressão foi impressionante. Como era o único homem branco em centenas de quilômetros, é *claro* que se tratava do Dr. Livingstone. "Dr. Livingstone, eu presumo" transformou-se em uma frase de efeito muito usada no século XX.

Livingstone estava muito doente quando Stanley o encontrou e morreu antes de retornar à Inglaterra. Após encontrar o Dr. Livingstone, Stanley liderou outra expedição para a África e seu livro *Through the dark continent*, de 1878, foi um *best-seller*.

Os escoceses James Bruce e Mungo Park começaram a mudar esses limites com suas expedições – Bruce na Etiópia e Park no oeste da África – no final do século XVIII. Com a chegada de mais exploradores europeus, o interior da África começou a ficar famoso por seus diversos recursos.

A Revolução Industrial da Europa (consulte o Capítulo 15), que começou no século XVIII, consumiu muita matéria prima. Os europeus do século XIX perceberam que eles podiam minar, cortar e cultivar esses recursos na África, então, as nações começaram a enviar expedições armadas para reclamar os direitos sobre pedaço após pedaço do grande, porém mal aproveitado continente.

No início do século XX, o mapa africano era um quebra-cabeça com porções que levavam nomes europeus, como África Oriental Francesa, Congo Belga, Sudoeste Alemão da África, África Oriental Inglesa (Quênia) e Sudão Anglo-Egípcio (controlado pela Inglaterra), como mostra a Figura 9-1.

Surpreendendo os defensores da África

Os povos africanos como os Asantes e os Zulus tentaram resistir aos europeus que invadiram suas terras, mas os nativos estavam muito bem armados.

Samory (ou Samir) Turé, o autonomeado imperador da Guiné na África Ocidental, construiu uma nação islâmica na região do alto Rio Níger e tinha um exército grande e disciplinado, porém mal equipado, sob seu comando. A partir de 1883, o Imperador Ture lutou muito para evitar os europeus, porém, ao ficar entre os franceses e os ingleses, ele tinha poucas chances. Seu exército foi derrotado e ele morreu no exílio, no Gabão, em 1900.

Somente uma nação africana resistiu aos europeus. A Etiópia acabou com o exército italiano de 17 mil homens na Batalha de Adowa em 1896. A Etiópia era a única nação africana independente que restava.

Desafios Testam o Domínio Europeu

No início do século XX, os brancos europeus e seus descendentes governavam uma porção tão grande do mundo que era mais fácil dizer o que eles ainda *não tinham* dominado do que fazer uma lista de *tudo o que eles possuíam.*

Como mencionei na seção anterior, a Etiópia era o único país governado por negros na África. A Pérsia e o Império Otomano resistiram no Oriente Médio,

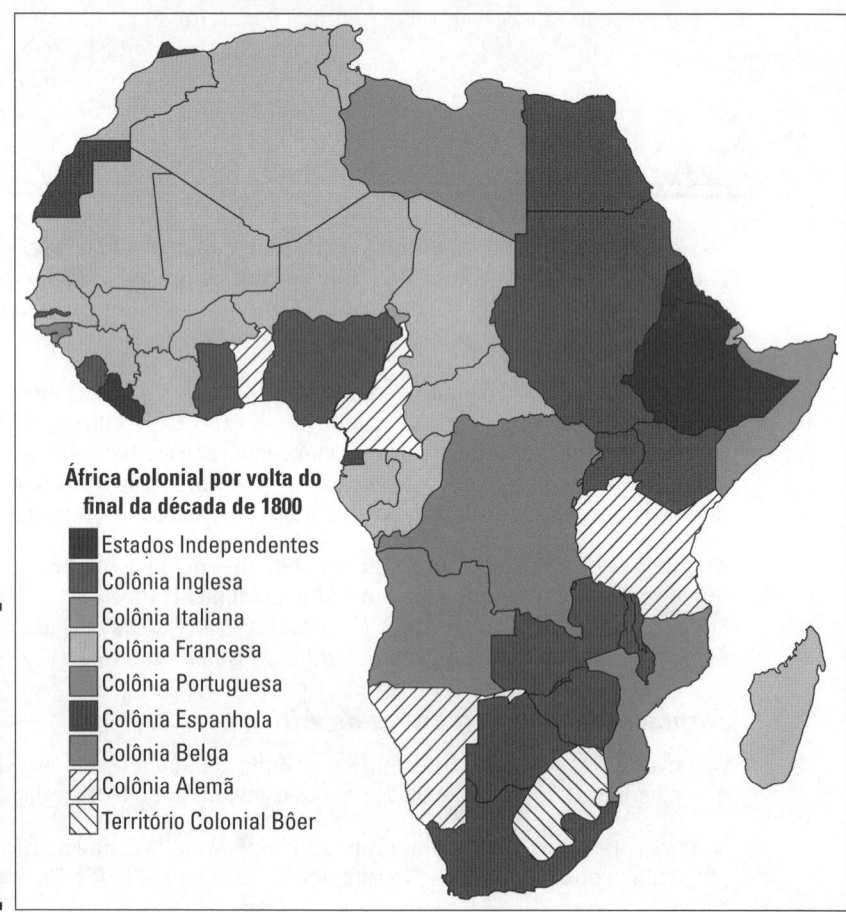

Figura 9-1: Por volta de 1900, o mapa africano era um quebra-cabeça de conquistas europeias.

África Colonial por volta do final da década de 1800

- Estados Independentes
- Colônia Inglesa
- Colônia Italiana
- Colônia Francesa
- Colônia Portuguesa
- Colônia Espanhola
- Colônia Belga
- Colônia Alemã
- Território Colonial Bôer

embora o longevo Império Otomano, baseado em Istambul e governado desde o século XV por uma dinastia islâmica turca, era apenas um fantasma da força que já fora. Na Ásia, o Japão se destacou. Assim como a China, mas de forma mais vacilante. Além dessas nações, havia poucas regiões que a Europa (ou os descendentes de europeus – como os que viviam nos Estados Unidos) não controlava, excluindo-se os países pobres que nenhuma potência europeia queria.

Porém, até as mais poderosas potências coloniais não podiam subestimar suas colônias. Elas precisavam lutar para manter suas vantagens comerciais, como quando a China resistiu à hegemonia europeia sobre seus portos. As potências coloniais também precisavam lutar contra revoltas por parte dos colonos e também dos povos nativos, como aconteceu na América do Sul e na África. Os europeus também precisavam ficar atentos às novas potências que surgiam para rivalizá-los, como o Japão, que emergiu após um longo isolamento.

A Revolta Contra o Governo Espanhol na América Latina

O maior império da Espanha na época de Cristóvão Colombo estava nas Américas. A reivindicação de terras com base nas explorações e conquistas no final do século XV levaram o governo espanhol muito mais para o sul e o oeste da América do Norte, toda a América Central e grande parte da América do Sul.

Porém, os rebeldes começaram a desafiar a autoridade espanhola na América do Sul, começando no final do século XVIII. No Peru, em 1780, Jose Gabriel Condorcanqui reuniu mineiros e trabalhadores das fábricas – descendentes dos incas – contra seus patrões espanhóis. Eles atacaram Cuzco e La Paz na vizinha Bolívia.

Condorcanqui, um homem rico com herança espanhola e inca, chamava a si mesmo de Túpac Amaru, nome emprestado de um imperador do século XVI. Os espanhóis capturaram-no e torturaram até a morte e, finalmente, acabaram com a revolta após dois anos. Mas ainda mais revoltas estavam a caminho do império espanhol nas Américas.

Confundindo a liderança no Chile

A autoridade espanhola nas Américas realmente vacilou depois que Napoleão, autocoroado imperador da França e conquistador da Espanha, tirou Ferdinando VII do trono em Madri. Em 1808, Napoleão deu a coroa espanhola a Jose Bonaparte, seu irmão. Dois anos mais tarde, no Chile, um capitão geral espanhol perdeu seu poder para uma junta (um comitê político) que, por sua vez, foi substituído por um líder republicano, seguido por outro, criando uma confusão sem fim. Quando Ferdinando recuperou o trono espanhol em 1814, as tropas realistas marcharam para restaurar a autoridade no Chile e o líder militar que havia surgido em meio ao caos republicano para lutar contra eles foi Bernardo O'Higgins (este é um nome histórico de que você deve se lembrar, mesmo que não se lembre do que ele fez).

Cortando relações com Bolívar

A situação da América do Sul começou a se transformar em uma bola de neve quando o Rei Ferdinando VII reassumiu o controle da Espanha e seu império. Simón Bolívar, inspirado pelos patriotas norte-americanos e pelos revolucionários franceses, teve a ideia que todo o continente, em forma de pimenta, precisava para se libertar da Espanha. Seus revolucionários invadiram a Venezuela em 1816. Em seguida, Bolívar derrotou os espanhóis na Colômbia, de onde se tornou presidente. Ele voltou à Venezuela quando os espanhóis tentaram recapturá-la e os expulsou novamente. Porém, Bolívar ainda estava longe de parar.

Movimentando as fronteiras com José de San Martín

Na Argentina, o soldado treinado pelos espanhóis, José de San Martín, liderou um exército revolucionário na luta daquele país pela independência. Em seguida, ele se uniu a O'Higgins, que havia sido expulso do Chile pelas tropas realistas. Juntos, eles derrotaram as forças espanholas e o Chile declarou sua independência em 1818. Com O'Higgins no cargo de Supremo Diretor (Ditador), San Martín foi para o ponto seguinte do mapa: o Peru.

Ele derrotou novamente as forças espanholas, declarando o Peru independente em 1821. Ficou mais um pouco para liderar o novo governo em Lima. Após sua retirada em 1822, os peruanos tiveram um bom substituto – Simón Bolívar –, que expulsou as forças espanholas restantes e se tornou ditador em 1824. Mas Bolívar ainda não tinha terminado de derrubar as autoridades coloniais espanholas. Ele foi para o norte e fundou a Bolívia.

Lutando no México

A batalha do México para se libertar da Espanha começou apenas algumas décadas após a expulsão dos ingleses dos Estados Unidos, mas esse país enfrentou muitos obstáculos em seu caminho para um governo independente. No início do século XIX, as autoridades espanholas prenderam dois padres, Miguel Hidalgo y Costilla e José María Morelos y Pavón, por espalhar as ideias da Revolução Francesa (consulte o Capítulo 8). Ambos receberam sentença de morte, mas a febre revolucionária falou mais alto. Augustín de Iturbide libertou o México da Espanha em 1823, declarando um curto império mexicano-guatemalteca. No ano seguinte, os patriotas mexicanos substituíram Iturbide por uma constituição baseada na americana.

Os maiores obstáculos do México vieram em uma rápida sucessão dos anos de 1830 aos 1860. Ainda lutando para se encontrar após conquistar a independência da Espanha, o México perdeu seu estado do Texas, no noroeste, para um movimento de independência de segunda geração em 1836. Então, o México perdeu enormes territórios no oeste da América do Norte para os Estados Unidos na Guerra Mexicano-Americana de 1846-1848.

A França e alguns de seus aliados europeus invadiram o México em 1861. As forças mexicanas defenderam sua pátria, conseguindo uma improvável e heróica vitória em 5 de maio de 1862, na cidade de Puebla. A ocasião ainda é comemorada no feriado de Cinco de Mayo. Os europeus persistiram e acabaram prevalecendo, no entanto, e mais ou menos um ano depois, o Imperador Napoleão III ofereceu o trono mexicano a Ferdinando Maximilian Joseph, arquiduque da Áustria, que pertencia à poderosa Dinastia Halsburgo da Europa.

Maximilian não durou muito como imperador do México. Napoleão III removeu as tropas francesas, deixando seu fantoche incapaz de manter a autoridade. O general mexicano Benito Juárez derrotou e capturou Maximilian em maio de 1867 e ordenou a execução do imperador deposto.

A África para os africanos

Embora conquistada relativamente tarde pelos europeus, a África não esperou muito tempo para entrar no negócio das rebeliões. Embora sua revolta tenha falhado, o povo do Zimbábue se rebelou contra os ingleses em 1896. Os africanos da Tanzânia se revoltaram contra seu governo alemão em 1905, mas este movimento também foi contido. As tropas coloniais alemãs queimaram as plantações para gerar a fome e enfraquecer os rebeldes tanzanianos.

Os povos Hereró e Nama da Namíbia sofreram incríveis perdas nas revoltas contra os alemães. Os Nama, que criavam gado, foram reduzidos de uma população de 20 mil a menos de metade desse número. Dos aproximadamente 80 mil Hererós que viviam no centro da Namíbia antes da guerra, apenas 15 mil restavam em 1911.

Esta batalha finalmente começou a ter resultado no governo autoritário das nações africanas dos anos de 1950. Em 1948, revoltas sacudiram Gana (depois chamada de *Gold Coast*) e os ingleses, cuja nação estava empobrecida pela Segunda Guerra Mundial, perceberam que não podiam mais sustentar um império. Outras potências coloniais também acordaram para a mesma realidade durante a Segunda Guerra. A guerra havia reduzido os impérios europeus às suas bases.

A ascensão dos asiáticos

Na década de 1820, os governantes holandeses de Java (uma das maiores ilhas da atual Indonésia) combatiam um príncipe javanês, Diponegoro, que tentava libertar sua ilha dos estrangeiros. Os holandeses prenderam e exilaram o príncipe. Assim como acontecia em muitas colônias, a independência indonésia teve que esperar até o fim do tumulto que as Guerras Mundiais haviam criado na Europa.

A Europa precisava lutar para manter seu domínio econômico também em outras partes da Ásia. Os chineses ficaram em guerra contra os ingleses de 1839 a 1842, e novamente de 1856 a 1860, alegando que a Inglaterra importava ilegalmente a droga ópio da Índia para a China (consulte o Capítulo 8). Embora a China tenha perdido a briga e precisado permitir as concessões comerciais para os ingleses e outras potências europeias, um profundo ressentimento ficou adormecido.

O Japão liberta um poder até então desconhecido

No Japão, o jovem imperador Meiji herdou o trono em 1867. Simultaneamente, o duradouro sistema de regras de um "shogun", o senhor da guerra mais poderoso do que o imperador, estava sob a pressão dos nobres e outros que desejavam que a nação, isolada há muito tempo, adotasse a tecnologia ocidental. Após 700 anos de governo "shogun" e depois de uma pequena guerra civil, o último "shogun", Tokugawa Yoshinobu, abdicou de seus poderes em 1868.

Chamada de Restauração Meiji, "esta" transição libertou o imperador para perseguir a modernização e iniciar uma estratégia política estrangeira militarmente ambiciosa. Enquanto muitos impérios daquela era caíam ou se mantinham estagnados, o Japão ganhou território da China nos anos de 1890, e da Rússia, na Guerra russo-japonesa de 1904-1905. Essa guerra foi uma derrota humilhante para os russos. Em 1910, o Japão tomou o controle da Coreia. Essa construção de império continuou muito além da morte de Meiji em 1912. Em 1932, o Japão transformou a Manchúria chinesa no estado fantoche japonês de Manchukuo.

Tom Cruise estrelou o sucesso *O Último Samurai*, de 2003, um filme baseado livremente – e quero dizer livremente mesmo – na Restauração Meiji do Japão. Divirta-se, mas não confunda a história com os fatos.

O desconforto volta à Europa

A Europa não conseguiu se livrar do desconforto após a Revolução Francesa, pois as ideias que alimentavam a revolução em 1789 não foram dissipadas. Os franceses viram outra revolução em 1848, embora esta segunda não tenha envolvido tantas degolas. A França substituiu o rei Luís Felipe, um campeão entre os ricos, ao eleger Luís Napoleão, um sobrinho de Napoleão I, para uma presidência de quatro anos em 1850. Sob a bandeira da lei e da ordem, o novo presidente trabalhou para consolidar seu poder e foi bem-sucedido ao fazer com que o Senado Francês o declarasse Imperador Napoleão III em 1852.

E quanto a Napoleão II? Ele nunca teve uma oportunidade. Nascido em 1811, o filho de Napoleão era uma criança quando os defensores linha dura de uma dinastia napoleônica tentaram promovê-lo a imperador em 1815. Os aliados que venceram seu pai em Waterloo desencorajaram a tentativa e Junior se mudou para Viena, ficando fora do caminho.

A França enfrentava rebeliões em 1848. Muitos europeus eram miseráveis – famintos, sem trabalho e furiosos – porque as mudanças que acompanharam as revoluções industrial e agrária não beneficiaram ninguém. Movimentos revolucionários tiveram início na Áustria e na Hungria (estes países haviam finalmente se livrado da *servidão*, uma forma medieval de trabalhos forçados) e em muitos estados italianos e alemães. As revoltas também sacudiram a Irlanda, a Suíça e a Dinamarca. Os revolucionários falharam em expulsar seus governos, mas as pessoas foram ouvidas. As mudanças estavam no ar. Grande parte da Europa – principalmente a Europa Ocidental – ia na direção da democracia, mas o caminho não era tão suave.

Revoltas na Rússia

As pressões que vieram com as revoluções de 1848 na Europa foram bastante parecidas com as pressões que criaram a Revolução Russa meio século mais tarde. Em 1905, tropas russas atiraram contra trabalhadores russos que marchavam nas ruas de São Petersburgo, tentavam conquistar maiores salários e menos horas nas fábricas.

Não adiantou atirar neles. Os protestantes sobreviventes continuaram em greve, estas espalharam-se de São Petersburgo para outras cidades russas. Em seguida, a rebelião se estendeu para revoltas rurais contra os donos das terras.

Alheios no norte

Há muito tempo, a Rússia era um caso especial entre as nações europeias, em parte porque, embora fosse enorme, era muito remota, no norte e no meio do continente. Fundada pelos Vikings suecos, a nação russa havia começado a se formar no século IX. Como na Polônia, as populações nativas eram, na maioria, eslavos, um povo de origens incertas que, de alguma forma, haviam sobrevivido durante séculos sob hunos, góticos, ávaros e outros bárbaros que passavam por ali a caminho da Europa.

No progresso social, econômico e tecnológico, a Rússia ficou atrás dos países ocidentais. Para um russo, até mesmo um russo da classe mais alta, o nível de habilidade da Europa Ocidental nos campos que variavam de construção de barcos, arquitetura e armamento até a impressão parecia surpreendentemente avançado. Pedro I (também conhecido como Pedro, o Grande, consulte o Capítulo 22), que se tornou o único governante da Rússia em 1696, passou dois anos viajando para lugares como Inglaterra, França e para os estados alemães a fim de aprender sobre uma grande variedade de indústrias. Quando retornou, ele levou especialistas e professores, pois estava determinado a colocar os russos no século XVIII, chutando e gritando, se necessário.

Porém, apesar de suas modernizações, a Rússia continuou presa ao passado, enquanto o século XIX mudava o restante da Europa. Por exemplo, enquanto muitas nações europeias aboliram o antigo sistema feudal de servidão, a Rússia tomou o caminho oposto, transformando ainda mais pessoas em servos. Estes não eram personagens azuis dos desenhos animados dos anos de 1980 (aqueles eram os Smurfs), mas sim pessoas à margem da sociedade que não tinham qualquer direito. A servidão desapareceu da Inglaterra na Idade Média, mas continuou em muitas terras do continente europeu. A França aboliu formalmente a instituição com sua revolução em 1789; na Áustria e na Hungria, a servidão continuou até 1848. A Rússia finalmente libertou seus servos em 1861 (os Smurfs, por outro lado, continuam passando na TV em muitas partes do mundo).

Caminhando na direção da rebelião

Talvez não seja surpreendente que o desconforto revolucionário tenha atingido em cheio a Rússia havia chegado a extremos no final do século XIX e início do XX.

Você poderia pensar que os mendigos russos, tendo sido libertados da servidão, ficariam contentes, mas uma distribuição injusta das terras deixou muitas pessoas sem solo suficiente para plantar comida a fim de suportar suas famílias. Ironicamente, a melhoria na saúde piorou a situação. No final do século XIX, menos mendigos morriam por causa das doenças, o que fazia com que o número de bocas a serem alimentadas aumentasse.

Os altos impostos também alimentaram o desconforto. Profissionais urbanos e nobres não gostavam de pagar para o governo construir uma cara frota de navios de guerra só para ver os japoneses afundarem os navios durante a Guerra Russo-Japonesa de 1904-1905.

O desconforto travou o país. Em 1905, os rebeldes elegeram representantes para o Soviete de Deputados Operários de São Petersburgo, um conselho para coordenar greves e protestos. Outros *sovietes*, ou conselhos, logo se formaram em toda a Rússia. Em outubro de 1905, o Czar Nicolau II concordou com algumas reformas, inclusive a criação de um parlamento russo, o *Duma*. Ao dar aos russos infelizes um corpo legislativo, Nicolau esperava conseguir uma válvula de escape para diminuir a insatisfação política – um lugar onde a sociedade pudesse despejar seu descontentamento. Mas o Duma estava com os dias contados desde o início. Na esquerda, grupos socialistas o boicotaram. Na direita, os reacionários da corte de Nicholas foram contra os esforços do Duma para reformar os impostos e as políticas agrárias. Os conselheiros do czar convenceram Nicholas a dissolver a legislatura todas as vezes que não gostavam de sua direção. Entre 1905 e 1912, ele dissolveu o Duma três vezes.

Em 1917, após a morte de cinco milhões de soldados russos na Primeira Guerra Mundial, o Czar Nicholas enfrentou uma grande revolta. Novamente, ordenou que um Duma desobediente fosse dissolvido, mas os legisladores se recusaram a seguir a ordem.

Tomando o poder: A União Soviética

Depois de forçar o Czar Nicholas a abdicar, uma grande coalizão de representantes – liberais, social-democratas e agro-socialistas –, formaram um governo temporário e fizeram do Palácio de Inverno do czar seu quartel general. O governo temporário convocou eleições para uma Assembleia Constituinte – um corpo representativo que escreveria uma constituição. Mas antes de a Assembleia se encontrar, extremistas liderados por Vladimir Ilyitch Lenin tomaram o poder à força.

Os seguidores de Lenin chamavam a si mesmos de *Bolcheviques*, que significa "maioria", embora eles fossem uma minoria. Estes capturaram o palácio em outubro de 1917. Lenin permitiu que a Assembleia Constituinte se reunisse em janeiro de 1918, mas usou os soldados para dissolvê-la.

Lenin e seu Exército Vermelho combateram os contrarrevolucionários durante os anos seguintes, mas a Rússia – que passou a ser chamada União das Repúblicas Socialistas Soviéticas (URSS) ou União Soviética, para abreviar – passou a ser uma criatura muito diferente em grande parte do século XX.

Inspirado pelos escritos de Karl Marx, um filósofo econômico alemão do século XIX, Lenin criou um governo baseado na propriedade nacional. Todos pertenciam ao governo e todos trabalhavam para o governo (ou, nominalmente, para "o povo"). Pela primeira vez, uma grande potência nacional era conduzida por líderes que queriam substituir toda a sociedade existente pelo novo modelo econômico do comunismo.

Na verdade, não se tratava de progresso para o povo

Como o sucessor de Lenin, Josef Stalin, provou mais tarde, um sistema Leninista-Marxista poderia trazer a rápida industrialização, transformando a Rússia em uma das duas grandes potências econômicas e militares do mundo. Porém, no caminho dos ganhos econômicos, Stalin deixou muitos milhões de russos mortos. Suas chamadas reformas agrárias geraram a fome generalizada.

Na década de 1930, Stalin eliminava brutalmente qualquer colega percebido como rival de seu poder, encenando julgamentos e execuções de muitos homens que haviam ficado a seu lado em 1917. Os veteranos Bolcheviques mais reverenciados da URSS foram forçados a confessar crimes improváveis e, em seguida, sentenciados à morte pelo esquadrão de fogo, ou por um período no campo prisional, de onde nunca retornariam. De 1934 a 1938, centenas de milhares de oficiais com patentes mais baixas também desapareceram como vítimas das perseguições de Stalin.

Ninguém sabe exatamente quantas pessoas Stalin matou e aprisionou, mas se estima que tenha havido dezenas de milhões de mortos.

O Retorno da Rússia

Por volta de 1991, a União Soviética estava na ruína econômica, piorada pelos gastos militares com a Guerra Fria, e acabou ruindo. Durante a primeira década do século XXI, a República Russa, sucessora da URSS, ressurgiu como uma importante potência econômica e militar, caracterizada pelo Secretário de Defesa americano, Robert Gates, como uma "postura agressiva" para com os estados vizinhos.

Acelerando na Direção do Presente: Transporte e Comunicações

Conforme nos aproximamos dos tempos modernos, vemos que a civilização humana ficou rapidamente cheia de conexões entre os povos e lugares. A inovação tecnológica foi um fator importante na mudança, pois as pessoas passaram a usar novas máquinas, que surgiram na Revolução Industrial (veja o Capítulo 15) para tornar a distância menos... bem, menos longínqua em termos de transportes e comunicação.

Chegando rápido a algum lugar

Desde a descoberta de novas rotas marítimas nos séculos XV e XVI, os oceanos uniram os continentes tanto quanto os separavam. O poder do vapor fez com que os navios do século XVIII cobrissem as distâncias oceânicas mais rápido, ou, pelo menos, em um ritmo mais contínuo e confiável. Depois que os motores a vapor ganharam rodas, se seguiu rapidamente uma revolução no transporte por terra.

Vapor até o porto

O motor a vapor, utilizado primeiro para retirar a água das minas de carvão e estanho, transformou-se no principal motor da Revolução Industrial. Esta fonte de potência ativada por carvão foi adaptada para mover os barcos no início do século XIX.

Robert Fulton, um americano, construiu um barco a vapor funcional chamado *Claremont* em 1807. Na mesma época, o inglês Patrick Bell construiu um barco similar. Inicialmente, o vapor era considerado útil principalmente para viagens em rios e canais, mas por volta dos anos de 1830, os barcos a vapor já faziam viagens transoceânicas. Os marinheiros podiam criar escalas como nunca haviam feito, pois não dependiam mais dos ventos favoráveis. Como resultado, o comércio internacional cresceu. O vapor, em vez da vela, logo interligou impérios vastos como o da Inglaterra.

Por volta dos anos de 1880, os motores a vapor equipavam praticamente todo tipo de embarcação: navios de guerra, cargueiros, navios de passageiros. Os motores a vapor equipavam os navios de guerra, que podiam ser mais armados e munidos do que qualquer outra embarcação na história (para saber mais sobre os avanços tecnológicos na guerra moderna, consulte o Capítulo 18).

Os motores a vapor eram tão confiáveis que os navios finalmente pararam de usar velas. O trabalho do marinheiro, que antes tinha que cuidar de velas, cordas e polias, passou a ser monitorar caldeiras, pistões e o fogo do carvão.

Trabalhando nas ferrovias

Richard Trevithick, um engenheiro britânico, colocou o motor a vapor sobre rodas em 1804 e fez com que ele andasse sobre trilhos (os carros das minas puxados por animais há muito corriam em trilhos de ferro). Em 1825, a Inglaterra viu sua primeira ferrovia comercial – a Stockton and Darlington. Por volta de 1851, havia redes de ferrovias em outros 17 países. No final do século, a Rússia construiu uma ferrovia que cruzava a Sibéria.

Nos Estados Unidos, as pessoas que passavam meses cruzando o continente na direção oeste até a Califórnia em carroças poderiam fazer a jornada em uma semana dentro dos carros de passageiros dos trens. A viagem de trem revolucionou o comércio abrindo grandes regiões do continente – outrora isolado demais para o estabelecimento em larga escala – ao comércio, à agricultura comercial e à construção de cidades, conforme novas comunidades cresciam à beira das ferrovias.

A chegada das inovações

O motor a vapor utiliza o calor do fogo para gerar vapor em uma caldeira. A pressão do vapor empurra um pistão, que por sua vez movimenta as rodas da locomotiva ou o propulsor de um navio. O sucesso precoce dessa tecnologia inspirou alguns sonhadores a imaginar se seria possível construir um motor com o próprio fogo dentro do cilindro – um *motor de combustão interna*. Na Suíça, Isaac de Rivaz (ou Rivas) construiu este motor em 1804 e o usou para empurrar uma carroça dentro de uma sala. A máquina de Rivaz, no entanto, não era prática. Ela queimava uma mistura de hidrogênio purificado e ar, que precisava ser injetado manualmente com cada bomba do cilindro. Rivaz também precisava chutar para abrir uma válvula de exaustão sempre que o motor falhava. Outros inventores, entre eles Samuel Brown, da Inglaterra, e Joseph-Etienne Lenoir, melhoraram o design de Rivaz em meados do século XIX.

Esses novos motores com combustão interna eram muito mais leves que os motores a vapor, pois não precisavam de uma caldeira e de uma fornalha. Portanto, eles pareciam adequados para motorizar veículos leves o suficiente a fim de viajarem pelas estradas construídas para o tráfego puxado por cavalos, e não pelos trilhos, necessários às pesadas locomotivas a vapor.

Na Alemanha, em 1885, o engenheiro Karl Benz utilizou um motor de combustão interna para ligar um carro a motor. (a palavra *carro* começou como uma versão abreviada para *carroça*). Seus veículos levaram a uma das maiores indústrias do mundo no século XX e também a uma transformação radical no mundo.

A fabricação de automóveis em larga escala começou em 1908, quando o americano Henry Ford (1863-1947) começou a usar uma linha de montagem em Michigan para deixar os carros acessíveis à classe média. A partir de então, os automóveis mudaram o estilo de vida das pessoas. Os carros deram início à construção de estradas e mudaram a forma das cidades, enquanto os funcionários das fábricas de automóveis se mudavam das cidades centrais para vizinhanças mais suburbanas.

Para o alto

Dois mecânicos de bicicleta de Ohio, Orville Wright e seu irmão, Wilbur, andaram de avião pela primeira vez em 1903. Surgiram em seguida as aeronaves comerciais e, depois, os voos com passageiros. Lugares que antes ficavam a dias de viagem de trem ou de carro logo ficaram separados por apenas algumas horas e cada vez menos horas conforme os aviões de passageiros chegaram no cenário pós Segunda Guerra Mundial.

Espalhando a notícia

Em meados do século XIX, era possível enviar mensagens ao longo de fios por meio de corrente elétrica. O avanço tecnológico do telégrafo gerou uma revolução nas comunicações e era apenas o início de um mundo conectado.

Pendurando os cabos

Samuel Finley Breese Morse, um artista e inventor americano, inventou o primeiro equipamento prático e em larga escala para impulsos eletromagnéticos, ao criar o código Morse em 1837. Sete anos mais tarde, ele enviou uma mensagem instantânea: "Deus seja louvado!" por uma linha de telégrafo de Baltimore para Washington D.C.

O que ele quis dizer com isso? Era uma expressão reverente de surpresa. Logo, cabos cruzavam os países industrializados na Europa Ocidental e na América do Norte. Em seguida, eles se espalharam para as partes mais remotas do mundo.

Pegando o telefone

Alexander Graham Bell (1847-1922), um terapeuta da fala e da audição, uniu seu interesse pelos sons e pela comunicação com a tecnologia do telégrafo para construir um telefone experimental em 1876.

Bell, um imigrante escocês nos Estados Unidos, fundou a Bell Telephone Company para construir e comercializar sua invenção. No início do século XX, o telefone estava se transformando em uma conveniência do dia a dia.

Em 1977, a empresa de eletrônicos americana Motorola desenvolveu um telefone sem fio que se conectava com a rede pública de telefones através de um sistema de células de ondas curtas de rádio. No século XXI, os celulares, que estão cada vez menores e mais baratos, estão por toda parte e ameaçam substituir as linhas telefônicas tradicionais.

Enviando ondas de rádio

No final do século XIX, o inventor italiano Guglielmo Marconi demonstrou que as ondas de rádio poderiam ser reutilizadas para enviar sinais sem fio. Em 1901, ele enviou um sinal de telégrafo sem fio para o outro lado do Oceano Atlântico, da Cornuália, na Inglaterra, até Newfoundland, no Canadá. Marconi ganhou o Prêmio Nobel de Física em 1909.

Ao acrescentar a tecnologia do sinal de voz desenvolvida para o telefone por Graham Bell (saiba mais sobre ele na seção anterior) e pelo inventor americano Thomas Edison (1847-1931) com seu inovador fonógrafo, os engenheiros transformaram a comunicação por rádio em um sistema de transmissão de voz para embarcações e aeronaves. O rádio também passou a ser uma forma de entretenimento quando empresários passaram a vê-lo como um meio para anunciar seus produtos. Os publicitários começaram a patrocinar programas de música, noticiários, novelas e comédias, enquanto os receptores, que ficavam mais baratos, permitiam que cada vez mais pessoas ouvissem rádio. Pessoas separadas por grandes distâncias se uniram em um público comum nesta nova experiência.

O rádio contribuiu para o nascimento da televisão. Na década de 1920, inventores americanos bolaram dispositivos para enviar imagens eletrônicas através das ondas de rádio. Philo T. Farnsworth inventou um sistema de escaneamento de imagem eletrônica em 1922, e Vladimir K. Zworykin seguiu com a câmera de televisão e o tubo de imagem em 1923. Em meados do século XX, esses dispositivos levaram a públicos cada vez maiores uma forma de união em massa instantânea sem qualquer precedente na história.

Navegando pela Net

Em 1969, engenheiros que trabalhavam no Departamento de Defesa americano ligaram quatro computadores juntos para que as máquinas pudessem trocar informações. Gradualmente, cada vez mais computadores estavam conectados a essa rede. Na mesma época, cada vez mais programadores e pesquisadores do governo e das universidades achavam que o envio de mensagens de um computador para outro era uma boa maneira de trocar informações. Os dados começaram a fluir, embora o uso dessa rede fosse limitado às pessoas que entendiam de programação.

Com a difusão do uso de computadores pessoais, criados para aqueles que não eram especialistas em informática, a rede cada vez maior se transformou em um fenômeno da comunicação. Quando as universidades americanas ligaram seus supercomputadores (super grandes e super rápidos em sua capacidade de armazenar e processar dados) na década de 1980, a internet começou a tomar forma. Os serviços comerciais começaram a oferecer acesso à internet para empresas e lares através de linhas telefônicas convencionais.

O físico Tim Berners-Lee inventou o HTML (Hypertext Markup Language) como uma forma para usuários não especializados em internet exibirem seus dados em linguagem comum, em figuras e em sons, que podiam ser acessados por outros usuários de computadores pela rede. Em 1991, Berners-Lee colocou sua criação, a World Wide Web, na internet. A World Wide Web rapidamente se transformou na parte da internet com crescimento mais rápido, sendo um lugar para empresários, partidos políticos, ativistas, prestadoras de serviços e pessoas comuns compartilharem informações e trocarem pontos de vista. Isso levou aos downloads de música, ao compartilhamento de arquivos, aos sites de redes sociais e ao compartilhamento de vídeo. Assim como aconteceu com o telégrafo, com o rádio e com o telefone (e com a mídia impressa do século XV), as pessoas ficaram mais próximas do que nunca graças a essa nova tecnologia, que continua evoluindo.

Combatendo as Guerras Mundiais

Embora os navios a vapor, as estradas de ferro e o telégrafo, avanços sobre os quais você pode ler neste capítulo, e tenham encurtado as distâncias para o comércio e a comunicação pacífica, eles também criaram vantagens para almirantes e generais que planejavam ataques e invasões em todo o mundo.

Mesmo que esteja lendo este capítulo de passagem (sinta-se à vontade para fazer isso), você poderá notar como as nações europeias, que abraçavam fortemente o mundo até o ano 1900, parecem fazer parte de muitas guerras. Desde os tempos mais remotos, entrar em guerra era uma maneira de construir e manter impérios. Mas com o surgimento dos novos e globais impérios europeus do século XIX e início do XX, bem como todos os avanços nas viagens e nas comunicações, as guerras cada vez mais tendiam a ser melhores para uma parte do mundo e piores para a outra.

Como exemplo disso, a Guerra dos Sete Anos teve várias frentes na Índia, Europa (onde Prússia, Hanover, Áustria e Rússia ficaram ao lado da Inglaterra, e a Espanha ficou ao lado da França) e América (a Guerra Franco-Indiana). A tendência só fez piorar e muito. No século XX, a propensão para a guerra e a tecnologia para suportá-la levaram à Primeira e Segunda Guerra Mundial.

Os avanços nas armas, como os rifles mais precisos e mais fáceis de carregar usados na Guerra da Crimeia em meados do século XIX, continuaram até que, por volta de 1945, um avião americano que carregava uma bomba destruiu uma importante cidade japonesa: Hiroshima. O ataque matou 66 mil pessoas e feriu outras 69 mil. No entanto, nem isso foi suficiente. Logo as nações tinham a possibilidade de acabar com toda a civilização do planeta.

Esta seção concentra-se nas armas e nos avanços bélicos nos tempos das Guerras Mundiais. Para saber mais sobre como a tecnologia mudou a guerra nos séculos XIX e XX, consulte o Capítulo 18.

Redefinindo a guerra: Primeira Guerra Mundial

Na época, ninguém deu um número à *Grande Guerra*, pois não planejavam ter outra. Uma estava de bom tamanho, obrigado.

Chamada de Primeira Guerra Mundial, este conflito provou ser mais feio, maior, mais longo, mais difuso e mais brutal do que qualquer pessoa achava que ele seria. De 1914 a 1918, duas linhas de soldados de infantaria, que se estendiam pelo norte da França e pela Bélgica, se enfrentavam mês após mês, ano após ano, se arrastando em trincheiras lamacentas, miseráveis e cheias de ratos, que ficavam a algumas centenas de quilômetros de distância.

Mecanizada como nenhuma outra guerra havia sido, a Primeira Guerra Mundial chegou aos céus quando aviões passaram a jogar bombas e travavam as primeiras batalhas aéreas. A Primeira Guerra Mundial também deu início aos submarinos de guerra. Os U-boats alemães ("u" significava "underwater" (submarino)) afundavam navios de guerra inimigos e neutralizavam os transportes sem qualquer aviso. As tropas movimentavam-se em caminhões e guarneciam os transportes pessoais. As armas eram maiores, mais rápidas, com longo alcance e muito mais numerosas do que em qualquer outra guerra anterior. E também havia os chamados avanços na química de guerra, como o debilitante gás mostarda.

Precipitando eventos e atitudes

Você deve ter aprendido na escola que a Primeira Guerra Mundial começou quando um terrorista sérvio atirou em um arquiduque austro-húngaro em Sarajevo, na Bósnia, em 1914. Isso é verdade, mas as origens da guerra são muito mais complicadas.

Em primeiro lugar, os sérvios estavam furiosos com o Império Austro-Húngaro (uma combinação de Áustria e Hungria) por anexar a Bósnia (embora a Bósnia tecnicamente ainda pertencesse ao Império Otomano, que ficou enfraquecido devido a um revolta interna). Os austro-húngaros estavam preocupados que os sérvios unissem todos os eslavos do sudeste da Europa em uma região montanhosa chamada Bálcãs. Esta unificação teria ameaçado a parte húngara do império. Enquanto isso, os líderes russos acreditavam que os Bálcãs, com maioria de população eslava, pertenciam à esfera de influência do Império Russo, também com maioria eslava. Embora não tivessem qualquer prova legal, os russos queriam proteger a Sérvia eslava.

A Rússia não declarou guerra a ninguém, mas mobilizou tropas. No entanto, foi uma provocação suficiente para fazer com que os alemães, que eram aliados do Império Austro-Húngaro, declarassem guerra à Rússia e à sua aliada, França. Os alemães passaram pela neutra Bélgica em seu caminho para atacar os franceses.

A Inglaterra não tinha qualquer briga formal com a Alemanha, mas as relações entre os dois países estavam abaladas por uma corrida não declarada pela superioridade naval. Começando na década de 1890, Wilhelm II, o kaiser (que significa "imperador") alemão, construiu mais navios e maiores. A Inglaterra respondeu aumentando sua produção de embarcações. As tropas alemãs que cruzaram a Bélgica em 1914 solidificaram o sentimento antialemão na Inglaterra, pois a incursão violou a lei internacional, dando aos ingleses uma desculpa para mobilizar suas tropas.

Acrescentando combatentes à guerra

A guerra cresceu conforme mais países se uniam ao motim. A seguir, a divisão dos lados:

> ✔ **A Entente, ou Aliados**: Inglaterra, França, Rússia, Japão, Sérvia, Itália, Portugal, Romênia, Estados Unidos e China.
>
> Os Estados Unidos uniram-se aos Aliados em 1917, depois que o bloqueio submarino da Alemanha à Grã-Bretanha começou a afundar os navios dos países neutros.
>
> ✔ **Os Poderes Centrais**: Alemanha, Austro-Hungria e Império Otomano.

Reagindo a carnificina

A Primeira Guerra Mundial ajudou a criar a União Soviética, mas a guerra mudou mais do que a Rússia. Quatro impérios – o russo, o otomano, o germânico e o austro-húngaro – ruíram durante a guerra.

Além de reorganizar o mapa, a Grande Guerra trouxe a fome, acabou com economias e mostrou a um público chocado que a guerra havia trazido um pouco mais do que o desastre difundido. A guerra engoliu e regurgitou cidades inteiras, vilarejos e até países. Até mesmo as pessoas que não foram diretamente afetadas pela Primeira Guerra Mundial perceberam, pela primeira vez, que talvez esta não tivesse sido tão grandiosa. Esta não foi a guerra heróica dos hinos patriotas, mas sim a destruição.

Um líder que seguia essa linha de pensamento era Woodrow Wilson, antigo professor da Universidade de Princeton que havia se tornado político. Como presidente dos Estados Unidos, Wilson trabalhou nos termos de paz na Europa, garantindo que o processo de paz incluísse a *Liga das Nações,* um corpo internacional criado expressamente para evitar futuras guerras.

A Liga das Nações, estabelecida pelo Tratado de Versalhes em 1919, ajudou a Europa a reconstruir-se após a guerra. Um total de 53 nações faziam parte da liga em 1923, incluindo Inglaterra, França, Itália e Japão.

Infelizmente, a Liga das Nações não deu certo, principalmente para Wilson. O Senado Americano se recusou a aprovar seus termos e a permitir que os Estados Unidos entrassem na liga. Wilson sofreu um forte derrame ao tentar reunir apoio público para fazer com que os senadores mudassem de ideia e passou o restante de seu mandato (até 1921) como inválido.

Embora a Alemanha tenha entrado para a Liga em 1926, ela mesma se retirou, juntamente com o aliado Japão, em 1933. A Itália se retirou três anos mais tarde. A organização se provou inútil para frear o expansionismo alemão, japonês e italiano. No final da década de 1930, o mundo estava pronto para mais uma grande guerra.

Ninguém antes dele tentou regularizar a vida internacional como o Presidente Wilson tentou. Portanto, talvez sua invenção estivesse fadada ao fracasso, mas a Liga das Nações foi um passo para algo novo.

Retornando ao conflito: Segunda Guerra Mundial

A Primeira Guerra Mundial semeou as sementes para a Segunda Guerra Mundial. Na Alemanha, após a Primeira Guerra, cidadãos empobrecidos e líderes furiosos se opuseram aos termos do Tratado de Versalhes, que incluía o seguinte:

✔ Uma *cláusula de culpa pela guerra,* que culpava a Alemanha por tudo.

✔ Territórios perdidos – Alsácia-Lorena para a França, as terras do Reno foram transformadas em uma região desmilitarizada, e quase todas as colônias ultramarítimas da Alemanha foram para outros impérios.

✔ Compensações financeiras que o país arrasado pela guerra não podia pagar.

Adolf Hitler, o chefe do partido populista dos Nacional Socialistas, ou Nazis, usou essa raiva nacional para assumir o governo da Alemanha. Ele chamou essa administração de *Terceiro Reich,* herdeiro do Sacro Império Romano medieval (o primeiro Reich, ou império), e do Império Alemão de 1871 a 1918.

Quebrando o tratado: Hitler movimenta suas tropas

Hitler rearmou secretamente o país nos anos de 1930 e começou a movimentar suas tropas em uma violação direta do Tratado de Versalhes. Ele ocupou as terras do Reno (uma região desmilitarizada), anexou a Áustria e avançou na direção da Tchecoslováquia, um país que havia sido criado após a Primeira Guerra Mundial. Ele considerava que estava dentro de seus direitos, pois havia feito um acordo com os governos da Itália, França e, principalmente, da Grã-Bretanha, para estender o poder da Alemanha até a Tchecoslováquia.

Hitler afirmou que a região norte da Tchecoslováquia pertencia, por direito, à Alemanha e os residentes da região, que falavam inglês, concordaram. O ditador italiano Benito Mussolini, cuja ascensão pós Primeira Guerra não foi diferente da de Hitler, conseguiu uma reunião em Munique na qual este, o Primeiro Ministro britânico Neville Chamberlain (que estava recuando para evitar um conflito com a Alemanha), Mussolini e o Primeiro Ministro da França Édouard Deladier dividiram a Tchecoslováquia sem consultar os tchecos.

Hitler também assinou o Pacto Nazista-Soviético com Josef Stalin, sucessor de Lenin em Moscou (saiba mais sobre Lenin na seção "Revoltas na Rússia"). Depois de reclamar o norte da Tchecoslováquia, os Nazistas chegaram a Polônia com a ideia de dividir aquele país com a União Soviética.

Escolhendo o lado

A invasão alemã da Polônia em 1939 foi demais até mesmo para o promotor da paz Chamberlain. Londres não queria outra guerra, principalmente uma guerra contra a formidável Alemanha, mas os ingleses acordaram para a realidade de que não havia como evitá-la. A Inglaterra declarou guerra no mesmo ano.

Ainda mais nações do que na Primeira Guerra Mundial tomaram um dos lados, ou foram tomadas e forçadas a entrar na briga que se transformou na Segunda Guerra Mundial. A maioria das nações do mundo participou. A seguir, uma divisão incompleta:

✔ **Eixo**: Incluía Alemanha, Itália, Japão, Hungria, Eslováquia, Bulgária, Croácia, Finlândia, Romênia, Iraque, Tailândia e muitos mais, além de grandes regiões da Ásia e África, controladas pelas nações do Eixo.

Os soviéticos, que originalmente ficaram ao lado dos alemães, foram forçados a trocar de aliança abruptamente quando Hitler violou seu pacto com Stalin e enviou tropas para invadir Moscou. A França era líder dos Aliados até a Alemanha tomar o país em junho de 1940, quando três quintos da França passaram a ser um estado fantoche da Alemanha. Muitos outros estados também mudaram suas alianças durante a guerra, geralmente porque os governos neutros ou pró-Aliados, como Noruega,

Dinamarca, Holanda e Bélgica, foram superados pelos poderes invasores do Eixo.

✔ **Aliados**: Incluíam a Grã-Bretanha e o Império Britânico do mundo todo (principalmente a Índia britânica), a França (até junho de 1940), Vichy, na França (a parte que os alemães não conseguiram conquistar), a Polônia, a União Soviética, o Canadá, a Austrália, a África do Sul, a Nova Zelândia e, mais tarde, os Estados Unidos, a China, Cuba, Filipinas, Guatemala, Nicarágua, República Dominicana, Honduras, Haiti e muitos mais.

Quando o Japão atacou a frota americana no Havaí em 1941, os Estados Unidos ainda eram oficialmente neutros, embora tendessem para o lado da Inglaterra. Imediatamente após o ataque, os americanos declararam guerra ao Japão e aos aliados do Eixo.

Avaliando os danos da guerra

Terminando com duas explosões atômicas, a Segunda Guerra Mundial matou 15 milhões de militares, 2 milhões dos quais eram prisioneiros de guerra soviéticos. Aproximadamente 6 milhões dos 35 milhões de civis mortos eram vítimas judias do *Holocausto*, em assassinatos antissemitas em massa e em campos de concentração da Alemanha e do Leste europeu.

As armas dessa guerra eram mais rápidas, mais mortíferas e maiores do que as usadas na guerra anterior. Grandes bombas devastaram muitas cidades europeias.

O bombardeamento Aliado a Dresden, na Alemanha, em 1945, matou 80 mil civis em uma noite. Este foi um trabalho realizado por vários aviões, porém, mais tarde, naquele mesmo ano, no dia 6 de agosto, um avião americano jogou uma única bomba sobre Hiroshima, no Japão, que destruiu tudo em um raio de 6,5 quilômetros. A explosão atômica e uma segunda bomba atômica, jogada sobre Nagasaki, Japão, alguns dias mais tarde, continuam sendo as únicas armas nucleares já usadas contra pessoas. A guerra terminou logo depois da explosão das bombas atômicas.

Redesenhando o mapa

A Segunda Guerra Mundial dividiu a Europa mais ou menos como a Primeira Guerra havia feito. Entre as mudanças mais drásticas após a Segunda Guerra Mundial, a Alemanha surgiu como uma nação dividida: a Alemanha Ocidental, alinhada com os Estados Unidos e outras potências ocidentais; e a Alemanha Oriental, um satélite da União Soviética.

A guerra também levou mudanças profundas à Ásia e à África, principalmente devido à maneira como drenou o poder e o dinheiro das potências coloniais europeias. A Inglaterra, que estava do lado vencedor, mas estava praticamente arruinada, não tinha recursos nem vontade para manter suas posses ultramarítimas.

Os anos após a Segunda Guerra Mundial foram cheios de movimentos de independência. A Inglaterra se retirou da Índia em 1947 e a França tentou manter a Argélia durante quase duas décadas antes de finalmente libertá-la em 1962.

A China, em guerra com o Japão de 1937 a 1945 (o Japão também se rendeu nessa frente), rapidamente enfrentou uma guerra civil entre os partidos Nacionalista e Comunista. Os Comunistas venceram e sob o líder marxista Mao Ze-dong (ou Tse-tung), a antiga civilização passou a se chamar República Popular da China em 1 de outubro de 1949.

Conflitos Quentes e Frios

Os anos após a Segunda Guerra Mundial não foram pacíficos, mas também não chegaram à Terceira Guerra Mundial (bata na madeira). Durante grande parte daquela era, as principais potências mundiais estavam preocupadas com o jogo do destaque nuclear.

As principais potências do pós-guerra, por sinal, eram os Estados Unidos e a União Soviética. Os Estados Unidos esperavam apreciar seu monopólio nuclear por 20 anos ou mais, mas os soviéticos surpreenderam a todos desenvolvendo sua própria bomba atômica em 1949. Embora fossem aliados no lado vencedor da Segunda Guerra, as nações logo se tornaram rivais.

A política estrangeira soviética refletia o comportamento paranóico de Josef Stalin com relação a qualquer rival, real ou imaginário, interno ou estrangeiro (saiba mais sobre Stalin na seção "Na verdade, não se tratava de progresso para o povo" deste capítulo), e ela se tornou cada vez mais exclusiva e fechada. Os objetivos soviéticos incluíam manter o controle sobre os estados satélites comunistas, muitos dos quais ficavam no leste europeu, controlado pelos soviéticos, no início da Segunda Guerra Mundial, ao mesmo tempo em que repeliriam influências culturais e econômicas estrangeiras.

Os Estados Unidos surgiram como líderes do Ocidente – englobando a Europa ocidental, o Hemisfério Ocidental e as nações desenvolvidas de todas as partes que resistiam ao comunismo e promoviam (ou pelo menos permitiam) a busca particular de lucros em suas políticas comerciais.

A tensão na Guerra Fria

Com seus arsenais nucleares, a União Soviética e os Estados Unidos entraram na Guerra Fria, um impasse diplomático, político e militar.

Em termos diplomáticos e militares, a Guerra Fria assumiu a forma de dois países incitando um ao outro para ativar o primeiro ataque nuclear. Ambas as nações construíam cada vez mais mísseis e ogivas, que eram cada vez maiores, capazes de levar uma bomba nuclear de um campo de trigo no Nebraska até o centro de Moscou, por exemplo. As duas nações desenvolveram a trágica capacidade de explodir a Terra diversas vezes se quisessem.

Essa loucura foi um pouco abrandada por um Tratado de Interdição Parcial de Testes Nucleares, em 1963, diversas conversas e acordos para redução de armamento, mas as duas nações basicamente continuaram apontando as armas uma para a outra até que a economicamente falida União Soviética caiu em 1991. Ao longo do caminho, outros países também construíram arsenais nucleares: a China está entre eles.

Não se via um fim para os conflitos violentos

As guerras regionais explodiram durante a Guerra Fria. Entre elas, os Estados Unidos se viram em meio a uma fútil tentativa de evitar que o Vietnã, uma antiga colônia francesa no sudeste da Ásia, se tornasse comunista. Durante a década de 1980, os soviéticos falharam ao tentar derrotar os rebeldes muçulmanos no Afeganistão.

O drama *Jogos de Poder*, de 2007, é baseado na história real de um congressista texano que conspirou com um agente da Cia e uma socialite de Houston para fornecer armas para rebeldes afegãos que combatiam os soviéticos em seu país.

Quando o estado judeu de Israel foi estabelecido em 1948 na Palestina, então governada pelos ingleses, as nações árabes vizinhas se uniram aos árabes palestinos em oposição ao novo estado. O desacordo ficou violento diversas vezes desde os anos de 1950 até o século XXI. Essas décadas também foram perturbadas por muitos bombardeios terroristas na região – geralmente motivados pelo apoio à causa palestina – que mataram civis inocentes. Então, na década de 1990, o Iraque invadiu o vizinho Kuwait. Uma força internacional liderada pelos Estados Unidos expulsou os iraquianos.

Em 11 de setembro de 2001, 19 terroristas muçulmanos extremistas sequestraram quatro aviões comerciais americanos para serem usados como armas. Eles jogaram dois aviões contra o World Trade Center, na cidade de Nova York, matando todos a bordo e milhares de pessoas que trabalhavam nas Torres Gêmeas, que foram destruídas. Um terceiro avião colidiu com o Pentágono, centro do Departamento de Defesa dos Estados Unidos, em Washington, D.C.. Todos os passageiros morreram, além de 125 pessoas que trabalhavam no prédio. Quando ficaram sabendo dos ataques em Nova York e Washington, os passageiros a bordo do quarto avião atacaram os sequestradores do terceiro. Este caiu em um campo na Pensilvânia, matando todas as 40 pessoas que estavam a bordo.

O filme *Voo United 93*, de 2006, dramatiza os acontecimentos a bordo do voo da American Airlines que caiu na Pensilvânia. Ele se concentra no heroísmo dos passageiros que se revoltaram contra os sequestradores e evitaram a perda de mais vidas, forçando o avião a cair em uma área remota.

Os Estados Unidos responderam a este massacre, cujas vítimas eram, na grande maioria, civis, invadindo o Afeganistão, onde um governo muçulmano teocrático chamado *Talibã* abrigava a organização terrorista responsável pelos ataques, a Al Qaeda. O então Presidente George W. Bush adotou uma posição linha dura contra o terrorismo (e, especificamente, contra os terroristas islâmicos), e, em 2003, ordenou uma invasão ao Iraque, embora este país não estivesse envolvido nos ataques a Nova York. Tanto no Afeganistão quanto no Iraque, as tropas americanas expulsaram os governos, mas a insurgente violência contra estas e de grupos rivais, entre afegãos e iraquianos, exigia ocupações militares mais longas e mais custosas.

Após a queda da União Soviética em 1991, a Rússia lutou contra um movimento de independência islâmica na Chechênia, uma região entre os mares Negro e Cáspio. No verão de 2008, houve uma guerra entre a Rússia e a República da Geórgia, que já havia feito parte da URSS.

A violência também chegou à África, de forma mais chocante em Ruanda, onde milícias compostas principalmente por membros da maioria Hutu promoveram um genocídio dos membros da tribo rival, Tutsi, em 1994. Tendo início em 2003, no Sudão, uma milícia apoiada pelo governo, os Janjaweed, iniciou uma campanha de ataques brutais contra fazendas, resultando em centenas de milhares de civis mortos, muitos desabrigados e famintos.

Claramente, a humanidade não está nem perto de um mundo sem guerras.

Vamos nos Unir: As Nações Unidas

O que aconteceu com a ideia de Woodrow Wilson de uma Liga das Nações (veja "Reagindo à carnificina") dedicada a preservar a paz e a segurança internacional através do desarmamento e sua intenção de evitar ou solucionar rapidamente as disputas?

A ideia de Wilson ainda existe. O termo *Nações Unidas* surgiu durante a Segunda Guerra Mundial, quando 26 nações se comprometeram a continuar na luta contra as potências do Eixo (principalmente Alemanha, Itália e Japão). Depois da guerra, 51 países assinaram uma carta criando as Nações Unidas (veja a Figura 9-2). A Liga das Nações passou suas funções para as Nações Unidas.

A carta define as Nações Unidas como uma comunidade mundial de estados soberanos independentes. Ela diz que ao preservar essa comunidade, as Nações Unidas protegerão a paz internacional e tomarão uma ação coletiva contra a guerra ou contra forças que ameacem entrar em guerra, se necessário. No final de 2008, o total de membros das Nações Unidas era de 192 países; muitas delas são antigas colônias de países europeus.

Algumas pessoas enxergam as Nações Unidas como uma conspiração para minar a soberania dos países. Estas têm sido pouco eficazes em suas tentativas de evitar que os conflitos internacionais se transformem em guerras, mas também foi bem-sucedida em outros campos. Assim como aconteceu com a Liga das Nações, esse negócio de internacionalismo ainda é novo para a humanidade.

Figura 9-1:
As Nações
Unidas visam
promover
a paz
internacional

As Nações Unidas ficam de lado, enquanto o transporte e as comunicações continuam a crescer. O mundo continua encolhendo e as fronteiras políticas podem até ficar um pouco desbotadas no futuro. As nações do oeste europeu, por exemplo, passaram as últimas décadas do século XX forjando uma força econômica unificada que compartilha até a moeda: o *euro*. Os acordos internacionais de comércio estão transformando os negócios no mundo todo e dando início a debates ferozes.

Com os satélites de comunicação e a internet, todos os lugares estão simultaneamente em contato com o resto do mundo. Nações Unidas ou não, a soberania nacional pode ter cada vez menos importância, enquanto a mescla de culturas está cada vez mais rápida. A civilização, qualquer que seja o significado desta palavra engraçada, pode finalmente ser totalmente global. Se isso será bom ou ruim, precisamos esperar para ver.

Percorrendo os Séculos

1788: A Inglaterra estabeleceu uma colônia penal na Austrália.

1808: Napoleão colocou seu irmão, José Bonaparte, no trono da Espanha.

1837: O americano Samuel Morse inventou o código Morse.

1848-1849: Movimentos revolucionários varreram a Europa.

1890: O kaiser alemão Wilhelm II iniciou uma campanha agressiva de construção de embarcações, tendo alarmado a Inglaterra, principal potência naval do mundo.

1914: Em Sarajevo, na Bósnia, um terrorista sérvio assassinou o herdeiro do trono austro-húngaro, tendo dado início à Primeira Guerra Mundial.

1939: A Alemanha invadiu a Polônia, tendo iniciado a Segunda Guerra Mundial.

1991: O governo da União das Repúblicas Socialistas Soviéticas (URSS) caiu. A Rússia ressurgiu como um estado independente e soberano.

2001: Terroristas islâmicos jogaram três aviões sequestrados contra edifícios símbolos em Nova York e Washington D.C., matando milhares de pessoas. Um quarto avião sequestrado caiu na Pensilvânia.

2003: Os Estados Unidos invadiram o Iraque e depuseram seu ditador, Saddam Hussein.

Parte III
Buscando Respostas

A Reforma começou no século XVI depois que Martinho Lutero pregou suas 95 teses na porta da Igreja do Palácio em Wittenberg, Alemanha.

95 teses pregadas na porta
95 teses lá estão
Se uma dessas teses vier a cair,
94 teses serão pregadas na parede.
94 teses pregadas na porta
94 teses lá estão.
Se uma dessas...

Nesta Parte. . .

A religião e a filosofia dirigiam as sociedades humanas muito antes do surgimento das primeiras cidades. As diferenças religiosas geraram guerras antigas e modernas. O fervor espiritual construiu impérios. E as maravilhas tecnológicas impressionantes, que fizeram os últimos 100 anos serem tão diferentes de todos os séculos anteriores, nasceram de uma tradição científica fundada na filosofia grega há mais de 2400 anos; esta filosofia foi um esforço para compreender como as partes do mundo se encaixam e qual é o lugar dos seres humanos dentro delas.

As tentativas de compreender a realidade – basicamente através da religião e da filosofia – levaram à história. Olhar para o passado faz parte do impulso de compreender tudo o que aconteceu

Capítulo 10
A Religião Através dos Tempos

O que religião tem a ver com história? Praticamente tudo. A crença religiosa uniu sociedades, mas também as separou. A religião provavelmente teve um papel importante e poderoso na criação da civilização (veja o Capítulo 4). A crença religiosa também foi uma das principais causas de guerras, revoluções, explorações e migrações. Alguns terroristas, como aqueles que atacaram os Estados Unidos em 11 de setembro de 2001, agiam em nome da religião. Ela molda as sociedades, pois as pessoas vivem de acordo com aquilo em que acreditam.

As civilizações foram construídas com base em crenças. Durante milhares de anos, as sociedades elevaram seus governantes a um status divino, ou pensavam em sua realeza como descendentes humanos dos deuses, ou representantes mortais dos deuses. Os egípcios, pelo menos em 2950 a.C. (há cinco mil anos), consideravam seus reis divindades. Alexandre, o Grande (356-323 a.C.), declarou-se um deus. Roma concedeu a divindade a Augusto (27 a.C. até 14AD), seu primeiro imperador (veja o Capítulo 5). Na América do Sul, os incas do século XV adoravam seu rei como *Sapa inca*, ou Filho do Sol.

Há cerca de 250 anos, muitos cristãos ainda achavam que a monarquia absoluta era a maneira correta de organização de uma sociedade divina (para saber mais sobre o direito divino dos *reis*, consulte o Capítulo 12). Eles acreditavam que Deus queria que o mundo fosse conduzido daquela forma.

Para compreender o impacto da religião nas civilizações, é preciso considerar, primeiro, de qual delas se trata e de onde ela veio. Neste capítulo, discutirei as várias formas que uma religião pode assumir, apresentarei as principais religiões do mundo, explicarei como cada uma delas surgiu e destacarei o modo como cada uma delas influenciou a vida social ou política.

As religiões maiores têm mais seguidores e também os papéis mais importantes na história. Neste capítulo, você as encontrará listadas em uma cronologia superficial.

Para muitas pessoas, a religião é o centro de tudo. É a base principal para diferenciar o certo do errado, o bem do mal, como viver no mundo e como se preparar para o mundo que está por vir. Se a religião tem este nível de importância para você, garanto que nada do que será dito neste capítulo tem a intenção de desafiar, questionar ou insultar suas crenças. Tento analisar cada religião deste capítulo de maneira objetiva, o que significa que não dou preferência a um ou a outro sistema de crença. Se a perspectiva de ver sua religião colocada lado a lado com outros sistemas de crença e vista como uma parte da história humana o incomoda de alguma maneira, recomendo que você pule este capítulo ou qualquer parte que você ache que possa ofendê-lo. Se você achar que não explico adequadamente o sistema complexo de crenças de sua religião, você certamente terá razão. Se eu deixar sua religião de fora, me desculpe. Seja qual for o caso, não tenho intenção de desrespeitar ninguém. Não pretendo que este capítulo seja um guia completo para qualquer religião, muito menos um catálogo aprofundado.

Definindo Religião

Nenhuma definição poderia resumir as tradições, as práticas e as ideias sob uma categoria geral chamada *religião*. A palavra *religião* refere-se a crenças compartilhadas por um público, convicções particulares e maneiras de um povo expressar sua fé. Os costumes de adoração, como idas regulares à igreja e orações diárias, fazem parte da religião. Assim como regras alimentares (como o jejum do Ramadã para os muçulmanos) e modos de se vestir (como o chapéu dos judeus ortodoxos, chamado *yarmulke*). Ela também se refere a rituais, desde o simples acender de uma vela até o sacrifício humano (Os astecas, por exemplo, costumavam matar milhares de prisioneiros de uma vez para alimentar seu deus da guerra, sedento por sangue).

Divinizando o papel do(s) deus(es)

A maioria das religiões baseia-se na crença em um deus ou em vários deuses, mas nem todas. O budismo, por exemplo, não exige uma crença em deuses, mas preocupa-se com a reencarnação e com a libertação do desejo. Mesmo onde a crença em deuses passou a fazer parte do budismo, estes não são a parte central da religião.

As religiões que exigem uma crença em um deus ou vários deuses – como o judaísmo, o cristianismo e o islamismo, são chamadas de religiões *teístas*. Especificamente, estas três religiões são monoteístas, o que significa que se baseiam em um único deus todo poderoso. Outras religiões são politeístas, pois adoram vários deuses. A religião da antiga Grécia, por exemplo, era *politeísta*. Assim como a religião germânico-nórdica, que precedeu o cristianismo no norte da Europa.

Adorando um deus supremo

Muitas religiões reconhecem um deus supremo. Algumas religiões politeístas têm um deus do céu, que reina sobre todos os outros. Outras se concentram no deus ou na deusa da terra. Na antiga religião germânica, ou nórdica, praticada em grande parte da Europa antes da chegada do cristianismo há aproximadamente mil anos, Odin (ou Wotan) era o deus pai e governante de Valhalla (um salão onde os guerreiros mortos bebiam).

O deus grego Zeus era um deus pai. Em algumas formas tardias da religião grega, Zeus passou a ser tão supremo e poderoso que era adorado praticamente como o único deus. Note que a palavra grega *Zeus* lembra o latim *Deus*, o deus todo poderoso do cristianismo.

Colocando as coisas um passo à frente do deus pai que governa outros deuses, as religiões monoteístas (com um deus) são centralizadas em um único e *verdadeiro* Deus, banindo outros deuses, que são falsos. O segundo dos Dez Mandamentos, centrais para o judaísmo e para o cristianismo, é: "Não terás outros deuses além de mim". A primeira parte da *shahada*, a profissão islâmica da fé, é: "Testemunho que não há divindade além de Deus".

As religiões monoteístas geralmente se originam com, ou são revigoradas ou reinventadas por um profeta, que afirma ter uma relação direta com Deus. O judaísmo, o cristianismo e o islamismo têm suas raízes em Abraão (também chamado de Abrão ou Ibraim). Em algum momento após 2000 a.C., este patriarca mudou seu clã da cidade mesopotâmia de Ur (no atual Iraque) para a terra prometida de Canaã (mais ou menos onde hoje ficam os territórios de Israel e da Palestina).

Outros líderes, como Moisés, o legislador do judaísmo e do cristianismo, e Mohammed, o Profeta, fundador do Islã, também fazem parte da tradição de Abraão (consulte o Capítulo 19 para saber mais sobre estes homens).

Nem todos os visionários monoteístas fazem parte da tradição judaico-cristã-islâmica, mas as ideias religiosas viajam. No século XIV a.C., o Rei Akhenaton, do Egito, impôs a adoração monoteísta ao deus sol, Aton (ou Atum), no lugar do tradicional politeísmo egípcio. Após sua morte, seus sucessores voltaram às antigas tradições. Algumas pessoas ficam imaginando se havia uma ligação entre este flerte egípcio com o monoteísmo e outros movimentos monoteístas, principalmente o judaísmo.

Adorando muitos deuses

Muitas religiões são politeístas; as culturas que as seguem adoram um grupo de figuras divinas. O politeísmo na Grécia antiga tinha deuses ambiciosos, imperfeitos, quase humanos, como Zeus (geralmente ilustrado como um senhor com barba fofa) e sua filha Atena, a deusa da sabedoria. Embora a religião grega tenha surgido separada do politeísmo egípcio, ela adotou alguns dos deuses egípcios, como a misteriosa Ísis.

Os romanos adotaram o politeísmo grego, combinando-o com as primeiras crenças romanas, como a adoração aos ancestrais (muitas das primeiras religiões exigiam a reverência a ancestrais). Roma também renomeou os deuses. Por exemplo, Zeus passou a se chamar Júpiter e Atena passou a ser Minerva.

Histórias da criação

Fosse a inspiração divina ou terrena, os primeiros povos contavam histórias em um esforço para compreender o funcionamento da natureza e também para explicar como o mundo e os seus habitantes surgiram. As culturas de todo o mundo têm maneiras diferentes de relatar o início do universo. Os folcloristas chamam essas histórias de *mitos da criação*. Alguém provavelmente contou o primeiro e, não muito tempo depois, a linguagem evoluiu

(consulte o Capítulo 3 para saber sobre as origens da linguagem).

Na antiga religião egípcia, por exemplo, a história da criação começa com um caos aquático chamado Nun, a partir do qual o deus sol (Atum, ou sua manifestação seguinte, o deus Rá, com cabeça de águia) subiu para criar o ar (Shu) e a chuva (Tefnut), divindades gêmeas que se combinaram para criar a terra (Geb) e o céu (Nut). Geb e Nut também produziram outros deuses.

Juntos, os personagens da teologia greco-romana formam o *panteão*. Os deuses do panteão ainda são conhecidos como personagens literários. Por exemplo, eles aparecem nos poemas épicos de Homero (veja o Capítulo 2). Como este contava histórias que eram pelo menos parcialmente verdadeiras, seus poemas não são apenas literatura, mas também uma fonte da rara história sobre uma verdadeira guerra entre os antigos gregos e troianos. Portanto, esses deuses estão misturados nessas histórias mais antigas, criando um dilema para os historiadores, que tentam diferenciar fatos de mitos.

Os autores dramáticos do mundo antigo, poetas da Renascença europeia e, mais tarde, os escritores, geralmente se basearam nos mitos gregos e romanos e nas histórias de Homero. Os roteiristas de Hollywood ainda usam estas histórias como inspiração. O pessoal da Disney falou sobre o panteão no *desenho animado Hércules, de 1997,* um tratamento cômico e mais aceitável do semideus fortão.

Projetando a vontade no mundo físico

Alguns pensadores imaginam se a tendência humana de projetar personalidades em objetos inanimados, principalmente entre a ânsia que existia antigamente de explicar os fenômenos naturais, pode ter dado origem a uma forma de religião chamada *animismo*.

Quando minha esposa era pequena, seu pai dirigia um Dodge sedã ao qual havia dado o nome de Brunhilde, em homenagem a uma Valquíria, figura mítica da religião nórdica ou germânica. Ele chamava o carro de "ela", e minha esposa continua usando o pronome feminino quando se refere a qualquer carro.

Será que minha esposa, uma escritora científica, e seu pai, um cientista, já pensaram em Brunhilde como algo além de uma máquina? Não em um nível racional, certamente. Porém, os seres humanos geralmente são irracionais. Quem nunca deu um nome a um carro ou outro objeto? Quem nunca pensou ou disse, quando frustrado, que um objeto inanimado "quer" ou "não quer" fazer alguma coisa? Por exemplo, um prego quer ficar dobrado em vez de ficar reto em uma placa, ou a tampa de uma jarra não quer sair. Isso não significa que você esteja atribuindo uma vontade, que dirá uma alma, ao carro, ao prego ou à tampa da jarra. Mesmo que fosse este o caso, você não adoraria esses objetos (a menos que o carro fosse muito caro). Porém, esses exemplos ilustram o hábito humano de pensar no mundo como se ele fosse cheio de personalidades cujos caprichos moldam a vida cotidiana.

Buscando o entendimento através do espírito

A vida na pré-história era dura. A capacidade humana de visualizar causa e efeito era uma grande ferramenta de sobrevivência, mas também gerava questões. Os primeiros povos viam padrões nas migrações dos rebanhos e na mudança das estações. Eles reconheciam suas vulnerabilidades às forças que estavam além de seu controle, como enchentes e tempestades. Quem não gostaria de entender o que fez com que essas coisas acontecessem, tomar medidas para acalmar a natureza e trabalhar a favor do destino?

O *animismo*, que ocorre em culturas de todo o mundo (desde os nativos americanos até os árabes pré-islâmicos), baseia-se nas ideias de que pedras, árvores e animais têm alma e que estes espíritos influenciam os acontecimentos. Alguns estudiosos do final do século XIX, inclusive o antropólogo Edward Taylor (1832-1917), afirmavam que o animismo foi a primeira forma de religião e que outras formas surgiram a partir desta. Os antropólogos mais modernos rejeitam o ponto de vista de Taylor e afirmam que ele é muito simplista (uma pena para pessoas como eu, que gostam de manter as coisas simples).

Ligando animais a divindades

Simplista ou não, o animismo provavelmente deu origem à prática mais diferenciada do totemismo, na qual um determinado animal ou planta carrega um significado especial para um clã ou uma tribo. Por exemplo, algumas tribos aborígenes da Austrália têm o canguru como totem. O sociólogo francês Emile Durkheim (1858-1917) via os totens como um elemento central das religiões primitivas.

A religião do antigo Egito (veja o Capítulo 4) parece ter surgido de crenças tribais de que um determinado animal representava um certo deus. Com a evolução da sociedade egípcia, os vilarejos e as regiões adotaram deuses específicos, que aparecem em pinturas e entalhes com corpos humanos e cabeça de animais. O animal não era o deus, mas era sagrado para ele. Por exemplo, o falcão era sagrado para o deus sol, Rá, e para o deus do céu, Horus.

Analisando o impulso religioso

Os estudiosos às vezes enxergam as religiões como fenômenos puramente criados pelos humanos. Antropólogos, arqueólogos e psicólogos relacionam o impulso religioso à necessidade humana de compreender, ou à necessidade social de autoridade e de uma fonte incontestável de regras acordadas. Estas teorias raramente veem as crenças e os costumes religiosos como sendo originados a partir de uma verdade sobrenatural ou transcendental.

A maioria das pessoas religiosas, por outro lado, afirmaria que o deus, ou os deuses que elas adoram (ou a realidade transcendental que buscam) existia antes mesmo de os humanos habitarem a Terra e continuará existindo após a extinção da humanidade. A religião, para a maioria das pessoas que a abraçam, é uma forma de conectar-se e prestar homenagem a um poder (ou *ao* poder) maior do que a existência terrena.

Diferenciando filosofia e religião

Desenhar uma linha entre religiões e filosofias (como explicar e chegar a acordos com a existência, consulte o Capítulo 11) pode ser difícil. Por exemplo, o antigo filósofo chinês conhecido como Confúcio ensinou um sistema de ética baseado no comportamento responsável, na lealdade à família e à sociedade. Ele não pregava uma crença religiosa, porém, após sua morte, em 479 a.C., seus ensinamentos passaram a ser a base de uma religião duradoura. Às vezes, o confucionismo é considerado uma religião, outras vezes, não.

Judaísmo

As raízes do cristianismo e do islamismo estão no início do judaísmo, que surgiu em algum momento por volta de 2000 a.C.. O Deus de Abraão revelou-se para seu povo escolhido através de uma série de profetas. Sua palavra está na Bíblia Hebraica (os cristãos chamam-na de Antigo Testamento), principalmente nos cinco primeiros livros: a Torá. Esta contém centenas de mandamentos, inclusive os Dez Mandamentos principais entregues por Deus ao profeta Moisés.

Esperando por um Messias

Os judeus acreditam na lei hebraica, também chamada de Halakha. Este é o corpo coletivo das leis judaicas, que inclui a Torá e está contida dentro dos primeiros cinco livros das Escrituras Hebraicas. Eles também obedecem as leis talmúdicas, que são regras civis e cerimoniais surgidas há muito tempo através de discussões entre os altos rabinos (estudiosos e professores judeus religiosos). Os costumes e as tradições antigas também ficam sob o título da lei hebraica. O centro das crenças judaicas são as ideias de que se pode melhorar a condição humana e de que um Messias (palavra hebraica para "ungido") um dia trará um estado de paraíso à Terra.

O judaísmo moderno contém grupos diferentes nas maneiras de interpretar a Torá e o Talmud. Os judeus ortodoxos são obrigados a seguir a Torá e os seus mandamentos. Os judeus conservadores obedecem a lei hebraica, mas permitem mudanças para acomodar a vida moderna. Os judeus reformadores concentram-se principalmente no conteúdo ético da Torá e do Talmud, e não em leis específicas.

Mantendo o nacionalismo judeu

Os descendentes tribais de Abraão se uniram sob o rei Saul no século XI a.C. para criar o reino de Israel, que foi dividido no final do século X a.C. nos reinos de Israel e Judá (às vezes chamado de Judeia). A Terra e os seus povos ficaram sob o domínio de outros governantes, principalmente da Dinastia Selêucida, dos sírios, romanos, do Império Bizantino e dos turcos seljúcidas.

Durante uma longa história, grande parte dela contada nas Escrituras, os judeus permaneceram diferentes dos outros povos da região, como os canaanitas. Os judeus também se espalharam para outras partes do mundo. Na Europa, eles geralmente eram perseguidos pelos cristãos. O antissemitismo culminou nos anos 1930 e 1940, quando o governo nazista perseguiu milhões de judeus – juntamente com Roma (chamados de ciganos), homossexuais e outros "indesejáveis" – e os enviou para campos de concentração, onde foram mortos de maneira sistemática.

As crenças de que Deus havia prometido Israel a Abraão e de que Deus tinha devolvido a terra natal aos seguidores de Moisés após a escravidão no Egito tiveram uma poderosa influência nas relações internacionais, principalmente no Oriente Médio. A batalha para reconquistar, manter e controlar sua terra natal passou a fazer parte da religião. O jejum do Hanukkah, por exemplo, comemora a dedicação renovada dos judeus ao templo de Jerusalém após a vitória contra os sírios no ano 165 a.C.. A fortaleza Masada, onde 400 judeus revolucionários cometeram suicídio para não se entregarem aos romanos no ano de 73 AD, é um importante símbolo da solidariedade judia.

 O moderno movimento sionista teve início no final do século XIX como um esforço para levar as populações judias de volta à sua terra natal. Iniciando em 1917, a Inglaterra incentivou a imigração dos judeus para a Palestina. Após a Segunda Guerra Mundial, o governo britânico transferiu a questão para as Nações Unidas (veja o Capítulo 9), que determinou território de Israel uma parte da Palestina controlada pela Inglaterra, contra a vontade desta. Como uma nação moderna, Israel declarou sua independência em 1948.

Ao dividir a Palestina em 1948, as Nações Unidas garantiram uma corrente de ressentimentos e ódio entre israelenses e árabes, que geralmente apoiavam a causa dos palestinos expatriados pela divisão. Esta inimizade levou a uma série de guerras no Oriente Médio e a ataques terroristas mortíferos a Israel e aos seus aliados, inclusive Estados Unidos e Inglaterra.

O filme *Exodus*, de Otto Preminger, filmado em 1960, foi adaptado do romance de Leon Uri, que falava sobre a fundação de Israel moderno e seus primeiros imigrantes. O filme conta as histórias entrelaçadas de um combatente pela liberdade israelense e uma enfermeira americana, que se conhecem dentro de um navio chamado *The Exodus*, que transporta sobreviventes judeus do Holocausto nazista para a Palestina. O filme não retratava as questões morais para dar mais espaço à ação e ao romance.

Hinduísmo

Por volta de 1700 a 1500 a.C., nômades dos planaltos iranianos se infiltraram na Índia, levando consigo uma cultura e uma linguagem que causou um impacto profundo e contínuo naquela parte do mundo.

A religião praticada pelos nômades passou a ser a raiz do *hinduísmo*. Os hindus acreditam que os seres vivos têm repetidas reencarnações e que a forma que você assume na próxima vida é resultado da qualidade de suas ações nesta vida (seu karma). As escrituras sagradas do hinduísmo, os Vedas, que datam de aproximadamente 1500 a.C., contêm hinos, cantos e uma doutrina monástica. O politeísmo do hinduísmo tem diversos deuses hindus, o principal é a trindade entre Brahma, o Criador; Vishnu, o preservador; e Shiva, o destruidor. O deus da guerra, Skanda, filho de Shiva, é ilustrado na Figura 10-1.

A crença tradicional hindu separa a sociedade indiana em castas, colocando sacerdotes, governantes e guerreiros no topo, fazendeiros e trabalhadores na base. Sob este sistema de castas, o casamento entre castas diferentes é proibido. Muitos hindus modernos rejeitam o conceito de casta, embora ele ainda esteja presente na interação social entre os mesmos. As seitas que fazem parte da religião praticam uma grande variedade de rituais e têm diversas crenças.

Existem aproximadamente 780 milhões de seguidores do hinduísmo no mundo todo; a maioria deles está na Índia, onde a religião sobreviveu a muitos desafios. O Imperador Asoka estabeleceu o budismo como religião nacional da Índia no século III a.C., mas após Asoka as crenças hindus se espalharam, suportando o período de 1526 a 1857, quando os muçulmanos governaram grande parte da Índia com o Império Mogul (consulte o Capítulo 5 para saber mais sobre Asoka).

As desavenças religiosas frequentemente culminaram em conflitos violentos na Índia, que é um país muito diverso, com muitas línguas e modos de vida diferentes. Por exemplo, um extremista hindu assassinou o líder nacionalista Mahatma Gandhi em 1948, pois este tentava acabar com o conflito entre hindus e muçulmanos no estado indiano de Bengala. Os conflitos religiosos da Índia passaram a ser disputas inter-regionais e até mesmo internacionais. Por exemplo, o Paquistão foi separado da Índia em 1947 como uma terra natal separada para a minoria muçulmana da Índia. Agora, os dois países têm armas nucleares apontadas um para o outro.

Figura 10-1: O deus hindu Skanda geralmente é ilustrado sobre um pavão que pisa em uma serpente.

Budismo

Siddharta Gautama, um príncipe do sul do Nepal, chegou ao esclarecimento no final do século VI a.C. através da meditação e da tradição do hinduísmo. Ele reuniu uma comunidade de monges para transmitir seus ensinamentos, que são construídos com base na lei do "karma", um conceito adaptado da crença hindu, e nas *Quatro Nobres Verdades*.

A lei do "karma" diz que as ações boas e más resultam em uma recompensa ou punição adequada nesta vida ou em uma sucessão de renascimentos até o *Nirvana* ou "a extinção do fogo dos desejos". As Quatro Nobres Verdades são as seguintes:

- ✔ A existência é um reino de sofrimento.

- ✔ Desejo e a crença na importância individual causa sofrimento.

- ✔ Alcançar o Nirvana acaba com o sofrimento.

- ✔ O Nirvana é alcançado apenas através da meditação e seguindo o caminho correto na ação, pensamento e atitude.

O budismo tem duas tradições principais: a primeira, *Theravada*, segue os ensinamentos dos primeiros escritos budistas. Em uma segunda tradição, mais liberal, a *Mahayana*, é mais fácil chegar à salvação. Outras escolas incluem o Zen-Budismo, o Lamaismo, o Tendai, o Nichiren e o Soka Gakkai.

No século III a.C., o Rei indiano Asoka fez do budismo sua religião nacional. Ele adotou a política do *dharma* (princípios da vida correta) e parou de fazer guerra. Este é um raro exemplo de um princípio religioso que supera a ambição dinástica. O budismo nem sempre teve uma influência tão calma sobre os ambiciosos políticos. O imperador chinês do século XIV AD, Chu Yuan-chang, começou como monge budista, mas traçou seu caminho para o poder e usou de violência brutal para desencorajar aqueles que eram contra ele.

Cristianismo

No início do século I AD, um carpinteiro, Jesus de Nazaré, viajava pelo estado romano da Judeia (atual território de Israel e da Palestina) ensinando uma filosofia de misericórdia e o amor redentor de Deus. Seus sermões e sua famosa habilidade de curar os doentes tornaram-no tão popular que os líderes locais acreditavam que ele ameaçava a autoridade deles e conseguiram prendê-lo a uma cruz de madeira: o doloroso método romano de executar criminosos.

Os cristãos acreditam que três dias após ter morrido, Jesus deixou seu túmulo e, após revelar-se para seus seguidores, subiu aos Céus. Ele é considerado o Messias, como prometido na Bíblia hebraica (chamada pelos cristãos de Antigo Testamento). Jesus também é visto como o filho de Deus e o próprio Deus na forma humana, ideias moldadas nos primeiros debates teológicos dentro da Igreja (consulte o Capítulo 12). Para os cristãos, sua morte é um ato do amor de Deus para salvar os crentes da condenação eterna no inferno. Jesus recebeu o título de Cristo, do grego, que significa "salvador".

Quatro dos 12 discípulos de Jesus, chamados *Apóstolos*, falaram de suas palavras e ações nos Evangelhos, que compõem grande parte do Novo Testamento. O Antigo e o Novo Testamentos compõem a Bíblia cristã.

Inicialmente considerada uma seita herege do judaísmo, o cristianismo se transformou em uma das mais poderosas influências religiosas, filosóficas e políticas da história.

A Igreja Católica Romana

Após a morte de Jesus, diversos de seus Apóstolos continuaram pregando sua mensagem e organizando os convertidos nas primeiras congregações cristãs. Paulo, um judeu convertido, estava especialmente entusiasmado para espalhar a nova fé cristã aos *gentios* (não-judeus) e ensinou que os crentes não precisavam obedecer as restrições alimentares hebraicas e os outros requisitos, como a circuncisão masculina.

Outros homens, que estavam entre os primeiros seguidores de Jesus, espalharam seus ensinamentos para os gentios. A tradição diz que o apóstolo Tiago viajou para a Espanha e que o apóstolo Pedro, no fim de sua vida, estabeleceu uma congregação cristã em Roma, onde morreu como um mártir.

Os historiadores não podem confirmar se Pedro viveu ou pregou na península italiana, mas a Igreja Católica afirma que ele foi o primeiro bispo de Roma, o que faria dele o primeiro papa. A Igreja passou a ser baseada em Roma, onde os outros papas (da palavra latina *papa*, que significa "pai") foram honrados como sucessores de Pedro e representantes de Deus na Terra.

Transformando-se "na Igreja"

Até à Reforma Protestante (discutida mais adiante neste capítulo e também no Capítulo 14), a Igreja Católica Romana passou a ser apenas a *Igreja* – pelo menos na Europa. Se escrita com letra minúscula, a palavra *católico* significa "universal" ou "global". A Igreja Católica Romana era a igreja de todos.

A doutrina Católica Romana (consulte o Capítulo 12) é centrada na *Santíssima Trindade*, na qual Deus assume a forma de três pessoas: Deus Pai, Deus Filho (Jesus) e Deus Espírito Santo. Os católicos também adoram a mãe de Jesus, Santa Maria, que a Bíblia afirma que era virgem quando milagrosamente deu

Fantasiando sobre a fé

No filme *A Última Tentação de Cristo*, de 1988, Jesus tem uma vida mortal normal. Willem Dafoe faz o papel principal nesta adaptação de um romance de Nokos Kazantzakis.

O filme mostra um Cristo tão humano que as trivialidades humanas, como a dor e a sexualidade, ameaçam distraí-lo de seu objetivo. Um anjo mostra a Jesus, já na cruz, uma visão de uma existência na terra como marido e pai, dando a ele a opção de rejeitar sua própria divindade.

O conceito de Kazantzakis, interpretado pelo diretor Martin Scorcese, ofendeu muitos cristãos. Protestantes fizeram passeatas na frente dos cinemas onde o filme estava sendo exibido, e alguns destes se recusaram a exibir a película.

à luz (*santos* são seres humanos cujas vidas exemplares geram os milagres de Deus e cuja virtude, como confirmado pela Igreja, lhes concede um estado abençoado).

Embora diversos imperadores romanos tenham perseguido os cristãos, o Imperador Constantino, o Grande, mudou de posição no século IV AD e não apenas ordenou a tolerância ao cristianismo como também deixou a igreja rica e poderosa (você poderá ler mais sobre Constantino no Capítulo 5).

Sendo uma força unificadora

Após a queda do Império Romano Ocidental no século V AD (veja os Capítulos 5 e 6), a Igreja permaneceu como a principal força de civilização e centralização da Europa, o que também era chamado de *cristandade*.

Os reis reclamavam sua autoridade como um direito concedido pelo Deus cristão. O papa era, além de político, um líder espiritual. O Papa Leão III (que mais tarde passou a ser São Leão) coroou o rei franco Carlos Magno como Imperador do Ocidente (ou Imperador do Sacro Império Romano) no ano 800 AD.

A influência do Papa Urbano II deu início às Cruzadas, quando ele pediu a libertação da Terra Santa (atuais territórios de Israel e Palestina) do controle turco em 1095 (veja o Capítulo 7).

Encarando a discórdia e as partidas

Nem todo mundo concordava, entretanto, se um rei respondia diretamente a Deus ou ao papa. Este debate gerou séculos de lutas pelo poder. Na Inglaterra do século XII, este desentendimento levou os soldados de Henrique II a assassinar o Arcebispo de Canterbury, um desastre para o rei em termos de relações públicas. O Rei Henrique negou ter ordenado o ataque, mas havia reclamado do arcebispo, Thomas Becket, que também tinha sido seu chanceler. O rei desejou em alto e bom som querer livrar-se do "padre turbulento".

Às vezes, surgiam disputas para ver quem era o papa mais merecedor. Quando o Imperador Romano Frederico I discordou da escolha de Orlando (ou Rolando) Bandinelli para se tornar o Papa Alexandre III em 1159, ele simplesmente apontou sua única alternativa. Em seguida, apontou outra e mais outra: os *antipapas*. Vítor IV, Pascal III, Calisto III e Inocêncio III, todos se autonomearam papas, mas Roma os negou.

As lutas pelo poder entre a Igreja e os governantes das nações alimentaram a Reforma Protestante do século XVI. Então levou a batalhas militares entre protestantes e católicos, sendo que a maior foi a Guerra dos Trinta Anos. Ela teve início em 1618, quando os protestantes da Boêmia, parte do Sacro Império Romano, tentou eleger um rei protestante. A Espanha entrou na guerra ao lado dos católicos, porém, para mostrar que as guerras religiosas geralmente têm objetivos não religiosos, a França católica se uniu à briga pelo lado protestante (os franceses estavam irritados com a família Habsburgo, que era católica e governava a Espanha e o Sacro Império Romano, sendo, portanto, poderosa demais).

Alguns conflitos nominalmente protestantes-católicos eclodiram muito mais tarde. Uma batalha especialmente amarga, que gerou violência durante duas décadas após a formação do Exército Republicano Irlandês em 1969, se centralizou na Irlanda do Norte, onde a maioria da população é protestante, e deveria continuar fazendo parte da Grã-Bretanha, ou se unir à República da Irlanda, uma democracia católica.

Instigando a Inquisição

Antes de um padre alemão chamado Martinho Lutero dar início à Reforma em 1517 (consulte o Capítulo 14), os oficiais da Igreja tentaram lidar com a crescente percepção, entre os europeus, de que os padres e monges haviam se transformado em corruptos, preguiçosos e arrogantes. Alguns cardeais e bispos tentaram eliminar os padres fora dos padrões; os esforços da reforma tiveram pouco sucesso, com exceção da Espanha, que enfrentou desafios diferentes dos da maioria da Europa e chegou a uma solução ainda mais rigorosa.

Os mouros, que eram muçulmanos, governavam a Espanha há centenas de anos. Os cristãos assumiram o último dos reinos muçulmanos da Espanha em 1492, mesmo ano em que Cristóvão Colombo começou a navegar. Muitos judeus também viviam na Espanha. Os mouros dessa época eram mais tolerantes com relação aos judeus do que os cristãos europeus, portanto, os judeus gostavam de morar lá.

No entanto, com os mouros fora do poder e com o catolicismo restaurado como a religião nacional, os muçulmanos e judeus ficaram de mãos atadas. Eles podiam sair do país, adotar o cristianismo, ou arriscar ser mortos. Muitos se converteram, mas eram, no máximo, cristãos brandos. A maioria odiava a Igreja e tudo o que ela representava, e praticava sua própria religião em segredo.

Os cristãos espanhóis preocupavam-se de que estes *novos* cristãos iriam se revoltar caso os mouros do norte da África ou os turcos muçulmanos do leste atacassem. Os oficiais da Igreja também se preocupavam com o ressentimento dos novos cristãos, que minavam a autoridade dos padres. Para aliviar esses temores, os monarcas Ferdinando e Isabella (consulte o Capítulo 19) iniciaram a *Inquisição Espanhola*, uma campanha para expulsar, expor e punir a heresia. A Inquisição ganhou reputação pela eficácia, imparcialidade (comuns, nobres e clérigos, todos estavam vulneráveis) e indescritível crueldade. Operando em segredo, utilizando informantes anônimos e fazendo prisões à noite, a Inquisição empregou o confinamento solitário e a tortura para forçar confissões.

A sentença, no entanto, era pública: envolvia uma cerimônia chamada *auto da fé*, onde os prisioneiros vestiam roupas especiais chamadas *sanbenitos*. As punições variavam de multas a açoitamento até a morte. Estas táticas e punições não eram incomuns na época. A Inquisição era, na verdade, menos cruel do que muitas cortes civis, proibindo torturas que causassem danos físicos permanentes ou a necessidade da presença de um médico. Os condenados à fogueira precisavam ser mortos primeiro, geralmente estrangulados.

Mesmo assim, se temia a Inquisição. Marinheiros estrangeiros tinham medo de serem presos na Espanha por roubo ou pirataria, certos da condenação a este tribunal. Eles espalharam histórias sobre seus horrores.

Durante a Inquisição, a Igreja na Espanha aumentou suas operações: padres, monges e até mesmo bispos preguiçosos e corruptos precisavam ser eliminados. Quando a Reforma chegou, a Espanha não era mais um território fértil para as ideias do norte. A Inquisição praticamente não notou as poucas pessoas tentadas pelo protestantismo. E, apenas para ter certeza, ela afastou as ideias consideradas perigosas, banindo livros estrangeiros e proibindo os espanhóis de frequentarem universidades estrangeiras. As restrições funcionaram, as ideias luteranas e calvinistas jamais ganharam terreno na Península Ibérica.

Mantendo a continuidade

A Igreja continuou sendo a principal influência nos países católicos e em seus territórios durante o século XVI, e permanece poderosa em alguns países atualmente. Os padres, que estavam entre os primeiros espanhóis de muitas partes do Novo Mundo, criaram missões e converteram os indígenas, estabelecendo o catolicismo como religião da maioria das pessoas na América Latina.

A Igreja Católica ainda exerce influência política. Suas leis, há muito tempo, influenciam a lei civil, principalmente no que diz respeito a assuntos morais, como divórcio e controle de natalidade. Algumas áreas da política, no entanto, são contrárias às ideias do Vaticano. No século XX, a Igreja Católica Romana repreendeu padres sulamericanos por ensinarem teologia liberal e fazerem parte de movimentos políticos.

A Igreja Ortodoxa do Oriente

Constantino, o Grande, fez do cristianismo a religião nacional do Império Romano, mas ele construiu sua nova capital imperial cristã muito a leste de

Roma, em Bizâncio (atual Istambul). Esta nova cidade (renomeada por seu fundador para Constantinopla) era um centro do cristianismo, principalmente após a queda do Império Romano do Ocidente (veja o Capítulo 5).

A Igreja de Roma tinha cada vez menos influência sobre os fiéis do Oriente entre os séculos V e XI. E, quando os cruzados católicos romanos saquearam a Constantinopla cristã ortodoxa em 1204, o ato mostrou como as duas ramificações do cristianismo haviam ficado distantes uma da outra (para saber mais sobre as Cruzadas, consulte o Capítulo 8).

A Igreja Ortodoxa do Oriente evoluiu até se transformar em um conjunto de igrejas autoadministradas no Leste Europeu, na Grécia, na Ucrânia, na Rússia, na Geórgia e no Oriente Médio. Até hoje, os praticantes homenageiam a liderança do patriarca de Constantinopla, mas não o consideram supremo, como os católicos romanos fazem com o papa. A doutrina ortodoxa vê as escrituras como uma fonte da verdade cristã e rejeita pontos de doutrina desenvolvidos pelos pais da Igreja em Roma. Grande parte do estranhamento entre as Igrejas do Oriente e de Roma teve início em desentendimentos sobre questões básicas relacionadas à natureza de Deus e à relação entre Jesus e o Deus Pai. A adoração ortodoxa enfatiza particularmente o Espírito Santo dentro da Trindade.

A Igreja Ortodoxa sofreu um sério ataque em 1453, quando os turcos otomanos conquistaram Constantinopla. A cidade tornou-se islâmica e seu nome foi mudado para Istambul. Os turcos transformaram sua magnífica igreja, Hagia Sophia, em uma mesquita. Agora, ela é um museu.

O grão-Príncipe Vladimir estabeleceu a Igreja Ortodoxa Russa como parte da comunidade internacional do Cristianismo Ortodoxo Oriental em 988 AD. A Igreja Ortodoxa Russa foi a religião nacional local até a Revolução de 1917 (veja o Capítulo 9). Os oficiais comunistas restringiram a adoração e perseguiram seguidores durante grande parte do século XX, mas a igreja resistiu e começou a reconstruir-se após a queda da União Soviética em 1991.

As relações entre as igrejas ortodoxas (que têm 218 milhões de membros no mundo todo) e o catolicismo romano começaram a melhorar nas últimas décadas do século XX.

As igrejas Protestantes

Protestante é um termo amplo e impreciso, aplicado a uma grande variedade de igrejas, cuja maioria delas teve origem na Igreja Católica Romana ou nas primeiras igrejas protestantes. Ao contrário dos católicos, os protestantes não têm o papa como autoridade máxima nos assuntos de fé.

A palavra *Protestante* está relacionada, em significado, aos *protestantes*. Inicialmente, a palavra *Protestante* se aplicava a um grupo de príncipes alemães do século XVI que eram favoráveis ao padre separatista Martinho Lutero. Esses príncipes protestaram por esforços da parte de outros líderes alemães para forçar estes e seus súditos a voltar para os moldes da Igreja Romana.

Toda a Reforma Protestante teve início com um ato individual de protesto. Lutero, um professor universitário e padre, não gostava de saber que o Arcebispo de Mainz (na Alemanha) angariava fundos enviando um monge para vender *indulgências* em outras cidades e vilarejos. Indulgência era uma espécie de passe, que os cristãos podiam comprar para ter acesso ao Paraíso sem muito sofrimento.

Se você acha que essa é uma grande simplificação das indulgências, está certo, e poderá saber mais sobre elas (de forma um pouco menos simplificada) no Capítulo 14. A questão, no entanto, é que Lutero considerava a prática um erro. Ele escreveu pelo menos 100 motivos pelos quais discordava do arcebispo e do monge e colou o papel na porta da igreja em Wittenberg, em 31 de outubro de 1517. A lista chama-se 95 Teses (argumentos) e sua criação é considerada o início da Reforma.

A Reforma logo envolveu Frederico, o Eleitor da Saxônia (que fundou a Universidade de Wittenberg e, portanto, era o chefe protetor do professor Lutero) e Charles V, o Imperador do Sacro Império Romano. A Reforma rapidamente chegaria a outros reis, nobres, clérigos e comuns de maneira que Lutero nunca teria imaginado. Até mesmo a Inglaterra, um país onde o rei era tão antiluterano que o papa passou a chamá-lo de defensor da fé, tornou-se protestante quando aquele mesmo monarca (Henrique VIII) nomeou a si mesmo chefe de uma igreja que não mais respondia a Roma.

Algumas das principais denominações protestantes são:

- ✔ Luterana (é claro)
- ✔ Batista
- ✔ Igreja de Cristo
- ✔ Igreja da Inglaterra e igrejas episcopais afiliadas
- ✔ A Igreja Reformada (herdeira ideológica do reformador moral francês João Calvino – veja o Capítulo 14)
- ✔ Metodista
- ✔ Presbiteriana
- ✔ Quaker

Muitas dessas denominações têm subgrupos, como os Batistas do Sul e a Igreja Evangélica Luterana da América.

No século XXI, muitos protestantes têm a adoração como parte do que é chamado de congregações não-denominacionais; eles não são afiliados a nenhuma das denominações citadas aqui, mas geralmente fazem parte de um amplo movimento evangélico. A palavra evangélico pode ser um sinônimo para *protestante*, mas ela geralmente é reservada para o cristianismo em estilo fundamentalista.

As igrejas protestantes são forças sociais importantes. Na política dos Estados Unidos, por exemplo, os pregadores fundamentalistas chegaram a apoiar candidatos e a fazer *lobby* sobre assuntos sociais e morais. Ironicamente, esses protestantes às vezes descobrem que seus aliados ideológicos mais próximos – principalmente quando se trata de assuntos como legalização do aborto (à qual eles se opõem) – são católicos.

Islã

Surgindo na Arábia no século VII e início do século VIII, o *Islã* já foi um movimento espiritual, político e militar. O fundador da fé foi Maomé (geralmente escrito Muhammad ou qualquer uma das outras formas). Ele se transformou de um visionário religioso em um legislador, juiz, general militar e governante antes de sua morte em 632 AD (você pode saber mais sobre ele nos Capítulos 6 e 19).

Os Cinco Pilares

Islã significa "submissão a Deus". Os seguidores adoram através dos Cinco Pilares a ser:

- **A shahada ou profissão de fé: "Testemunho que não há divindade além de Deus e testemunho que Mohammed é seu profeta."**

- **A salat ou oração formal, feita cinco vezes por dia na direção de Meca.**

- **Sakat, que é a purificação atingida através da riqueza compartilhada e das dádivas concedidas.**

- **Saum, que é o jejum durante o mês sagrado do Ramadã.**

- **Hajj, que é a peregrinação a Meca (local de nascimento de Mohammed e atual capital da região de Hejaz, na Arábia Saudita).**

Indo além de Meca e Medina

Partindo de Meca, onde Mohammed, um mercador, recebeu a visão sagrada que ordenou que ele pregasse "a verdadeira religião", o Islã se espalhou rapidamente durante sua vida. Quando os oficiais de Meca expulsaram Mohammed, ele construiu uma base de 320 quilômetros ao norte, em Medina. Mais tarde, retornou e tomou Meca à força.

Os seguidores de Maomé uniram grande parte dos povos árabes com base nessa nova fé em apenas algumas décadas, mas houve um pouco de resistência e movimentos opostos de tribos nativas, que inicialmente aceitaram e, em seguida, renunciaram ao Islã. Esta reviravolta resultou na *Jihad*, ou luta sagrada, para restaurar a fé à força.

Essa Jihad ficou muito forte ao longo do século após a morte do profeta, chegando muito além das tradicionais terras árabes. Os muçulmanos acreditam que indivíduos, sociedades e governos devem obedecer a vontade de Deus, determinada no livro sagrado, o Corão. Os guerreiros muçulmanos que se comprometeram com a Jihad tinham certeza de que, se morressem de forma honrosa enquanto lutavam por Alá, eles chegariam direto ao paraíso e gozariam de recompensas celestiais. Era difícil enfrentar seu fervor, principalmente quando os impérios persa e bizantino entraram em declínio.

As conquistas levaram a um Império Árabe, que se estendia da Espanha até o Vale de Indo, no noroeste da Índia (consulte o Capítulo 6 para saber mais sobre as conquistas árabes). No entanto, o Império Árabe se dividiu em reinos e impérios islâmicos menores. Embora a unidade política árabe tenha se desintegrado, as crenças e a lei islâmica mantiveram um laço cultural comum entre os países muçulmanos.

Choque de culturas

Mais cedo, os muçulmanos eram bastante tolerantes com relação a outras religiões, principalmente o judaísmo e o cristianismo, devido à proximidade entre as três fés (os muçulmanos veem Mohammed como o último profeta em uma linha de profetas de Deus, que começaram com Abraão, continuaram com Moisés e incluíam Jesus). Na Síria e no Egito, os conquistadores árabes permitiram que cristãos e judeus mantivessem sua fé como *dhimmi*, ou povos protegidos, embora eles precisassem pagar um imposto para ter direito ao privilégio.

A inimizade entre a fé islâmica, judia e cristã evoluiu com o passar dos séculos. As Cruzadas, que começaram no século XI como ataques dos europeus cristãos contra os turcos seljúcidas islâmicos que governavam a Palestina, deixaram um rancor profundo. Assim como os conflitos territoriais de quando os cristãos lutaram para libertar a Espanha de seus governantes muçulmanos, os mouros. Os turcos otomanos, também muçulmanos, lutaram durante séculos contra os cristãos por causa de territórios no leste europeu.

Os turcos estavam entre os diversos povos não árabes que abraçaram o islã, que também se espalhou entre os povos não árabes da África, Leste da Ásia e Sudeste Asiático. A Indonésia é o mais populoso entre os países predominantemente muçulmanos da atualidade. O país também foi palco de confrontos violentos entre grupos muçulmanos e cristãos.

Conforme o islã se espalhou, surgiram as seitas. Os dois maiores grupos dentro dessa fé são os muçulmanos sunitas, que constituem a grande maioria, e os muçulmanos Xiitas.

  ✔ **Sunitas**: Os sunitas acreditam que a orientação religiosa correta deriva dos sunna (ensinamentos) de Mohammed. Eles reconhecem os quatro primeiros califas (líderes espirituais) do Império Árabe como sucessores legítimos de Mohammed. Eles também acreditam que um governo justo pode ser estabelecido na base da prática correta do islamismo.

✔ **Xiitas**: Os Xiitas, que são 10 por cento dos muçulmanos, acreditam que somente os descendentes da família de Mohammed são os verdadeiros líderes da fé. Eles reconhecem somente a linha de Ali, o quarto califa, sobrinho e genro de Mohammed, como os sucessores legítimos do profeta.

Entre os subgrupos de Xiitas, os Imames são em maior número. Fundado no Irã, onde o xiismo é a religião nacional, os imamis acreditam em 12 *imams*, líderes carismáticos que eram fontes infalíveis de orientação espiritual e mundana. Como o último destes imams desapareceu no século IX, eles acreditam que homens sagrados, chamados *aiatolás,* são os responsáveis até o retorno do décimo segundo *imam*.

Grande parte da política fracionada da região chamada de Bálcãs, no sudeste da Europa, resulta de diferenças religiosas. Em uma disputa no final do século XX, tropas sérvias (a maioria de cristãos ortodoxos) removeram civis albaneses (em sua maioria muçulmanos sunitas) de suas casas, matando muitos deles no processo, e logo despovoando grande parte da província do Kosovo.

A inimizade entre judeus e muçulmanos pegou fogo nos tempos modernos depois que as Nações Unidas cortaram a Palestina em pedaços para criar a nova nação de Israel em 1948, deslocando nativos (muçulmanos e cristãos) e surpreendendo o mundo árabe.

O fervor islâmico também alimentou rebeliões contra a União Soviética no Afeganistão e contra a Rússia pós-soviética na Chechênia. Ativistas pan-islâmicos, que acreditam que a identidade muçulmana sobrepõe fronteiras nacionais, ajudaram essas rebeliões. Alguns desses mesmos ativistas formaram a organização terrorista Al Qaeda, que orquestrou os ataques de 2001 ao World Trade Center, em Nova York, e ao Pentágono, em Arlington, Virgínia. A Al Qaeda baseava-se no Afeganistão pós União Soviética, que por vezes era governado por uma milícia chamada *Talibã* (que significa "alunos"). O Talibã era formado por muçulmanos sunitas extremistas. Em resposta aos ataques, os Estados Unidos invadiram o Afeganistão e depuseram seu governo.

A revolta xiita deu origem à Revolução Iraniana de 1978 e 1979. Contrários ao que viam como sua decadência ocidental, os iranianos derrubaram o governo de seu monarca, Shah Mohammed Reza Pahlavi, enquanto ele estava nos Estados Unidos para tratamento médico. Exigindo que o governo americano o devolvesse para enfrentar sua punição, os revolucionários ocuparam a embaixada americana no Irã e fizeram muitos dos funcionários reféns durante mais de um ano.

Os extremistas – sejam eles xiitas ou sunitas – são apenas uma fração infinitesimal do mais de 1,3 bilhão de muçulmanos que existem no mundo.

Siquismo

Fundado por volta de 1500, o *Siquismo (sikhismo)* combina aspectos do hinduísmo e do islã no que é chamada religião dos gurus. Os siques (sikhs) buscam a união com Deus através da adoração e do serviço.

O Guru Nanak, hindu de nascimento e criação, foi um buscador indiano da verdade espiritual, que reunia seus seguidores em Kartarpur, Punjab. Nanak queria unir o islã com o antigo bramanismo, que fazia parte da tradição hindu da Índia. Ele também tinha crenças *panteístas*, o que significa que ele via Deus e o universo como uma unidade, uma ideia encontrada no hinduísmo e em algumas seitas do budismo.

Na doutrina do siquismo, como disposto no *Adi-Granth*, sua escritura sagrada, Deus é o verdadeiro guru. Ele falou com a humanidade através de dez gurus históricos, sendo que o primeiro foi Nanak. O último deles morreu em 1708, deixando a comunidade sique livre para servir como guru.

Os siques estabeleceram seu próprio reino em Punjab no século XVIII e lutaram bravamente em duas guerras entre 1845 e 1849 para evitar a conquista da região por parte da Inglaterra. Os siques perderam a batalha, mas mantiveram sua devoção e a ideia de uma Punjab governada por eles. Em 1947, Punjab foi dividida entre a recém-independente Índia, com sua maioria hindu, e o recém-criado país de maioria muçulmana, o Paquistão. Desde então, ativistas siques continuam exigindo a independência de Punjab.

Em 1984, um grupo militante separatista sique ocupou o Templo Dourado, local mais sagrado do siquismo, na cidade de Amritsar, na parte indiana de Punjab. A primeira ministra da Índia, Indira Gandhi, ordenou que tropas armadas expulsassem os ativistas do templo, o que resultou em uma batalha armada que, se estima, matou centenas de militantes e outras três mil pessoas, a maioria delas siques. No mês após este desastre, dois guarda-costas de Gandhi, ambos siques, assassinaram a primeira-ministra.

Percorrendo os Séculos

1700–1500 a.C.: Nômades das planícies iranianas chegaram a Índia, tendo trazido consigo as raízes da crença religiosa hindu.

Século XI a.C.: Tribos descendentes do patriarca Abraão uniram-se sob o rei Saul para criar o reino de Israel.

Século III a.C.: Asoka, rei da Índia, fez do budismo a religião nacional oficial. Ele adotou a política do *dharma* (princípios da vida correta) e parou de fazer guerras de conquista contra países vizinhos.

Por volta de 33 AD: Sob ordens dos líderes judeus locais, as autoridades romanas prenderam Jesus de Nazaré. Ele foi condenado e pregado em uma cruz, onde permanece até ser anunciado como morto.

313 AD: Os imperadores romanos Constantino (Imperador do Ocidente) e Licínio (Imperador do Oriente) emitiram o Decreto de Milão, tendo reconhecido o cristianismo e estendido a tolerância para seus seguidores.

Por volta de 610 AD: O Profeta Mohammed começou a ensinar a "submissão a Deus" ou islã.

Por volta de 1500: Em Kartarpur, Punjab, o Guru Nanak procurou unir o antigo bramanismo, parte da tradição hindu, com o islã. Ele fundou a religião sique (sikh).

31 de outubro de 1517: Martinho Lutero, um pregador e professor universitário alemão, pregou suas 95 Teses na porta de uma igreja, tendo protestado contra a prática do clero de vender indulgências.

1948: As Nações Unidas dividiram a terra natal dos judeus, a moderna nação de Israel, a partir da Palestina controlada pelos britânicos.

11 de setembro de 2001: Os extremistas muçulmanos da organização terrorista Al Qaeda sequestraram quatro aviões comerciais americanos, tendo colidido três deles contra alvos americanos. O quarto avião também caiu, tendo matado todos a bordo.

Capítulo 11

Amada Sabedoria: A Ascensão e o Alcance da Filosofia

A filosofia geralmente é descartada como se fosse apenas um jogo – especulações sem propósito feitas por pessoas excêntricas, com imaginação fértil. Se a filosofia fosse só isso, você não precisaria levá-la em conta ao pensar na história. Mas a filosofia continua confrontando a história, entrando na religião, na política e no governo, além de influenciar o modo como as pessoas conduzem suas vidas. Portanto, uma visão da história do mundo inclui observar a filosofia e as suas origens.

Tradicionalmente, se acredita que a filosofia tenha suas origens na Grécia antiga, embora os gregos antigos provavelmente tenham adotado as tradições filosóficas de culturas anteriores. Onde quer que tenham buscado inspiração, os gregos, uma cultura de pensadores e oradores, aproveitaram ao máximo.

Fazendo as Grandes Perguntas

A filosofia pode parecer selvagem, principalmente quando pensamos no que aqueles homens que tentavam praticá-la há mais de 2500 anos tinham a dizer. Mas eles faziam o melhor que podiam com o conhecimento e as ferramentas que possuíam. E grande parte do que eles escreveram foi perdido, o que dificulta que a história dê a eles o crédito justo.

Tales, que nasceu por volta de 625 a.C., disse que o mundo flutuava sobre a água. Ele também parecia pensar que tudo era feito de água. Na verdade, ele devia estar impressionado com a quantidade de água que havia.

O que Tales falava a respeito de tudo ser feito de água não está claro. Nenhum texto completo com trabalhos filosóficos dessa época conseguiu sobreviver. No entanto, parece que Tales e os filósofos que o sucederam – propondo teorias tendo o ar, o fogo e o infinito como a base de toda a matéria – pensavam em uma realidade baseada em fenômenos observáveis.

O que, exatamente, os filósofos fazem? Grandes perguntas, que incluem as seguintes:

- ✔ O que é o mundo?

- ✔ Quem sou eu?

- ✔ O que faço aqui?

- ✔ A realidade consiste do que as pessoas veem e experimentam?

- ✔ Se não, o que é a realidade?

- ✔ O que ela significa?

Encontrando ciência na filosofia

Os cientistas da atualidade respondem as perguntas de maneira *empírica*, ou baseados em provas físicas. Mas antes da existência dos métodos científicos modernos, os cientistas eram filósofos: eles faziam perguntas e pensavam sobre as possíveis respostas sem dados concretos para suportá-los.

Na Grécia, há quase três mil anos, poucas ferramentas estavam disponíveis para conduzir experimentos científicos. Tales não podia recolher amostras de água, mármore, unhas e azeite de oliva para fazer testes que mostrariam a ele que estes elementos não eram todas as formas de um mesmo elemento. Portanto, os filósofos cientistas faziam o melhor que podiam ao formular teorias que pareciam explicar o mundo que observavam.

Testando uma teoria, mas destruindo a metodologia

Ao contrário de alguns dos primeiros filósofos, Anaxímenes, que surgiu um pouco depois de Tales (Anaxímenes faleceu por volta de 500 a.C.), conduziu experimentos. Estes foram falhos, mas havia um quê de método científico neles.

Anaxímenes acreditava que tudo era feito de ar, que se transformaria em outro material através da compressão ou da expansão. Ele decidiu que as nuvens eram feitas de ar condensado, a caminho de ficar ainda mais condensado. Em um determinado ponto, o ar ficaria tão condensado que se transformaria em água. O ar ainda mais comprimido, ele pensava, iria transformar-se em lama, terra e pedra – nesta ordem. O fogo, ele dizia, era o ar extremamente rarefeito.

Anaxímenes achava que tinha boas provas para sua teoria no fato de quando as pessoas fizessem um bico com os lábios e soprassem, o vapor de ar comprimido sairia frio. Se as pessoas abrissem a boca e expirassem o ar – rarefeito e não mais condensado – este sairia quente. Presumivelmente, por extensão, se você pudesse abrir muito, mas muito sua boca, você exalaria fogo.

Disciplinas divergentes

Conforme os pensadores descobriam mais e melhores maneiras de fazer testes, provar ou reprovar suas teorias sobre o mundo físico, as ciências começaram a se diferenciar da filosofia. Os filósofos continuaram fazendo perguntas sobre a natureza do ser (chamada *metafísica*), a natureza do conhecimento (chamada *epistemologia*), ética e morais; eles faziam perguntas que não podiam ser satisfatoriamente respondidas por experimentos.

Porém, apesar dessa divisão, a filosofia e a ciência se sobrepunham de muitas maneiras. Até os anos de 1840, os cientistas eram chamados de *filósofos naturais*.

Misturando filosofia e religião

Assim como a filosofia e a ciência se misturavam, a filosofia e a religião também o faziam, e ainda o fazem. O que quero dizer com *religião*? Geralmente, ela significa mais ou menos o mesmo que filosofia – um modo de compreender a realidade. A religião inclui crenças compartilhadas publicamente, convicções particulares e modos de as pessoas expressarem sua fé. A religião grega concentrava-se em um grupo de deuses, o *panteão*, que se comportavam de forma bastante similar aos humanos, mas existiam em um âmbito sobrenatural, que interagia e afetava os assuntos dos mortais.

Aparentemente, os primeiros filósofos não estavam contentes em aceitar os mitos da criação e o *politeísmo* (adoração de muitos deuses) grego. No entanto, isso não significa que eles rejeitavam a religião, como evidenciam estes exemplos:

- Um dos primeiros filósofos gregos, Pitágoras (por volta de 560-480 a.C.), fundou uma comunidade religiosa e pregou sobre a transmigração das almas. Seus seguidores diziam que ele era o filho do deus Apolo e que ele era capaz de estar em dois lugares ao mesmo tempo.

- Xenófanes, um filósofo nascido por volta de 580 a.C., opunha-se aos deuses antropomórficos (deuses que tinham aparência e agiam como pessoas) e ao politeísmo, porém, ele descreveu um deus ao qual chamou de "o maior entre os deuses e os homens".

- Diz a lenda que Empédocles, que achava que o universo era composto por quatro elementos (fogo, ar, água e terra), afirmou ser, ele mesmo, um deus. Para provar, ele pulou dentro de um vulcão ativo.

Os gregos e, mais tarde, os romanos, adoravam os deuses de seu panteão século após século ao mesmo tempo em que os argumentos filosóficos surgiam, caíam e surgiam novamente. Plotino, um grego do Egito que se mudou para Roma em

224 AD, misturou os mitos populares com as ideias de Platão (discutido mais adiante neste capítulo). Platão, que viveu 500 anos antes de Plotino, disse que o mundo em que as pessoas viviam era composto por reflexões imperfeitas e temporárias de ideias perfeitas e eternas, ou formas. Plotino também divergia, em parte, de Aristóteles, dos estoicos e dos pitagoreanos e deu origem ao *Neoplatonismo*, uma escola de pensamento que floresceu durante um milênio e voltou em novas formas cristãs nos séculos XIV e XV.

Buscando as Raízes da Filosofia

Os gregos não foram os primeiros a fazer perguntas básicas. As histórias de criação sobrenatural (veja o Capítulo 10) tratavam mais ou menos das mesmas coisas sobre as quais os primeiros filósofos pensavam: De que o mundo é feito? O que são o sol e a lua? Qual é o lugar da humanidade na natureza? A filosofia surgiu entre os gregos há menos de três mil anos, porém, civilizações complexas e sofisticadas já existiam muito antes disso, como expliquei nos Capítulos 2 e 4.

Alguns estudiosos afirmam que os gregos se basearam em uma tradição de perguntas originada nos antigos hindus. No século VI a.C., um filósofo indiano conhecido como Ajita Kesakambala, disse que o mundo era composto por quatro elementos: terra, ar, fogo e água. Mais de um século mais tarde, um grego chamado Empédocles disse a mesma coisa. Geralmente, Empédocles recebe o crédito por ter tido essa ideia, mas ninguém sabe se um predecessor o influenciou. No século V a.C., o grego Leucippus afirmou que o mundo era composto por pequenas partículas ou átomos. Mas Pakudha Kacchayana, um indiano do século VI a.C., trilhou o caminho primeiro.

A Suméria e a Babilônia, ambas na Mesopotâmia, tinham tradições literárias muito anteriores aos gregos. Com a Pérsia, foi a mesma coisa. Alguns estudiosos apontam a África como a fonte original da aquisição intelectual. O problema com estas afirmações é que não há provas. Pistas, no entanto, indicam que a filosofia grega se beneficiou de cruzamentos culturais. Por exemplo, os primeiros filósofos gregos não moravam na Grécia.

Vivendo nas margens da sociedade grega

Os gregos foram colonizadores. Ao navegar pelo Mar Egeu e além, para o amplo Mediterrâneo, eles gostavam de estabelecer cidades-estado como as que existiam em sua terra natal. Suas colônias produziram os primeiros pensadores gregos bem-sucedidos.

Pitágoras nasceu em uma ilha perto da costa da Turquia e se mudou para a Itália. Tales, seu aluno Anaximandro, e o jovem Anaxímenes são chamados os *Miletos*, ou *jônios*, pois eles viviam em Mileto, uma cidade-estado na Ásia grega (aquela parte do mundo – onde atualmente fica a Turquia – era chamada de Jônia). Xenófanes viveu em Colofão, próximo à atual Izmir, na Turquia.

Inspirando-se em outras culturas

Você pode pensar nos gregos do século V a.C. como uma cultura primitiva. Mas eles se espelharam em um passado honroso, incorporado nos trabalhos de seus poetas, principalmente Homero. Os gregos são tradicionais pela sabedoria (a palavra em grego é *sophia*) e pela habilidade com as palavras. Eles também tinham a tradição de considerar o que era certo e moral, além de questionar o modo como a sociedade deveria funcionar.

Os gregos que viviam nas fronteiras de sua cultura devem ter visto suas tradições estimuladas pelos estudiosos de outras culturas. Por exemplo, os babilônios estudavam as estrelas e os planetas há séculos. Além disso, trabalhos escritos da Pérsia e provavelmente do Egito – considerações sobre fenômenos naturais, como marés, estrelas e invenções humanas, como a matemática – circulavam entre os sábios da sociedade grega. Alguns estudiosos modernos dizem que, quando os gregos puseram as mãos na astronomia babilônia e começaram a falar sobre as estrelas como fenômenos naturais e não como personalidades sobrenaturais, a ciência teve início.

Viajar amplia a mente

Tales, um filósofo do século VII a.C. (que era fascinado pela água), fez pelo menos uma visita ao Egito e conseguiu encontrar uma maneira de medir a altura da Grande Pirâmide. Colocando-se ao lado da pirâmide, quando o sol subia no céu, ele observou sua própria sombra. Quando sua sombra estava exatamente da sua altura, ele corria para marcar o comprimento da sombra da pirâmide. Ao medi-la, ele determinou sua altura. Este era um pensamento novo da parte de Tales ou um pesquisador egípcio ensinou isso a ele?

Vivendo onde viviam, Tales e sua geração podem ter tido acesso a poesia indiana ou a textos sumérios. Será que esses homens podem ter pego antigas formas de observar o mundo dos orientais ou dos africanos e as espalhado para seus companheiros gregos? Ninguém sabe ao certo.

Analisando as Filosofias Orientais

A China desenvolveu tradições filosóficas mais ou menos na mesma época em que os gregos criavam um nome na área. As filosofias chinesas tiveram um impacto difundido por todo o leste da Ásia.

Confúcio e Lao-Tzu, os primeiros filósofos mais famosos da China, não eram contemporâneos de Anaxímenes de Mileto (saiba mais sobre ele na seção "Testando uma teoria, mas destruindo a metodologia"). Os ensinamentos destes dois filósofos chineses transformaram-se em tradições, que vieram a ser consideradas tanto religiosas quanto filosóficas.

> ✔ Os confucionistas salientam a importância da herança cultural, da família e da sociedade.

> ✔ Os taoístas observam o mundo natural e a sua passagem, ou o caminho, como a rota para a paz.

Também na China, a *Escola de Nomes* gostava de distorcer conceitos e brincar com paradoxos. Este grupo de filósofos teorizava que se você pegasse um graveto e o cortasse na metade todos os dias, nunca chegaria ao fim, pois metade de qualquer comprimento, não importa o tamanho, nunca é zero. Este pensamento correspondia às ideias de um grego do século V a.C., Zenão de Eleia, que disse que, para percorrer qualquer distancia, é preciso, primeiro, correr metade desta distância. Para percorrer metade da distância, é preciso percorrer primeiro um quarto da distância total. Mas primeiro você precisa percorrer um oitavo da distância. Levando a extremos, este argumento supostamente provou que você nunca percorreria toda a distância.

Outra importante tradição chinesa, o *legalismo*, significava a necessidade de um governante de criar leis, determinar recompensas e punições e construir o poder do reino contra seus rivais – a base de uma sociedade civil no passado e agora.

O Caminho Para (e a partir de) Sócrates

As pessoas que estudam filosofia desenham uma linha entre as tradições orientais e os gregos. Os estudiosos que desenham uma linha dentro da tradição grega – uma linha que fica bem em cima de Sócrates (469-399 a.C.). Assim como estas linhas, é tudo arbitrário, mas Sócrates realmente mudou as coisas.

Sócrates iniciou um projeto que seu aluno, Platão, e o aluno deste, Aristóteles, continuaram: uma tradição fundada em um entendimento pessoal do que é verdadeiro e do que é certo.

Ao contrário dos jônios e de outros filósofos coloniais, Sócrates, mostrado na Figura 11-1, viveu no meio da cultura grega na grande cidade-estado de Atenas em seu ápice cultural, econômico e militar.

Construindo uma tradição de buscar respostas

Os filósofos anteriores a Sócrates – homens como Pitágoras, Tales e Anaxímenes – geralmente são agrupados sob o título pré-socráticos.

Você poderá encontrar algumas de suas ideias (como os pensamentos de Tales sobre a água) no início deste capítulo. Muitas ideias pré-socráticas parecem estranhas, até mesmo do ponto de vista de outros filósofos gregos que escreveram sobre estas teorias. A seguir, algumas pérolas:

> ✔ Anaximandro de Mileto achava que a terra tinha a forma de um cilindro e que anéis gigantes, em forma de pneus em chamas, rodeavam o planeta.

Figura 11-1:
A reputação de Sócrates como filósofo baseia-se principalmente no que Platão escreveu sobre ele.

© Greek School/Getty Images

A luz do fogo brilhava através de vários buracos, de diferentes tamanhos, que as pessoas na terra viam como as estrelas, a lua e o sol. Anaximandro também acreditava que os primeiros embriões humanos haviam crescido dentro de criaturas parecidas com peixes (ele não comia peixe).

✔ Heráclito, que viveu em Éfeso (atual Turquia) no início do século V, acreditava que tudo era feito de fogo. Ele também disse que a alma vaga dentro do corpo humano da mesma forma como uma aranha patrulha sua teia.

Por mais irrelevantes que essas ideias possam parecer agora, a importância dos filósofos pré-socráticos foi tanta que deu origem a uma tradição de observar, pensar e questionar que rejeitaria os embriões de peixes de Anaximandro, a alma em forma de aranha de Heráclito e insistiria em tentar compreender o que acontecia.

Atenas como a principal cidade-estado

Os gregos que viviam em Mileto e outras partes da Ásia Menor não eram pessoas sem preocupações, embora suas teorias sugiram que eles tivessem muito tempo nas mãos. Eles estavam no meio de uma disputa política: o território persa. O Império Persa controlava essa parte do mundo desde meados do século VI a.C. Os residentes gregos rebelaram-se em 500 e em 499 a.C., mas o Rei Dario da Pérsia acabou com a rebelião. Então, ele decidiu ensinar uma lição aos gregos do continente que haviam apoiado a rebelião.

A Pérsia atacou a Grécia, dando início às Guerras Persas, que duraram de 490 a 449 a.C.. Nessa época, as cidades-estado gregas, por vezes rebeldes, reuniram seus recursos e venceram. Atenas surgiu como líder de uma federação de cidades-estado, inclusive a Jônia. Chamada de *Liga de Delos*, a federação passou a ser o império ateniense.

Treinamento na arte da persuasão

Por volta de 460 a.C., uma Atenas democrática foi o ápice das reformas governamentais que tiveram início no século VI a.C.. Os atenienses escolheram juristas e até magistrados na sorte. Todos os cidadãos (uma classe restrita aos homens atenienses livres e não aos escravos e homens e mulheres estrangeiros) podiam ser eleitos para se sentar na Assembleia popular, o principal corpo legislativo da cidade-estado.

Graças aos procedimentos democráticos em Atenas, passou a ser importante que os jovens falassem de maneira persuasiva. Para isso, Atenas precisava de professores. Instrutores itinerantes passaram a ser conhecidos como *sofistas*, homens com conhecimento de retórica e argumentos legais. Preocupados em ensinar aos jovens privilegiados como defender suas teses, estes eram criticados por se preocuparem mais em vencer discussões do que com a verdade. O *sofisma* ficou conhecido como a arte de construir argumentos que soam bons, apesar de suas falhas.

Porém, alguns filósofos genuínos surgiram entre os sofistas, construindo o caminho para Sócrates, adotando diálogos contemplativos e persuasivos. Mesmo assim, muitos atenienses consideravam Sócrates apenas mais um sofista. Aristófanes, o roteirista cômico, zombava dos sofistas em geral e de Sócrates, especificamente, em sua peça *As Nuvens*, que apresenta o filósofo caminhando com sua cabeça literalmente nestas.

Vivendo e pensando em tempos emocionantes

Após as guerras persas, Atenas estava cheia de novas ideias. O pensador Anaxágoras mudou-se da Turquia para Atenas. Ele conversava sobre filosofia com Péricles, líder da cidade-estado, que passou a ser seu amigo e apoiador.

Péricles, que transformou Atenas em uma cidade monumental, com uma arquitetura compatível com seu novo status de capital imperial, também tinha um bom relacionamento com os novos escritores atenienses, como Sófocles e Ésquilo, os homens que estavam inventando o teatro ocidental. O escritor Eurípedes também estudou com Anaxágoras.

Sua amizade com Péricles permitiu que Anaxágoras se transformasse em um VIP na cidade. As ideias do filósofo eram intrigantes por si só: Anaxágoras apresentou uma espécie de proto-teoria do Big Bang, que parecia astrofísica moderna. Na versão dele, tudo começou dentro de uma unidade infinitamente pequena, parecida com uma pedra que começou a girar e a se expandir, largando toda a matéria em um universo em constante progressão. Ele também visualizou uma *mente infinita* (mais ou menos como um deus) para governar toda a matéria.

Alguns pensamentos de Anaxágoras eram controversos, principalmente as ideias sobre o sol, que contradiziam o conservadorismo religioso. Finalmente, o filósofo foi banido. (Os cidadãos atenienses votavam todo ano em quem seria afastado (uma palavra que, para eles, incluía o banimento físico) Antes de deixar a cidade, Anaxágoras provavelmente ensinou Sócrates.

Outra guerra, que colocou Atenas contra a cidade-estado grega de Esparta (que estava cansada de ser sua sombra), durou de 431 a 404 a.C.. No início deste conflito, chamado Guerra do Peloponeso, Péricles morreu devido a uma praga. A doença e a falta de liderança em Atenas ajudaram os espartanos a vencer (veja o Capítulo 4) e Atenas mudou drasticamente.

Pensando por si mesmo: o legado de Sócrates

Na época da Guerra do Peloponeso, Sócrates já tinha passado dos 30 anos, mas serviu bravamente na infantaria ateniense. Mais tarde, durante a guerra, ele passou a ser um membro da Assembleia, quando aquele corpo legislativo julgou alguns generais atenienses acusados de abandonar guerreiros após uma vitoriosa batalha no mar. Os guerreiros perdidos ficaram em um mar tão revolto que os generais decidiram deixar que os ventos guiassem os navios para casa, ao invés de voltar para procurar por improváveis sobreviventes. Os generais chegaram esperando ser recebidos como heróis, mas acabaram sendo presos.

Todos os membros da Assembleia menos um votaram pela condenação. A exceção foi Sócrates. Por quê? Por um motivo: a lei dizia que os generais deveriam ser julgados como indivíduos, não como grupo. Todos os outros fizeram vistas grossas a este ponto de vista, mas Sócrates não seguiu o rebanho.

Sócrates tomou sua decisão e a via como a responsabilidade do indivíduo diferenciar a virtude do vício e agir sobre o conhecimento resultante sem pensar nas consequências.

Conhecendo Sócrates através dos escritos de Platão

Sócrates não escreveu sobre sua filosofia. Sua reputação reside no que outras pessoas, principalmente seu aluno Platão, escreveram ao seu respeito.

Platão descreveu Sócrates como alguém com intenção de convencer seus companheiros atenienses a reavaliar suas ideias sobre o que era certo e o que era errado. Seus escritos descrevem Sócrates utilizando uma técnica chamada, a partir de então, *método socrático*: este pede que a pessoa com quem está falando dê uma definição sobre um conceito amplo (como *piedade* ou *justiça*). Em seguida, tenta fazer com que ela se contradiga em sua resposta.

A crença de Sócrates pode ser resumida em uma citação atribuída a ele: "Existe apenas um bem, o saber; e apenas um mal, a ignorância".

Sócrates como um bode expiatório

Sócrates vivia para questionar e criticar suposições. Durante a Guerra do Peloponeso, as suposições dos atenienses de que eles eram os melhores entre as cidades-estado gregas não conseguiram se sustentar, assim como os muros da cidade que os espartanos derrubaram quando finalmente venceram a guerra.

Quando Atenas começou a procurar um bode expiatório após perder a guerra, seus olhos caíram sobre o homem que havia questionado suas ideias iniciais a respeito da supremacia ateniense. O estado acusou Sócrates de *impiedade* (desrespeito com a religião estadual) e de corromper os jovens.

Ele poderia ter se desculpado. Poderia ter prometido calar-se. Poderia ter salvo a própria vida. Mas este não era o estilo de Sócrates. Ele preferiu se submeter ao estilo de execução ateniense: beber uma solução que ele havia preparado com uma planta venenosa chamada "hemlock" de veneno a abandonar seus princípios.

A insistência de Sócrates em tomar suas decisões com base em seu próprio entendimento do que era bom fez dele uma espécie de herói; não um guerreiro, mas um homem de convicção.

Espelhando-se em Sócrates: Platão e Aristóteles

Enquanto Sócrates estava vivo, Atenas perdeu sua grandiosidade imperial. Mas após sua morte ela se reconstruiu como um centro de aprendizado. Após viajar bastante, o aluno de Sócrates, Platão, retornou a Atenas para montar uma escola (na cidade próxima de Academia) e treinar gerações de pensadores.

Traçando a influência de Platão

Platão desenvolveu doutrinas (inclusive uma teoria sobre a imortalidade da alma) que exerceriam uma influência incrível sobre os filósofos que o sucederam. O inglês Alfred North Whitehead, que lecionou e escreveu no final do século XIX e início do XX, descreveu toda a tradição da filosofia europeia como "notas de rodapé para Platão".

Amadurecendo a teoria das ideias

Talvez o maior princípio do platonismo seja a Teoria das *Ideias* ou Formas. Platão acreditava que os elementos do mundo material, como uma mesa, um homem, ou uma semente de carvalho, eram reflexos imperfeitos, ou *sombras*, de Ideias eternas, perfeitas, como a Ideia de uma mesa, de um homem ou de uma semente de carvalho.

Em seu livro *A República*, Platão descreve um estado político ideal que destaca os reis filósofos, treinados nos mais altos níveis do conhecimento.

Reconhecendo os avanços de Aristóteles

Platão geralmente é visto como o inventor do idealismo, enquanto Aristóteles, seu aluno, é visto como um realista ativo. Aristóteles era um naturalista, um biólogo marinho à frente de seu tempo, que reuniu conhecimento estudando o mundo real.

Aristóteles podia ser realista com relação a assuntos aparentemente universais. Ao fazer sua famosa afirmação "O homem é, por natureza, um animal político", ele provavelmente estava apenas observando que os seres humanos são mais parecidos com as abelhas, que vivem se relacionando umas com as outras, do que com os gatos, que caçam sozinhos. Seu estado ideal, ao contrário do que está afirmado em *A República* de Platão, baseava-se na cidade-estado grega, deixando intactas tradições como a família e até mesmo a escravidão. Aristóteles escreveu sobre ética, moralidade, política e muito mais, geralmente refinando as ideias de Platão, o que faz sentido, considerando que este foi aluno de Platão durante 20 anos. Ele tinha opiniões sobre assuntos desde a natureza do ser (a palavra metafísica vem do título de um de seus trabalhos) até o ganho de juros quando uma pessoa emprestava dinheiro (ele era contra).

A Filosofia na Era de Alexandre e Depois Dela

Se não fosse por Aristóteles e um aluno bastante especial, a história poderia ter tomado um curso diferente.

Sócrates ensinou Platão, que ensinou Aristóteles, que ensinou Alexandre, o Grande, que conquistou o mundo. Certo, não conquistou o mundo realmente, mas este *conquistou* um território tão grande que parecia que era o mundo todo naquela época (veja o Capítulo 4).

Alexandre nunca foi um filósofo, mas recolhia amostras de plantas exóticas e animais durante suas campanhas de expansão do império. Ele enviava as amostras para Aristóteles, a fim de que seu antigo tutor pudesse examiná-las. O filósofo e o imperador separaram-se, principalmente depois que Alexandre se autoproclamou um deus (se você valoriza a opinião de seu professor de filosofia, não queira ser uma divindade).

As escolas filosóficas fundadas por Platão e Aristóteles não construíram o império de Alexandre, mas o pensamento que eles nutriam estava no centro do que se transformou na cultura dominante do Mediterrâneo.

Espalhando as filosofias helenísticas

O período após as conquistas de Alexandre é rotulado como *Era Helenística* (os gregos chamavam a si mesmos de *helenos*), pois as filosofias *helenísticas* (gregas) se espalharam e continuaram influentes durante o ápice do Império Romano.

Algumas dessas filosofias tinham nomes que são reconhecidos até hoje, não apenas nos departamentos da faculdade de filosofia, mas também na vida cotidiana. Por exemplo: você pode chamar uma pessoa de *cínica* ou *estoica*. Estes termos se aplicavam às pessoas que se comportavam ou pensavam de formas que haviam surgido das filosofias da Era Helenística, dos herdeiros de Platão e Aristóteles.

Agradando a si mesmo: O Hedonismo

O princípio do prazer existe pelo menos desde o século IV a.C., quando Aristipo, que estudou Sócrates, decidiu que a sensação de prazer era o único bem. Seus seguidores, embora praticassem o *hedonismo*, foram chamados de *cirenaicos* por causa da cidade de Cirene, na África (local de nascimento de Aristipo).

O hedonismo nem sempre é claramente articulado como uma filosofia – pelo menos não pelos seus seguidores –, pois não é muito divertido fazê-lo. Como prática, o hedonismo às vezes aparecia em movimentos sociais, como no relaxamento dos costumes, difundido nos Estados Unidos e na Europa Ocidental nas décadas de 1960 e 1970.

Observando o cinismo original

Se você acha que todos estão contra você, pode ter uma reputação de cínico, mas não era assim que o *cinismo* costumava ser usado (não, eu não estou tentando contrariá-lo). Antístenes, um amigo de Sócrates, iniciou o cinismo com o objetivo de voltar à natureza, ignorando convenções sociais e vivendo de maneira simples.

O seguidor e colega de Antístenes, Diógenes de Sinope, realmente se engajou no *ascetismo*, afastando-se dos prazeres da civilização e dormindo em uma banheira. Diz a lenda que ele vagava por Atenas à luz do dia carregando uma lanterna e dizendo que procurava um homem honesto. Se, de fato, ele fazia isso, provavelmente era sua maneira de comentar sobre a artificialidade da vida na cidade.

Porém, a ideia de que os cínicos achavam que a honestidade era difícil de encontrar pegou. Portanto, o cinismo passou a ser uma palavra de desconfiança com relação a tudo e a todos.

Cedendo ao epicurismo

O significado da palavra *epicureu* também evoluiu. Atualmente, um epicureu é alguém que cede aos desejos. Mas Epicuro, que fundou o movimento no início do século III a.C., acreditava na moderação.

Epicuro preocupava-se com a lógica e física. Ele era um *atomista* e teorizava sobre um universo composto por pequenas partículas. Seu nome, no entanto, passou a ser ligado aos seus ensinamentos sobre ética e, em seguida, às grandes distorções destes. Ele definiu o prazer como paz de espírito e libertação da dor.

Epicuro via o desejo excessivo como um inimigo do prazer, não como algo a ser aceito. Suas ideias misturaram-se com as de outras pessoas e o resultado foi o epicurismo, que o teria surpreendido. Ele floresceu em Roma entre aproximadamente 320 a.C. e 200 AD.

A união do estoicismo

Por volta de 300 a.C., estudantes se reuniam todos os dias, onde Zenão de Cítio ensinava nas colunatas pintadas de Atenas. Uma colunata é uma fileira de colunas. As palavras para colunata pintada eram *Stoa poikile*, portanto, esses homens passaram a ser chamados de estoicos.

Os alunos de Zenão compartilhavam uma visão do mundo como um todo benevolente e orgânico. Se as pessoas vissem o mal, provavelmente é porque elas não viam ou não conheciam o objeto todo. Os estoicos pensavam, assim como Sócrates, que a virtude humana era baseada no conhecimento: quanto mais uma pessoa sabe, mais ela vê o bem.

Assim como Aristóteles, os estoicos viam a razão como um princípio inerente à natureza, e eles acreditavam que os indivíduos deviam viver em harmonia com ela. A parte mais famosa da filosofia estoica fala um pouco sobre como o prazer, a dor e até mesmo a morte não são realmente importantes para a verdadeira felicidade e tudo isso deve nascer de forma calma.

O estoicismo espalhou-se para Roma, onde competiu por seguidores contra o epicurismo e o ceticismo. Os estoicos acreditavam em uma fraternidade entre os humanos, fazendo do estoicismo a filosofia dos republicanos romanos, que se opunham ao retorno da monarquia.

Duvidando do mundo: o Ceticismo

Um cético é alguém que duvida com frequência, principalmente alguém que questiona suposições já aceitas. Havia um elemento de ceticismo na maneira como Sócrates enraizou contradições na sabedoria convencional.

O ceticismo como tradição filosófica, no entanto, vai mais além, colocando em dúvida a possibilidade de qualquer conhecimento humano. Seu fundador, Pirro (360 – 270 a.C.), acreditava que ninguém sabia de nada e, portanto, era melhor suspender o julgamento e permanecer calmo. O ceticismo teve seguidores em Roma.

Colocando a filosofia em prática

Se você tem impressão de que os gregos após Alexandre, o Grande, não faziam nada além de filosofar, lembre-se de que grande parte do que surgiu sob o grande título *filosofia* (palavra grega para "amor à sabedoria") atualmente seria chamado de *matemática* e *ciência*.

A filosofia daquela época tinha aplicações práticas. A geometria, por exemplo, foi útil para a pesquisa e a construção. Construções incríveis foram erguidas durante o período helenístico. Entre elas, estava um fantástico farol em mármore no porto de Alexandria, no Egito.

Alexandria passou a ser o centro do aprendizado em estilo grego. A biblioteca local tinha 700 mil volumes e o bibliotecário era um grego chamado Eratóstenes, que também era geógrafo. Ele desenvolveu uma fórmula para medir a circunferência da terra através da medição de sombras em Siena, no Egito, e em Alexandria ao mesmo tempo, ao meio dia no solstício de verão. Então, ele pegava a diferença entre as sombras e multiplicava pela distância entre as duas cidades para calcular o tamanho do planeta.

Outro grego de Alexandria supostamente construiu uma espécie de motor a vapor, embora ninguém soubesse qual era sua utilidade. Esta linha de conhecimento seria adotada na Inglaterra alguns séculos mais tarde (veja o Capítulo 15).

Percorrendo os Séculos

28 de maio de 585 a.C.: O sol escureceu em um eclipse previsto de modo preciso pelo filósofo Tales de Mileto.

Século VI a.C.: O filósofo indiano Ajita Kesakambala dizia que o mundo era composto por quatro elementos: terra, ar, fogo e água.

500 a.C.: Os gregos de Jônia (atual Turquia) rebelaram-se contra o governo persa.

449 a.C.: Atenas surgiu vitoriosa das Guerras Persas como líder de uma federação de cidades-estado: a Liga de Delos.

430 a.C.: Segundo a lenda, o filósofo Empédocles demonstrou sua própria imortalidade pulando dentro da cratera do vulcão Etna.

423 a.C.: Em sua comédia *As Nuvens*, o escritor Aristófanes zombou de Sócrates, o tendo descrito como alguém com a cabeça literalmente nas nuvens.

399 a.C.: Condenado à morte por seus ensinamentos, o prisioneiro Sócrates bebeu uma poção venenosa de "hemlock" e morreu rodeado por seus seguidores.

387 a.C.: Platão retornou a Atenas e encontrou uma escola de filosofia.

384 a.C.: Aristóteles nasceu na Macedônia, filho do médico do rei.

300 a.C: Zenão de Cítio ensinava filosofia todos os dias na colunata pintada, ou *Stoa poikile*, no centro de Atenas.

Por volta de 255 a.C.: Eratóstenes passou a ser bibliotecário em Alexandria, Egito, e ficou responsável pela maior coletânea do conhecimento do mundo.

Capítulo 12
Ser Cristão e Pensar em Grego

· ·

Neste Capítulo

▶ Ligando tudo na Grande Cadeia do Ser

▶ Acabando com as crenças no início da Igreja Cristã

▶ Adaptando o pensamento platônico

▶ Construindo o caminho para a salvação

▶ Aceitando Aristóteles

· ·

À primeira vista, o cristianismo e as filosofias desenvolvidas pelos gregos pré-cristãos não parecem ter muito em comum. Jesus, afinal de contas, era um judeu. Seus seguidores viam-no como o Messias prometido pelas Escrituras Hebraicas. Eles o consideram o Filho de Deus e Deus em forma humana, um Deus *monoteísta*.

Em contraste, os filósofos gregos vinham de uma tradição *politeísta* (para saber mais sobre religiões politeístas, consulte o Capítulo 10. Para saber mais sobre os filósofos gregos, consulte o Capítulo 11). Eles não estavam ligados à mensagem cristã, porém as filosofias gregas não desapareceram depois que o cristianismo passou a ser a crença dominante do Império Romano e, depois, da Europa pós-Roma. Na verdade, essas antigas filosofias passaram a ser mais importantes do que nunca.

O pensamento grego, principalmente as linhas de pensamento fundadas por Platão e Aristóteles, trabalhava bem no centro das contemplações religiosas do cristianismo e no modo como a sociedade europeia estava organizada. Os teólogos adaptaram as ideias de Aristóteles e Platão aos ensinamentos da Igreja durante a Idade Média e na Renascença. Na verdade, uma interpretação cristã da filosofia de Aristóteles moldou as atitudes que criaram a Renascença.

Toda a teologia e filosofia cristãs mencionadas neste capítulo flui a partir dos modos de pensamento dos gregos. E, em todos os estágios da era cristã, os movimentos filosóficos recorreram aos gregos e aos romanos para embasar suas ideologias.

A Grande Cadeia do Ser

Uma ideia grega que pegou nos tempos cristãos ficou conhecida como a *Grande Cadeia do Ser*. Esta maneira de ordenar a realidade deve sua fundação à tradição do pensamento platônico (veja o Capítulo 11). A Grande Cadeia do Ser foi muito importante para o modo como os cristãos observavam o mundo nos tempos medievais e da Renascença.

A Grande Cadeia é um gráfico organizacional da existência, cujo grau mais rico e mais completo fica no topo e os mais humildes na base. Tudo pode ser classificado por sua distância relativa da realidade mais moderna ou ideal, que fica no topo da cadeia. Tudo e todos tinham uma parte na cadeia; cada elemento acima ou abaixo desta estava ligado dentro dela.

Ela era favorecida pela certeza de que os reis estavam mais perto de Deus do que os nobres menores, que se situavam mais perto dele do que os comuns. Os *servos*, que eram basicamente escravos, podiam ficar confortavelmente na base da humanidade cristã sem problemas. Porém, até mesmo estes estavam acima dos animais e outras formas de vida. Vermes, pulgas e afins ficavam *beeeeem* lá embaixo. Portanto, as diferenças entre os níveis da sociedade humana e entre as espécies biológicas eram as mesmas, faziam parte da ordem divina.

A Grande Cadeia do Ser era muito conservadora. Ela estava ligada às instituições da sociedade, principalmente às distinções de classe da época, e passavam de mão em mão com a noção do *direito divino dos reis* sob esta doutrina, a autoridade de um monarca vinha de Deus e a obediência do reino ao seu soberano refletia a obediência da cristandade ao Todo-Poderoso. Desafiar o estado era desafiar Deus.

Os reis e aspirantes a reis discordavam o tempo todo, é claro, sobre quem era o candidato preferido de Deus. Às vezes, os sacerdotes – um termo que se referia não apenas a padres, bispos, cardeais e papas, mas também a monges avançados – também faziam parte dessas discussões (você poderá ler sobre diversos confrontos nos Capítulos 7 e 13). Mas o princípio dominante da Grande Cadeia prevaleceu a partir da Idade Média em diante.

Interpretando a Teologia Cristã

Baseado nos ensinamentos de Jesus sobre o perdão de Deus e no milagre da Ressurreição de Cristo (veja o Capítulo 10), o cristianismo originou a interpretação teológica e desavenças enfurecidas e, geralmente, violentas há mais de dois mil anos. Estes desentendimentos com frequência transformaram-se guerras.

Ideias divergentes não são incomuns dentro da religião. A maioria das crenças evolui com variações sobre seus temas centrais, que surgem na religião central.

No caso do cristianismo, as circunstâncias contribuíram para interpretações precipitadas e difusas.

Empilhando escrituras e mais escrituras

Um motivo pelo qual o cristianismo deu abertura a várias interpretações é que se trata de uma religião construída sobre outra, adotando as escrituras originais – judaicas – como suas próprias escrituras.

A Sagrada Escritura é composta pela Bíblia Judaica, que é muito mais antiga (o Antigo Testamento), mais os novos escritos cristãos do século I AD (o Novo Testamento). Desde o início, os cristãos precisavam tomar decisões sobre como reconciliar esta riqueza literária. O que realmente significavam essas escrituras incrivelmente ricas – geralmente, aparentemente contraditórias de um livro para outro e no Antigo e no Novo Testamento?

Por necessidade, os pais da Igreja baseavam seus ensinamentos em interpretações – e nem sempre concordavam entre si – da vontade de Deus. Por exemplo: embora os cristãos reverenciem as Escrituras Hebraicas, eles nunca seguiram muitas das leis hebraicas. As restrições alimentares do judaísmo e o ritual da circuncisão não faziam parte da nova religião. São Paulo, um rabino judeu antes de sua conversão, levou a mensagem do evangelho a muitos *gentios* (não judeus) no século I AD. Ele ensinou que os cristãos que não eram judeus de nascimento poderiam desconsiderar essas exigências hebraicas.

Substituindo Homero pela Bíblia

Interpretações furiosas e contrainterpretações marcaram o cristianismo desde o seu início devido aos lugares onde ele floresceu. Ele permeou um mundo marcado pelas tradições *helenísticas* (gregas), pelos ensinamentos gregos que seguiam Sócrates, Platão, Aristóteles e o império de Alexandre, o Grande.

Os primeiros centros da Igreja incluíam Alexandria, no Egito, que era a capital dos estudiosos gregos, e Roma, onde várias filosofias helenísticas entraram em conflito durante muito tempo. O Novo Testamento foi escrito em grego e Jesus passou a ser conhecido por uma palavra grega que significava "Messias": *Cristo*.

Conforme o pensamento grego se transformava em pensamento cristão, a Bíblia tomou o lugar dos poemas de Homero e do *panteão greco-romano* como contexto geral para o questionamento filosófico. Com panteão greco-romano quero dizer os diversos deuses, como Zeus (o deus pai), Atena (deusa da sabedoria), Apolo (deus do sol) e Dionísio (deus do vinho e da celebração). Os gregos adoravam estas personalidades parecidas com seres humanos, ainda que sobrenaturais, e acreditavam que elas influenciavam a natureza e as vidas humanas. Os deuses gregos eram os personagens dos poemas de Homero e de muitas histórias (atualmente chamadas de *mitos*) que todos os gregos conheciam. Os romanos, que adoravam muitos dos mesmos deuses, conhecidos por nomes diferentes, também conheciam as histórias. Quando os gregos e romanos pré-cristãos falavam sobre conceitos abstratos, como o bem, eles usavam frases como "agradar aos *deuses*". Eles usavam as histórias sobre estes para ilustrar pontos da filosofia.

A energia intelectual de todas as filosofias, baseadas nos gregos da Era Helenística, parecia seguir na direção da filosofia cristã. O pensamento filosófico passou a ser a província dos *teólogos,* pessoas que tentavam compreender, ou, pelo menos, interpretar, Deus. Na parte do mundo que abraçou o cristianismo, sacerdotes estudiosos absorveram e redefiniram as ideias dos gregos, canalizando-as estas ideias em crenças sobre como a igreja e o mundo deveriam ser organizados.

Estabelecendo a Divindade de Jesus

Constantino, o Grande, e seu co-imperador, Licínio, assinaram o *Decreto de Milão*, que ordenava a tolerância dos cristãos, em 313 AD. Apenas 12 anos mais tarde, depois que Constantino havia derrotado e matado Licínio para se tornar o único imperador romano, ele reuniu os principais bispos da recém-libertada Igreja Cristã. Os sacerdotes encontraram-se em Niceia, uma cidade próxima à nova capital cristã de Constantino, Constantinopla, para discutirem assuntos importantes (o Capítulo 6 fala sobre a fundação de Constantinopla).

No encontro de Niceia, os bispos queriam criar uma política oficial sobre a divindade de Jesus: Quão divino ele era? Nos primeiros séculos da Igreja, alguns padres ensinavam que Jesus, como o filho de Deus, era subordinado ao seu pai, o Deus hebreu. Outros achavam que Jesus era, basicamente, um mortal e o grande profeta de Deus, mas não era divino. Os bispos discordavam com estas ideias e criaram o *Concílio de Niceia*, que dizia que Jesus era Deus, o Filho, essencialmente, o mesmo que Deus, o Pai.

A questão da divindade de Jesus, no entanto, não foi resolvida com facilidade (ela continua sendo um ponto de partida para muitas seitas modernas). A discordância sobre Jesus e Deus, o Pai, era *a mesma ou similar* entre os cristãos de Roma e de Constantinopla. E a questão de como observar a terceira parte da Trindade Cristã – o Espírito Santo – foi um ponto de discordância entre as ramificações oriental e ocidental da Igreja, além de ter se tornado uma das principais causas de sua separação (você pode ler mais sobre esta separação no Capítulo 10).

A Influência de Agostinho no Pensamento Cristão

Uma das mais influentes interpretações do pensamento cristão veio de Santo Agostinho, um norte-africano que seguia a filosofia platônica e uma religião chamada maniqueísmo, antes de ser batizado como cristão em 387 AD. Agostinho se tornou um padre e foi apontado como Bispo de Hipona (não estou falando do animal grandão que adora água, mas de uma cidade na atual Argélia).

Revelando a mente de Deus

Alguns dos primeiros escritos de Agostinho adaptaram as ideias de Platão ao cristianismo. Segundo este (consulte o Capítulo 11 para saber mais sobre ele), tudo o que se vê e experimenta é um reflexo imperfeito de uma *Forma* ou *Ideia* perfeita, eterna. Em outras palavras, existe uma Ideia de uma mesa e uma Ideia de uma mulher, que são distantes e superiores a todas as mesas e mulheres reais. Na versão de Agostinho para a filosofia de Platão, ideias eternas residem dentro de uma mente: a mente de Deus.

Perdoando o assassinato justo

Os ensinamentos de Agostinho afetaram a história de maneira poderosa e direta. Um exemplo: embora alguns dos primeiros cristãos fossem pacifistas e interpretassem o comando bíblico "Não matarás" praticamente de forma literal, Agostinho escreveu que a guerra não era errada, caso conduzida sob autoridade divina. Ele também ensinava que não havia problema em condenar pessoas à morte de acordo com as leis do estado.

Segundo Agostinho, uma sociedade cristã e justa tem autorização para matar pessoas. Esta afirmação escancara a porta da moral e da ética, considerando que não existem mais sociedades cujos líderes admitiriam ser injustos.

Traçando dois caminhos para a salvação

O que o título de uma série de TV tem a ver com a filosofia cristã? O título *Will and Grace* (que foi ao ar de 1998 a 2006) pode ter sido uma brincadeira com a educação artística liberal de seu criador, mas também reflete quão profundamente os argumentos filosóficos estão enraizados nos trabalhos do mundo.

Will (como na expressão "free will", que significa livre arbítrio) e Grace (a graça de Deus) são dois caminhos possíveis para a salvação nas filosofias cristãs. Eles refletem um debate que teve início nos escritos de santo Agostinho.

Adaptando as ideias de Agostinho

Ao contrário de praticamente tudo o que se vê na TV atualmente, Agostinho rejeitava o prazer sexual e assuntos relacionados à carne. Ele parece ter adquirido essa aversão durante um flerte com o maniqueísmo em sua juventude. O maniqueísmo foi fundado na Pérsia (atual Irã) no século III AD.

Essa doutrina ensinava que o mundo material representa os poderes das trevas, que invadiram o âmbito da luz. Uma religião estética e puritana, o maniqueísmo parece ter marcado Agostinho profundamente, embora ele tenha renunciado a religião ao se converter ao cristianismo. Principalmente quando ficou mais velho, tornou-se plenamente convencido de que toda a raça humana tinha, de alguma forma, feito parte do pecado de Adão e Eva, uma ideia chamada de *pecado original.*

Na história bíblica da criação do homem, Adão é seduzido por Eva a desobedecer a ordem de Deus de não comer o fruto da Árvore do Conhecimento. Deus expulsa Adão e Eva do Jardim do Éden por seu ato. É aqui que começa a interpretação de Agostinho: ele acreditava que todos os descendentes de Adão herdavam o pecado original da desobediência. Todos, com exceção de Deus na forma humana, o imaculadamente concebido Jesus. Portanto, a única coisa capaz de salvar qualquer alma humana é a graça divina. Além disso, Deus concede esta graça (e esta é a parte mais complicada) sem esperar nada em troca. Isto é, você não pode conquistar seu caminho para o paraíso. Orações e boa vontade não farão isso por você. A salvação ou a condenação são decididas antecipadamente no que se chama *predestinação* e você não tem o livre arbítrio. Você não pode nem esperar compreender a graça. Deus está além de qualquer entendimento.

Como você deve imaginar, a teoria de Agostinho sobre a predestinação se provou controversa (e, sim, este é um entendimento monumental). Muitos dos que rejeitavam sua doutrina preferiam a opinião de que Deus havia concedido o livre arbítrio às pessoas – uma mente e a capacidade de tomar decisões com base nela – e, com esta liberdade, a responsabilidade de abraçar a Deus.

A predestinação foi interpretada e questionada de várias maneiras desde Agostinho. Algumas versões são favoráveis ao *fatalismo*, ideia de que o futuro é tão imutável quanto o passado. Nem todas as versões da predestinação chegaram tão longe e nem todas são restritas ao pensamento cristão. Por exemplo: no Islã, uma pessoa não pode se opor à vontade de Deus, mas pode aceitá-lo ou rejeitá-lo. Se você rejeita Deus, enfrenta as terríveis consequências. Grande parte do cristianismo tomou caminhos filosóficos não muito distantes deste do Islã.

Promovendo outros pontos de vista sobre a predestinação

Alguns líderes da Reforma Protestante apoiaram a ideia da predestinação (saiba mais sobre este movimento no Capítulo 14). O francês João Calvino, uma grande força na formação do protestantismo, era a favor de Agostinho. Sua versão da predestinação, chamada *determinismo* teológico, afirma que as pessoas não podem influenciar Deus quando se trata de quem será salvo ou não.

Na maioria das ramificações do cristianismo que prega uma forma de predestinação, aqueles que acreditam devem ser bons – isto é, devem fazer as vontades de Deus – no que diz respeito à fé, ao amor e à devoção. Mas eles não precisam se comportar de maneira virtuosa só porque esperam receber uma recompensa celestial ou porque têm medo da punição. Porém, sem o equivalente espiritual a uma cenoura ou um graveto, é impossível manter uma pessoa na linha, portanto, alguns moralistas consideram a predestinação como um motivador fraco.

A Filosofia de São Tomás de Aquino

Do ponto de vista de Agostinho sobre a religião (consulte a seção anterior), não era possível compreender nada sem antes acreditar em Deus. A última coisa que você poderia querer seria tentar chegar a esta crença através do entendimento. Aquela em sua tradição medieval de estudos era a base deste.

Foi no final da Idade Média que alguns estudantes cristãos – inspirados pelas leituras do aluno de Platão, Aristóteles – começaram a racionalizar que se Deus era refletido na realidade material, o estudo do mundo poderia levar a um entendimento de Deus. O cabeça deste grupo era o padre e autor italiano Tomás de Aquino, cujas ideias ajudariam nas origens da Renascença.

Mantendo os estudos vivos

A ideia dos tempos medievais como *tempos de trevas*, onde todos na Europa estavam imersos na ignorância, não leva em conta o fato de que as universidades são uma invenção medieval. A Universidade de Bolonha, na Itália, foi a primeira, fundada no século X. Em seguida, veio a Universidade de Paris, no século XII, e Oxford, no século XIII.

A escolástica era a tradição intelectual nessas universidades. Santo Anselmo, o arquibispo de Canterbury (na Inglaterra), na virada do século XII, e um escolástico, descreveu a *escolástica* como "a fé buscando o entendimento". Com esta orientação, não havia problemas em trabalhar ideias utilizando a filosofia grega.

Para os primeiros sacerdotes, a linha de raciocínio de Aristóteles gerou mais problemas do que a de Platão.

✔ No platonismo cristão baseado na fé de Agostinho, não é preciso ver, tocar e sentir os objetos (coisas que seus sentidos percebem) para saber a verdade. Estes objetos, por definição, não são verdadeiros. Eles podem ser *reflexos* da verdade, mas a verdade está na *Ideia*, que flui a partir de Deus.

✔ No modo aristotélico de ver o mundo, você pode chegar ao entendimento e até mesmo compreender a verdade final através de seus sentidos e de sua razão. Esta abordagem coloca mais responsabilidade sobre o ser humano pecador.

A escolástica adotou o modo aristotélico de fazer as coisas depois que Tomás de Aquino (mais tarde, São Tomás de Aquino) levou Aristóteles para a Igreja no século XIII.

Voltando a Aristóteles

Aquino não foi o primeiro estudioso europeu medieval a se tornar ou a ficar atraído por Aristóteles. Um importante antecessor – não cristão, mas muçulmano – foi Ibn Rushd, que passou a ser conhecido pelos estudiosos europeus que falavam latim como Averroes. Ele foi um juiz e médico islâmico do século XII, viveu e trabalhou na Espanha dos mouros e no norte da África.

Os escritos de Averroes que contemplavam Aristóteles encontraram seu caminho até um alemão chamado Albertus, Graf Von Bollstädt (*Graf Von* significa "conde de"). Também um sacerdote, ele ensinou na Universidade de Paris, onde começou a aplicar os argumentos de Averroes na fé cristã e estabeleceu o estudo da natureza como uma busca escolar legítima. Albertus (mais conhecido atualmente como São Alberto Magno, ou São Alberto, o Grande) transmitiu seu interesse em Aristóteles para o aluno Tomás de Aquino.

Apoiando a fé com lógica

Aquino escreveu os principais trabalhos que levaram o raciocínio aristotélico para a Igreja, onde eles acabaram se transformando na doutrina católica oficial. Aquino, inclusive, usou a lógica de Aristóteles para provar a existência de Deus.

Como ele fez isso? A seguir, um exemplo de sua lógica:

> Um objeto em movimento deve ser colocado em movimento por outro objeto. Se este objeto que colocou outro objeto em movimento também deve ser colocado em movimento, então, ele também deve ser colocado em movimento por outro objeto, e este por outro, e assim por diante. Mas isso não pode continuar infinitamente, pois assim não haveria um objeto que iniciou o movimento e, consequentemente, não haveria nenhum outro objeto se moveria... Portanto, é necessário chegar a quem iniciou o movimento, sem se colocar em movimento por nenhum outro objeto; e todos compreendem que quem deu início à movimentação foi Deus.

Argumentos como este fizeram surgir entre os escolásticos uma paixão pelo uso de suas mentes para chegar à raiz de grandes questões. As universidades cristãs passaram a ser os lugares onde os estudiosos perseguiam a lógica e a retórica e debatiam sobre a natureza do ser (dentro de limites).

Abraçando o Humanismo e Muito Mais

Abraçar o intelecto humano como uma ferramenta para confirmar a fé contribuiu para grandes movimentos da história mundial, como a Renascença (sobre a qual você poderá ler no Capítulo 13). O foco no intelecto também levou a uma redescoberta da ciência Clássica (isto é, do grego e do romano), que levou os europeus aos avanços científicos e às navegações. Isto, por sua vez, ajudou a possibilitar as viagens de exploração pelo mundo sobre as quais falo no Capítulo 8. A confiança no pensamento racional, no entanto, não era um caminho linear. Nem de longe. Podemos apontar a escolástica como a raiz de algo chamado *humanismo*, que se concentra na relação entre Deus e os humanos. Porém, o pensamento humanista surgiu como um movimento oposto aos escolásticos: toda lógica, análise e afins.

Não há nada de secular no humanismo

Atualmente, o *humanismo* geralmente vem acompanhado da palavra *secular*. O *humanismo secular* geralmente é criticado como uma filosofia antirreligiosa, mas o humanismo do fim da Idade Média e do início do Renascimento foi um movimento religioso cristão. Os humanistas perguntavam: "Qual é o lugar da humanidade nos planos de Deus?".

Isso não significa que os humanistas tenham rompido com todos aqueles séculos de busca da filosofia grega. O início do humanismo é semelhante ao neoplatonismo (sobre o qual falo no Capítulo 11). No entanto, ele não abraçou o platonismo de Agostinho. Este desconfiava das coisas do mundo, que enxergava como reflexos falsos da realidade perfeita (Deus). Vivendo neste mundo material falso, os seres humanos não podiam compreender Deus.

O neoplatonismo humanista observava as coisas pelo outro lado, vendo os seres humanos não apenas como criações de Deus, mas também como expressão de Deus. Giovanni, Conde Pico della Mirandola (de Mirandola, Itália) foi um filósofo da Renascença que provavelmente melhor expressou o humanismo. Em seu ponto de vista, todo o universo – estrelas, árvores, cachorros, salsichas e seres humanos, principalmente este últimos, refletiam Deus (leia mais sobre Pico della Mirandola no Capítulo 13). Os humanos podiam ser compreendidos como expressões perfeitas da verdade final e como uma pequena versão do universo de Deus: um microcosmo.

Um ser humano não era capaz apenas de buscar Deus, como também era capaz de *encontrar* Deus dentro de sua alma. Você podia olhar para dentro de seu ser finito e encontrar o infinito.

Traçando o impacto do humanismo

O conceito do humanismo, que diz que as pessoas têm a capacidade de encontrar Deus, teve tudo a ver com o que aconteceu na arte, na teologia, na filosofia, na ciência e até mesmo na política da Renascença. Se tudo que os humanos podem pensar e criar, inclusive a arte e a ciência pré-cristãs, reflete Deus, a porta para a exploração se abre. Como explicarei no Capítulo 13, a Renascença teve grandes descobertas científicas, abrindo caminho para o *Iluminismo*, um movimento filosófico racional-humanista que, por sua vez, deu origem à teoria democrática moderna.

Percorrendo os Séculos

325 d.C: Bispos cristãos se reúnem perto de Constantinopla (na atual Turquia) para discutir princípios teológicos básicos.

354 d.C: Aurélio Augustinius, que ficou conhecido como Santo Agostinho, nasce na comunidade de Numídia, no norte da África, que é governada pelos romanos.

387 d.C: Agostinho passou a ser cristão, tendo aceito o batismo no domingo de Páscoa.

1180: Ibn Rushd, um juiz e médico islâmico na Espanha dos mouros, escreveu interpretações do filósofo grego Aristóteles.

1273: Em seu livro *Summa Theologica*, Tomás de Aquino mostrou que os pensamentos de Aristóteles eram compatíveis com a doutrina cristã.

1879: A Igreja Católica Romana adotou os escritos de São Tomás de Aquino como a filosofia católica oficial.

Capítulo 13
O Despertar da Renascença

*P*ara muitas pessoas, a palavra *Renascença* é sinônimo de "arte", principalmente arte italiana. Se você é uma dessas pessoas, muito bem. Continue pensando em arte. Continue pensando na Itália.

É possível observar a arte renascentista – resultado de uma explosão criativa que começou na Itália no início do século XV – e compreender não apenas por que os artistas viam e ilustravam o mundo de maneira diferente de seus antecessores, mas também por que seu ponto de vista refletia o mundo como um todo.

A arte renascentista incorporava ideias sobre o lugar da humanidade no universo de Deus, refletindo uma mudança significativa na percepção do significado de ser humano. Por causa dessa mudança, a luta para extrair o melhor da mente e do corpo mortal passou a ser muito importante. O novo pensamento dizia que você poderia lutar para ser o seu melhor, e devia fazer isso, ao mesmo tempo em que aprimorava sua *alma imortal* em vez de a colocar em perigo.

Até mesmo a Reforma Protestante (veja o Capítulo 14), quando todos os cristãos europeus romperam com a Igreja Católica Romana, fica mais fácil entender quando observamos as pinturas e esculturas de Masaccio e Michelangelo. Nunca ouviu falar em Masaccio? Não se preocupe. Falarei sobre ele – e outros super-homens da Renascença – neste capítulo.

Percebendo o Alcance da Renascença

Ao se concentrar nos artistas da Renascença, você deve se perguntar se arrisca a perder o seu escopo. A Renascença não foi muito mais do que isso?

Sim, ela foi. A Renascença abrangia filosofia e religião. Também falava sobre literatura, arquitetura, tecnologia, ciência, música, teoria política e quase tudo o que se possa imaginar. A Renascença abrangia muito mais do que eu posso enumerar neste capítulo. Mas, então, por que falar em arte? Se você tem interesse na história, é conveniente que as tendências intelectuais, espirituais e até mesmo comerciais da Renascença sejam refletidas em suas obras criativas. Uma visão do mundo é apresentada pelas artes, portanto, as pinturas e esculturas podem ajudá-lo a compreender o que fez com que a Renascença fosse tão abrangente.

A Renascença espalhou-se além da Itália, por toda a Europa. Um motivo pelo qual é difícil determinar uma data para a Renascença é que ela foi gradual. Diferentes aspectos do movimento atingiram diferentes partes da Europa em momentos diferentes, desde o século XIV até o século XVI e talvez mais além.

A Renascença espalhou-se muito além da Europa, quando os exploradores, respondendo às mesmas influências econômicas e culturais que estimularam os artistas na Itália, aportaram no Novo Mundo e encontraram rotas marítimas da Europa para a Ásia no final do século XV.

Uma raiz de toda essa mudança foi a maior riqueza individual. Mais europeus podiam comprar mercadorias importadas. E (lá vou eu simplificar tudo de novo) isso aconteceu em parte porque havia menos europeus, pelo menos temporariamente. A peste bubônica (veja o Capítulo 7) matou tantas pessoas que aquelas que sobreviveram tinham mais recursos, mais terras e até mesmo mais dinheiro. O valor de seu trabalho aumentou devido à escassez de trabalhadores.

Redefinindo o Papel Humano

O Capítulo 12, que retrata as filosofias cristãs da época medieval, termina abordando o *humanismo* – uma filosofia que se concentra na relação de Deus com a humanidade. Esta filosofia foi muito importante na Renascença (e permaneceu assim desde o seu surgimento); os escritores cristãos começaram a descrever os seres humanos não apenas como criações de Deus, mas como um símbolo para Ele, pequenas incorporações da divindade. Entre os primeiros escritores a refletir este ponto de vista estavam os poetas italianos Francesco Petrarca (1304-1374), conhecido como Petrarca, e Giovanni Boccaccio (1313-1375).

O florescimento de Florença

A mudança humanista no pensamento ganhou impulso quando o chanceler florentino Coluccio Salutati (1331-1406) começou a promover o status de sua cidade-estado como capital intelectual da Europa. Em 1396, ele convidou Manuel Crisoloras, um estudioso de Constantinopla, para ensinar grego em Florença. Muitos outros estudiosos do Oriente foram para o Ocidente, levando com eles o aprendizado grego e as tradições filosóficas após a derrota de Constantinopla para os turcos otomanos em 1453.

O status associado aos estudiosos não foi perdido com outro líder florentino, o financista, estadista e filantropo Cosme de Médici (1389-1464). Ele foi o patrono da Academia Platônica de Florença (fundada por Salutati), onde estudiosos como Marsilio Ficino (1433-1499) e o filósofo Giovanni, Conde Pico della Mirandola (1463-1494) trabalharam para reconciliar o cristianismo com as recém-descobertas ideias da filosofia grega e romana.

Em seu esforço, Pico della Mirandola misturou ao seu humanismo cristão o estoicismo grego e romano (uma filosofia que via o mundo como um todo orgânico benevolente, como você pode ler no Capítulo 11); material da cabala judaica, uma tradição filosófica e literária enraizada em uma luta mística para conhecer os segredos da existência e fontes islâmicas. Ele acreditava que os empreendimentos intelectuais e criativos de todas as pessoas faziam parte do mesmo elemento: Deus.

Espalhando a notícia

A Academia Platônica de Florença e outras escolas similares atraíram estudantes que vinham de longe, e sua influência espalhou o humanismo por toda a Europa.

Por exemplo: John Colet (1467-1519) foi de Oxford, na Inglaterra, para Florença. Ao retornar àquela, ele se tornou um pregador, compartilhou os ensinamentos florentinos com ingleses proeminentes e com o famoso estudioso holandês, Desiderius Erasmus (1466-1536), que vivia na Inglaterra. Erasmus escreveu críticas à Igreja, que anteciparam a Reforma Protestante, discutida no Capítulo 14.

Promovendo o potencial humano

Por que o humanismo era tão poderoso? Bem, Pico della Mirandola, que melhor expressou o significado no início da Renascença, escreveu que o ser humano é uma expressão perfeita da verdade absoluta. Como humano, ele afirmou, você é um pequeno reflexo do enorme universo de Deus. Este conceito do humano como microcosmo pode parecer um raciocínio um pouco arriscado atualmente, mas foi uma enorme oportunidade para mudar a maneira como os cristãos medievais pensavam sobre si mesmos.

Sob a influência de Santo Agostinho, o pensamento cristão medieval afirmava que a humanidade era falsa, falha, corrompida, marcada para sempre pelo pecado de Adão e incapaz de ter um papel ativo na conquista da redenção (veja o Capítulo 12 para saber mais detalhes). O humanismo mudou isso, permitindo, dentro de um contexto cristão, a celebração da beleza e da criatividade humana de uma forma que ninguém mais na Europa havia ousado fazer desde os tempos romanos.

Recuperando os antigos

Como o surgimento da Renascença significava que o intelecto e a criatividade refletiam a grandeza de Deus, todos os poetas e escritores Clássicos, cujas obras haviam sido ignoradas, perdidas, ou ambas as ações nos tempos medievais, poderiam ser recuperadas e inseridas na Calçada da Fama Celestial (de modo figurativo). Os escritores romanos como Sêneca, que escrevia comédias, passaram a ser os indivíduos perfeitos para estudos e simulações.

Os escritores da Renascença pegavam ideias em Roma e na Grécia e davam vida nova a elas. A palavra *renascença* significa "renascimento" ou "novo despertar". Os estudiosos da Renascença acordaram para antigos livros que haviam sido mantidos nas bibliotecas dos mosteiros, que os monges copiaram à mão de livros ainda mais antigos.

Crisoloras, o grego que veio de Constantinopla para ensinar em Florença, incentivou seus alunos a começarem a colecionar antigos manuscritos gregos (como não existia o Pokémon, eles acharam que seria divertido). Os florentinos ricos começaram a viajar para a Grécia a fim de procurar livros. Eles voltaram com tesouros literários e começaram a criar as primeiras bibliotecas particulares (não mantidas pela Igreja) desde o Império Romano.

Apresentando a prensa de impressão

Em Mainz, Alemanha, a tecnologia certa chegou em um momento crucial. Johann Gutemberg, que iniciou sua carreira como ourives, inventou uma maneira de imprimir livros e panfletos através de tipos móveis. Ele fez um pequeno molde de metal de cada letra (suas habilidades com metal foram muito úteis). Em seguida, distribuiu as letras, prendeu-as firmemente no lugar, cobriu-as com tinta, imprimiu quantas páginas idênticas queria antes de redistribuir as letras e imprimir cópias da segunda página, depois da terceira, e assim por diante.

A impressão do século XV não era tão fácil quanto clicar sobre o ícone Imprimir, mas era muito mais fácil e rápida do que aquilo que os monges medievais faziam, que era copiar letra por letra cada palavra, de cada página, à mão. Até a invenção de Gutenberg, cada livro era um artigo precioso, único. Graças a ele, os livros podiam ser produzidos em massa.

Imprimindo a Bíblia de Gutenberg

Gutenberg e seu investidor, Johann Fust, construíram uma prensa por volta de 1450. A Bíblia de Gutenberg, o primeiro livro produzido em massa, saiu desta prensa (ou de uma sucessora dela) por volta de 1455 (na verdade, Fust e seu genro, Peter Schöffer, completaram a Bíblia de Gutenberg depois que ele foi à falência. Incapaz de pagar o empréstimo a Fust, ele precisou entregar sua inovadora prensa).

De repente, os livros surgiam em maior número e com preço mais baixo. Assim, mais pessoas podiam comprá-los. E como eles estavam mais acessíveis, mais pessoas aprendiam a ler.

Lendo as primeiras publicações

Inicialmente, outros europeus chamavam a impressão de *arte alemã*. Mas a tecnologia não respeita fronteiras. Um comerciante rico chamado William Caxton aprendeu o novo processo em Colônia e o levou para a Inglaterra por volta de 1473. As primeiras publicações de Caxton incluíam uma história sobre a Guerra de Troia e uma coleção de citações dos filósofos.

Em Veneza, o estudioso Aldo Manúcio (também conhecido pelo seu nome latino Aldus Manutius) pegou o artefato de Gutenberg e imprimiu edições fáceis de ler e fáceis de transportar dos clássicos gregos e latinos por preços acessíveis. Imagine a mudança entre ir a uma abadia e abrir um livro escrito à mão, que era tão valioso que ficava acorrentado à prateleira e carregar um livro em seu bolso!

O impacto na autoridade da Igreja

Como os autores pré-cristãos agora eram considerados reflexos da glória de Deus, havia um motivo para ler, admirar e até mesmo copiá-los e fazer isso não colocava sua fé em risco. Porém, de maneira sutil e gradual, os livros pré-cristãos ainda minavam a autoridade da Igreja. Durante os tempos medievais, a Igreja detinha o monopólio da sabedoria. Na Renascença, outras vozes, diferentes e mais antigas, influenciavam as pessoas na Europa com o florescimento da literatura. Esta foi uma das maneiras através das quais a Renascença levou à Reforma.

Unindo a Carne e o Espírito

Você ainda está pensando na Renascença como o florescimento da arte italiana? Bom, porque chegou a hora de analisarmos o *Davi*, de Michelangelo, mostrado na Figura 13-1: o artista renascentista esculpiu sua obra-prima em Florença no início do século XVI. A estátua em mármore branco ilustra uma forma masculina perfeita, reproduzida de maneira surpreendente: inclinação, músculos, graça e nudez. Davi é uma escultura do jovem mais atraente que se podia imaginar na Itália, sexy ao extremo, mas também representação de uma figura sagrada; Davi, o grande herói de guerra bíblico, rei hebreu e ancestral terreno de Jesus.

A obra-prima de Michelangelo é a carne e o espírito misturados. Sexo e escrituras. O terreno e o celestial. A carne, de acordo com a filosofia do humanismo, *é* espírito. Nem todos os cristãos se sentiam confortáveis com esta convergência, que é outro fator que contribuiu para a Reforma Protestante.

Inspiração de Michelangelo

Michelangelo (1475-1564), cujo estilo pode ser considerado o ápice da escultura renascentista, não inventou sua abordagem sozinho, é claro.

Pioneiros como o pintor Masaccio inspiraram Michelangelo. Nascido em Florença em 1401, o nome de batismo do pintor era Tommaso di Giovanni di Simone Guidi, mas recebeu o apelido de Masaccio, que significa "tom desajeitado", devido à sua visão descuidada e distraída da vida. Concentrado em sua arte, ele pintou cenas bíblicas com drama e riqueza sensual sem precedentes, explorando a forma humana de maneiras que pareceriam pecaminosas um século antes. Sua abordagem carnal, dramática, mudou a arte sacra, apesar de sua morte precoce aos 27 anos.

Figura 13-1: O Davi de Michelangelo, o sexy sagrado.

© Bridgeman Art Library/Getty Images

O escultor Donatello (nome completo: Donato di Niccoló di Betto Bardi) foi outro pioneiro e também inspirou Michelangelo. Nascido por volta de 1386 em Florença, ele foi o primeiro artista, desde os tempos Clássicos, a fazer estátuas que eram obras de arte independentes e não parte de um edifício. Ele também confeccionou um Davi anatomicamente impressionante feito em bronze.

Donatello foi um dos primeiros artistas da Renascença a redescobrir a perspectiva matemática, juntamente com Filippo Brunelleschi (1377-1446), que passou da escultura à arquitetura. Na arte, a perspectiva é qualquer método usado para dar a impressão de profundidade tridimensional. Os antigos gregos, interessados na geometria e na ótica notaram como os objetos pareciam menores quanto mais distantes estivessem de quem os via. O que há de matemático nisso? Um artista com senso de geometria pode dar a impressão de distância em um desenho ou em uma pintura trabalhando como se desenhasse sobre uma grade de linhas (meramente imaginada ou marcada e, em seguida, apagada no trabalho final), parecida com um ventilador de cabeça para baixo. Essas linhas parecem se projetar de um ponto de convergência no horizonte chamado de *ponto de fuga* (imagine observar uma rodovia de duas pistas reta em que você pode enxergar até o horizonte). Brunelleschi descobriu este sistema de um *ponto por volta* de 1420.

Vivendo em um mundo material

Como o pensamento da Renascença afirmava que a forma humana era um reflexo de Deus e que o mundo material constituía um aspecto do divino, concentrar-se em todos os ângulos, todas as curvas, todos os contornos

Pintando uma figura do Gênese

Michelangelo é o homem que você deve imaginar deitado de costas em cima de um andaime, pintando o teto da Capela Sistina. O filme *Agonia e Êxtase*, de 1965, traz Charlton Heston no papel de Michelangelo e Rex Harrison como o papa, que observa o artista enquanto ele pinta o teto da capela. Há um bom diálogo entre os dois, supondo que Heston convença na pele do artista.

e todas as cores do mundo físico passou a ser positivamente sagrado. Os artistas queriam que as pinturas e as esculturas tivessem vida e refletissem a realidade, embora esta fosse idealizada.

A partir daí, os artistas se ramificaram. O artista Leonardo da Vinci (1452-1519) também era um anatomista humano, botânico, engenheiro, arquiteto, escritor, músico e inventor. Seu conhecimento do mundo físico informava sua arte (veja a Figura 13-2). Ele, e outros pintores e escultores, foram os responsáveis por novas maneiras de pensar no mundo físico e na sua interação com outras peças. Leonardo da Vinci chegou a desenhar diagramas de máquinas voadoras, embora não haja prova alguma de que ele tenha construído uma delas.

O trabalho de Leonardo em engenharia e perspectiva estimulou, misturou-se com o trabalho de uma nova safra de arquitetos e teóricos matemáticos, alguns deles com a mente muito mais prática do que a sua. Enquanto o artista rascunhava máquinas voadoras, outros engenheiros italianos se baseavam nas antigas disciplinas matemáticas para melhorar armas e fortificações.

Retornando à Ciência

A Renascença plantou as sementes de uma revolução científica que decolou após 1600 com descobertas feitas por pessoas, tais como o astrônomo Galileu Galilei e o físico Isaac Newton (o Capítulo 15 fala mais sobre estes homens).

Alterando o centro do universo

Copérnico, um clérigo nascido na Polônia e educado na Itália, deu um grande passo na direção da revolução científica em 1453, quando publicou suas teorias sobre como a Terra e os planetas se movimentavam com relação ao sol. Copérnico disse que o sol, não a Terra, era o centro ao redor do qual o universo girava.

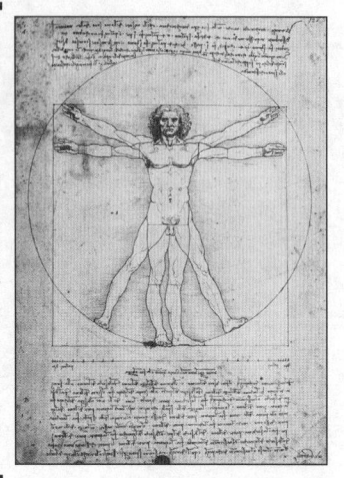

Figura 13-2: No famoso desenho de Leonardo, o Homem Vitruviano, ele usou princípios geométricos para ilustrar as proporções humanas ideais, misturando, assim, a arte com a ciência.

© Garry Gay/Getty Images

Copérnico atrasou a revelação de suas descobertas, mas sob pressão de seus investidores, ele publicou o livro *As Revoluções dos Orbes Celestes* por volta de 1543, ano em que morreu. Seu universo centrado no sol, juntamente com a noção de que a Terra gira em torno do seu eixo, irritou outros astrônomos e outros clérigos. A afirmação de que Deus colocaria Sua criação em uma bola giratória que fazia rotação ao redor de outro corpo celeste atingiu muitas pessoas como se fosse um absurdo, isso para aqueles que não a achavam uma heresia. A controvérsia só pegou fogo, no entanto, depois de 1610, quando o físico e astrônomo Galileu Galilei, de Pisa, publicou um livro sobre suas próprias observações astronômicas, que apoiavam as ideias de Copérnico. A Igreja Católica baniu o livro de Copérnico, *As Revoluções dos Orbes Celestes*, em 1616, e não voltou atrás em sua decisão até 1835 (para saber mais sobre Galileu, consulte o Capítulo 15).

Estudando a anatomia humana

Enquanto o interesse de Leonardo da Vinci pela engenharia estimulava e fazia parte do renascimento da teoria matemática e da arquitetura Clássica, seus estudos anatômicos surgiram quando o campo da medicina começou a entrar no espírito da Renascença.

A medicina *medieval* baseava-se em uma teoria de que o corpo possuía quatro fluidos: sangue, bile amarela, bile negra e fleuma. Chamados de *humores*, seu equilíbrio era considerado essencial para a boa saúde. Atualmente, as pessoas se referem ao bom humor, que está enraizado nesta teoria (embora a marca de sorvete Good Humor (*Bom-Humor*) não seria nem um pouco apetitosa se fizesse com que você pensasse em bile).

Na virada do século XIV, o Papa Bonifácio VIII proibiu a dissecação de cadáveres humanos. A ideia de que a carne humana refletia Deus significava que cortá-la e estudá-la era uma espécie de sacrilégio. No entanto, o decreto do papa interrompeu, de maneira inconveniente, o trabalho de médicos que acreditavam que havia mais a ser aprendido sobre o corpo humano além dos humores.

Alguns pesquisadores independentes fizeram dissecações em segredo. Por volta de 1543, essa ciência se tornou pública novamente com a publicação dos *Sete Livros* sobre a *Estrutura do Corpo Humano*, um trabalho inovador de Andreas Vesalius, professor de cirurgia e anatomia na Universidade de Padova (Itália). Seu sucessor, Mateo Realdo Colombo, estudou a circulação entre o coração e os pulmões, um fenômeno que Miguel Servet, da Espanha, descobriu de maneira independente. Estes trabalhos levaram à descoberta do inglês William Harvey, no século seguinte, sobre a circulação do sangue pelo corpo.

Este novo foco no corpo resultou em descobertas médicas, incluindo as seguintes:

- Girolamo Fracastoro, que praticava a medicina em Nápoles depois de 1495, criou uma teoria sobre o contágio microscópico baseada em seus trabalhos com pacientes portadores de sífilis, tifo e tuberculose.

- Em Bolonha, Gaspare Tagliacozzi (1545-1599) foi o pioneiro em cirurgia plástica no final do século XVI, quando transplantou pele dos braços de seus pacientes para reparar os narizes comidos pela sífilis.

Até o surgimento desses homens, a cirurgia era um trabalho para os barbeiros. O anatomista e cirurgião do exército francês Ambroise Paré (1510-1590) ajudou a mudar este cenário. Entre seus avanços, ele foi o primeiro a amarrar artérias após uma amputação. Até Paré, cauterizar um vaso sanguíneo com ferro quente era o modo mais usado para fechar o vaso.

Sendo Tudo o Que Você Poderia Ser

Você poderia pensar no que aconteceu durante a Renascença como uma espécie de circuito de alimentação filosófica e intelectual.

Microfonia, quem já tocou em uma banda de rock sabe, acontece quando o microfone ou a guitarra pega parte dos sinais de saída de um amplificador ou de uma caixa de som próxima. O microfone ou a guitarra envia este som de volta ao amplificador, onde ele fica mais alto, criando uma interferência ainda mais alta, amplificada novamente para entrar de novo no circuito – tudo na velocidade da corrente elétrica. Em um ou dois segundos, você ouve um ruído incrivelmente agudo e alto, que faz com que todos, com exceção daqueles que são muito fãs de *heavy metal*, coloquem as mãos sobre os ouvidos e peçam clemência.

Os barulhos emitidos pela Renascença eram mais agradáveis e variados. Assim como as ideias e as obras de arte. Mas o movimento da Renascença era autossuficiente, pois o humanismo não apenas permitia contemplar e perseguir a perfeição humana, como também fez disso uma *virtude*.

As conquistas intelectuais, artísticas e físicas aumentaram e deram glórias ao reflexo de Deus. A busca pela perfeição humana alimentou uma apreciação por esta, que, por sua vez, incentivou ainda mais a busca por si mesma.

Em busca da perfeição

No pensamento da Renascença, todos tinham a responsabilidade de serem o mais perfeito possível, desenvolvendo todos os poderes concedidos por Deus. "Seja tudo o que você pode ser", como dizia um "slogan" de recrutamento do exército americano no século XX, poderia aplicar-se ao *homem renascentista*.

Em busca do potencial humano, os artistas estudaram matemática, arquitetura, engenharia e até literatura. Muito antes de o mundo pensar em trabalho *interdisciplinar*, todas estas matérias se sobrepunham e cada disciplina informava e fortalecia a outra.

O *homem renascentista* parece sexista nos dias de hoje e também o era em sua época. Não há por que fingir o contrário. Embora os seres humanos, homens e mulheres, pudessem ser exaltados, acreditava-se que aqueles tinham dons divinos para serem desenvolvidos.

Muitas pessoas acham que Leonardo foi o último homem renascentista: engenheiro, artista, inventor e assim por diante. Mas houve muitos outros, inclusive o escultor e arquiteto Brunelleschi, que também era ourives. O médico pesquisador espanhol Servet era teólogo, e Michelangelo, um grande pintor e escultor, também era um poeta. Consulte o quadro "Que homem!" para ver outro exemplo.

Os primeiros livros de autoajuda

Como fazer o melhor com tudo o que Deus havia dado às pessoas era tão importante, a autoajuda passou a ser um assunto recorrente durante a Renascença.

O livro mais vendido de 1528, *O Cortesão*, do Conde Baldassare Castiglione, ditava regras sobre como um cavalheiro deveria se comportar. Entre as qualidades mais desejáveis estava: você deve ser bom em tudo, mas não precisa demonstrar que está se esforçando para conseguir. Até mesmo seus modos devem ser simples e naturais; corteses, porém não polidos. *O Cortesão* era legal no século XVI.

Castiglione achava que ser um *cortesão*, um daqueles nobres que vaga pelo castelo e espera pelo príncipe ou pelo rei, era uma das coisas mais importantes que as pessoas podiam fazer. Atualmente, podemos observar os cortesãos como insistentes e cordatos e muitos deles provavelmente eram isso mesmo. Mas Castiglione via a função de um cortesão como alguém que aconselha o príncipe e serve de bom exemplo para ele. Mesmo que este fosse um idiota sentimental, as boas maneiras e a sabedoria daqueles exemplares deveriam servir de modelo.

Que homem!

Um dos homens mais abrangentes da Renascença foi o arquiteto genovês Leon Battista Alberti (1404-1472). Ele era um artista, poeta, físico, matemático e filósofo, além de um dos melhores músicos de sua época (ele tocava órgão) e um atleta impressionante. Alberti afirmava que ele podia saltar, com os pés juntos, entre a cabeça de dois homens em pé, colocados lado a lado, sem tocá-los. Quem disse que os brancos não conseguem pular?

O braço de Alberti poderia render-lhe uma fortuna atualmente como lançador de beisebol ou lançador de futebol americano. Ele surpreendeu as pessoas arremessando uma maçã por cima do telhado mais alto de Gênova e também podia lançar um dardo mais longe do que qualquer um que o desafiasse. Ele também era um exímio arqueiro.

Já está odiando este homem? Eu também, principalmente depois que li que ele estava sempre de bom humor, alegre, calmo e sem reclamações, até quando o tempo estava ruim.

Nicolau Maquiavel escreveu o mais notório livro-guia da Renascença, um pequeno volume chamado *O Príncipe*. Esta publicação de 1513 era, e continua sendo controversa, pois parece pregar um pragmatismo amoral, uma maneira de ser que ficou conhecida como *maquiavélica*.

Maquiavel pode ser lembrado como um advogado, ou simplesmente como o melhor e mais honesto repórter de outro aspecto dessa concentração nas conquistas humanas. Nas extremidades mais punitivas para os ouvidos no rock, o retorno se transforma em um instrumento. Dentro do foco na humanidade da Renascença, às vezes a caçada pela perfeição humana se transformava em uma busca egoísta pela glória humana, riqueza pessoal e, principalmente, poder político.

Do ponto de vista de Maquiavel, os fins de um governante justificam seus meios. Se um príncipe é bem-sucedido, ele está certo. "As crueldades infligidas imediatamente para garantir a posição de uma pessoa são bem infligidas (se é que se pode falar bem do mal)", ele escreveu. Ser temido é mais importante do que ser amado, o autor afirmava. Com relação à honestidade, um príncipe deveria manter sua palavra desde que lhe fosse útil fazer isso.

Os críticos de Maquiavel chamam-no de cruel. Seus defensores afirmam que ele dizia a verdade e simplesmente compartilhava o que havia aprendido como oficial e diplomata fiorentino. Maquiavel inseriu bem seu trabalho dentro do humanismo cristão, do ponto de vista dele.

"Deus não quer fazer tudo", ele escreveu, "portanto, ele nos tira o livre arbítrio e a parte de glória que nos cabe, que pertence a nós."

Escrevendo para as Massas

Com o desenvolvimento da prensa de Gutenberg e a difusão da impressão (consulte a seção A Apresentando a prensa de impressão"), a linguagem foi modificada. Idiomas regionais como francês, inglês e italiano adquiriram uma nova vitalidade e autoridade. Cada vez mais escritores começaram a usar esses idiomas no lugar do latim para escrever poesias e peças (consulte o quadro "Quem matou o latim?"). O antigo preconceito de que as pessoas educadas não deveriam escrever no idioma *vernáculo* (comum) caiu.

Até mesmo antes da Renascença, o poeta Dante Alighieri (1265-1321) escreveu sua *Divina Comédia* e outras obras em italiano. O londrino Geoffrey Chaucer (1343-1400), que viajou pela Itália e leu obras de Boccaccio, escrevia em inglês.

Criando novos clássicos

Escrever no vernáculo passou a ser uma prática difusa, quando os impressores perceberam que havia um mercado comercial. William Caxton, que levou a impressão para a Inglaterra, conseguiu um *best-seller* quando publicou os *Contos de Canterbury*, de Chaucer.

Muitos de seus livros escritos no idioma comum, devido ao tempo, provaram ser tão clássicos quanto os antigos livros em latim e em grego. A seguir, alguns exemplos:

- Castigliano escreveu *O Cortesão* em italiano (consulte "Os primeiros livros de autoajuda" para conhecer a teoria por trás de *O Cortesão*).

- François Rabelais, médico e humanista, escreveu sátiras controversas em francês no século XVI.

- No final do século XVI e início do XVII, William Shakespeare escreveu peças para o teatro popular (e para a imprensa popular) em inglês.

- Miguel de Cervantes, contemporâneo de Shakespeare, escreveu *As Aventuras de Don Quixote* em espanhol.

Encenando peças com raízes Clássicas

Shakespeare levou o teatro renascentista ao seu ápice, mas também construiu uma tradição que teve início no final do século XIII, quando o italiano Albertino Mussato começou a escrever comédias ao estilo de Sêneca, um romano. Além de *"O Príncipe"* e outros trabalhos sobre ciências políticas, Maquiavel escreveu comédias teatrais de acordo com o estilo Clássico. A mais famosa é *"Mandraque"*, escrita em 1518.

As peças de Shakespeare mostravam como os novos estudiosos permeavam a sociedade europeia. Cheios de referências aos deuses gregos e romanos, seus enredos às vezes eram tirados de peças romanas e, até mesmo, como aconteceu com *Júlio César, Marco Antonio e Cleópatra*, da história romana. Peças shakespearianas de sua própria época também têm como cenário as cidades italianas que deram início à Renascença.

Algo para ler a bordo de um navio

A crescente literatura europeia, que estava enraizada em um retorno aos antigos clássicos e favorecida pela invenção da impressão, influenciou áreas ainda mais profundas do que poemas e peças. Os antigos também escreveram livros sérios sobre geografia e navegação e também desenharam mapas, que preservaram o que os navegadores gregos e fenícios haviam aprendido sobre os mares e os continentes. Afinal de contas, estes eram os maiores viajantes de seu tempo (consulte o Capítulo 5 para saber mais sobre os fenícios, sua cidade no norte da África, Cartago, e seu império de conquistas marítimas). Os europeus renascentistas também leram estes livros.

Os avanços dos séculos XV e XVI em navegação e *cartografia* (desenho de mapas), assim como outros progressos intelectuais da época, tiveram suas raízes em textos gregos e romanos. Exploradores como Cristóvão Colombo e Vasco da Gama (saiba mais sobre eles no Capítulo 21) começaram com um atlas desenhado pelo astrônomo egípcio-grego Ptolomeu (90-170 AD), que foi radicalmente redesenhado por estes. Suas descobertas sobre a forma e o tamanho do mundo passaram de mão em mão com as teorias de Copérnico (sobre o qual já falei neste capítulo) e seus herdeiros, os astrônomos Johannes Kepler e Galileu, sobre os quais falarei no Capítulo 15.

Brigando pelo Poder na Europa

Toda a interpolinização da Renascença, com estudiosos e suas ideias viajando de cidade a cidade e de país a país, sugere um ambiente de harmonia política na Europa. No entanto, não era bem isso o que acontecia. A Renascença foi um tempo de muitas fronteiras e várias forças políticas brigando pelo domínio.

Brigando pelo controle das cidades-estado italianas

A Itália, o centro da Renascença, não era nada parecida com a nação moderna que vemos hoje. Ela era uma mistura de cidades-estado, mais ou menos como havia sido a Grécia (veja o Capítulo 4).

Algumas dessas cidades-estado, como a intelectualmente rica Florença, eram ricos centros comerciais. Seus governantes, pessoas como a família Médici, que enriqueceu no ramo bancário, contrataram escultores, pintores, arquitetos e escritores que fizeram seu renascimento *na* Renascença.

Quem matou o latim?

O latim é uma língua morta, mas você sabia que ela viveu durante muito tempo após a queda do Império Romano? Somente quando os estudiosos renascentistas tentaram *salvar* o latim, o idioma começou a se transformar na língua estéril que era desde o início.

O latim – idioma de Roma, desde as pessoas comuns até o governo, empresários e estudiosos – ajudou a manter o Império Romano unido durante toda sua existência. E, depois da queda do império ocidental de Roma, o latim afundou na Europa Ocidental (na Europa Oriental, no Império Bizantino, falava-se grego). As pessoas mais educadas da Europa Ocidental continuaram comunicando-se em latim. Todos os cursos e debates nas universidades medievais eram conduzidos nesse idioma; a universalidade do latim era muito boa se você fosse um professor, pois fosse você da Irlanda ou da Itália, poderia se sentir em casa em uma sala de aula alemã, com seus colegas de Colônia. Isso também se aplicava aos alunos, que não precisavam entender francês para estudar em Paris.

Assim como as línguas vivas, o latim continuou crescendo e se modifican-do. Os usos gramaticais mudaram. A estrutura das frases ficou um pouco mais simples aqui e um pouco mais complexa ali. Então, na Renascença, os estudiosos começaram a ler latim em textos com 1500 anos e perceberam como ele era diferente do idioma do grande retórico romano, Cícero.

Com sua recém-descoberta apreciação pelos clássicos pré-cristãos, esses estudiosos tinham o latim de Cícero como o idioma original, não corrompido: o correto. Então, eles trabalharam arduamente para fazer o relógio voltar em seu próprio idioma, criando regras de gramática e de uso bastante rígidas e as reforçando como uma parte importante da *educação clássica*. Os alunos de toda a cristandade conjugavam verbos em latim, o que pode ter sido uma ótima ferramenta para formar jovens mentes disciplinadas, mas este também foi o início do fim do latim. Ao perder sua flexibilidade, ele não mais vivia, por exemplo, como o inglês atual, que está em constante mudança.

Foram necessários séculos, mas o latim acabou caindo em desuso, até mesmo entre os estudiosos.

Os governantes italianos também competiam entre si por influência e por território. Assim como os banqueiros e comerciantes que marcaram essa época mantinham seus agentes financeiros em outras cidades para cuidar de seus interesses, os governantes (alguns deles também banqueiros e comerciantes) colocavam agentes políticos para observar as capitais concorrentes. Foi assim que nasceram a diplomacia e a espionagem modernas.

Os estados italianos também contrataram soldados mercenários ou *condottieri*. Movimentando-se como uma unidade, um líder militar e seus homens ofereciam suporte armado a qualquer um que pudesse pagar. Alguns eram estrangeiros. Um inglês, John Hawkwood, e seus homens, a Companhia Branca, estavam entre os mais bravos. Alguns mercenários também eram lordes de cidades italianas; por exemplo, a família Montefeltro, que governava Urbino, financiou seu orçamento municipal contratando os *condottieri*.

Em seu livro *O Príncipe*, Maquiavel afirma que um bom governante precisa usar a esperteza e a astúcia. Nos velhos tempos, os príncipes italianos valorizavam a inteligência mais do que a força bruta, mas, às vezes, eles enganavam a si mesmos. Em 1494, o duque Ludovico Sforza, de Milão, convidou os franceses para ajudá-lo a derrotar Nápoles. Como o rei francês, Carlos VIII, tinha interesse no trono deste (essas famílias realizavam casamentos entre si e raramente concordavam sobre de quem era a vez de governar), aqueles aceitaram.

O exército francês derrotou com facilidade a pequena força napolitana. Mas então, Sforza e seus co-conspiradores italianos, inclusive alguns da ilha da Sicília, recorreram aos seus aliados no norte e forçaram os franceses a se retirarem para os Alpes. Meu amigo, os franceses ficaram muito irritados. O artifício de Sforza havia-os humilhado e os franceses queriam vingança. Além disso, eles já tinham sentido o gostinho da riqueza italiana e queriam mais. Após a morte de Carlos VIII, Luís XII foi seu sucessor. Carlos havia sido chamado de "o Afável". Ninguém chamava Luís de afável. Também acreditando que tinha direito ao trono milanês, o novo rei francês organizou outra invasão. Dessa vez, o alvo era Ludovico Sforza. Milão não estava pronta; então, os franceses tomaram a cidade, capturaram Sforza e o colocaram na prisão, onde morreu. Ele não foi inteligente no fim das contas.

As coisas pioraram para a Itália, e muito. Lembra dos sicilianos que ajudaram Sforza a expulsar os franceses em 1494? Seu rei era Ferdinando, que também governava Aragão, um dos maiores reinos da Espanha, que estava se transformando em uma terra unificada (sua esposa e também governante, Isabella, era a rainha de Castela. Consulte o Capítulo 19 para saber mais sobre eles). Ferdinando também tinha direito a Nápoles. E, assim como os franceses, ele percebeu como a Itália era rica e politicamente dividida.

O Sacro Imperador Romano Maximiliano também pleiteava o poder na Itália. O Sacro Império Romano, como mencionei em outros capítulos, não era realmente romano. Ele começou francês, sob Carlos Magno, mas por um longo período, foi alemão e austríaco. Porém, Maximiliano afirmava ter hereditariedade "romana" no norte da Itália. Como Ferdinando e ele eram parentes (dois filhos de Maximiliano eram casados com dois de Ferdinando), o imperador ficou ao lado da Espanha. Isso significava guerra; na verdade, uma série de guerras. Os espanhóis e os imperialistas lutaram para tirar a França do poder italiano. Diversas cidades-estado italianas lutaram de um lado e, depois, mudaram.

Ultrapassando as fronteiras italianas

As Guerras Italianas transformaram-se em mais guerras, que ultrapassaram as fronteiras e foram para outras partes da Europa. Carlos I, tornando-se em co-governante da Espanha em 1517 (juntamente com sua mãe), venceu a eleição e passou a ser o Imperador Carlos V, do Sacro Império Romano, dois anos mais tarde. Essa vitória política deixou os franceses irritados, pois isso significava que eles estavam no meio de um sanduíche do Império de Habsburgo.

A eleição de Carlos, por sinal, não foi democrática. Assim como o Sacro Império Romano não era romano, também não se tratava de um império. Este trata-se de um grupo de estados onde alguns eram praticamente reinos. Os eleitores eram os poderosos príncipes de sete estados, que tinham o direito hereditário de escolher cada novo imperador. Eles elegeram Carlos.

Ser escolhido para Imperador do Sacro Império pelos eleitores nem sempre era um voto de confiança. Às vezes, eles escolhiam governantes que achavam que podiam ser manipulados. Carlos, no entanto, teve um sucesso considerável ao assumir a posição. Ele libertou Milão de seu rival francês, Francisco I (sucessor de Luís VII). As tropas espanholas de Carlos chegaram até a prender Francisco. Carlos também chegou a Nápoles, e os outros estados italianos sabiam que não podiam mexer com ele.

Porém, isso não facilitou as coisas. As Guerras Italianas transformaram-se em uma longa briga entre os Habsburgo e a França, que durou até meados do século XVIII.

Antes de ir para um mosteiro espanhol em 1556, Carlos achou necessário dividir seu império em duas partes – espanhola e austríaca – para deixá-lo menos influente e mais fácil de defender. Se isso o faz se lembrar de algo que os imperadores romanos fizeram mais de mil anos antes de Carlos, bom para você. Se não, você pode ler sobre o assunto no Capítulo 5.

Quando Carlos achou que já estava tudo certo, outros assuntos na Europa haviam mudado profundamente, parcialmente por causa das restrições financeiras impostas pelas longas guerras. Para começar, os impostos subiram. Os príncipes foram forçados a emprestar dinheiro, enriquecendo novas gerações de banqueiros e, às vezes, falindo-os quando aqueles não pagavam seus empréstimos. Então, veio um movimento enorme chamado Reforma Protestante (o Capítulo 14 é dedicado à Reforma).

Uma ironia da Renascença é que o local onde ela teve início, a Itália, encerrou essa era no meio de muita bagunça e em declínio. Enquanto Espanha, Portugal, Inglaterra, Holanda e outras potências davam início a impérios no mundo todo e ficavam cada vez mais ricas e poderosas, as outrora poderosas cidades-estado italianas permaneciam divididas e dominadas. Estrangeiros governavam muitas delas.

As construções e esculturas renascentistas, outrora símbolos de um movimento surpreendente, à frente de seu tempo, transformaram-se em atração turística até hoje. Os símbolos de um presente vital e de um futuro promissor foram transformados em artifícios de um passado outrora glorioso.

Percorrendo os Séculos

1360: Geoffrey Chaucer, diplomata e poeta inglês, viajou para a Itália e encontrou-se com o escritor Boccaccio.

1396: Coluccio Salutati, chanceler de Florença, convidou Manuel Crisoloras, um estudioso de Constantinopla, para ensinar grego aos alunos italianos, sedentos pelos escritos antigos.

Por volta de 1420: O artista Filippo Brunelleschi inventou o sistema de um ponto para dar perspectiva às pinturas e aos desenhos.

1453: Constantinopla caiu sob os turcos otomanos. Muitos estudiosos do Império Bizantino fugiram para a Itália.

Por volta de 1455: Johann Fust e seu genro Peter Schöffer publicaram a Bíblia de Gutenberg, o primeiro livro produzido em massa. Gutenberg entregou sua revolucionária prensa a Fust quando não podia mais pagar um empréstimo ao seu credor.

Por volta de 1473: William Caxton retornou a Londres vindo de Colônia, onde aprendera a pintar, e entrou no ramo de publicações com um livro sobre a Guerra de Troia e um volume com as citações de antigos filósofos.

1519: Carlos I da Espanha venceu a eleição e passou a ser o Imperador Carlos V, do Sacro Império Romano. Os franceses, que geograficamente ficavam entre a Espanha e o Sacro império Romano, não achavam que isso tinha sido um desenvolvimento reconfortante.

1528: Eu seu livro *O Cortesão*, o conde Baldassare Castiglione ditou regras para um comportamento gentil. Ele disse que os homens precisavam ser bons em tudo, mas não deveriam deixar transparecer que se esforçavam para isso.

1543: Andreas Vesalius, professor de anatomia na Universidade de Padova, publicou *Sete Livros* sobre a *Estrutura do Corpo Humano*.

1556: O Imperador Carlos V do Sacro Império Romano foi para o mosteiro na Espanha.

1835: A Igreja Católica Romana exibiu sua faixa de 219 anos no livro de Copérnico, *As Revoluções dos Orbes Celestes*.

Capítulo 14
Pausa para Descanso: A Reforma

- -

Neste Capítulo

▶ Compreendendo a perda de autoridade da Igreja

▶ Insistindo na fé: o protesto de Lutero

▶ A explosão da revolução em nome da religião

▶ Declarando o direito divino: o rompimento de Henrique VIII com Roma

▶ Pregando a predestinação: o Puritanismo de Calvino

- -

Tendo iniciado como um desentendimento sobre a fé e transformada em política quase imediatamente, a Reforma Protestante provocou guerras e até revoluções. Ela reorganizou a estrutura de poder na Europa. Em seu despertar, o Sacro Império Romano estava quase arruinado e a Espanha, o mais inabalável dos países católicos (consulte o Capítulo 10), começou a declinar.

Neste capítulo, irei guiá-lo pelas causas e pelos efeitos desta revolução religiosa, que se espalhou para além da Europa e chegou ao mundo inteiro.

Rachaduras no Monopólio Católico

Para compreender o início da Reforma, é bom considerar como algumas pessoas estavam preparadas para se rebelarem contra a Igreja Católica, que era basicamente a única igreja cristã da Europa. As pessoas se rebelaram por motivos que tinham pouco ou nada a ver com a questão de como chegar ao paraíso. Assim como em muitos conflitos, os motivos incluíam:

- **Dinheiro:** Muitos nobres (e comuns também) achavam que a Igreja tinha muito dinheiro e exigia demais de seus seguidores.

- **Terras e outras propriedades:** Governantes regionais e nacionais achavam que a Igreja tinha e controlava muitas terras e propriedades.

> ✔ **Poder e autonomia:** Os governantes locais, principalmente na Alemanha, queriam tomar o poder, especialmente o controle econômico, do papa e do sacro imperador romano.

Perdendo a autoridade

Quão vulnerável estava a Igreja Católica a uma reviravolta no início do século XVI? Ela estava bastante vulnerável, pois as tendências renascentistas haviam diminuído a autoridade da Igreja.

Em primeiro lugar, os autores pré-cristãos (os gregos antigos e os filósofos adeptos do estilo grego, sobre os quais venho falando) passaram a fazer parte da cristandade durante a Renascença. Estes autores Clássicos eram vistos como manifestações da glória divina, mas suas vozes e pontos de vista eram diferentes e contraditórios. Onde antes havia apenas uma fonte suprema de sabedoria – a Igreja – agora, ela vinha em diversas formas.

A Igreja chegou a perder seu monopólio na interpretação das escrituras. O primeiro livro produzido em massa foi a Bíblia, e as gráficas logo viram a vontade que os recém-letrados europeus tinham de ler em seu próprio idioma, em vez do latim ou do grego. Os estudiosos começaram a traduzir a Bíblia para idiomas *vernaculares* (comuns). Erasmo de Roterdã, o mais famoso estudioso da época, foi um prolífico tradutor das escrituras.

Para saber mais sobre os efeitos da Renascença sobre o estabelecimento da Igreja, consulte o Capítulo 13.

Satirizando a Igreja

O estudioso Erasmo, que nascera na Holanda e vivia na Inglaterra, também escreveu obras originais, dizendo coisas com as quais muitas pessoas concordavam, mas poucas afirmavam de forma tão eloquente quanto ele. Em 1509, ele ridicularizou os sacerdotes tolos, preguiçosos e incompetentes em uma sátira popular chamada *Elogio da Loucura*. Erasmo não era contra a Igreja, mas achava que ela podia ser melhor governada.

A Igreja Católica era uma burocracia imensa e internacional, com camadas e mais camadas de oficiais (lembre de que praticamente todo cristão da Europa ocidental daquela época – quase todos – pertenciam a uma igreja, baseada em Roma. Por isso, era chamada de *Igreja*, com I maiúsculo. A palavra *Católica*, que significa "universal", fazia parte de seu nome, mas não havia motivo para isso, pois não havia protestantes ainda). Assim como os burocratas de qualquer parte do mundo, muitos oficiais da Igreja eram ineficientes, preguiçosos e desonestos. Imagine a piora no Departamento de Veículos Automotores de sua cidade se os atendentes rudes e lentos também reivindicassem autoridade divina (como é? Eles já estão fazendo isso?).

Durante séculos, houve um sentimento bastante difundido de que os sacerdotes tinham a vida muito fácil. As pessoas achavam que vários padres eram hipócritas por dizer ao restante da sociedade o que ela deveria fazer, enquanto eles mesmos pecavam. Erasmo sabia sobre este ressentimento, pois iniciou a vida em Rotterdam como filho ilegítimo de um padre.

Alguns bispos, que estavam em um nível mais elevado do sacerdócio e juraram celibato, mantinham amantes e usavam a influência da Igreja a fim de obter vantagens para seus filhos ilegítimos. Até mesmo os papas tinham filhos. O Papa Alexandre VI, cujo mandato foi de 1492 a 1503, tinha muitas amantes e filhos e o Papa Clemente VII, que iniciou uma ramificação separada da Reforma na Inglaterra, ao recusar anular o casamento do Rei Henrique VIII com Catarina de Aragão (falarei sobre este assunto na seção "Espalhando a Reforma pela Inglaterra"), também tinha um filho.

Alexandre, Clemente e o Papa Leão X (que era papa quando a Reforma teve início em 1517) eram todos homens privilegiados, de famílias ricas, que recebiam confortáveis posições na Igreja por causa de suas ligações. Por exemplo, Leão iniciou a vida como Giovanni de Médici, da poderosa família Médici, que controlava a cidade-estado de Florença (consulte o Capítulo 13 para saber mais sobre os Médici). Leão praticamente acabou com o tesouro do Vaticano devido a seu estilo de vida extravagante.

O Papa Leão X mimava a si mesmo usando o dinheiro da Igreja, mas também gastava com as glórias da Renascença. Ele acelerou a construção da basílica de São Pedro, em Roma, um marco da arquitetura na época, e ele também ampliou a biblioteca do Vaticano. Muitos cristãos, principalmente no norte da Europa, não se impressionavam com estes avanços; eles estavam cansados de ver seu dinheiro ganho com suor sendo gasto em Roma para pagar esculturas e tetos pintados. "Que bem isso nos trará?" – perguntavam os alemães e os suíços.

Não fique com a impressão de que todos os padres (ou monges, bispos, cardeais e papas) eram hipócritas e corruptos. Muitos, provavelmente a maioria, levava uma vida devota de adoração, serviço e autossacrifício. Os sacerdotes honestos, como o padre alemão e professor universitário Martinho Lutero, se ressentiam da má reputação de seus irmãos corruptos e eram afastados da Igreja. Os oficiais desta prometiam reformas e alguns realmente tentaram limpar as coisas, mas os abusos persistiam.

Erasmo não foi o primeiro a satirizar ou criticar os sacerdotes. John Wycliffe, um padre e teólogo inglês, havia feito uma Reforma antecipada mais de um século antes quando, nos anos de 1370, começou a atacar o materialismo da Igreja. Wycliffe questionava a limitada autoridade papal sobre os assuntos do governo e insistia que os sacerdotes que caíam em pecado mortal a perdiam. Porém, o destaque internacional de Erasmo (ele era muito lido) e o momento da publicação de *Elogio da Loucura* abriram caminho para uma crítica mais aberta e difusa aos abusos da Igreja, uma crítica que seguiu o livro menos de uma década mais tarde. Dizem que Erasmo pôs o ovo e Martinho Lutero o chocou.

Lutero Desafia o Sistema

Muitas das grandes mudanças históricas podem apontar para um visionário, alguém que tenha feito o que era preciso para realizar um sonho. Martinho Lutero não era um desses visionários: ele não se empenhou em estourar revoltas religiosas, muito menos tensões internacionais, mas foi o que ele fez.

Lutero, um monge, padre e professor de teologia na Universidade de Wittenberg, prezava a relação individual com Deus. Seus pensamentos sobre este assunto interagiam com outras forças que cresciam na Europa no início do século XVI, dando início a um movimento que mudou profundamente o mundo muito além da Europa e a América do Norte (um continente sobre o qual muitos europeus não tinham ouvido falar quando a Reforma teve início). Porém, tudo começou com um gesto bem pequeno: o protesto de um homem.

Lutero tinha uma profunda convicção moral, uma fé poderosa e era incrivelmente teimoso. Mas, se soubesse que dividiria a Igreja de seis formas até o domingo, ele não teria colocado sua literatura de protesto na porta de uma igreja de Wittenberg em 31 de outubro de 1517. As *95 Teses* (que significam 95 argumentos) eram uma lista das objeções de Lutero com relação ao modo como os líderes da Igreja em sua parte da Europa (Alemanha) vendiam indulgências, uma espécie de perdão oficial pelos pecados.

Vendendo a salvação

Uma *indulgência* era uma concessão de perdão, emitida a uma pessoa viva ou a alguém que havia morrido e cuja alma, acreditava-se, estava no *purgatório* (uma espécie de antessala na qual os pecadores precisavam ser purificados antes de entrarem no céu).

Podemos pensar nas indulgências da seguinte maneira: suponha que você faça uma boa ação. Sua recompensa é a de que Deus não faça você sofrer muito por suas más ações; então, você chega ao paraíso com um pouco mais de facilidade. Agora, suponha que você precise de uma boa ação para ter direito a essa recompensa. Dar dinheiro à Igreja não conta como boa ação?

Mas, e se o seu irmão morresse antes de conseguir acumular seus créditos espirituais? Sem problemas. Você, como parente vivo, poderia dar dinheiro à Igreja comprando uma indulgência, em seguida, transferindo seu crédito para seu irmão, tirando-o do castigo no pós-morte.

Certo, essa é uma explicação bastante simplista do conceito, que também envolvia uma espécie de conta bancária do mérito divino, construída através das boas ações de Jesus e seus santos. O importante a ser lembrado é que a prática de vender indulgências levou a uma impressão entre as pessoas comuns de que elas podiam comprar uma passagem expressa, só de ida, para o paraíso.

Vendendo para pagar o papa

Ao elaborar e postar suas *95 Teses*, Martinho Lutero foi notado especificamente por um eremita dominicano chamado Tetzel, que viajava vendendo indulgências (a palavra eremita significava "irmão" e era usada para homens que eram membros de determinadas ordens religiosas, como os dominicanos);

Tetzel chegava a um vilarejo ou a uma cidade e reunia uma multidão, mais ou menos como um vendedor de poções mágicas faria em uma cidade fronteiriça americana três séculos mais tarde. Imagine Tetzel vendendo indulgências como se elas fossem a última palavra em remédios patenteados para sua alma.

Por que ele fazia isso? Bem, Tetzel não era um empreendedor, como pode parecer. Ele era um representante enviado pelo recém-nomeado arcebispo de Mainz.

Outra prática da Igreja que gerou o ceticismo geral foi que ninguém que fosse apontado para um cargo eclesiástico elevado, como arcebispo, precisava pagar impostos ao papa, como uma espécie de recompensa pela indicação. Se isso soa familiar, você entendeu o que eu quis dizer. Em 1514, quando o arcebispo de Mainz recebeu seu cargo, o Papa Leão X gastava muito dinheiro em Roma, principalmente na construção da Basílica de São Pedro. Portanto, Leão determinou que os impostos subissem.

O novo arcebispo de Mainz não tinha dinheiro em caixa, então, emprestou de uma família de Augsburg, chamada Fugger (sem comentários, por favor). Poderosas famílias de banqueiros, outro fenômeno da Renascença que teve início na Itália, haviam crescido no norte da Europa nessa época (a família Welser, também de Augsburg, era a outra grande força bancária da Alemanha).

O arcebispo precisava pagar aos Fuggers. Para ajudar, o papa deu a ele um modo mais fácil de angariar fundos: ele nomeou o arcebispo como distribuidor regional de indulgências sagradas. Tetzel era o representante de vendas do arcebispo.

Insistindo na fé

Se você quisesse provocar Martinho Lutero, a melhor maneira era a venda de indulgências em massa. Como professor de teologia, Lutero havia pensado muito sobre o caminho para o paraíso. O que Deus esperava de um cristão?

Ele decidiu que Deus era misericordioso. Na visão de Lutero, você deve crer honestamente. A crença, e não as boas ações, era o segredo. De certa forma, Lutero refletia a filosofia renascentista do humanismo (veja o Capítulo 13), pois via uma relação diferente entre o indivíduo mortal e Deus. Mas, de outras maneiras, Lutero retornava à ideia de Santo Agostinho de que as boas ações na Terra não garantem sua entrada no paraíso (veja o Capítulo 12). Em vez disso, seria preciso confiar na graça divina.

Lutero achava que um bom cristão faria boas ações – ir à igreja, rezar e ser gentil com os outros – como resultado de sua crença e não como uma maneira de fugir da punição ou de ganhar uma recompensa. A quantia que uma pessoa pagava a um monge vendedor itinerante não entrava na conta do descanso eterno.

Em suas teses, Lutero condenou a campanha de indulgência como uma exploração, e criticou a burocracia corrupta do clero. Mas ele não tinha a intenção de gerar uma rebelião nas massas. Como estudioso, ele seguia uma tradição que havia surgido nas universidades medievais: os professores discutiam pontos da religião. Lutero achava que Tetzel estava errado, então desafiou qualquer um que o apoiasse a debater. Ele fez isso em 31 de outubro, ou Véspera do Dia dos Consagrados (a noite que antecede 1º de novembro, o Dia de Todas as Almas), mas isso não era uma brincadeira de Halloween. Ao pregar suas teses na porta da igreja, Lutero deu início a um desafio público.

Um Sacro Império Romano Precário

Além dos escritos de Erasmo e da infelicidade geral com a Igreja, houve outros motivos para a Europa e, principalmente a Alemanha, se preparar para a guerra no início do século XVI (tenha em mente que a Alemanha ainda não era a Alemanha; isso só aconteceria em alguns séculos. Tratava-se do Sacro Império Romano, um conglomerado confuso de estados semi-independentes, onde atualmente ficam a Áustria e a Alemanha).

Há muito tempo, o Sacro Império Romano havia incorporado a visão mantida pelo papa quando este coroou Carlos Magno imperador do Ocidente em 800 AD. O imperador deveria servir como parceiro do papa e principal protetor da Igreja (veja o Capítulo 6), mas eles e os imperadores geralmente se desentendiam.

Buscando fontes de dinheiro

Quando Lutero publicou suas teses, o imperador era Maximiliano I, que governou de 1493 a 1519. No Capítulo 13, falo sobre como Maximiliano se aliou à Espanha para atacar os franceses na Itália. Um grande motivo para essa excursão foi de que o imperador, assim como todos nessa história, precisava de dinheiro.

Maximiliano gostava de gastar seu dinheiro com arte. Ele também gostava de caçar, apreciava roupas chamativas e armaduras – eis as vantagens de ser o imperador. Além disso, ele tinha planos caros para reforçar o império. No entanto, nem o dinheiro poderia ajudá-lo, já que os príncipes alemães, cujas terras compunham o império, detinham o poder. Eles estavam ficando mais fortes e transformavam seus estados em pequenas nações.

Maximiliano às vezes tinha tão pouco dinheiro que não conseguia pagar seus soldados, ou *lansquenetes*. Isso dificultou que ele mantivesse um exército. Às vezes, os soldados eram empregados em unidades mercenárias, até mesmo pelos inimigos do imperador. Alguns chegaram a recorrer ao roubo e à extorsão.

Combatendo o crime e a inflação

Os tempos também eram difíceis para os alemães. Sem um governo nacional forte para manter a ordem, e com a linha entre cavaleiro e ladrão um pouco distorcida, os comerciantes precisavam pagar por proteção ou contratar um funcionário para transportar as mercadorias com segurança. O alto custo de envio contribuiu para a inflação. Os preços subiram, não apenas na Alemanha, mas em toda a Europa.

A situação era ainda mais complexa (acontece com tudo, não é mesmo?), mas a inflação também estava ligada a um aumento da população. Uma diminuição no número de pessoas na Europa fez com que a peste bubônica ajudasse a dar origem à Renascença, pois os sobreviventes desta e seus filhos tinham mais riqueza material (para saber mais sobre a peste bubônica, consulte o Capítulo 7).

No entanto, os tempos das vacas gordas geraram mais pessoas e, no século XVI, a população cresceu. Elas precisavam de trabalho, comida, roupas e casas, mas não havia o suficiente para todos. As mercadorias encareceram, apesar de ninguém ter mais dinheiro para pagar. O preço de um pão, por exemplo, praticamente quadruplicou entre 1500 e 1600.

Os senhores de terra, com pouco dinheiro, recorriam aos camponeses para ter mais trabalho por menos dinheiro. As pessoas eram pobres, trabalhavam muito, pagavam impostos demais, passavam fome e temiam seu presente e futuro.

Preparando o palco para a discórdia

Crises financeiras, violência e fome ajudam a explicar por que o protesto de Lutero se tornou mais do que uma discussão teológica. As pessoas tomaram as 95 Teses como uma arma contra a Igreja e a sua brutalidade. Algumas delas, que concordavam com o padre, copiaram os argumentos de Lutero, levaram-nos às gráficas e enviaram cópias para toda a Alemanha e mais além. Lutero, de repente, ficou famoso.

Sua ação, no entanto, não teria o impacto que teve se os governantes também não estivessem prontos para desafiar a Igreja. Alguns príncipes alemães estavam tão fartos quanto seus súditos. Eles queriam limitar a intromissão do imperador em seus reinos e ficaram ainda mais resistentes ao papa, metendo o nariz onde acreditavam que o papa não devia fazê-lo.

Sete príncipes alemães, chamados de *eleitores*, podiam escolher o imperador (veja o Capítulo 13). Um deles, Frederico, príncipe eleito da Saxônia, apoiou Martinho Lutero na disputa religiosa que teve início após 1517. Frederico não concordava, necessariamente, com Lutero, mas como ele havia fundado a Universidade de Wittenberg havia poucos anos, tinha interesse em proteger o membro de sua faculdade, a celebridade instantânea.

Enfrentando o Imperador

Quando Martinho Lutero precisou realmente de um amigo, Frederico, príncipe eleito da Saxônia – conhecido como Frederico, o Sábio – ficou ao seu lado. Aconteceu logo depois que o Imperador Carlos V, que sucedeu seu avô Maximiliano I em 1519, tentou fazer com que Lutero mudasse o que havia dito sobre as indulgências e a Igreja.

Carlos fez seu desafio em 1521 na Dieta de Worms ("worms", em inglês, significa minhoca). Não era nem de perto tão nojenta quanto parece. No Sacro Império Romano, a palavra *dieta* não tinha nada a ver com nutrição. Uma *dieta* (do latim medieval dieta, que significava "um dia de trabalho") era uma reunião de um dia todo, um dia na corte, ou, neste caso, na Assembleia Imperial. *Vermes* referia-se a uma cidade e não a um grupo de animais tubulares que escavam a terra (worms fica no rio Reno, perto de Mannheim, na Alemanha). Na Dieta de Worms, o imperador Carlos V se encontrou com os príncipes do império e os sacerdotes, incluindo Lutero. Embora ninguém o tenha convidado para comer invertebrados sem pernas, Lutero foi mesmo assim. Ele simplesmente aproveitou a oportunidade.

Ah, sim. Ele planejou tudo. Quando o imperador diz para você mudar o tom, você precisa pelo menos pensar na hipótese. Lutero remoeu o assunto em sua cabeça antes de voltar na manhã seguinte com uma resposta.

Lutero enfrentou o imperador, os príncipes, os bispos e disse: "Estou aqui e não posso fazer de outro modo. Deus me ajude. Amém". Pelo menos, é assim que conta a história. Há controvérsias sobre ele ter realmente dito isso, mas é uma citação muita boa para se jogar fora (assim afirmo; não posso fazer de outro modo). Se essas foram as palavras exatas ou não (e, pensando bem, ele nem falava português), elas resumem o que Lutero quis dizer.

No filme *Lutero*, de 2003, Joseph Fiennes também não fala inglês, mas o DVD traz legendas. Este filme biográfico toma algumas liberdades com os fatos (como fazem todos os filmes), mas retrata vividamente as tensões e a movimentação da época. Sir Peter Ustinov, em um de seus últimos filmes, faz o papel de Frederico, o Sábio.

Lutero Ganha um Seguidor

Após a Dieta de Worms, Martinho Lutero se tornou um fora da lei, e foi para casa em Wittenberg a fim de se preparar para sua prisão e provável pena de morte. Porém, no caminho, ele desapareceu. Acontece que os homens do Príncipe Frederico o sequestraram. O príncipe eleito trancou Lutero para sua própria proteção.

No castelo de Wartburg, o príncipe Freddy deu a Lutero um estudo sobre o qual trabalhar. Em vez de continuar com suas teses, Lutero atacou de forma ruidosa outras crenças da Igreja. Percebendo o poder da imprensa, ele publicou suas ideias – entre elas, ele afirma que os padres não eram tanto quanto pensavam. Podia-se chegar ao paraíso sem um padre, Lutero afirmou. Era a espiritualidade intermediária. Lutero disse que os cristãos deveriam ler a Bíblia sozinhos e fez sua própria tradução para o alemão. Ele também escreveu a letra e a música de hinos como "Deus é Nosso Refúgio e Fortaleza", música tema da Reforma.

Um panfleto publicado em 1520, *À Nobreza Cristã da Nação Alemã*, foi especialmente popular. Alguns nobres, estudiosos e outras pessoas que concordavam com as ideias de Lutero começaram a pensar em si mesmos como seguidores. Apenas alguns anos após as 95 Teses, certos cristãos começaram a chamar a si mesmos de *luteranos*.

Os príncipes alemães, principalmente os menos devotos, tendiam a gostar do argumento de Lutero de que eles tinham o dever de colocar a Igreja de volta em seu lugar. Naqueles tempos de inflação, uma desculpa razoável para confiscar a riqueza da Igreja apelava para os aristocratas, que gastavam muito dinheiro. Se um nobre ou comerciante poderoso passasse a ser luterano, isso geralmente significava que seus seguidores, pessoas que dependiam deles para viver, também passavam a ser luteranas, por persuasão ou por coação.

Perdendo o controle do movimento luterano

O sentimento anti-Igreja, uma vez libertado, saiu do controle. Muitos cavaleiros atacaram o arcebispo de Trier, em 1522, em uma tentativa de expulsá-lo em nome de Lutero (Lutero não tinha nada a ver com isso). Outros descontentes, entre eles antigos padres católicos e pregadores autonomeados, usaram a rebelião de Lutero como ponto de partida para espalhar ideias radicais muito além das suas. Eles diziam que os nobres e os ricos deviam abraçar os pobres e compartilhar a riqueza. Lutero era conservador *demais* para ter ensinado algo assim, mas havia tanto descontentamento que as ideias extremas se firmaram e se espalharam.

O desconforto transformou-se em violência em 1524, quando a *Guerra dos Camponeses* explodiu no centro, no sudoeste da Alemanha e na Áustria. "Ei!"- dizia Lutero – "não era para isso acontecer!" (minha tradução livre). Ele acreditava que as pessoas que haviam distorcido seus ensinamentos eram ainda piores do que os sacerdotes que vendiam indulgências. Sobre este assunto, ele escreveu um panfleto pungente intitulado *Contra o Assassinato*, as *Hordas de Ladrões dos Camponeses*.

Lutero exigiu que os príncipes alemães acabassem com os rebeldes. Os príncipes obedeceram-lhe (como teriam feito sem o seu incentivo de Lutero), convocando seus soldados. Milhares de camponeses morreram na batalha; e muitos foram capturados e sentenciados à morte.

Escolhendo lados

Após a Guerra dos Camponeses, a situação foi resolvida; os príncipes alemães tentaram decidir o que fazer com relação ao luteranismo. Muitos ficaram ao lado de Lutero. Afinal de contas, tinha-os apoiado. Indo direto ao ponto, o luteranismo oferecia a eles liberdade para governar, com menos interferência do imperador Carlos e sem qualquer interferência do papa. Alguns partidários luteranos romperam formalmente com Roma e construíram suas próprias igrejas luteranas. Outros príncipes ficaram ao lado de Roma e tentaram forçar os príncipes luteranos a mudar de ideia.

Os governantes luteranos passaram a ser conhecidos como protestantes, pois eles protestavam contra as tentativas de seus colegas de forçá-los a voltar para a antiga Igreja. Em 1531, eles formaram uma aliança de proteção mútua, a *Liga de Schmalkalden*. Sua relação com Paulo III (que se tornou papa em 1534) e com o Imperador Carlos acabou deteriorando-se.

O Império Contra-Ataca

Carlos V foi o imperador do Sacro Império de 1519 a 1558. Com o crescimento do movimento protestante, seus recursos eram limitados pelos motivos discutidos no Capítulo 13. Ele estava lutando na Itália e cuidando de suas terras na Espanha. Também tinha uma grande rivalidade com os franceses. Ele não queria lutar contra os príncipes protestantes e queria resolver a questão com diplomacia.

Finalmente abandonando essa opção, o imperador levou um exército para a Alemanha em 1546, mesmo ano da morte de Lutero. Assim, teve início a primeira das Guerras Religiosas do século XVI.

Saboreando uma vitória amarga

Em 1547, na Batalha de Mühlberg, o Imperador Carlos liderou os príncipes católicos do Sacro Império Romano contra os príncipes protestantes rebeldes, que haviam se unido em uma aliança chamada Liga de Schmalkalden. Embora as forças de Carlos tenham vencido com facilidade, os protestantes não se renderam. No Tratado de Passeau, que encerrou a guerra em 1552, Carlos se ofereceu para fazer alterações na Igreja Católica se os protestantes ficassem do seu lado (o Papa Paulo III estava trabalhando nas reformas da Contrarreforma). Os protestantes insistiram.

Ainda mais frustrante para o imperador: alguns príncipes católicos leais a este durante a guerra começaram a se preocupar de que, com a derrota dos protestantes, ele estava ficando poderoso demais. Assim, eles se rebelaram contra o imperador e o expulsaram da Alemanha.

Assumindo um compromisso

Carlos não tinha muitas opções a não ser reconhecer o protestantismo. A *Paz Religiosa de Augsburg* afirmava que cada príncipe do império podia escolher a igreja oficial de seu reino ou ducado. Os príncipes e o imperador assinaram este acordo em 1555. O acordo de Augsburg não foi um movimento na direção de um império mais forte e mais unido; na verdade, foi exatamente o oposto, mas evitou que a confederação fosse desfeita.

No entanto, a guerra religiosa no Sacro Império Romano não havia chegado ao fim. Ela ressurgiria no século seguinte, com a Guerra dos Trinta Anos (veja na seção "O Surgimento de Calvino").

Espalhando a Reforma pela Inglaterra

Durante a Reforma, a reforma da Igreja não ficou limitada ao Sacro Império Romano. Os reis de fora da Alemanha também reformaram suas igrejas. Por exemplo, o luteranismo espalhou-se para os países escandinavos e variantes prevaleceram no norte da Europa. Finalmente, a Reforma não criou apenas uma nova igreja, mas criou várias (veja o Capítulo 10).

Como na Alemanha, alguns governantes de outras partes da Europa concordavam com as convicções religiosas de Lutero, enquanto outros viam a Reforma como uma grande desculpa para confiscar a riqueza da Igreja. O rei da Inglaterra era um que certamente não concordava com Lutero; porém, ele tinha muito boa vontade e aproveitou as boas oportunidades que surgiram.

A Criação da Igreja Anglicana

No século XVI, a Inglaterra estava propensa às reformas religiosas, embora talvez não da mesma maneira que a Alemanha. Os impostos papais espalharam o descontentamento geral. O padre John Wycliffe havia preparado o palco, conquistando o apoio da família real inglesa, com seus argumentos sobre os abusos da Igreja no século XIV. Wycliffe também organizou a primeira tradução inglesa da Bíblia. Além disso, Esrasmo de Rodertã, autor da sátira sobre os abusos da Igreja, *Elegia da Loucura*, vivia na Inglaterra no início do século XVI (leia a seção "Satirizando a Igreja" para saber mais sobre Wycliffe e Erasmo).

Porém, após o início da Reforma, principalmente quando ela se tornou violenta, Erasmo a rejeitou. Ele queria uma reforma organizada. O amigo de Erasmo, Sir Thomas More, representava o Rei Henrique VIII nos argumentos parlamentares contra o luteranismo em 1523.

A queda de Henrique VIII pelo divórcio

O rei da Inglaterra era declaradamente contra Lutero. Henrique VIII publicou artigos condenando o padre rebelde alemão e um grato papa Leão X recompensou Henrique com o título de "Defensor da Fé".

As relações entre Roma e Londres, no entanto, azedaram quando Henrique decidiu que precisava se livrar de sua esposa, Catarina de Aragão, mostrada na Figura 14-1. Note que ela era "de Aragão", filha de Ferdinando e Isabella, os monarcas católicos cujo casamento uniu uma grande porção da Espanha (veja o Capítulo 19).

Catarina também era tia de Carlos V, imperador do Sacro Império Romano e rei da Espanha (como Carlos I). Todas essas circunstâncias davam a ela uma certa vantagem com o papa.

Henrique comprometeu-se com Catarina quando tinha apenas 11 anos e ela era a viúva de seu irmão mais velho, Arthur. Catarina ficou grávida de Henrique cinco vezes, mas apenas uma filha, Mary, sobreviveu. Henrique queria um filho para ser seu herdeiro.

Até a morte de Arthur, Henrique não era o príncipe a ocupar o trono. Na verdade, ele havia sido educado para se tornar um sacerdote, talvez arcebispo. Então, ele conhecia um pouco das leis religiosas e achava que sabia muito. Henrique decidiu que a falta de um filho era um castigo de Deus por ter se casado com a viúva de seu irmão. Ele apresentou este fato como motivo para que o papa anulasse seu casamento com Catarina. Sob as regras da Igreja, a anulação era o único caminho para o divórcio legal.

O sucessor de Leão, o Papa Clemente VII, não aceitou o argumento de Henrique para a anulação. Talvez o imperador Carlos, sobrinho de Catarina, tivesse mais peso em Roma do que ele. Ou talvez Leão conhecesse o *outro* motivo de Henrique para querer o divórcio: Ana Bolena, a amante do rei.

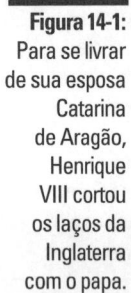

Figura 14-1: Para se livrar de sua esposa Catarina de Aragão, Henrique VIII cortou os laços da Inglaterra com o papa.

© Roger Viollet/Getty Images

Um monarca frustrado

O *chanceler* (ou conselheiro chefe) de Henrique era um sacerdote, o Cardeal Thomas Wolsey. Sua ambição era tornar-se papa, portanto, ele supostamente sabia lidar com a política da Igreja.

Henrique deu a Wolsey a tarefa específica de fazer com que o Papa Clemente lhe concedesse o divórcio em questão para que Henrique pudesse rejeitar Catarina e fazer de Ana sua rainha. Quando Wolsey falhou, o rei impediu o cardeal e tomou sua propriedade. Henrique exilou Wolsey e, em seguida, decidiu executá-lo, mas ele morreu em 1530, antes que o rei pudesse levá-lo de York para a degola em Londres.

Henrique então tentou atingir o papa no bolso. Ele conseguiu que o parlamento aprovasse leis que cortassem os impostos ingleses e também os pagamentos a Roma. Na verdade, um de seus conselheiros, um rapaz chamado Thomas Cromwell, teve esta brilhante ideia. Se o parlamento cortasse os pagamentos, Cromwell disse ao rei, Henrique poderia colocar a culpa nos membros.

Clemente não mudou de ideia; então, em 1533, Henrique se casou com Ana Bolena de qualquer jeito. Ele pediu que um antigo colega, Thomas Cranmer, arcebispo de Canterbury, celebrasse o casamento (o que Cranmer podia fazer? Dizer não ao rei? Ele podia perder o coração por causa disso).

Catarina, como nunca tinha assistido a *"A Ex"*, viveu o resto de seus dias em um convento e morreu em 1536. Clemente não havia dado permissão ao rei para se casar novamente e, quando o trato acabou, não o perdoou. Paulo III, que se tornou papa em 1534, manteve a linha e excomungou o rei da Inglaterra.

Rompendo com Roma

Henrique teve uma grande ideia em 1534, dizendo ao parlamento para declarar o rei como Chefe Supremo da Igreja na Inglaterra. Com isso, a Inglaterra se distanciou de Roma, assim como os ducados dos príncipes alemães protestantes, dos quais Henrique discordava tão eloquentemente. Mas ele ainda afirmava que não estava do lado dos luteranos. Se um luterano fosse encontrado na Inglaterra, o rei ordenava que o herege fosse queimado. Henrique dizia que não estava mudando de religião, apenas corrigindo um erro do papa.

No entanto, ele acrescentou alguns toques protestantes à Igreja Anglicana. Por exemplo, ele tinha Bíblias traduzidas para o inglês instaladas nas igrejas. Afinal de contas, era uma igreja inglesa.

Pagando o preço da deslealdade

O convertido Henrique não tinha mais pena dos católicos do que tinha dos luteranos. Esqueça que, até recentemente, ele era católico.

Encenando (e filmando) uma crise de consciência

A fé e a consciência evitaram que Sir Thomas More apoiasse a supremacia de Henrique VIII sobre a Igreja Anglicana. Renunciar à supremacia do papa, More acreditava, seria errado aos olhos de Deus. More não cederia para salvar sua vida.

Seu embate dramático e trágico com Henrique inspirou a peça *O Homem que* *não Vendeu sua Alma*, de Robert Bolt. O roteiro foi adaptado de um filme de 1966, estrelando Paul Scolfield, Robert Shaw e Orson Welles, que ganhou o Oscar de Melhor Filme. Outra notável adaptação cinematográfica foi *A Man for All Seasons*, de 1988, dirigido e estrelado por Charlton Heston.

A deslealdade não era tolerada. Qualquer um que ainda obedecesse a Roma era *decapitado*, *afogado ou esquartejado* (afogamento e esquartejamento eram uma maneira horrível de desmembramento praticada em indivíduos vivos). Sir Thomas More, que havia ajudado o rei a atacar o protestantismo, tomou o lugar de Wolsey como chanceler e se recusou a jurar obediência à igreja do rei. Henrique ordenou que More fosse decapitado.

Apenas um bispo inglês, John Fisher, de Rochester, opunha-se publicamente à nova igreja. Henrique ordenou que Fisher também fosse executado. Você ainda está pensando se mais alguém se opôs?

O rei enfrentou mais oposição em seu próximo passo. Seguindo o conselho do substituto de More, o astuto Thomas Cromwell, o rei confiscou todos os mosteiros e conventos.

Eu não queria ser chanceler de Henrique, e você? Não depois de os dois últimos receberem a pena de morte por ir contra o chefe. Mas, aparentemente, Cromwell era esperto o suficiente para se safar. E Henrique gostava da maneira como ele pensava.

Cromwell sugeriu a Henrique apresentar o confisco das propriedades da Igreja como medida da reforma. Ele acusaria os monges, eremitas e freiras de não executarem suas tarefas e, portanto, de não merecerem as propriedades que controlavam. O que Henrique realmente queria era as terras e os tesouros dos mosteiros, séculos de oferendas que os peregrinos haviam dado aos monges.

Henrique vendeu a maioria deles, conventos e terras porque, repentinamente, precisava de muito dinheiro. Lembre-se de que o imperador Carlos V e Francisco I da França estavam sempre brigando. Quando os dois ficaram em paz e começaram a agir de modo ameaçador para a Inglaterra, Henrique decidiu investir em defesa.

Os nobres compraram as antigas abadias e priorados do rei e transformaram-nos em propriedades privadas. Agora, como qualquer turista poderá lhe dizer, elas são algumas das mais antigas "propriedades particulares da Inglaterra".

A Peregrinação da Graça

No norte da Inglaterra, principalmente em Yorkshire, algumas pessoas defendiam os monges. Elas achavam que Henrique VIII estava adquirindo muito poder para si mesmo; portanto, em 1536, elas marcharam para o sul. Chamada *Peregrinação da Graça*, ela mais parecia uma força de invasão.

Surpreendentemente, Henrique conseguiu convencer essas pessoas a voltarem para casa. Ele colocou a culpa de todos os problemas em Cromwell. Então, ordenou que seus guardas tomassem os lares dos rebeldes de Yorkshire e matassem o maior número possível deles das maneiras mais feias e claras possíveis. Ele ordenou que partes dos corpos dos rebeldes fossem colocadas em todas as vilas onde os rebeldes haviam estado como avisos para qualquer um que ousasse pensar em marchar até o rei.

Percebendo o legado de Henrique

O "Defensor Católico da Fé" havia feito da Inglaterra a capital do protestantismo, embora ainda houvesse alguns tumultos sobre esta questão durante muitas décadas. E o que Henrique ganhou em troca?

Bem, ele conseguiu se casar com Ana Bolena, mas ela não lhe deu o filho que ele queria (apenas mais uma filha que, posteriormente, se transformou na rainha Elizabeth I). Henrique mandou decapitar Ana, casou-se mais quatro vezes e apenas uma de suas esposas, Joana Seymor, lhe deu um filho, o fraco Eduardo VI.

Eduardo governou apenas alguns anos. Como protestante devoto, ele levou algumas ideias da Reforma para a Igreja Inglesa, mas elas foram amplamente recusadas por sua meio-irmã e sucessora, Mary (filha de Catarina de Aragão), que reinstituiu o catolicismo durante seu breve reinado nos anos de 1550. Foi preciso outra filha de Henrique, Elizabeth, uma das maiores monarcas da Inglaterra, para trazer de volta a Igreja Anglicana e fazer com que ela se firmasse. Seu pai não ficaria orgulhoso?

O Surgimento de Calvino

Martinho Lutero não era a última palavra em reformadores da Igreja. Também no século XVI, surgiu um jovem da França que se mudou para a Suíça e compartilhou ensinos protestantes que resultaram em mudanças bastante difusas. Seu nome era João Calvino.

Reformando a igreja suíça

A Reforma na Suíça começou mais ou menos no mesmo período da Reforma na Alemanha e também mais ou menos da mesma maneira. Em 1518, um padre chamado Huldreich Zwingli se opôs à venda de indulgências.

Como na Alemanha, a briga se transformou no movimento de reforma. Zwingli, ao contrário de Lutero, estava no meio da violência; ele morreu na batalha perto de Kappel, na Suíça, em 1531. Assim como o Sacro Império Romano, a Suíça era uma confederação de estados menores (os suíços chamavam-nos de distritos). O protestantismo acabou ganhando reconhecimento oficial, significando que os governantes dos distritos tinham permissão para decidir que tipo de cristandade seria seguido.

Estabelecendo o Puritanismo

Calvino era um brilhante estudioso dos Clássicos na Universidade de Paris quando a Reforma começou. Ele era muito bom em filosofia grega e romana e também em teologia cristã (os gregos sempre aparecem, não é mesmo?). Seus pensamentos chegaram à versão de Santo Agostinho do pensamento platônico, que se baseia na ideia de que a humanidade é uma sombra falsa e corrupta da Ideia perfeita de Deus. Assim como Agostinho, Calvino achava que as pessoas eram más desde o pecado de Adão e Eva. Mas Calvino concordava com Lutero e afirmava que Deus era misericordioso. Em vez de condenar todos ao inferno, Deus optou por salvar alguns.

Esse tipo de pensamento colocou Calvino nas estatísticas, juntamente com seus colegas na França. Os estudiosos da Universidade de Paris não tinham paciência para as ideias da Reforma; portanto, Calvino saiu da universidade e foi para a Suíça. Em pouco tempo, ele foi convidado para ensinar a teologia da reforma em Genebra. Suas ideias passaram a ser a base para o que se chamou de *calvinismo* ou *puritanismo*. Calvino estabeleceu-as em um influente livro de 1536, chamado Institutos da *Religião Cristã*.

Calvino foi mais além do que Lutero ao adotar a predestinação. Embora ele apoiasse a sua ideia de que apenas as boas ações não levam à salvação, ele discordava com relação à importância da fé em garantir um lugar no paraíso. Calvino acreditava que Deus decidia a salvação ou a condenação de uma pessoa no início da criação. Nada que você faça ou creia influencia se você será salvo ou condenado.

Porém, a predestinação não significava que você podia fazer tudo o que queria, segundo Calvino. Ele dizia que, para ter direito a uma vida divina, era preciso ser vigilante e rígido. Não se tratava de conquistar um favor de Deus ou uma recompensa, pois o Deus de Calvino não barganhava. Mas, se você acreditasse, tinha a oportunidade e a obrigação de agir com base em sua crença.

Os seguidores de Calvino precisavam ficar atentos a todos os tipos de pecado e estar prontos para expulsar os insignificantes de sua igreja. Aqueles que enfrentassem a igreja reformada podiam ser exilados ou torturados até a morte. Genebra, outrora uma cidade bastante aberta, passou a ser um lugar onde as pessoas podiam ser punidas por cantar uma música diferente ou roupas coloridas demais. Os puritanos desaprovavam banquetes. Eles baniam as danças e achavam o teatro um pecado. Acreditavam no trabalho duro, na economia e na honestidade. Trabalhando duro e sendo econômicos, muitos calvinistas prosperaram e alguns chegaram até a ficar ricos, o que contribuiu para a prosperidade e a segurança da Suíça. Os puritanos mais ricos também compartilhavam sua riqueza com a igreja calvinista, ajudando em seu crescimento e aumentando sua influência.

As ideias de Calvino eram tão rígidas que os residentes de Genebra mais liberais inicialmente resistiram e até o expulsaram da cidade. Mas o reformador voltou e, quando ele morreu em 1564, Genebra foi considerada a cidade de Calvino, uma cidade puritana. Seus críticos chamavam-no de "Papa de Genebra".

O puritanismo logo se tornou influente em outras partes do mundo, como mostro nas próximas seções.

Causando tumulto na França

Como João Calvino vinha da França, parecia certo de que seus ensinamentos retornassem para lá. Ministros de Genebra espalharam o boato, mas assim como havia acontecido com a Reforma no Sacro Império Romano e na Suíça, alguns nobres franceses romperam com o catolicismo por motivos mais políticos do que religiosos. Eles lutaram contra os rivais católicos. O conflito transformou-se em um confronto armado em 1562, quando as batalhas intermitentes assumiram a forma de nove Guerras Religiosas francesas durante os 36 anos seguintes.

A família real francesa via os calvinistas franceses, ou *huguenotes*, como uma ameaça. Eles sofreram forte perseguição. O Rei Henrique II, que chegou ao poder em 1547, queria matar todos os protestantes da França e da Holanda. Seus filhos, Carlos e Henrique III, continuaram sua política. Antes de se tornar rei, Henrique III estava entre os soldados que assassinaram 50 mil huguenotes no Massacre de São Bartolomeu, em 1572.

O país não ficou em paz até que Henrique IV assumiu o trono da França em 1598. Henrique IV tinha sido calvinista, mas precisou converter-se ao catolicismo para governar. No entanto, ele gostava dos huguenotes e lhes deu fortes para se defenderem dos ataques.

A explosão das rebeliões na Holanda

O calvinismo fixou-se no norte da Holanda. Este desenvolvimento não foi bem aceito pelo rei da Espanha, Filipe II, que também governava aquele país (herança de seu pai, o imperador do Sacro Império Romano, Carlos V).

Enquanto o sul da Holanda era católico e espanhol, o norte calvinista se libertou em 1608 e passou a se chamar Províncias Unidas.

Os ensinamentos calvinistas de trabalho duro e economia ajudaram os holandeses a ser bem-sucedidos nas navegações e no comércio. Eles foram excelentes comerciantes e colonizadores no século XVII.

Despertando o Sacro Império Romano

Por volta de 1618, o protestantismo e o catolicismo haviam mudado. O calvinismo militante infundiu o movimento luterano. O catolicismo conseguiu revigorar-se através de um movimento de reforma chamado Contra-Reforma.

Protestantes e católicos enfrentaram-se novamente na última grande guerra religiosa da Reforma, a *Guerra dos Trinta Anos* (1618-1648). Ela teve início depois que os protestantes da Boêmia tentaram apontar um rei protestante no lugar do imperador católico do Sacro Império Romano.

O imperador Matias enviou forças para enfrentar os protestantes boêmios. Os estados católicos da Alemanha lutaram ao lado do império. Os estados protestantes apoiaram os boêmios. A Espanha, ainda governada pelos primos Habsburgo do imperador, enviaram soldados para ajudá-lo e os católicos tomaram a dianteira.

Mas então surgiram os suecos no lado protestante, comandados pelo rei Gustavo Adolfo. Os protestantes estavam na frente até sua morte em uma batalha. Então, os católicos estavam fadados à vitoria; porém, mais um país estava prestes a entrar na guerra.

Era a França católica. Seria o fim para os protestantes? Bem, não exatamente. A França, governada por Luís XIII e o ministro do governo, Cardeal Richelieu (isso mesmo, um alto oficial da Igreja Católica Romana), entraram nesse conflito do lado *protestante*. O interesse de Richelieu era a segurança da França. Ele se voltou contra a família Habsburgo – governantes do Sacro Império Romano e da Espanha – para evitar que eles ficassem poderosos demais (está vendo como essa guerra era "religiosa"?).

As tropas francesas ajudaram a garantir a Paz de Westphalia, encerrando a guerra em 1648. Após décadas de lutas, a Alemanha estava em frangalhos, economicamente falando. A Espanha estava falida; combater a Reforma fez com que o país entrasse em um longo declínio. Resumindo, teria sido melhor deixar os boêmios elegerem um rei protestante.

O Puritanismo na Inglaterra e na Escócia

Os ensinamentos calvinistas foram difundidos na Inglaterra e algumas pessoas queriam fazer do puritanismo parte da Igreja Anglicana. Este movimento acabou levando à Guerra Civil Inglesa em 1642, à execução de Carlos I e ao estabelecimento do protetorado, um governo de puritanos para puritanos (veja o Capítulo 8).

O escocês John Knox (1523-1572) era um padre católico que se converteu ao luteranismo e caiu sob a influência de Calvino durante o tempo em que passou em Genebra.

Knox fundou a Igreja da Escócia em 1560. Os calvinistas escoceses, chamados de *presbiterianos*, organizaram seu modelo de adoração e autoridade religiosa com base no modelo suíço, mas enfrentaram duras críticas do rei James VI. Ele odiava o puritanismo e colocou bispos na Igreja Escocesa. James VI tornou-se o rei James I da Inglaterra em 1603 e, portanto, líder da Igreja Anglicana (veja o Capítulo 19).

Emigrando para a América

Os peregrinos que foram da Inglaterra para a América do Norte a bordo do *Mayflower*, aportando na Baía de Cape Cod, Massachusetts, em 1620, eram chamados de separatistas. Eles haviam rompido com a Igreja Anglicana para que pudessem seguir livremente suas crenças calvinistas. Logo eles foram seguidos pelos puritanos, um pouco menos radicais, que preferiam ficar dentro da igreja inglesa, mas deixá-la mais calvinista. Na Nova Inglaterra, os dois grupos passaram a ser praticamente indistinguíveis.

Consideradas os fundadores da sociedade americana, essas pessoas aderiram a um tipo altamente moralista de cristianismo – não muito diferente do calvinismo rigoroso praticado em Genebra – e moldaram as atitudes sociais e a política civil durante séculos.

Os puritanos da Nova Inglaterra ganharam notoriedade por rotular algumas mulheres como bruxas, perseguindo-as e matando-as. Esta prática não era exclusiva dos puritanos, ou até mesmo dos protestantes americanos. Os católicos queimaram bruxas nos tempos medievais. As restrições do calvinismo, no entanto, tendiam a incentivar este tipo de atitude. Os presbiterianos escoceses também eram bastante enfáticos em sua caça às bruxas.

Percorrendo os Séculos

1509: Erasmo de Roterdã publicou sua sátira sobre a corrupção da Igreja, *Elogio da Loucura*.

31 de outubro de 1517: Martinho Lutero pregou suas *95 Teses*, um protesto contra os abusos da Igreja, na porta de uma igreja de Wittenberg, Saxônia.

1524: A Guerra dos Camponeses, uma rebelião dos pobres contra os nobres, explodiu no centro e no sudoeste da Alemanha e na Áustria.

1534: Sob ordens de Henrique VIII, o Parlamento inglês declarou o rei Líder Supremo da Igreja na Inglaterra, excluindo a autoridade do papa.

1536: O líder rebelde franco-suíço João Calvino publicou seu influente livro *Institutos da Religião Cristã*, estabelecendo as doutrinas no calvinismo.

1555: A Paz Religiosa de Augsburg concedeu a cada príncipe do Sacro Império Romano o direito de decidir a afiliação oficial da igreja em seus reinos e ducados.

1572: O futuro Rei Henrique III da França estava entre os soldados que mataram 50 mil huguenotes (protestantes franceses) no Massacre de São Bartolomeu.

1608: A região norte, protestante, da Holanda libertou-se do governo espanhol católico e passou a chamar-se Províncias Unidas.

1620: Os puritanos ingleses chegaram a Massachusetts buscando a liberdade religiosa.

1648: A Paz de Westphalia acabou com a Guerra dos Trinta Anos.

Capítulo 15

Abertura para a Ciência e o Iluminismo

A ciência e a engenharia moldam tudo na sociedade atual, não apenas os *smartphones* multimídia e os sistemas de posicionamento global que cabem em um chaveiro. Refiro-me a tudo. Durante séculos, os seres humanos utilizaram a pesquisa científica, o método e as invenções para recriar o mundo.

Todo avanço científico remete a uma ideia. Portanto, como grande parte das incríveis criações da ciência está bem aí na sua frente, você pode tocar, usar e xingar (principalmente quando seu computador trava); é fácil perceber como todo esse material deve suas origens distantes aos filósofos. Mas também é fácil esquecer tudo isso: como a filosofia empresta grandes áreas do pensamento moderno à ciência.

Combinando Ciência e Filosofia

A luz elétrica que você usa para ler e o processo computadorizado de publicação que produziu este livro são exemplos óbvios de como a ciência afeta você. Assim como afeta sua camiseta. Ela pode ser feita de fibra sintética, um produto da química. Mesmo que ela seja feita de uma fibra natural, como o algodão, considere que ela vem de uma planta que, é quase certo, foi cultivada através de métodos científicos e colhida por máquinas movidas por motores de combustão interna, mais ciência e engenharia. Em seguida, o tecido foi feito mecanicamente em teares elétricos e provavelmente colorido com tingimento químico, ainda mais ciência.

O que você come, a maneira como você viaja, seu trabalho e o modo como você utiliza seu tempo livre são, quase todos, marcados de alguma maneira pelas descobertas e invenções científicas, novas e antigas.

De onde veio toda essa criatividade a não ser da maravilhosa mente humana? As pessoas sempre criam novos métodos e novas ferramentas para executar suas tarefas. Mas a versatilidade científica e a engenharia que definem os ramos do mundo atual vêm de uma tradição que data dos antigos filósofos gregos, uma tradição de questionar o mundo e como ele funciona (veja o Capítulo 11 para saber mais sobre os filósofos gregos e o início da ciência).

As coisas realmente começaram a melhorar quando a Renascença (veja o Capítulo 13), um movimento econômico e intelectual que se baseou nos estudiosos gregos e romanos, colocou em evidência uma Revolução Científica no século XVII. E isso levou à Revolução Industrial do século XVIII. Descobertas, invenções e os pensamentos que elas inspiram surgem como estranhas desde então. A ciência moldou a tecnologia, que moldou a indústria, que molda a economia, que molda a sociedade como um todo.

A Revolução Científica nasceu na filosofia e criou novas maneiras de pensar. O racionalismo e o empirismo, ambos maneiras intelectuais de pensar sobre o mundo, surgiram de perspectivas científicas. O Iluminismo do século XVIII, também chamado de *Idade da Razão*, tinha suas raízes na ciência. As ideias que surgiram durante o Iluminismo alimentaram as Revoluções Americana e Francesa (saiba mais sobre revoluções no Capítulo 9).

As aplicações da ciência e da engenharia, que criaram a Revolução Industrial, mudaram o modo como as pessoas viviam, levando dificuldades para muitas e fantásticas recompensas para poucos espertos (ou sortudos). As mudanças sociais, inclusive trabalho infantil, favelas e industriais que ficaram ricos de uma hora para a outra influenciaram a filosofia e inspiraram o novo campo da economia.

O Início de uma Revolução Científica

De um graveto afiado a uma fogueira e às lâminas de pedra que os primeiros humanos aprenderam a fazer até os microcircuitos de chips, feitos de silício, os humanos tiveram um tempinho para criar ferramentas úteis. Portanto, mesmo sem os filósofos gregos e seus seguidores, as pessoas conseguiram criar algumas das maravilhas modernas, às quais nem damos mais valor.

Mas, como você sabe, os estudiosos da Renascença, europeus que adotaram ideias gregas, foram quem começaram o questionamento científico e lideraram a humanidade para o mundo moderno, científico.

Olhando para o céu: a astronomia

Entre os mais influentes cientistas estavam os astrônomos. O espírito renascentista (veja o Capítulo 13), como incorporado pelo polonês Copérnico, trouxe novas teorias referentes à posição da Terra em relação ao Sol e aos outros planetas. Suas teorias desafiaram as crenças medievais (baseadas no trabalho de Aristóteles e do astrônomo greco-egípcio Ptolomeu) de que a Terra era o centro do universo e de que as estrelas eram eternas e fixas.

Brahe vê um cometa

Outros filósofos do século XVI observavam cuidadosamente o céu noturno. Um dinamarquês chamado Tycho Brahe (1546-1601) foi o pioneiro da astronomia moderna, embora não tivesse telescópio, tomando medidas detalhadas através de múltiplas observações.

Brahe vinha de uma família nobre da então Suécia dinamarquesa, e conseguiu patrocínio desta, inclusive uma ilha (Hven) e dinheiro para construir seu próprio observatório. Ele tinha o dinheiro, os instrumentos (como sextantes de navegação para medir a posição das estrelas) e assistentes para ajudá-lo a explorar os céus, como ninguém havia feito antes.

Entre suas descobertas, Brahe percebeu em 1572 que uma nova, ou nova estrela, estava mais distante do que os planetas. Como algo novo no céu, ela não deveria estar entre as estrelas, pois estas eram consideradas eternas. Em 1577, ele percebeu que um cometa estava ainda mais distante do que a Lua. Esta descoberta também frustrou as suposições convencionais a respeito de como o céu era organizado. A distância e o movimento do cometa conflitaram especialmente com uma ideia antiga sobre esferas transparentes, que supostamente transportavam os planetas ao redor da Terra.

Brahe era ousado o bastante para concluir que se o cometa podia se mover entre elas, talvez as esferas não existissem e provável que os planetas se movimentassem de forma independente. Esta teoria deu início à mudança da astronomia, da geometria (traçar curvas e as relações das esferas) para a física (tentar compreender o movimento de corpos celestiais independentes).

Brahe não aceitava uma ideia ousada de Copérnico: a de que a Terra se movimenta. Além de contrariar a cosmologia de Aristóteles, uma Terra em movimento desafiava a sensibilidade religiosa luterana de Brahe.

Ele recorreu a uma antiga prova de uma *Terra fixa*, imóvel: se você atira uma flecha para cima em um dia sem vento, ela cai reta, aterrissando no local de onde foi atirada. "Se a Terra gira para o leste", ele escreveu, "um corpo lançado a partir dela se deslocaria para o oeste; os pássaros que deixam seu ninho seriam levados a quilômetros de distância antes de pousar". Lembre-se de que isso aconteceu mais de um século antes de o inglês Isaac Newton escrever sobre a gravidade e os postulados do movimento.

Além disso, Brahe não conseguiu detectar a paralaxe, um movimento nas posições das estrelas que mostraria a ele que o chão, a partir do qual ele as observava, era uma plataforma em movimento. A ideia de que elas estavam tão distantes que seus instrumentos não podiam detectar seu movimento não fazia sentido para ele. Todo o universo, ele pensava, tinha aproximadamente 14 mil vezes o tamanho da Terra.

Essas teorias e discórdias ilustram como era difícil para a ciência se livrar de antigos preconceitos. Até mesmo Tycho Brahe, um observador de estrelas desde adolescente, que tinha os melhores instrumentos e as melhores informações que já haviam sido reunidas, era capaz de superar algumas de suas ideias não científicas sobre como o universo deveria funcionar.

Kepler desenha os planetas

Após a morte de Brahe, seu assistente e herdeiro científico, o alemão Johannes Kepler (1571-1630), pegou seus dados e os aplicou para apoiar as teorias de Copérnico.

Kepler, que não enxergava bem e tinha uso limitado de suas mãos (ambos consequências de uma varíola severa que ele teve quando bebê), criou leis de movimentos planetários que são a base dos estudos do sistema solar desde aquela época. A primeira dessas leis é algo que você provavelmente viu no primário: cada planeta descreve uma órbita elíptica com o sol em um foco.

O telescópio de Galileu

Enquanto Kepler trabalhava com os dados de Brahe, um professor de matemática italiano, Galileu Galilei (1564-1642), criou uma maneira nova e empolgante de observar as estrelas, utilizando tecnologia de ponta. Desenvolvido recentemente e considerado uma ferramenta para reunir inteligência militar, o telescópio provou funcionar melhor para expandir a inteligência científica.

Galileu (mais conhecido pelo primeiro nome) teve visões do céu que ninguém tinha visto antes, como montanhas na lua e as luas de Júpiter. Em 1610, Galileu relatou suas descobertas em um livro, O *Mensageiro Sideral* (Sideral, que vem de uma palavra latina para "estrela", significa "pertencente a uma constelação").

Galileu também viu como Copérnico estava certo: muitos corpos celestiais claramente não orbitavam a Terra. Ele publicou suas descobertas em 1632, um movimento que o colocou em apuros com as autoridades da Igreja. O braço romano da Inquisição, que não era tão notável quanto a Inquisição espanhola (abordada no Capítulo 10), mas, mesmo assim, era bastante conservadora, forçou-o a desistir e sentenciou-o, então com 69 anos, a viver o resto de sua vida em prisão domiciliar.

Galileu, de modo realmente renascentista (saiba mais sobre a Renascença no Capítulo 13), era muito mais do que um astrônomo. Ele também era artista, músico, engenheiro e matemático.

O trabalho de Galileu na física abriu caminho para o brilhante inglês Isaac Newton, que nasceu no ano em que Galileu morreu. Talvez o princípio físico mais famoso estabelecido por Galileu é o de que o peso não determina a velocidade de queda de um objeto. Em outras palavras, se você descontar ou igualar a resistência do ar ou qualquer outra fricção, uma bola de boliche e uma bola de futebol caem na mesma velocidade. Diz a lenda que Galileu estabeleceu este princípio derrubando bolas da torre de Pisa, mas não foi bem assim. Sua experiência envolvia medir o tempo de bolas com tamanho igual, porém com pesos diferentes rolando em um plano inclinado. Galileu fazia seu trabalho com observação, experimentação e matemática cuidadosas. Em seu despertar, a ciência passou a depender cada vez mais de pesquisas imparciais, chegando a uma questão sem preconceitos para poder basear qualquer conclusão em provas ou em um modelo matemático sólido.

O avanço dos métodos científicos

Todos os tipos de descobertas vinham de pessoas que seguiam o exemplo de Galileu: na física, na matemática, na anatomia, na astronomia e muito mais.

Um nobre, estadista e filósofo inglês, Francis Bacon (1561-1626) fez um ótimo trabalho ao transformar suas ideias em palavras. Ele argumentou a favor da indução, trabalhando a partir de especificações observadas ou demonstradas de um princípio geral. A certeza de Bacon de que a natureza poderia ser compreendida, e até controlada, transformou-se na ortodoxia da *filosofia natural*.

Outro inglês, o gênio da física e da matemática, Isaac Newton surgiu um pouco mais tarde (1642-1727). Newton também é citado por estabelecer métodos científicos, embora ele seja mais famoso por estabelecer a Lei da Gravidade (sua sobrinha deu origem à lenda de que uma maçã que caiu da árvore o inspirou), entre outras leis úteis da física. Ele também inventou o cálculo.

Newton aplicou seu trabalho com a gravidade às leis de Kepler sobre os movimentos planetários. Todos os homens mencionados neste capítulo trabalharam sobre os trabalhos uns dos outros. Embora a internet não existisse naquela época, a prensa (veja o Capítulo 13) facilitou o contato de um estudioso com outro.

A seguir, exemplos de outros avanços desse período:

- ✔ William Harvey (1678-1757), que estudou em Padova, na Itália, descobriu a circulação sanguínea.

- ✔ Carl Linne (1707-1778), conhecido pelo seu nome latino Linnaeus (Lineu), classificou as espécies dos reinos animal e vegetal pela primeira vez.

- ✔ Robert Bakewell (1725-1795) explorou métodos científicos para criar animais maiores e mais fortes nas fazendas.

O Despertar do Iluminismo

Em "Regras de Raciocínio em Filosofia", um ensaio incluído em seu livro *Princípia – Princípios Matemáticos da Filosofia Natural*, de 1687, Isaac Newton escreveu: "Não devemos mais admitir causas para acontecimentos naturais do que as que sejam verdadeiras e suficientes a fim de explicar seu surgimento".

Essa abordagem com relação à exploração do mundo, objetiva, sem preconceitos, também foi a base para um ramo da filosofia chamado *empirismo*, a ideia de que o conhecimento é baseado na experiência e derivado dos sentidos.

Juntamente com o *racionalismo* (uma maneira de buscar a verdade com base na razão e não na experiência), o empirismo sinalizou mais do que uma crescente abertura para novas ideias. Estas filosofias, e filosofias a elas *relacionadas*, foram chamadas de Iluminismo e reorganizaram o pensamento convencional, depois a política e o governo, de forma que abalaram o planeta.

O empirismo

John Locke (1632-1704), um médico e filósofo inglês, introduziu o empirismo em seu *Ensaio Sobre o Entendimento Humano*, de 1690. Ele e seus herdeiros empiristas, entre eles o escocês David Hume (1711-1776), tinham as ciências naturais como modelo para todo o conhecimento.

O trabalho de Locke foi muito importante para a filosofia, mas ele já tinha muita influência no pensamento político, principalmente com sua ideia de que a autoridade deriva unicamente do consentimento dos governados.

Se você comparar essa ideia com outras noções mais antigas sobre o direito divino dos reis (veja o Capítulo 10), verá como o pensamento de Locke levou a uma revolta política. Seu trabalho influenciou os homens que deram início à Revolução Americana. Alguns franceses, sobre os quais você lerá mais adiante neste capítulo, estavam em uma frequência similar.

Vivendo uma vida "suja, brutal e curta"

Nem todas as teorias dos séculos XVII e XVIII, que se baseavam no pensamento científico, pareciam apontar para a revolta popular. Thomas Hobbes (1588-1679) foi um inglês que seguiu um caminho intelectual da matemática para a teoria política. O caminho levou-o a pregar a monarquia absoluta.

Hobbes, educado em Oxford, viajado, interessou-se um pouco tarde pelo motivo através do qual as pessoas se permitiam ser governadas e qual seria a melhor forma de governo. Em 1651, ele escreveu sua famosa obra *Leviatã* (embora a palavra signifique "monstro marinho" e às vezes se refira a uma baleia, Hobbes aplicou o termo a um estado poderoso, ou nação).

Hobbes afirmava que cada pessoa tem seus próprios interesses e, portanto, coletivamente, elas não podem governar uma sociedade. Devido a toda sua desconfiança em relação à natureza humana, Hobbes estava interessado na justiça e pregava que as pessoas se unissem para que o monarca ouvisse suas reclamações. Foi ele quem cunhou a frase "a voz do povo".

A razão do racionalismo

O *racionalismo*, outra filosofia do século XVII, optou pela razão em vez da observação (sentidos) como base do conhecimento.

O modo de pensar remonta a René Descartes (1596-1650), o matemático francês que inventou a geometria analítica, ou *cartesiana* (relativa a Descartes) (a geometria cartesiana utiliza a álgebra para solucionar problemas geométricos, caso você esteja procurando em quem colocar a culpa).

Descartes acreditava que a razão podia ser baseada no conhecimento existente, independente da experiência pessoal (pense no modo como os princípios matemáticos parecem existir em um plano separado da realidade diária).

Descartes decidiu que, além da dúvida, estava apenas seu próprio pensamento. Isso resultou em uma das mais memoráveis citações de toda a filosofia: "Penso, logo existo".

O racionalismo também se transformou em movimento político. Baseado em Paris, ele foi incorporado por um grupo de escritores, que incluía o poeta Voltaire (1694-1778) e o ensaísta nascido na suíça Jean-Jacques Rousseau (1712-1778).

Expandindo para os Enciclopedistas

Nos anos de 1770, Voltaire e outros pensadores, liderados pelo crítico Denis Diderot (1713-1784), publicaram a *Enciclopédia*, uma coleção de escritos políticos e sociais que utilizava a razão para atacar a antiga ordem francesa: o "*ancien régime*".

Os enciclopedistas tinham muito interesse na Revolução Americana, que explodiu na mesma década de sua colaboração. O interesse era mútuo. Muitos dos rebeldes na América eram pensadores iluministas, principalmente Thomas Jefferson, que escreveu a Declaração da Independência. Assinada em 1776, ela contém frases como: "Acreditamos que essas verdades sejam evidentes" (racionalismo) e "certos Direitos inalienáveis", que parece inspirada por Locke e Rousseau.

As obras de Jean-Jacques Rousseau, principalmente seu *Discurso sobre a Origem e os Fundamentos da Desigualdade entre os Homens*, de 1755, que enfatiza a bondade natural dos seres humanos, e *Do Contrato Social*, de 1762, tiveram grande influência no pensamento político da época. Este último introduziu o *slogan* "Liberdade, Igualdade, Fraternidade", o grito de guerra da Revolução Francesa em 1789 (veja o Capítulo 8).

A Engenharia da Revolução Industrial

Alguns pensadores estavam mais interessados em solucionar problemas práticos do mundo material. Se a realidade física não era apenas compreensível, mas também controlável, como Francis Bacon pensava, cabia aos engenheiros descobrir modos de controlá-la.

Um destes engenheiros, o inglês Jethro Tull (1674-1741), inventou a semeadeira (o que não parece um bom motivo para uma banda de folk-rock dos anos 1970 adotar seu nome). Ela (ao contrário da flauta, instrumento bastante utilizado pela banda Jethro Tull) permitia o plantio mais rápido, em fileiras alinhadas, entre as quais era possível caminhar para arrancar ervas daninhas. Como resultado, a produção rural cresceu.

O inglês Thomas Savery (1650-1715) também pensava em termos práticos. Em 1698, ele patenteou um equipamento que utilizava a pressão do vapor para bombear a água para fora das minas de carvão e de estanho. Com a ajuda do ferreiro Thomas Newcomen, Savery o improvisou até que pudesse construir um motor a vapor comercializável. Seu principal uso continuou sendo o bombeamento de água, mas utilizar o motor a vapor para fazer girar engrenagens, como, por exemplo, em um moinho de farinha, ocorreu a outros colegas igualmente práticos.

Na segunda metade do século XVIII, Thomas Hargreaves (1774-1847), um carpinteiro analfabeto de Nottingham, Inglaterra, construiu uma máquina que carregava diversos carretéis em uma armação que girava todos ao mesmo tempo, possibilitando um volume de produção têxtil muito além do que era possível na máquina de fiar. Ele patenteou a *jenny giratória* (ele deu o nome de sua esposa à máquina) em 1768. No ano seguinte, Richard Arkwright criou um dispositivo similar movido por uma roda d'água, como nos moinhos.

Durante séculos, as mulheres fiavam à mão e teciam em teares manuais. Estas indústrias eram chamadas de *indústrias rurais*, pois ficavam na casa das pessoas. A máquina de Arkwright e outros eram muito grandes, muito caras e muito complexas para as pessoas usarem em casa.

Empresários construíram prédios grandes, onde várias máquinas movidas a água de Arkright podiam ser montadas em uma enorme sala, com funcionários contratados para operá-las. Este processo ficou maior, mais rápido e mais poderoso em 1779, quando Samuel Crompton (1753-1827) inventou a *mula giratória* (em homenagem ao seu cunhado; não, estou brincando). A mula movida à água podia girar até mil carretéis por vez e também era capaz de ser ligada a um moderno motor a vapor.

A industrialização em larga escala havia começado. O escocês James Watt aperfeiçoou o motor a vapor em 1790 e cada vez mais investidores, mais ricos, estavam por trás do novo sistema fabril. A produção em massa de mercadorias criou uma necessidade de melhores formas de transporte e de matérias-primas, utilizadas no processo de fabricação. A industrialização levou a amplas redes de canais para o tráfego de barcaças. Em seguida, alguns inventores brilhantes descobriram como fazer com que o motor a vapor fosse móvel, o que significava ferrovias e navios a vapor (sobre os quais falei no Capítulo 9) e, como você deve saber, as inovações foram surgindo.

Lidando com as sobras sociais

A Revolução Industrial foi uma mudança tão profunda quanto qualquer movimento político. Ela acabou com as indústrias rurais e separou a casa do ambiente de trabalho, forçando as pessoas a se mudarem para as cidades em busca de emprego. A Inglaterra e depois outros países passaram a ser mais urbanas do que nunca. E não eram apenas cidades estabelecidas, como Londres, que cresciam como ervas daninhas; cidades novas em folha surgiam ao redor de moinhos, minas e fábricas.

Embora levassem riqueza aos proprietários das fábricas e emprego a milhares de pessoas, essas mudanças sociais também causaram sérios problemas. O pessoal do campo, que era contratado para trabalhar nas fábricas, encontrava-se em casas pequenas e superlotadas, com ventilação e condições de higiene precárias. Os bairros da classe trabalhadora rapidamente se transformaram em miseráveis favelas industriais.

Os donos das fábricas tinham controle absoluto. Lembre-se de que a população da Europa havia crescido rapidamente na Renascença; portanto, havia muito trabalho e ele era mal pago. Os operários não tinham influências e trabalhavam sob condições com as quais ninguém concordaria atualmente: um dia de trabalho tinha 12 horas ou mais; as fábricas trabalhavam seis dias por semana, assim como os empregados.

Muitas das novas máquinas não requeriam a força humana. Teares e máquinas de fiar elétricas podiam ser operadas por mulheres e crianças, muitas das quais não tinham outra opção a não ser trabalhar muitas horas – por um salário menor do que o dos homens. A Figura 15-1 mostra uma dessas funcionárias.

A Revolução Industrial criou uma nova e urgente necessidade de carvão e ferro. Ele abastecia os motores a vapor, que moviam o maquinário. Nos anos 1850, um engenheiro chamado Henry Bessemer (1813-1898) criou uma maneira barata de fazer *aço*, um ferro purificado acrescido de agentes endurecedores. Surgiram os moinhos de aço e a mineração explodiu.

Figura 15-1: Crianças geralmente operavam máquinas na Revolução Industrial.

© Corbis

Nas minas, até mesmo crianças pequenas eram recrutadas para trabalho físico, como empurrar vagões pesados de carvão ao longo dos trilhos subterrâneos, através de túneis pequenos demais para um burro trabalhar com facilidade. Mesmo com todo o trabalho que havia, a pobreza era cruel. As pessoas aceitavam os empregos nos termos do dono da fábrica, ou sua família passava fome.

Essas condições inspiraram novas linhas de filosofia social; a mais influente foi desenvolvida pelo alemão Karl Marx, sobre quem falarei na seção "Desenvolvendo o capitalismo e o marxismo", mais adiante.

A revolta contra as máquinas: A revolta dos Ludistas

Diz a lenda que, em 1782 (ou, em alguns relatos, 1779), um trabalhador de Leicestershire, Inglaterra, Ned Ludd, destruiu algumas máquinas usadas para fazer meias. Ludd culpava-as por desempregar as pessoas que faziam este trabalho manualmente.

O nome de Ludd surgiu em 1811, quando trabalhadores de Nottingham se revoltaram, atacando e destruindo os teares elétricos. Os revoltados viam o novo maquinário como a fonte de sua miséria. Essas pessoas eram chamadas de Ludds, ou *Ludistas*, por causa do homem que supostamente as inspirou. As autoridades prenderam-nas e julgaram todos juntos em Londres. Muitos foram enforcados e outros deportados para a Austrália.

Desde então, as pessoas que culpam ou temem a tecnologia são chamadas de *Ludistas*. A palavra ressurgiu no final do século XX com o surgimento da era digital e a resistência de muitas pessoas em usar os computadores.

Comercializando a Economia

Assim como a filosofia deu início às disciplinas científicas individuais, ela também se dividiu em outras ramificações do pensamento filosófico. No século XVIII, a economia passou a ser uma disciplina.

Jogando o jogo do dinheiro com Adam Smith

O escocês Adam Smith (1723-1790) utilizou seu cargo de professor de lógica e filosofia moral na Universidade de Glasgow para estudar de que modo funcionavam os mercados e também novos métodos de manufatura, como a divisão do trabalho.

Smith viajou para Paris e se encontrou com filósofos que estavam transformando o pensamento político francês (e que foram mencionados anteriormente neste capítulo, na seção "Expandindo para os Enciclopedistas"). Ele achava que estava bastante afinado com François Quesnay, que se opunha as tarifas e outras intervenções governamentais no comércio internacional. As ideias de Smith encaixavam-se na noção dos enciclopedistas franceses de uma ordem social inerente e justa.

Ele acreditava que, se o governo abandonasse o comércio, os indivíduos que perseguiam objetivos econômicos egoístas seriam levados, como por uma mão invisível, a beneficiar a sociedade como um todo. É claro que nem sempre foi assim, principalmente quando levamos em conta a sordidez e a pobreza que acompanhou a Revolução Industrial. A crise econômica mundial de 2008-2009 pode ser vista como o exemplo mais recente da *mão invisível* de Smith falhando em sua tarefa.

No longo prazo, as ideias de Smith sobre a liberdade econômica, apresentadas em seu livro de 1776 *Uma Pesquisa sobre a Natureza e as Causas da Riqueza das Nações*, foram enormemente influentes no desenvolvimento da teoria econômica moderna e continuam sendo citadas até hoje.

Desenvolvendo o Capitalismo e o Marxismo

As teorias de Adam Smith apoiam um capitalismo de livre mercado, embora ele nunca o tenha chamado assim. Outro economista clássico (no campo de estudos fundado por Smith) inventou a palavra *capitalismo* e via os *capitalistas* – aqueles que detêm os meios de produção – como opressores.

Karl Marx nasceu em Trier, Alemanha, em 1818, e cresceu vendo os efeitos da industrialização. Ele foi atraído pelas ideias de Georg Friederich Wilhelm Hegel (1770-1831). Hegel, um idealista, desenvolveu sua própria *dialética*, uma técnica filosófica de questionamento. A dialética remonta a Atenas do século V a.C. e ao filósofo Sócrates, que fingia não saber as respostas para as perguntas que fazia como um modo de usá-las para atrair a verdade das pessoas que respondiam a ele. A dialética de Hegel envolve afirmar algo como verdade (tese), negar (antítese) e, em seguida, combinar os dois (síntese) para chegar a uma verdade maior.

Ao contrário de Hegel, Marx acreditava que tudo é composto exclusivamente de porções físicas dentro do tempo e do espaço. Em outras palavras, ele era um materialista. Formas de filosofia materialista remontam a outro grego: Epicuro. Marx, no entanto, aplicou a dialética de Hegel enquanto trabalhava em suas próprias teorias sobre economia e luta de classes (você pode ler mais sobre Sócrates e Epicuro no Capítulo 11).

Marx via o *capitalismo* – sua palavra para o sistema econômico da Revolução Industrial dominado pelos proprietários de fábricas e de minas – como um estágio social primitivo acima apenas do feudalismo. O capitalismo era um planalto no caminho para o socialismo e, finalmente, o que ele acreditava ser a organização ideal, o *comunismo*.

Em seu principal trabalho, *O Capital*, de 1867, Marx descreve o estado como um instrumento do governo das classes, apoiando o capital privado e suprimindo as massas. Em contraste com as teorias de Smith sobre a liberdade econômica que beneficiava a sociedade como um todo, Marx observa as realidades da Revolução Industrial e argumenta que a necessidade de ter lucro força os salários para baixo a um mínimo necessário para a subsistência.

Marx escreve que as sociedades capitalistas são instáveis, definidas por contradições. Como a necessidade de lucro mantém os salários baixos, os trabalhadores não têm poder de compra para adquirir as mercadorias produzidas pela economia (ele não conseguiu prever a carta que começa assim: "Caro Sr. Marx, parabéns! O senhor foi pré-aprovado para uma conta Citibank Visa.").

A tendência inerente do capitalismo em relação às explosões e quedas, dizia Marx, irá piorar até incitar uma revolução da classe trabalhadora. Ele afirma que a classe trabalhadora, ou *proletariado*, tomará as rédeas do estado e estabelecerá uma ditadura do povo. Marx também afirma que, como a economia industrial é capaz de produzir o suficiente para todos, *não* há necessidade de haver camadas sociais. A propriedade comum trará a abolição destas; uma sociedade sem classes levará ao encolhimento do estado, resultando no comunismo.

Marx e seu colaborador, Friederich Engels (1820-1895), viram essa mudança acontecendo na Alemanha e, em seguida, se espalhando para o restante da Europa industrializada. O último lugar que eles achavam que suas teorias econômicas iriam "pegar" era no império da Rússia, rural e economicamente atrasado.

Porém, com um pouco de trabalho de Vladimir Lenin (saiba mais sobre ele no Capítulo 9), a Rússia passou a ser o ponto de partida para uma experiência marxista. A União das Repúblicas Socialistas Soviéticas (URSS) não funcionou como haviam previsto Marx e Engels. O estado caiu em 1991, mas isso aconteceu em grande parte porque a URSS estava falida e havia perdido sua credibilidade política. Ela foi substituída por outro estado: a atual Rússia.

Mesmo assim, o marxismo, que também adotou diversas formas adaptadas na China, em Cuba, no Vietnã, na Coreia do Norte e em outros países, foi uma grande influência no século XX, embora Marx talvez não reconhecesse a interpretação de suas ideias. Muitas nações do século XX, inclusive as da Europa Ocidental, desenvolveram formas de socialismo democrático influenciadas por Marx, mas não atreladas às suas ideias.

Em geral, a experiência do século XX mostra que, permitir que as pessoas persigam a riqueza, gera uma economia mais robusta e resistente, orientada pelo incentivo. Colocar tudo isso sob propriedade do governo tende a criar a estagnação econômica. Até mesmo a China, a maior nação marxista, reintroduziu elementos capitalistas em sua economia no final do século XX.

No entanto, em contraste, muitos governos foram forçados a intervir na indústria bancária mundial: comprometendo dinheiro público para salvar empresas privadas durante a crise econômica de 2008. As empresas financeiras que, no passado, eram marcos na economia do livre mercado, viram-se forçadas a buscar ajuda no estado. Marx deve ter gostado da ironia.

Percorrendo os Séculos

1543: O astrônomo polonês Copérnico publicou sua teoria de que o sol é o centro do universo.

1560: Tycho Brahe, um adolescente dinamarquês, viu um eclipse solar parcial e decidiu dedicar-se à astronomia.

1564: Galileu Galilei nasceu em Pisa, Itália.

1610: Após ter apontado uma nova invenção, o telescópio, no céu noturno, Galileu relatou suas descobertas em seu livro *O Mensageiro Sideral*. Sua observação mais surpreendente foi de que Copérnico estava certo ao dizer que os planetas não orbitam a Terra.

1687: O melhor livro de Isaac Newton, *Principia – Princípios Matemáticos da Filosofia Natural*, estabeleceu as leis básicas da física, tendo incluído a terceira lei: "Para cada ação, há uma reação igual e oposta".

1768: Thomas Hargreaves inventou uma máquina que podia girar diversos carretéis ao mesmo tempo, a *jenny giratória*.

1770s: Em Paris, Denis Diderot reuniu os trabalhos de pensadores e escritores franceses, inclusive, na *Enciclopédia*, uma antologia que atacava a antiga ordem francesa.

1776: Em *Uma Pesquisa sobre a Natureza e as Causas da Riqueza das Nações*, Adam Smith argumentou que, se o governo deixasse o mercado em paz, as pessoas que perseguiam objetivos econômicos egoístas seriam levadas, como que por uma *mão invisível*, a beneficiar a sociedade como um todo.

1812: Trabalhadores revoltados de Nottingham, na Inglaterra, destruíram os teares elétricos. Eles chamavam a si mesmos de *Ludistas*, em homenagem a Ned Ludd, um dos primeiros a ter se rebelado contra as máquinas das fábricas.

1867: No livro *O Capital*, Karl Marx descreveu o estado como um instrumento para governar as classes, apoiando o capital privado e suprimindo as massas.

1991: A União das Repúblicas Socialistas Soviéticas, baseada em princípios marxistas, entrou em colapso.

2008: O Congresso americano aprovou um plano para evitar o colapso da economia americana, ajudando empresas financeiras, de fundos privados, utilizando o dinheiro público.

Parte IV

Lutas, Lutas e Mais Lutas

A 5ª Onda por Rich Tennant

"Somos, basicamente, uma empresa de especiarias. Recentemente, nossa especiaria mais vendida é a pólvora"

Nesta Parte. . .

Infelizmente, a guerra não pode ser separada da história humana. A guerra, a capacidade e a vontade de fazer guerra guiam as sociedades e as nações, um fato que narro em todo este livro. O poder militar é importante; em geral, tragicamente importante. As pessoas fazem guerras por causa de fronteiras, recursos, diferenças étnicas, discordâncias religiosas e alianças políticas, entre muitas outras causas. Por exemplo, no século XXI, os Estados Unidos iniciaram duas guerras em resposta a um ataque terrorista à cidade de Nova York, embora nunca tenha sido provado que a segunda nação invadida, o Iraque, tenha alguma coisa a ver com o ataque.

Nesta parte, você descobrirá as origens da guerra, como o modo de fazer guerra mudou com o passar dos milênios e como essas mudanças moldaram o mundo. Você também verá movimentos atuais para acabar com as agressões internacionais.

Capítulo 16
Paus e Pedras: Promovendo a Guerra à Moda Antiga

Sem guerra, a história humana seria muito diferente, talvez até irreconhecível. As histórias de guerra estão entre as primeiras e mais influentes do folclore e da literatura. Um grande exemplo é *A Ilíada*, sobre a qual falo no Capítulo 4. Durante milênios, todos sabiam quem havia participado da Guerra de Troia e que os gregos haviam vencido, graças ao poema épico.

As culturas de todas as partes do mundo adoravam os deuses da guerra e eram definidas pelas conquistas militares. Ao observar como as guerras começaram a ser travadas muito cedo, podemos ter uma ideia do que colocou esta espécie violenta no caminho que levou aos mísseis inteligentes, às aeronaves invisíveis e bombas de nêutrons.

A Luta como Antigo Modo de Vida

Quando os forasteiros se depararam pela primeira vez com os vales do interior da Nova Guiné nos anos 1930, encontraram vilarejos e mais vilarejos de fazendeiros da Idade da Pedra, que viam as pessoas dos vilarejos

Não somos os únicos que fazem guerra

Os cientistas dizem que a humanidade é a única espécie que faz guerra. Que outro animal se envolve em tanta violência? Em primeiro lugar, o primo genético mais próximo dos humanos é o chimpanzé. Pesquisadores observaram bandos de chimpanzés machos de um grupo atacarem outro bando. Se podem, eles matam todos os machos do outro grupo e obtêm privilégios de acasalamento com as fêmeas.

Jane Goodall, a mais famosa pesquisadora de chimpanzés, disse: "Se eles tivessem armas de fogo e soubessem usá-las, suspeito que as usassem para matar". Esta e outras evidências fazem com que biólogos como Michael P. Ghiglieri, da Universidade do Norte do Arizona, acreditem que os seres humanos não inventaram a guerra. A guerra faz parte do comportamento préhumano.

vizinhos como inimigos eternos ou, pelo menos, inimigos em potencial. As guerras de vingança, cujas causas originais se perderam no tempo, eram a regra.

No final dos anos 1970, a antropóloga Carol Ember relatou que 64 por cento das sociedades caçadoras do mundo, na época, faziam pelo menos uma guerra a cada dois anos. A guerra era rara ou ausente em apenas 10 por cento dos grupos estudados. Nos anos 1980, outro antropólogo, K. E. Otterbein, obteve resultados ainda mais surpreendentes: estudando povos caçadores e agricultores primitivos, ele descobriu que 92 por cento faziam guerra.

Os arqueólogos observam a frequência com que crânios humanos parecem ter recebido golpes violentos, para quebrar os ossos, como se fossem desferidos por tacos ou machados. As provas sugerem que a antiguidade foi uma época violenta e que as pessoas sempre fizeram guerra ou, pelo menos, se envolviam em lutas armadas.

Reunindo Exércitos

Os homens das cavernas faziam guerra, mas ela só foi organizada em larga escala quando surgiram as civilizações. Os exércitos surgiram entre as primeiras civilizações do Oriente Médio (veja o Capítulo 4), assim como as formações, como a coluna, a linha e as estratégias militares clássicas, como a *manobra de divisa* (cercar a linha do inimigo pela lateral).

Em algum momento, após 10000 a.C., o arco e o *boldrié* foram incluídos no arsenal de guerra. Assim como as primeiras lanças e primeiros machados, estes itens certamente serviam como ferramentas de caça, mas mudaram a maneira como as guerras eram travadas. Um arco de madeira, com corda feita de tripa de animais, podia atirar uma flecha com ponta de pedra a uma distância maior do que um campo de futebol.

 Feito com um bloco de couro com duas finas fitas ligadas a ele, o *boldrié* tinha ainda mais alcance. O atirador colocava uma pedra, ou um projétil feito com barro cozido e solidificado no apoio, girava ao redor de sua cabeça pelas alças e soltava uma das alças, fazendo o projétil voar. O herói bíblico Davi derrubou o gigante filisteu Golias com um boldrié. Impressões na pedra do século X a.C. mostram soldados mesopotâmios, originários de onde atualmente fica o Iraque, utilizando a arma.

Proteção contra invasores

As cidades antigas tinham muros de defesa, talvez para afastar animais predadores, mas a maioria dos estudiosos da pré-história que estuda os muros de defesa acha que eles foram construídos para proteção contra invasores. Jericó (veja o Capítulo 4), talvez a cidade mais antiga a deixar ruínas, era diferenciada por um poço de defesa ao redor da comunidade, um muro de pedra e uma torre com escadaria interna. As torres permitem que você veja uma força invasora enquanto ela ainda está longe e, do topo, se pode atirar projéteis sobre os visitantes que não são bem-vindos.

Outra ruína antiga, a cidade de Catal Huyuk, no centro da Turquia, é composta, em grande parte, por casas sem janelas e sem portas, de novo, provavelmente projetadas para oferecer segurança contra invasores. Quando sitiados, os moradores das casas podiam pegar suas escadas e subir por entradas que ficavam no telhado, fechar a porta e esperar o ataque.

As defesas evoluíram onde quer que as pessoas tenham tido conflitos, situadas praticamente em todas as partes onde as pessoas viveram. Os moradores de vilarejos europeus de aproximadamente 4 mil anos atrás construíram fortes nas montanhas, rodeados por proteções de terra. Por volta de 220 a.C., os chineses construíram as primeiras partes da Grande Muralha para se protegerem dos nômades do norte. No final, ela se estendeu por 3600 quilômetros. Quando os exploradores europeus chegaram à Nova Zelândia, no século XVIII, encontraram guerreiros Maori dentro de fortes de madeira, no topo dos penhascos da costa.

O avanço da tecnologia das armas: O uso do metal

Com a evolução das defesas, as armas também evoluíram. Um grande salto veio com as lâminas e pontas de metal. Um homem mumificado de aproximadamente 3300 a.C., encontrado nos Alpes italianos, carregava um machado de cobre. No entanto, o cobre é um metal maleável e isso limitava sua utilidade como arma. Por volta de 3000 a.C., os ferreiros do Oriente Médio misturavam cobre com estanho para formar um metal mais duro, o bronze.

O bronze produzia lâminas de corte e pontas afiadas. As pessoas também usavam o bronze para fazer capacetes, escudos e armaduras. Machados e espadas em bronze passaram a ser um padrão. O ferro, que era ainda mais duro, começou a ser usado em aproximadamente 1500 a.C..

Indo para a batalha: Cascos e rodas

Por volta de 300 a.C., na Mesopotâmia, os exércitos usavam carroças com rodas para transportar os soldados. O povo sumério, talvez a primeira grande civilização urbana, criou veículos pesados e desajeitados com quatro rodas de madeira, puxados por burros ou bois.

Após aproximadamente 1800 a.C., os exércitos preferiram os cavalos. Eles os atrelavam a carroças com duas rodas, que eram mais rápidas e mais leves do que as anteriores, mas ainda eram grandes. Ao contrário das carruagens de corrida do filme *Ben Hur*, de 1959 (cujo cenário é a Roma do ano 1 AD), estas primeiras carroças transportavam vários homens: guerreiros, lançadores de dardos e um motorista. Os assírios, cuja civilização surgiu da cidade-estado de Assur, na parte superior do Rio Tigre, fizeram um bom uso das carruagens na batalha.

Os Fantásticos Arsenais Assírios

No Oriente Médio, os sumérios, egípcios, babilônios e hititas eram potências militares no fluxo e refluxo do poder marcial. Mas outros povos, menos conhecidos, hurritas, mitanianos, cassitas, elamitas e amoritas, também tinham forças armadas.

Os assírios, sobre os quais falo em detalhes no Capítulo 4, eram um povo particularmente guerreiro. Talvez a agressividade assíria tenha começado com a defesa. No século XI a.C., ondas de invasores do norte atacaram o reino assírio em uma área de apenas 80 por 160 quilômetros ao longo do rio Tigre, no norte da Mesopotâmia. Porém, no final do século seguinte, os guerreiros assírios começaram a tomar outras sociedades, até formar um império com 1500 quilômetros de uma fronteira à outra, se estendendo do Egito ao Cáucaso (entre o Mar Negro e o Mar Cáspio).

Montando as unidades

Com seu tamanho, os assírios podiam construir um exército de 100 mil homens. Mas eles também tinham unidades especializadas: unidades que se moviam rapidamente, infantaria com armaduras leves e infantarias mais lentas, porém, com armaduras mais pesadas; guerreiros com lanças, arcos, boldriés, dardos, espadas e carruagens de guerra.

Talvez o mais impressionante de tudo é que os assírios tinham unidades de engenharia. Corporações avançadas abriam trilhas e construíam estradas para as carroças. Quando o exército precisava cruzar um rio, os engenheiros construíam uma ponte improvisada, como foi feito durante milhares de anos depois. Para as pontes improvisadas, eles usavam pele de animais e troncos ou jangadas unidas para formar uma estrada flutuante.

Os assírios também foram os pioneiros em encontrar maneiras de ultrapassar as defesas de uma cidade. Eles construíam *armas de cerco*, que eram torres sobre rodas, ou, às vezes, pontes que podiam ser movidas para perto dos muros das cidades. As armas de cerco eram feitas com troncos e cobertas com camadas de couro de vaca, que bloqueavam as flechas. Os invasores podiam ficar lá dentro até que a arma estivesse posicionada; em seguida, subiam por dentro, saíam pelo topo e pulavam o muro. Outro método envolvia a construção de uma rampa de terra e pedregulhos para escalar a parede.

Às vezes, os engenheiros assírios desciam em vez de subir; eles cavavam por baixo do muro de uma cidade e calçavam o túnel com pedaços de madeira, como em uma mina. Quando estavam sob o muro, os engenheiros queimavam os suportes do túnel e saíam para a luz do dia. Estes queimavam, o túnel caía e o muro, literalmente minado, também caía. Os soldados avançavam pelo vão que havia sido aberto.

Provocando o caos

Atrocidades, como o assassinato de todos os moradores de uma cidade ou a deportação em massa de populações inteiras, estão entre os piores aspectos da guerra moderna, eles não são nada modernos e os assírios adotaram os dois procedimentos. Certa vez, eles deportaram 27 mil judeus – as Tribos Perdidas que desapareceram na história – para o leste da Síria. Os assírios usavam os prisioneiros como escravos e, às vezes, era economicamente melhor levar prisioneiros que matar a todos.

Os assírios finalmente saíram do poder no final do século VII a.C., quando os povos vizinhos se uniram contra eles, mas isso não significava que os seus métodos militares assírios estivessem perdidos. Os persas construíram seu próprio império com táticas de guerra herdadas dos assírios.

Plantando e Lutando Juntos na Grécia

Assim como o modo de governo dos antigos gregos (sobre o qual você poderá ler no Capítulo 4) e o modo de pensar grego (veja o Capítulo 10), um estilo grego de fazer guerra extrapolou os limites geográficos da Grécia e de sua economia rural.

Os soldados gregos dos séculos VI e V a.C. eram, em sua maioria, pequenos proprietários de terra, fazendeiros familiares que tiravam o sustento dos campos, espalhados nas montanhas rochosas. Seu status de proprietário de terra fazia deles membros de uma classe média privilegiada: o público de cidadãos. Como estes fazendeiros estavam determinados a manter o controle de sua propriedade e de suas comunidades, eles se voluntariaram como *hoplitas*, soldados fortemente armados que andavam a pé. O serviço militar sem pagamento era a marca dos que faziam parte da comunidade.

Cada cidadão grego que podia pagar pelo equipamento, um peitoral de bronze, um capacete com crina de cavalo, uma espada de ferro curta, proteções para as pernas e o item mais essencial, uma lança com 2,7 metros de comprimento, podia se alistar. Os hoplitas pegaram este nome de outro equipamento: o pesado escudo de madeira que carregavam através de duas alças. Eles deslizavam uma alça pelo antebraço esquerdo até o cotovelo e seguravam a outra, na borda do escudo, com a mão esquerda.

Servindo ombro a ombro

O pesado armamento dos hoplitas era apropriado ao modo como os gregos lutavam: em uma formação apertada, em forma de porco-espinho, chamada *falange*. Esta formação surgiu a partir de conflitos entre cidades-estado concorrentes.

Em disputas formais, geralmente por terras cultiváveis, os dois lados decidiam a questão através da formação de uma coluna armada, de frente para a outra, em campos limpos. Cada lado tentava intimidar o outro a tomar uma decisão.

Quando você ouvir alguém descrevendo qualquer grupo de pessoas agressivas (por exemplo: repórteres cobrindo um assunto muito importante) como uma *falange*, lembre-se de que as falanges originais eram muito mais mortíferas (e talvez menos atrevidas do que os repórteres modernos). Na formação de batalha, a lança de um homem conseguia alcançar além do homem que estava posicionado à sua frente.

Os hoplitas lutavam ombro a ombro. Eles não podiam ver bem por causa de seus capacetes e não podiam se mover rapidamente por causa do armamento pesado. O que os hoplitas podiam fazer era avançar por trás de seus escudos, que protegiam seu portador do escudo e o lado armado de seu vizinho.

O historiador grego Xenofonte colocou esta interdependência em seu contexto agricultural: "Plantar ensina uma pessoa a ajudar as outras. Ao combater inimigos, assim como ao trabalhar na terra, cada pessoa precisa da ajuda das outras".

Quando duas falanges gregas se confrontavam, uma podia invadir a outra. A falange rompida tornava-se ineficaz, pois seus membros, cegos pelos capacetes e sobrecarregados de armas, podiam ficar confusos e lutar uns contra os outros. Isso aconteceu na Batalha de Délio, em 424 a.C., quando os espartanos invadiram a linha ateniense e estes, separados, pegaram suas espadas e começaram a atacar tudo o que se movia, inclusive seus companheiros.

Combatendo os persas

Com o tempo, as falanges provaram ser eficazes contra as formações militares de outras culturas, incluindo as infantarias leves, que se moviam mais rápido (soldados que andavam a pé sem armamento pesado) e até mesmo invasores a cavalo.

Os hoplitas passaram por um grande teste em 490 a.C., quando o rei Dario I, da Pérsia, invadiu a Grécia. Os atenienses e os hoplitas aliados estavam em maior número, dois para um, e confrontaram os persas em Maratona.

Estes organizavam seus exércitos ao longo de linhas desenvolvidas pelos assírios (consulte a seção "Montando as unidades"), com cavalos, arqueiros, espadachins, engenheiros; o pacote completo, coordenado e polivalente. Para as forças de Dario, este monte de soldados, que carregavam lanças e se pareciam com escudos com pernas de bronze eram fáceis de vencer. Mas os gregos não recuariam. Quando um hoplita caía, o hoplita que estava atrás dele passava por cima deste e continuava o avanço. Os gregos permaneceram assim até que seus *flancos* – as duas pontas de cada linha – tomaram a parte mais vulnerável das forças persas e acabaram cercando –. Neste ponto, o exército de Dario sabiamente deu meia volta e fugiu para os barcos.

Os gregos, novamente em número maior, derrotaram os persas 11 anos mais tarde em Plateia. A falange grega fez da infantaria pesada a força essencial de sua época. Durante séculos, comandantes colocaram cavalaria e arqueiros como suporte para os bem armados soldados a pé.

Enfrentando a ferocidade macedônia

Quando os gregos finalmente sucumbiram a uma força estrangeira, não foram aos poderosos persas, mas a um rei de uma cidade ao norte da Grécia, Filipe da Macedônia, que aplicou sua própria versão das falanges.

Imagine Clint Eastwood em seu papel mais duro e cruel: interpretando Filipe, um homem durão. Ele colocou a cavalaria atrás da infantaria e cada cavaleiro estava armado com um *xyston*, uma lança com 3,8 metros e uma ponta de ferro, com 30 centímetros nos dois lados. Eram duas as tarefas da cavalaria:

- ✔ Apoiar os soldados a pé

- ✔ Matar qualquer companheiro entre eles que se virava e fugia

A Macedônia organizou sua infantaria em uma falange, mas fez melhorias cruciais. Os soldados de Filipe usavam um escudo pequeno e redondo, que não era tão pesado (nem tão protetor) quando o grande escudo hoplita, no ombro esquerdo, deixando as duas mãos livres para manejar uma lança longa chamada sarissa. A *sarissa* era como o "xyston" da cavalaria, porém mais longa, medindo entre 4 e 6 metros de comprimento, com uma ponta especial de metal em cada lado. Um soldado podia prender a lança no chão e empalar um cavaleiro com a ponta, que era mais parecida com uma espada. A sarissa era tão longa que as pontas das armas carregadas pelos soldados da quarta fileira de uma falange macedônia geralmente chegava até à primeira fileira (veja a Figura 16-1).

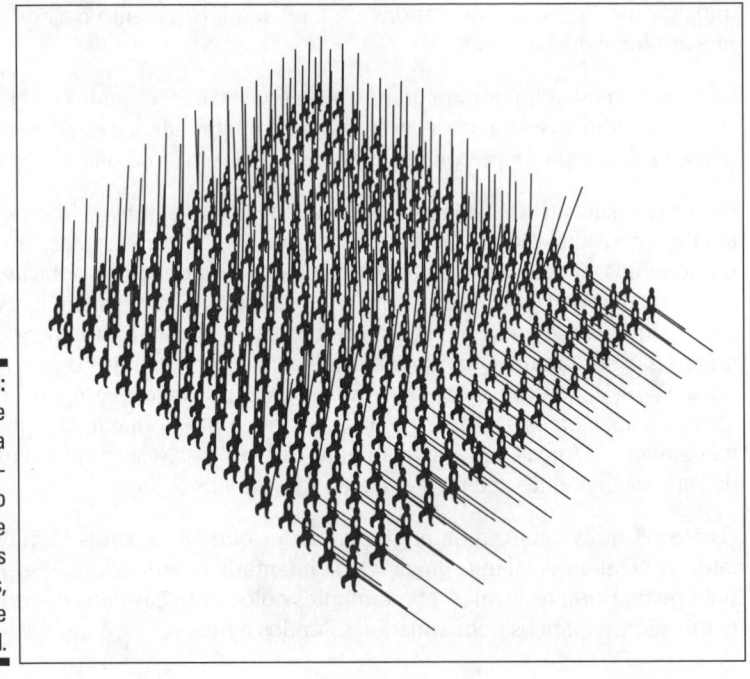

Figura 16-1: A falange macedônia era um porco-espinho marchante de homens musculosos, madeira e metal.

O exército macedônio também aproveitou o melhor das armas e táticas assírias e persas. Filipe da Macedônia empregou arqueiros, lançadores de dardos e atiradores de *boldrié* (especialistas em usar um estilingue de couro para lançar pedras pequenas, porém, mortais, sobre um inimigo). Assim como os assírios, ele absorvia os exércitos conquistados e pedia que eles usassem suas próprias armas e formações para ajudar suas forças. Filipe também empregou o estilo dos engenheiros de combate assírios. Seus inventores melhoraram a arma de cerco, acrescentando uma ponte retrátil no topo e muitas plataformas para os arqueiros. Esta nova arma de cerco não precisava ficar muito próxima do muro da cidade; se ela chegasse perto o suficiente, os invasores podiam acionar a ponte retrátil e atravessá-la até o campo de batalha.

Ainda mais criativo do que a arma de cerco, os engenheiros macedônios construíram uma catapulta, que usava a tensão do pelo ou do tendão de um animal ferido para arremessar uma pedra grande a uma distância de 300 metros.

A abordagem de Filipe em relação à guerra incentivou o sucesso de seu filho, Alexandre, o Grande (falo sobre Alexandre nos Capítulos 4 e 20). Este levou os gregos conquistados com ele quando virou o jogo contra os persas, derrotados meticulosamente, e marchou pela Mesopotâmia e mais além para conquistar uma parte da Índia. As tropas de Alexandre não se intimidaram pela mais nova arma dos indianos: elefantes armados.

Fazendo Guerra à Moda Romana

Os latinos, pastores que construíram uma cidade no rio Tibre, onde atualmente fica a Itália, estavam entre os muitos povos mediterrâneos que admiravam e imitavam o modo como os gregos lutavam.

No final do século VI a.C., os latinos se organizaram em uma falange em estilo grego e desafiaram seus soberanos ao norte: os etruscos. Os latinos venceram e sua cidade, Roma, passou a ser o centro de uma nova cultura, baseada em proezas militares.

Marchando em três níveis

Os pastores latinos transformaram-se nos romanos, que logo descobriram que a falange era ótima para combater os etruscos (outro povo influenciado pelos gregos), mas não perfeita para combater as tribos vizinhas, menos avançadas.

Os gregos desenvolveram a falange em terras de plantio: *campos* de batalha. Os vizinhos tribais dos romanos não tinham interesse em marchar em formação em uma montanha aberta. Movimentando-se mais rápido do que os romanos, que carregavam escudos, um grupo de homens da tribo podia atacar pelos flancos ou esconder-se atrás das árvores e criar um ataque.

Até mesmo os gregos acabaram descobrindo que a falange tradicional era cada vez menos eficaz, principalmente com a evolução das forças armadas, nas últimas décadas da Grécia Clássica, de bandos de soldados fazendeiros a uma mistura de cidadãos e residentes estrangeiros, alguns deles mercenários pagos. Um estilo ombro a ombro, soldado com soldado, não funcionava muito bem se você não tinha muita certeza de quem era o homem ao seu lado.

Precisando de seu próprio estilo militar mais flexível, os romanos criaram a *legião* no século IV a.C.. A legião era composta por três linhas de soldados a pé. Apenas a terceira linha levava lanças tradicionais. As duas primeiras levavam uma variação chamada *dardo* (ou *pilum*), criada para ser lançada e com um avanço tecnológico muito legal: a ponta era desenhada para dobrar e quebrar, deixando a arma inútil para o inimigo depois que ela atingia o alvo. A ponta dobrada também tendia a grudar no escudo, na armadura ou na carne do oponente.

A legião romana funcionava da seguinte maneira:

- ✔ **Hastado**: A primeira linha, composta por jovens, lançava seus dardos e, em seguida, sacavam as espadas e as empunhavam. Se precisassem recuar, eles trocavam de posição com a fileira de trás.

- ✔ **Principes**: A segunda linha, mais experiente, também lançava seus dardos. Em seguida, empunhava armas. Se eles também achassem que deveriam recuar, ficavam atrás da terceira fila.

✔ **Triarii**: A terceira fila de soldados formava uma linha defensiva sólida para permitir que as outras duas recuassem em segurança. Mas as batalhas romanas raramente chegavam a este ponto.

A legião geralmente vencia, mas até quanto Roma não fazia, o outro lado sofria. Em 280 a.C., Pirro, rei de Épiro, derrotou tropas lideradas pelo cônsul romano Laevinus (*cônsul* era o posto administrativo mais alto na república romana). Os dois lados sofreram perdas terríveis. Quando a poeira baixou, havia 15 mil mortos. Pirro disse: "Se vencermos outra batalha contra os romanos, estaremos completamente arruinados".

Assim como a falange grega, a legião começou na forma de corporações de cidadãos. A maioria dos soldados vinha da classe de proprietários de terra e quase todos os homens serviam. Cada cidadão (como na Grécia, as mulheres não eram cidadãs) com idade entre 17 e 45 anos deveria dedicar dez anos ao serviço militar. Um líder precisava provar sua capacidade em uma batalha antes de ter direito a um escritório político. Falhar como soldado era falhar na vida, ponto final.

Recrutando uma força permanente

Apesar do sucesso – e por causa dele –, os comandantes romanos perceberam, por volta do ano 100 a.C., que eles precisavam mudar o poder militar do império. Combatendo inimigos vindos da Alemanha à África e ao Mar Negro, o Império Romano cresceu tão rápido que as legiões republicanas de soldados-cidadãos não conseguiram acompanhar. As tropas que estavam distantes das fronteiras não podiam voltar para casa e cuidar de suas propriedades após alguns meses de campanha.

Além disso, a prosperidade, que veio com a expansão de Roma, e a resultante explosão no comércio, deixaram a rica classe dos patrícios de Roma ainda mais abastada. Os homens ricos estavam acumulando grandes propriedades cultivadas por escravos e não por soldados-cidadãos-fazendeiros, os pequenos proprietários de terra que, tradicionalmente, guarneciam as legiões. E os escravos eram dispensados do serviço militar.

Roma suou para preencher as filas das legiões. Os recrutadores começaram a ignorar o requisito de ser dono de propriedade para entrar no serviço. Os comandantes recorreram aos pobres urbanos para preencher as vagas, mas as coisas já não eram as mesmas. Os novos soldados não tinham a mesma posição no império. Era mais difícil discipliná-los.

Caio Màrio, um soldado da classe pobre que chegou ao posto político de cônsul, descobriu que chegara o momento de Roma abandonar a antiga ideia da milícia civil e criar um exército em período integral, profissional.

O exército profissional funcionou. A carreira militar passou a ser uma opção atraente e um meio para conseguir mobilidade social. No entanto, havia uma desvantagem. Em vez de serem leais a Roma, como os soldados-cidadãos, os novos soldados eram leais, primeiramente, aos seus comandantes. A república ficou vulnerável às guerras civis. Um líder militar, cujas tropas eram mais leais a ele do que ao governo, poderia transformar-se em um ditador ou em um imperador. Roma passou a ser oficialmente um império, isto é, governado por um imperador autocrata com a coroação de Augusto César em 31 a.C. (veja o Capítulo 19).

Diversificando a legião

A ascensão de Augusto não foi o fim dos soldados cidadãos. A estratégia romana nos séculos seguintes do Império Romano do Ocidente (o Império Romano do Oriente passou a ser o Império Bizantino) envolveu muito trabalho defensivo. Os defensores residentes foram importantes para o trabalho de proteger postos e cidades fortificadas contra um ataque bárbaro.

Quão guerreiras eram as tribos que atacavam as fronteiras de Roma? O povo lombardo recebeu o nome da arma que usava: *lombardo* significa "machado comprido". Os saxões pegaram seu nome não de um instrumento musical com som sexy (que só foi inventado no século XIX), mas de um facão chamado sax. Imagine uma nação moderna chamada Mísseis Termonucleares.

No Capítulo 5, falo sobre as hordas que passaram pela Europa, cada uma delas entrando em conflito com os residentes, algumas delas se estabelecendo e se transformando em defensores contra outras hordas. A tarefa do Império Romano de resistir às invasões exigia muitas pessoas. Residentes de lugares como a Gália (atual França) se prontificaram a defender suas cidades. A antiga ideia de que os guerreiros lutavam melhor para defender sua terra estava de volta ao cenário.

Quando Átila, o huno, invadiu a Gália em 451, ele e seus temidos aliados passaram meses tentando derrubar as defesas das cidades muradas. Eles ficaram sem comida e não tinham reservas para seus cavalos. Enquanto Átila trabalhava na cidade de Orleans, o exército do general romano Aécio, composto por soldados germânicos criados principalmente na Gália, atacava e perseguia os hunos em Châlons. Lá, estes revidaram e lutaram, mas estavam esgotados demais para conseguir vencer (note, entretanto, que foi preciso uma cavalaria romana para vencer Átila). Você poderá ler mais sobre Átila, o Huno, no Capítulo 20.

O retorno aos cavaleiros

Os estrategistas militares consideraram a cavalaria secundária em relação à infantaria durante séculos. Porém, depois que os hunos assassinos varreram a Europa sobre cavalos, aterrorizando a todos com sua fúria, os estrategistas de guerra acordaram para a importância da velocidade.

Por volta do século VI AD, Roma não governava mais o oeste da Europa, mas o ramo oriental do império, situado em Constantinopla, resistiu. Lá, unidades a cavalo patrulhavam as grandes fronteiras do Império Bizantino (saiba mais sobre o Império Bizantino no Capítulo 6), ajudavam os arqueiros de armaduras leves, que podiam se movimentar mais rapidamente que a infantaria pesada, que era a espinha dorsal das forças romanas e gregas. Os antigos guerreiros que carregavam escudos agora atuavam na defesa.

Percorrendo os Séculos

Por volta de 10.000 a.C.: O arco e o *boldrié* foram acrescentados ao arsenal do guerreiro.

Século X a.C.: Os guerreiros assírios atropelaram os povos vizinhos, construindo um império que se estendia do Egito até as montanhas entre os mares Cáspio e Negro.

424 a.C.: Os espartanos invadiram as linhas atenienses na Batalha de Délio. As tropas desorientadas de Atenas largaram as lanças, pegaram as espadas e começaram a atacar indiscriminadamente, tendo ferido até seus companheiros.

409 a.C.: Embora estivessem em número muito menor, os atenienses e os seus aliados derrotaram as forças invasoras do rei Dario I em Maratona.

451 AD: Na Gália (atual França), Aécio, um general romano que comandava tropas germânicas, expulsou Átila, o Huno, de Orleans. Ele, então, passou perseguir os hunos e os derrotou em Châlons.

Anos 1980: O antropólogo K. E. Otterbein descobriu que 92 por cento das sociedades caçadoras e os povos rurais primitivos estudavam como fazer guerras.

Capítulo 17
A Máquina da Guerra É Atualizada

Neste Capítulo

▶ Usando estribos para lutar de maneira mais eficaz

▶ Vestindo roupas de metal para se defender de flechas e lanças

▶ Transformando as fagulhas dos fogos de artifício em armas de fogo

▶ Derrubando o Império Bizantino com grandes armas

Desde antes da invenção da lança, a guerra sempre estimulou a tecnologia. Os engenheiros militares assírios, inventores das armas macedônias, e os construtores das fortificações romanas eram as tecnologias de armas de suas respectivas épocas.

É difícil imaginar alguém inventando uma substância tão horrível quanto o *fogo grego*, um líquido altamente inflamável, criado muito antes do napalm do século XX, com a finalidade de usá-lo como arma. E o trabalho em metal parece ter se alimentado da necessidade de fabricantes de armas e armaduras. Mas as invenções também incentivaram a guerra.

Há mais de um milênio, duas pequenas inovações da Ásia permitiram e exigiram muitos ajustes no modo como as guerras eram travadas e até mesmo no modo como elas eram vistas. As inovações foram:

✔ **Pólvora**: Os chineses misturaram o primeiro lote no século IX AD, embora eles não tenham tentado explodir ninguém nesta época.

✔ **O estribo**: Muito menos brilhante de que a pólvora, mas surpreendentemente prático, o estribo, aquele objeto onde você coloca o pé para subir e andar a cavalo, passou a fazer parte dos equipamentos dos cavalos dos soldados chineses no século IV AD.

Reinventando a Cavalaria

A pólvora e o estribo acabaram indo para o Ocidente, partindo da Ásia para a Europa. Porém, o estribo simples chegou primeiro. Ele coincidiu com uma nova ênfase na velocidade e na mobilidade, sobre a qual falei no Capítulo 16. A guerra sobre cavalo ganhou mais importância nos tempos medievais e adotou diversas formas, variando do conquistador árabe levemente armado, sobre seu cavalo pequeno e rápido, até o cavaleiro europeu, com sua armadura de aço, sobre seu forte e protegido cavalo.

Alto e montado com os estribos

Os estribos facilitaram e muito o equilíbrio do cavaleiro enquanto ele manejava a espada, mirava com o arco e, principalmente, fazia uma manobra estratégica. Essa estabilidade, por sua vez, permitia que o cavaleiro com tendência à violência carregasse armas maiores com mais controle. A era da lealdade à armadura na Europa teria sido impensável sem os estribos. Alguns dos estribos dos séculos XIII e XIV são mostrados na Figura 17-1.

Imagine um cavaleiro vestido com uma armadura de aço, segurando uma longa e pesada lança em um armo enquanto tentava usar suas coxas e bumbum metálicos para se segurar nos flancos e nas costas instáveis de um cavalo a galope. Não ia dar certo. Mas dê ao mesmo cavaleiro duas plataformas penduradas, uma para cada pé, para que ele possa se erguer e centralizar seu peso. A armadura pesada e a lança passam a ser mais formidáveis do que incômodas.

O estribo teve origem na China ou na Ásia Central, entre as tribos e os clãs nômades que, geralmente, são chamadas de bárbaras.

Figura 17-1: Vista frontal e lateral de diferentes estribos, uma inovação tecnológica que mudou o modo como se fazia guerra.

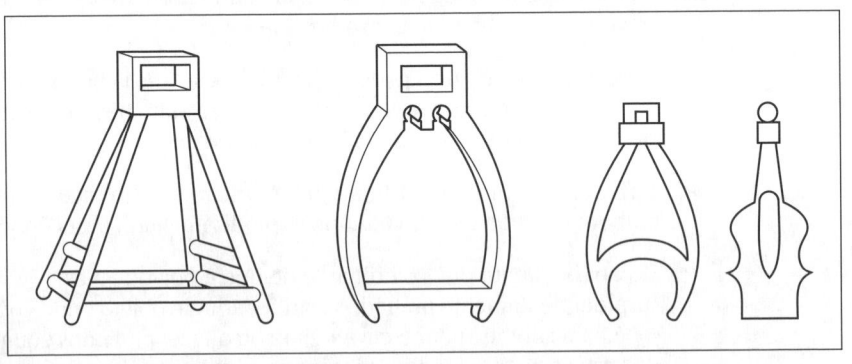

Invasões a cavalo como modo de vida

Os soldados chineses começaram a usar os estribos por volta do século IV AD, mas os cavaleiros nômades asiáticos, chamados *ávaros*, provavelmente usavam esta invenção desde o século I a.C.. Os pés dos cavaleiros eram colocados nos estribos quando os ávaros invadiram o leste europeu em 568 AD, tomando as terras do Vale do Danúbio do Império Bizantino.

Os ávaros e outros povos bárbaros usaram os estribos para atacar vilas e cidades, com objetivo de obter o que queriam: mercadorias valiosas, comida, dinheiro e, às vezes, até o controle de uma região ou de um império (você pode ler mais sobre os invasores e conquistadores bárbaros nos Capítulos 6 e 7). As invasões passaram a ser um modo de vida para algumas tribos nômades das estepes do interior da Ásia. Como esses pastores e caçadores tinham pouco a oferecer em troca para os fazendeiros e cidadãos, os chineses recorriam a força para obter o que queriam.

As invasões são melhores quando rápidas. Você faz o ataque, em seguida, dá bastante distância entre seu alvo e você. A cavalaria deu uma vantagem aos invasores, e os estribos melhoraram ainda mais seu desempenho.

Guardando as fronteiras bizantinas

O rico Império Bizantino (veja o Capítulo 6) era um dos principais alvos dos invasores; portanto, patrulhas a cavalo eram obrigatórias para guardar suas fronteiras. Os estribos, provavelmente copiados dos ávaros, deram às patrulhas bizantinas uma vantagem sobre os europeus do oeste, que ainda não tinham a tecnologia. Esta superioridade foi combinada com o uso de um *comissariado* (uma organização de apoio que garantia que os cavaleiros e soldados tivessem o suficiente para comer, até mesmo durante cercos mais longos) e fez do Império Bizantino um local extremamente difícil para invasões de forasteiros. Constantinopla, a capital bizantina, precisava de todas as vantagens nos séculos VII e VIII, já que suas tropas enfrentavam um novo e persistente inimigo: os árabes.

Eles também usavam estribos em cavalos relativamente menores e mais rápidos. Mais do que ótimos cavaleiros, os árabes concentravam seu entusiasmo em espalhar sua nova religião, o Islã, nos séculos VII e VIII. Eles assumiram o controle do Oriente Médio e das terras a leste, na Índia, e ao norte, cruzando o norte da África e a Espanha (veja o Capítulo 6).

Porém, Constantinopla resistiu aos árabes. A capital bizantina (atualmente Istambul, na Turquia) tinha uma incrível posição estratégica, localizada em uma terra alta que se projetava para o mar. Incapaz de tomar a capital a cavalo, no século VIII os árabes tentaram os navios, montando um bloqueio naval que poderia ter sido bem-sucedido se não fosse pelo fogo grego. Um segredo militar, o fogo grego deve ter sido composto principalmente por nafta, refinado de óleo de carvão, que chegava à superfície vindo de depósitos subterrâneos. O que quer que fosse, o fogo grego incendiava com impacto e flutuava.

Os bizantinos catapultaram potes de barro cheios de *fogo grego* sobre os deques dos navios inimigos, fazendo com que eles pegassem fogo. Mesmo se os potes errassem o alvo, o conteúdo queimava sobre a água. Às vezes, os bizantinos respingavam o fogo grego com bombas manuais. Depois de perder muitos navios, os árabes cancelaram o bloqueio.

O desafio dos mouros

Os árabes podem não ter conseguido tomar Constantinopla, mas sua estratégia de cavalaria leve funcionou em praticamente todos os outros lugares (*cavalaria leve* refere-se às unidades armadas que andavam a cavalo e que enfatizavam a velocidade). Em 711 AD, os árabes muçulmanos conquistaram a Espanha, que permaneceu sob seu controle muito após a divisão do grande Império Árabe em reinos islâmicos regionais.

Os muçulmanos da Espanha, que avançaram a partir do norte da África, rapidamente passaram a ser chamados de *mouros* (saiba mais sobre os mouros no Capítulo 6). Os cristãos, que viviam um pouco mais ao norte, principalmente os francos, não gostavam de tê-los como vizinhos.

Governando a antiga Gália (atual França e grande parte da Alemanha), os *francos* eram lutadores no velho estilo bárbaro, também eram disciplinados, e queriam se adaptar. Quando os rápidos mouros invadiram suas fronteiras, o rei franco sabia que precisava de mais velocidade. A solução dele foi reunir sua própria cavalaria.

Ironicamente, para derrotar os mouros invasores em Poitiers em 732 AD, aquele rei, Carlos Martel, ordenou que seus cavaleiros ficassem a pé. Enfrentando os invasores com escudos e lanças, os francos resistiram rapidamente e repeliram os mouros com sucesso.

Apesar do retorno às táticas de infantaria, essa batalha marcou o início da idade da cavalaria, um tempo em que os cavaleiros armados dominaram as guerras europeias.

Cavalaria

As palavras *cavalaria* e *cavalheiresco* relacionam-se à palavra francesa *chevaux*, que significa "cavalo", e a outras palavras baseadas em cavalos, como cavalier e o espanhol *caballero*. Estas palavras mostram como as pessoas da Idade Média associavam nobreza, gentileza e coragem com os guerreiros montados. Assim como na Roma antiga, o soldado montado tinha um "status" negado ao soldado a pé.

Essa era da cavalaria, assim como muitas eras anteriores e posteriores, glorificava a violência. As pessoas viam as habilidades de luta como uma marca de civilização. Jean Froissart, um crônico francês do século XIV, escreveu: "Os gentis cavaleiros nasceram para lutar e a guerra enobrece a todos que se dedicam a ela, sem medo ou covardia".

Enobrecedora ou não, a guerra custa dinheiro e passou a ser muito custoso bancar um cavaleiro armado e montado. O rei franco Carlos Martel ajudou seus cavaleiros a pagarem pelo equipamento, tomando as terras da Igreja medieval e dando-as para os nobres guerreiros. Sob o sistema do feudalismo (consulte o Capítulo 6), um senhor de terra lucrava com as colheitas de seus fazendeiros arrendatários.

Carlos Magno, um rei franco que governou um pouco mais tarde e o primeiro a reunir grande parte da Europa após a queda dos romanos, conseguiu essa unificação com sua cavalaria.

Vestindo a Armadura de Metal

Uma cultura de cavalaria durou centenas de anos na Europa. Nos filmes, essa cultura é associada ao lendário Rei Arthur, que pode não ter existido (veja o Capítulo 19). Se realmente existiu, Arthur provavelmente liderou os bretões celtas contra os invasores saxões no século VI AD, mas ele certamente não fez isso usando armaduras de placas de metal. Elas só começaram a ser usadas 800 anos mais tarde, no século XIV.

Entrelaçando anéis de metal: a malha de corrente

Antes da armadura de placas, os cavaleiros usavam a malha de corrente; antes dela, eles vestiam armaduras de escamas, uma defesa contra flechas desde os tempos dos assírios (veja o capítulo anterior).

- **A armadura de escamas**, assim como as escamas de um lagarto, era feita com pequenas placas de metal, costuradas em fileiras, que se sobrepunham em um colete de couro.

- **A malha de corrente** era um pouco mais complexa que a armadura de escamas. Ela era composta por anéis de metal entrelaçados com a forma de uma jaqueta, que ficava ajustada ao corpo.

Os cruzados vestiram a malha e foram para o leste a fim de libertar (em suas palavras) a Terra Santa do controle muçulmano (veja o Capítulo 7). A malha de corrente tornou-se obsoleta somente quando os arqueiros conseguiram arcos melhores, arcos que podiam atirar uma flecha ou um dardo metálico mais mortífero, com força suficiente para perfurar a malha.

Mais potência para o arco dos arqueiros

O arco e flecha foi outra invenção chinesa e bastante antiga, datando do século IV a.C.. Os arqueiros europeus redescobriram o poder mortal do arco e flecha no século X AD.

Um arco curto e extremamente firme foi montado sobre uma tora de madeira, com um mecanismo para puxar a corda do arco e prendê-la com mais tensão do que um homem conseguiria se puxasse a corda com a mão. O projétil era disparado com uma alavanca no dedo ou gatilho.

O arco e flecha geralmente atirava pequenos *dardos* e não flechas. Estes dardos geralmente eram feitos de metal. Eles penetravam materiais que uma flecha de um arco convencional não era capaz de penetrar. Os normandos, que conquistaram a Inglaterra em 1066, usaram o arco e flecha.

O Papa Urbano II condenou o arco e flecha em 1096 como "odiado por Deus". Em 1139, a Igreja o baniu para uso contra os cristãos (quando se tratava de pagãos, como os sarracenos, um nome dado aos turcos e outros muçulmanos, a arma não tinha qualquer problema).

Carregando a lança

Embora os cruzados utilizassem o arco e flecha, parecia haver algo menos honroso sobre ele. As regras da cavalaria centravam-se no combate pessoal. Quando não havia guerra a ser travada, os cavaleiros enfrentavam uns aos outros em *justas*, que geralmente eram ferozes e até mortais.

A *lança*, uma arma longa e pontuda, que um cavaleiro combatente carregava sob o braço, tinha uma força incrível. Cavaleiros vestidos com cada vez mais metal equilibravam-se sobre seus estribos e prendiam-se em selas altas, enquanto usavam esta variação de lança antiga para tentar derrubar o oponente de seu cavalo. Armaduras mais pesadas evitavam que eles fossem perfurados.

Batalhas simuladas permitiam que os cavaleiros ganhassem "status" e se preparassem para as batalhas reais, mas mesmo aquelas eram reais. Em um torneio de 1241, em Neuss, Alemanha, aproximadamente 80 homens e meninos morreram nos jogos.

O arco longo combina precisão e poder

O *arco longo* inglês, um refinamento da antiga tecnologia galesa, passou a ser a última palavra em armamento durante o século XIV. Preciso e poderoso nas mãos de um arqueiro habilidoso, o arco longo dava aos cavaleiros outro motivo para vestir uma armadura sólida de metal.

O arco e flecha era poderoso, mas sua precisão e alcance limitados e demorava muito para carregar. Um arco longo inglês podia causar estragos a 220 metros e podia ser carregado rapidamente. No entanto, somente um arqueiro habilidoso podia fazer bom uso de um arco longo; portanto, a Inglaterra precisava de oficiais da casa real para praticar tiro ao alvo (*oficiais da casa real* eram pequenos proprietários de terra que serviam como soldados quando necessário, assim como os pequenos fazendeiros da antiga Grécia e Roma; consulte o Capítulo 16).

Em 1346, na Batalha de Crécy (na Guerra dos Cem Anos entre a França e a Inglaterra), arqueiros ingleses, com arcos longos derrotaram, horda após horda de oponentes franceses. A França perdeu mais de 1500 cavaleiros e 10 mil soldados nesse dia. A Inglaterra perdeu apenas dois cavaleiros e menos de 200 soldados no total.

A Guerra dos Cem Anos realmente durou 100 anos?

O nome Guerra dos Cem Anos sugere dez sólidas décadas de batalhas constantes. Na verdade, não foi uma guerra, mas uma série de conflitos que duraram dos anos 1337 a 1453.

Em 1337, Filipe IV, da França, tomou Aquitaine (atualmente, uma região no sudoeste da França) de Edward III da Inglaterra, e este a invadiu. O século seguinte teve muitas batalhas e invasões. Mas também houve tréguas, inclusive uma paz que durou 28 anos, depois que Ricardo II, da Inglaterra, se casou com a filha de Carlos VI da França, em 1396.

A França acabou ganhando, principalmente porque a Inglaterra, enfraquecida por uma batalha interna, a Guerra das Rosas, desistiu de tentar conquistar seu vizinho do outro lado do Canal da Mancha.

No curto prazo, Crécy levou os franceses e outros cavaleiros europeus a usarem armaduras mais pesadas. Ninguém sabia, na época, que os cavaleiros com armaduras estavam caindo de moda e que as armas estavam chegando. Um século mais tarde, as armas de fogo surgiram e superaram qualquer arco já inventado.

Somando o Poder de Fogo com a Pólvora

Entre os séculos XII e XVIII, as armas se espalharam da China para o oeste da Ásia, Europa e, em seguida, o mundo todo. Elas avançaram de experimentos primitivos para tecnologia de precisão. Os guerreiros foram forçados a rever suas estratégias, às vezes adaptando antigas formações de batalha para o novo armamento, enquanto os defensores precisaram encontrar novas maneiras de fortificar observatórios e cidades.

Acendendo o fogo da descoberta

Coloque fogo em um rastro de terra com enxofre e você verá uma reação explosiva. Alguém, cujo nome foi perdido na história, notou isso há muito tempo na China e a observação levou outro chinês a fazer um teste, colocando enxofre concentrado junto com carvão vegetal. No século IX AD, outro gênio acrescentou cristais de nitrato de potássio (salitre). Queime essa mistura e você terá efeitos brilhantes que criam um excelente clima em cerimônias formais. Monges taoístas brincaram com os mesmos produtos químicos até inventarem os fogos de artifício.

Com o passar do tempo, os *pirotécnicos* (pessoas que fazem fogos de artifício) perceberam que sua mistura de pólvora podia fazer coisas voar – coisas perigosas. Os soldados também notaram isso. Por volta do século XII, os exércitos da Dinastia Sung acrescentaram granadas metálicas ao seu arsenal. A China foi a pioneira em bombas de fragmentação, cujos invólucros se desfaziam em pedaços mortíferos. Cem anos mais tarde, as fábricas chinesas fabricavam centenas de foguetes e bombas militares, algumas recheadas com venenos, como arsênico, que eram liberados no impacto. Outras eram recheadas com alcatrão e óleo e tinham o objetivo de iniciar incêndios. Os chineses também construíram as primeiras armas na forma de canos de metal carregados com pólvora, que podiam atirar pedras ou balas de metal.

Espalhando as notícias explosivas

A novidade dos explosivos chineses espalhou-se para o oeste, ao longo da antiga rota comercial: a Rota da Seda (veja o Capítulo 6). Os árabes compraram armas de fogo primitivas no final do século XIII. Em 1267, a receita da pólvora apareceu na Europa pelas mãos do cientista inglês Roger Bacon.

Menos de um século mais tarde, os exércitos europeus começaram a usar canhões. Os arqueiros com arcos longos, não seus companheiros inovadores que experimentavam pequenos *firepots* barulhentos e fedorentos, decidiram o resultado da Batalha de Crécy, mencionada anteriormente neste capítulo, mas o canhão primitivo era um sinal do que estava por vir. O primeiro canhão europeu era chamado de *firepot* porque tinha a forma de um pote. Ele disparava uma flecha (sim, uma flecha) com força impressionante, mas era pouco confiável e pouco preciso. Os primeiros fabricantes de armas europeus eram artesãos que, até então, faziam sinos de igreja. Com frequência, eles os derretiam para fazer canhões. Logo, os fabricantes de armas descobriram que um cano tubular funcionava melhor e que ele poderia atirar munição de metal. Era possível derrubar o portão de um castelo ou destruir uma casa, guardadas as proporções.

O surgimento das armas grandes

Por volta do início do século XVI, o escritor italiano Nicolau Maquiavel observou: "Não existem muros, não importa sua espessura, que a artilharia não possa destruir em alguns dias".

As armas já eram grandes, embora algumas das maiores não funcionassem muito bem. No início do século XV, alguns canhões primitivos, às vezes chamados de *bombardas*, pesavam 680 quilogramas e disparavam balas com 80 centímetros de diâmetro. Como ninguém nessa época construiu um tubo metálico desse tamanho? Inicialmente, não era um tubo, mas um objeto montado a partir de varas de ferro forjado, como placas curvadas, usadas para formar um tubo. Os aros de ferro mantinham as varetas juntas temporariamente.

Em 1445, os homens da artilharia da Borgonha (um principado independente que, mais tarde, passou a fazer parte da França) usavam um bombarda feito de varas e aros durante a invasão contra os turcos, quando um dos aros arrebentou. O mais louco é que eles atiraram novamente. Mais dois aros e uma vara explodiram no tiro seguinte. Em 1460, uma das grandes armas do Rei James II da Escócia explodiu o matou, assim como muitos membros de seu partido real.

Derrubando os muros de Constantinopla

Às vezes, uma arma grande era essencial. Como expliquei na seção "Guardando as fronteiras bizantinas", os árabes não conseguiram tomar Constantinopla. Decidindo usar armas grandes para invadir a cidade, o sultão turco otomano Mehmet II empregou um fabricante de armas húngaro, que construiu um canhão que podia lançar uma bala a 1,5 quilômetros.

Em 1453, o sultão usou esta arma, chamada *Mahometta*, nas defesas da capital bizantina, e continuou atirando. Assim como muitos destes gigantes, o canhão quebrou depois do segundo dia e ficou inútil após uma semana. Mas Mehmet tinha outras armas grandes. Após 54 dias de ataque, o Império Bizantino, com mil anos, finalmente caiu, vítima do avanço tecnológico.

Refinando o novo armamento

Embora os bombardeios em massa tenham funcionado, os líderes militares sabiam que devia haver maneiras menos desajeitadas de vencer batalhas utilizando armas grandes. Os fabricantes de armas trabalhavam visando às armas de artilharia no campo em que fossem úteis e mais versáteis e que se encaixassem em nichos específicos do arsenal da Renascença.

Deixando as armas mais leves e manobráveis

Finalmente, os especialistas em artilharia descobriram que podiam fabricar armas com o bronze, que era leve, porém, forte, em vez do ferro. Estas armas mais leves e menos desajeitadas podiam ser colocadas no lugar com mais rapidez, disparadas com maior frequência (algumas das grandes podiam atirar apenas uma vez a cada duas horas), e tinham tanta propensão a explodir que podiam causar mais danos do que as armas gigantes.

Melhorando a pólvora com conhaque

As armas melhoraram, mas a pólvora precisava melhorar porque o enxofre, o carbono e o salitre tinham três pesos diferentes. Os cristais de salitre depositavam-se no fundo, enquanto o carbono ficava por cima.

A única maneira de garantir que a pólvora funcionasse era misturar os ingredientes antes de colocá-la na arma, o que era difícil e consumia muito tempo. Então, alguém inventou um modo de fazer os ingredientes se misturarem, acrescentando conhaque à pólvora, e deixando a pasta resultante secar até se transformar em sementes, ou *grãos*, que continham os três ingredientes.

Mas que desperdício de conhaque. Os soldados experimentaram alguns substitutos, como vinagre, que funcionou bem, mas a urina humana funcionava ainda melhor, principalmente a urina de um soldado que usava o conhaque de forma mais prazerosa (no entanto, o cheiro da pólvora não ficava melhor dessa forma).

Colocando armas nas mãos dos soldados

Inicialmente, as armas eram vistas como substitutas para a catapulta e o aríete: destrutivos, porém, imprecisos. No entanto, com as melhoras na artilharia, as armas ganharam precisão e utilidade.

Logo, os fabricantes de armas criaram modelos para uso no campo de batalha: artilharia leve (geralmente canhões puxados por cavalos sobre rodas de carroças) e armas que os soldados podiam carregar. O *canhão manual*, como eram chamadas as armas menores, assustava os cavalos do inimigo (e também os do seu lado) e talvez também intimidasse um ou dois cavaleiros. Porém, durante um tempo, ele não pareceu um substituto prático para os arcos e as espadas. Como era possível segurar uma arma, mirar e atirar com eficácia com uma carga de pólvora?

Em meados do século XV, a solução encontrada foi um pavio encharcado de álcool e revestido com salitre, ligado a um gatilho. Ao puxá-lo o gatilho, este pavio era baixado até o *ponto de contato* e acendia a carga de pólvora.

O *mosquete*, mostrado na Figura 17-2, liberava as mãos do atirador para mirar uma arma, inclusive uma que se chamava *arcabuz* – variação do alemão *Hakenbüchse*, que significava "arma com gancho". Alguns deles tinham um gancho, que podia ser encaixado no canto de um muro para atirar. O gancho absorvia parte do choque do poderoso coice da arma.

O termo *mosquete* vem de *mosquito*. Sua função era irritar o inimigo, como o próprio nome diz. Mas os mosquetes não tinham, nem de longe, o tamanho de um mosquito. Muitos deles precisavam ser apoiados em uma base, como uma muleta, para que pudessem mirar e atirar. Portanto, além de uma arma pesada, o mosqueteiro precisava carregar também seu incômodo material de apoio.

Fagulhas impressionantes

Como um pavio podia carregar uma faísca e queimar a carga muito rápido, o mosquete era perigoso para o mosqueteiro. Os armeiros inventaram outras maneiras de disparar uma carga, como a *espingarda de pederneira*, uma arma que tinha uma pederneira, presa a uma roda de aço, movida por uma mola. Se você analisar as partes móveis de um isqueiro, terá uma boa ideia de como a espingarda de pederneira disparava fagulhas. Mais tarde, a fecharia de *pederneira*, composta por um martelo movimentado por uma mola, que gerava uma fagulha, passou a ser a tecnologia dominante de aproximadamente 1650 até o século XIX.

Adaptando antigas estratégias a novas armas

Até à introdução do *revólver* (uma arma carregada pela parte de trás), um mosqueteiro podia colocar tudo, a pólvora e a munição, dentro do cano. Ele precisava ficar em pé para enfiar tudo isso pelo tubo. O príncipe

Figura 17-2:
O mosquete acrescentou um fusível para acender a pólvora e liberar as mãos dos soldados.

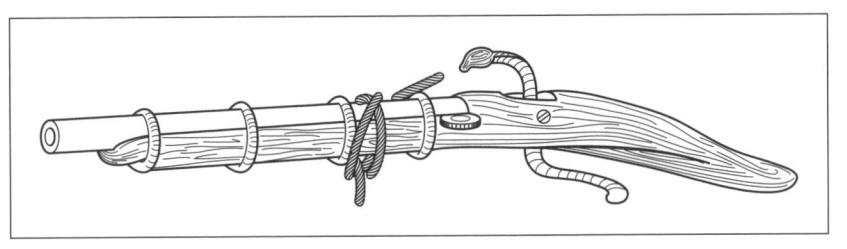

Maurício de Nassau, comandante das tropas holandesas na guerra religiosa de independência contra a Espanha (veja o Capítulo 14), reviveu a *contramarcha*, uma estratégia dos arqueiros romanos. Ele organizou seus mosqueteiros em linhas precisas, pediu que aos que estavam na frente que atirassem todos de uma vez, e, em seguida, fossem para a parte de trás da formação para recarregar as armas, enquanto a linha seguinte atirava.

Sob Maurício de Nassau e líderes como ele, o rei da Suécia Gustav Adolph II (1594-1632) e o general inspetor francês Jean Martinet (morto em 1672), os exércitos enfatizaram a disciplina rígida mais do que nunca (o nome de Martinet passou a ser sinônimo de uma figura autoritária poderosa). Muitos comandantes militares dos séculos XVII e XVIII queriam que os soldados fossem mais do que ferozes; eles queriam que os soldados quisessem e pudessem se dedicar às armas de fogo. Este traço – suicida, como geralmente se provava – passou a ser uma estranha nova adição à bravura dos homens.

Fortalezas flutuantes no mar

Durante o século XVI, os navios de guerra geralmente eram galés impulsionadas por remos; a manobra naval mais eficaz era golpear o navio inimigo e, em seguida, subir a bordo com guerreiros armados com espadas e lanças. Porém, conforme a pólvora redefinia as armas do campo de batalha, os canhões e as armas de fogo também redefiniam o arsenal naval e as táticas de batalha no mar. Na Batalha de Lepanto, em 1571, as galés da marinha turca, de um lado, e as nações cristãs aliadas da Europa, do outro lado, tinham entre dois e quatro canhões em suas proas, mas os europeus venceram a batalha no combate homem a homem, a bordo dos navios turcos.

Em meados do século XVII, as galés haviam caído em desuso para dar lugar aos navios de guerra, parcialmente porque as armas de fogo haviam se transformado na principal arma das batalhas navais, já que as embarcações precisavam ter aberturas para armas ao longo das laterais no lugar dos remos e dos remadores. Os capitães do mar ainda tentavam invadir o navio inimigo, mas geralmente faziam isso somente após os atingir com balas de canhão.

As fortificações adaptam-se à era da artilharia

Desde as primeiras cidades muradas, uma boa barreira defensiva era o mais alta possível. Mas as armas de fogo podiam superar estas muralhas; então, os arquitetos inventaram uma nova maneira de construir um forte em meados do século XV. Em Genova, Leon Battista Alberti (veja o Capítulo 13) criou desenhos de fortalezas em forma de estrela, com muros relativamente baixos, porém, extremamente largos. A Figura 17-3 é uma ilustração simplificada do Castelo de São Marcos, construído pelos espanhóis no século XVI em St. Augustine, na Flórida, onde ele ainda resiste.

Os ângulos permitiam que os defensores da fortaleza mirassem seus canhões diagonalmente pelas linhas inimigas dessa forma, a bala do canhão atingiria a linha, derrubando mais homens, armas, cavalos e equipamentos.

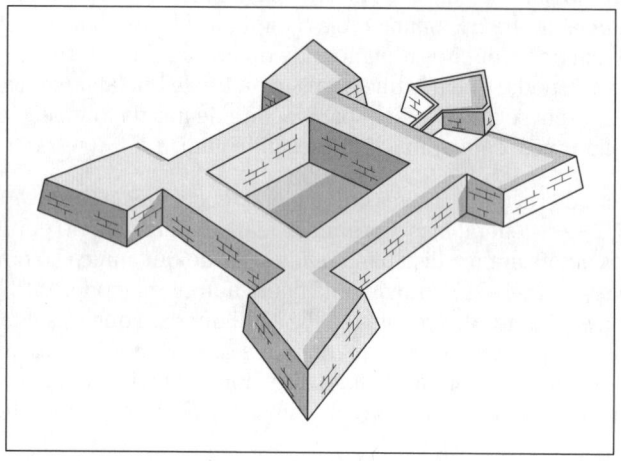

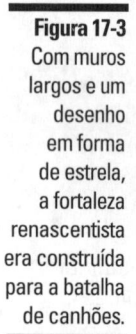

Figura 17-3
Com muros largos e um desenho em forma de estrela, a fortaleza renascentista era construída para a batalha de canhões.

Percorrendo os Séculos

Século IV AD: A cavalaria chinesa começou a usar estribos.

568 AD: Ávaros a cavalo, utilizando estribos, venceram batalhas e tomaram o Vale do Danúbio do Império Bizantino.

732 AD: Em Poitiers, na Gália, Carlos Martel, rei dos francos, e suas tropas expulsaram os cavaleiros mouros da Espanha.

Século X AD: Arqueiros europeus adotaram o poderoso arco e flecha.

1096: O Papa Urbano II condenou o arco e flecha como "odiado por Deus".

1267: O inglês Roger Bacon chegou à fórmula da pólvora.

1396: Ricardo II da Inglaterra casou-se com a filha de Carlos VI da França, tendo levado uma paz de 28 anos durante a Guerra dos Cem Anos.

1460: Um canhão militar escocês explodiu, matando o Rei James II e muitos membros de seus acompanhantes reais.

Capítulo 18
Confusão Modernizada

• •

Neste Capítulo
▶ Acompanhando o desenvolvimento da guerra moderna
▶ Aumentando a escala do conflito armado nas Guerras Mundiais
▶ Recorrendo às táticas de guerrilha e de terrorismo na era nuclear

• •

Alguns dizem que a guerra moderna teve início com a Guerra Civil Americana, nos anos 1860. Ou a guerra moderna começou com a Guerra da Crimeia, nos anos 1850? Talvez ela tenha se iniciado muitas décadas mais cedo, quando um soldado e estudioso da Prússia começou a ensinar o conceito da *guerra total*.

A Guerra da Crimeia é tida como a primeira das guerras da era moderna, pois provou que os tempos de guerra geravam novas tecnologias, como os rifles de mosquete e as linhas de telégrafo no *front*. A Guerra Civil Americana utilizou essas tecnologias e muito mais, mas foi um conflito maior e mais devastador. Ela pareceu personificar os ensinamentos de Karl von Clausewitz, que ensinou aos jovens soldados da Prússia, na virada no século XIX, que eles deviam conduzir campanhas para fazer mais do que eliminar as forças opositoras – eles deviam acabar com regiões inteiras. A amplitude e a ferocidade da Guerra Civil ofereceram uma ideia do futuro e previram as guerras globais do século XX.

A tecnologia – dos rifles ao avião bombardeiro robô, sem piloto – alimentou cada melhoria nos estilos modernos de luta, enquanto o retrocesso contra as gigantescas capacidades bélicas do período pós-Segunda Guerra fez reviver as táticas dos anos dourados, como ataques de guerrilhas e sabotagens terroristas.

Seguindo Três Caminhos para a Guerra Moderna

O que é tão moderno sobre as guerras travadas antes dos tanques armados, aviões e a ameaça de explosões nucleares?

Como eu disse no Capítulo 3, os termos históricos só são bons se forem úteis. Talvez mais adiante, no século XXI, o termo *guerra moderna* signifique algo novo. Talvez uma guerra moderna seja totalmente automatizada, travada por andróides. É possível que os veículos armados com inteligência artificial, programados para pensar estrategicamente, coloquem seus microcircuitos uns contra os outros. Talvez raios mortíferos, atirados de satélites, tenham um papel principal. Até lá, no entanto, o termo guerra moderna se aplica a três marcos militares:

- Os generais da Prússia, do final dos séculos XVIII e XIX, desenvolveram o conceito de *guerra total* (uma campanha de devastação) e de *blitzkrieg* (guerra relâmpago ou campanha de ataque rápido).

- A Guerra da Crimeia começou quando a Inglaterra e a França invadiram a Rússia em 1853, enquanto os exércitos da Europa ocidental se rearmavam com armas que atiravam mais rápido e eram mais fáceis de carregar, e empregando inovações como o navio a vapor e o telégrafo para apoiar a luta.

- A Guerra Civil Americana seguiu a decisão da Carolina do Sul, em 1860, de que ela não mais faria parte dos Estados Unidos da América. Várias mortes e a devastação tomaram uma região inteira, o sul, sua economia superou as expectativas dos comandantes militares e dos civis do outro lado.

Promovendo a devastação na Prússia

Na Guerra Civil Americana, sobre a qual falarei com mais detalhes na seção "Redefinindo o conflito armado: a Guerra Civil Americana", as tropas do norte recorreram ao incêndio das plantações e à destruição das fazendas, para que os sulistas, arruinados, fossem forçados a se render. Os líderes dos soldados do norte estavam desesperados para atingir a paz e, portanto, utilizavam medidas extremas – a *guerra total* – contra o inimigo.

Mas havia outros soldados no emergente estado alemão da Prússia, que não via a guerra total como uma estratégia desesperada e, sim, como um modelo de como a guerra devia ser conduzida. O mais influente foi Karl von Clausewitz (1780-1831), diretor da escola militar da Prússia. Ele escreveu um livro chamado *Da Guerra*, um manual para lutar uma campanha total marcada pelo avanço às terras queimadas.

Helmuth Graf von Moltke, comandante do exército da Prússia, tomou as ideias de Clausewitz e aliou-as à nova tecnologia: os revólveres de agulha, nova artilharia de longo alcance e estradas de ferro (você poderá ler mais sobre os avanços em armas do século XIX com a Guerra da Crimeia na próxima seção). Moltke reorganizou e aumentou bastante seu poder militar. Em seguida, ele usou as forças da Prússia para vencer guerras contra a Dinamarca em 1864, a Áustria, em 1866, e a França, em 1870.

Em maior número e muito mais eficientes, os prussianos da Guerra Franco-Prussiana avançaram para Paris em um movimento de tropa tão rápido que foi chamado de *blitzkrieg*, ou "guerra relâmpago". Eles cercaram o exército francês, mataram 17 mil homens em uma chuva de artilharia e levaram mais de 100 mil prisioneiros, entre eles o Imperador Napoleão III. A estratégia da guerra relâmpago surgiria novamente, principalmente durante a Segunda Guerra Mundial.

A preeminência militar da Prússia permitiu que seu primeiro ministro, Otto von Bismarck, unificasse a Alemanha em 1871. Bismarck passou a ser o primeiro chanceler de um novo Império Germânico, que era uma formidável potência militar em uma época em que a guerra total passou a se chamar guerra mundial.

Utilizando a tecnologia de forma mortal: A Guerra da Crimeia

Por que a França e a Inglaterra declararam guerra à Rússia para começar a Guerra da Crimeia? Bem, em primeiro lugar, a Rússia estava beliscando as migalhas do Império Otomano. Isso era assustador, porque os outros países não queriam que seus vizinhos fossem grandes ou poderosos demais.

O Império Otomano, que data da conquista da Constantinopla bizantina por parte dos turcos otomanos em 1453 (veja o Capítulo 17), estava em ruínas em meados do século XIX. Como amigos diplomáticos dos otomanos, a França e a Inglaterra ficaram irritadas quando a Rússia marchou com suas tropas cruzando o Rio Danúbio na direção do território turco na Romênia. Os jogadores das potências da Europa ocidental, como a França e a Inglaterra, não queriam que a Rússia controlasse a região do Mar Negro e as rotas comerciais até a Índia, muito menos que estabelecesse um porto no Mediterrâneo.

Mas a França e a Inglaterra não queriam uma guerra. Em uma conferência de 1853, em Viena, elas tentaram fazer com que os otomanos se comprometessem com os russos, mas, em vez disso, os turcos declararam guerra. Ironicamente, esta continuou mesmo depois que a Rússia cedeu às exigências austríacas (e à ameaça do exército austríaco) e se retirou das partes disputadas na Romênia (Wallachia e Moldávia). A Áustria mobilizou suas tropas para ameaçar a Rússia a recuar, mas ela não participou da Guerra da Crimeia.

Depois que a Rússia respondeu à declaração de guerra dos turcos, destruindo a frota otomana em Sinop, um porto na costa sul do Mar Negro, a Inglaterra e a França não viram alternativa a não ser ensinar uma lição ao czar. A Inglaterra e a França, juntamente com o principado de Piemonte (que significa pé da montanha), da Itália, enviaram forças para confrontar os russos na Península da Crimeia, no sul da Ucrânia (entre o Mar Negro e o Mar de Azov). O que estava em jogo não era absolutamente essencial para qualquer um dos países envolvidos; portanto, de alguma maneira, este conflito foi similar a muitas guerras do século XVIII, pontilhado por diversos outros (veja o Capítulo 9). Mas a tecnologia fez deste um novo tipo de guerra.

Acrescentando precisão e velocidade com os novos rifles

Na época da Guerra da Crimeia, o mosquete com fecharia de pederneira era tecnologia ultrapassada (veja o Capítulo 17). Um novo dispositivo, a *pistola de percussão*, substituiu o antigo sistema de fecharia de pederneira (veja o quadro "As novas arma do clero"). Na pistola de percussão, a pólvora era acesa dentro de um cartucho confiável e fácil de carregar.

O que mais era novidade em termos de armas de fogo? O rifle foi uma grande mudança. O verbo rifle, em inglês, significa gravar espirais dentro do cano de uma arma. Essas gravuras fazem com que a bala gire enquanto passa pelo cano e este giro ajuda a bala a ter uma trajetória mais reta pelo ar. Pense no modo como uma bola de futebol americano, arremessada com um giro, ou espiral, descreve uma trajetória reta, enquanto uma bola que não gira faz uma curva (daí o termo "pato ferido" para descrever essa jogada).

Para que o cano fosse mais eficiente, ele precisava de balas que se encaixassem perfeitamente para conseguir descrever o espiral e sair girando. Este tipo de tiro era difícil de ser *carregado* pela boca do cano. Se o projétil de metal encaixasse perfeitamente para passar pelas gravuras, ele também tinha o tamanho perfeito para entalar no meio do caminho, bloqueando o cano e inutilizando a arma.

A bala *minié* –, que tem esse nome não por causa de seu tamanho, mas por causa de seu inventor, o capitão Claude-Étienne Minié, da França – ofereceu uma solução rápida. Minié fez um buraco na parte inferior de uma bala de chumbo, transformando a parte de trás em uma rosca semiflexível. Quando a carga explosiva era disparada, o buraco aumentava, empurrando a rosca para que ela se encaixasse perfeitamente nas laterais do cano. Esta se encaixava nas gravuras e a bala girava e descrevia uma trajetória reta.

Em seguida, surgiu uma solução ainda melhor para que a bala atravessasse o cano. Com a pistola de percussão e sua carga de pólvora interna, ficou prático carregar a arma pela parte de trás, e *não pela boca*. Um projétil com o tamanho exato para o cano não era mais um problema. Melhor ainda, as armas alimentadas pela parte de trás eliminavam a dependência da gravidade para que a munição descesse pelo cano. Os soldados não precisavam mais ficar em pé para carregar a arma; o atirador de rifle podia ficar deitado no chão, deixando de ser um alvo fácil.

Os *revólveres de agulha* da Prússia (chamados assim por causa de seu longo pino de disparo) estão entre as primeiras armas carregadas pela parte de trás, seguidos pelos "chassepots" franceses e pelo Snyder-Enfield inglês. Com armas melhores, o alcance mais do que dobrou – em alguns casos, para mais de 3,5 quilômetros. A precisão melhorou tremendamente e esta melhora permitiu que um atirador habilidoso, usando um Snyder-Enfield, conseguisse disparar seis tiros por minuto.

Quanta diferença as novas armas de fogo faziam? Na Batalha de Inkerman, em 1854, um dos marcos iniciais da Guerra da Crimeia, os aliados tinham rifles carregados por trás e os russos, não. Resultado: 12 mil russos mortos contra apenas três mil aliados.

A nova arma do clero

O Reverendo Alexander John Forsyth, de Belhelvie, Escócia, queria atirar em pássaros, não em soldados, quando teve a ideia da pistola de percussão – um grande avanço na tecnologia das armas de fogo.

Forsyth gostava de caçar tetrazes e patos. Ele não queria perder um tiro. Os atiradores perdiam muitos tiros no seus tempo (início do século XIX),

mesmo quando eram habilidosos com um mosquete, pois a luz da explosão assustava os pássaros. Frustrado, o reverendo criou uma cápsula de pólvora interna, que era acionada sem explodir quando o martelo do mosquete empurrava a agulha de disparo para a cápsula. Este foi o protótipo para o que passaria a ser uma bala independente, na qual a pólvora e a bala eram uma coisa só.

Transportando tropas no navio a vapor

O motor a vapor (veja o Capítulo 9) permitiu que os transportadores entregassem cargas no tempo certo, mantendo uma agenda em vez de depender do vento. O navio a vapor fez o mesmo pelos líderes militares.

Homens, cavalos e artilharia que eram transportados, pelo menos, por parte do caminho, pelo mar, tinham maiores chances de chegar ao destino mais descansados do que se tivessem marchado o caminho todo. Mas um navio impulsionado pelo vento, às vezes, ficava parado em águas calmas durante dias e até semanas. Se as tropas estivessem a bordo e os suprimentos terminassem, os soldados chegavam fracos por causa da fome. Com o vapor, tropas prontas podiam embarcar mais rápido e com maior segurança na Inglaterra e na França, em direção à Turquia e Crimeia. Os estrategistas podiam fazer planos com uma certeza mais razoável de que os soldados chegariam na data prometida, ou perto dela.

Construindo trilhos para as linhas de frente

Não havia uma linha férrea útil para as tropas inglesas e francesas quando elas chegaram ao porto de Balaclava, na Crimeia. Então, eles construíram uma linha para servir os quartéis-generais da batalha em terra. Foi a primeira linha férrea construída para servir esforços de guerra. O trem fazia em terra o que o navio a vapor fazia na água: oferecia uma maneira confiável de levar tropas e suprimentos para um campo de batalha.

Estendendo os fios do telégrafo até o campo de batalha

O dispositivo mais moderno empregado na Crimeia, o telégrafo elétrico, permitia aos comandantes se comunicarem com suas tropas quase instantaneamente. Tropas de apoio levavam os fios até onde os soldados estavam.

Antes, os exércitos comunicavam-se por mensageiros e, às vezes, por sistemas de sinais, como fumaça ou bandeiras, que passavam de um ponto de observação a outro. Com o telégrafo elétrico, as informações e as ordens pulsavam na velocidade da corrente elétrica.

No Vale da Morte

Os ingleses de meados do século XIX ficaram sabendo da invasão errada da cavalaria através dos jornais. Mas eles lembraram a data em versos. Lord Alfred Tennyson (1809-1892) era o maior poeta inglês em 1850 e estava trabalhando quando escreveu um verso heroico que diz: "Meia légua, meia légua, / Meia légua adiante, / Todos no Vale da Morte / Cavalgaram os seiscentos". O poema mexeu com o imaginário popular como nenhum outro havia feito. Havia cavalos galopando e cadências galopantes nas linhas: "Canhões à direita, / Canhões à esquerda, / Canhões atrás / Atiravam e trovejavam".

"A Carga da Brigada Ligeira" é um dos poucos poemas que inspiraram um filme e ele inspirou não apenas um, mas dois filmes com o mesmo título. O primeiro, feito em 1936, traz Errol Flynn e Patric Knowles como dois irmãos apaixonados por Olivia de Havilland. Quando os meninos chegam à Crimeia, o público está esperando uma estranha interpretação da Batalha de Balaclava que, de algum modo, envolve um rajá indiano no lado russo. No entanto, a recriação do ataque foi belamente filmada. O filme *A Carga da Brigada Ligeira*, de 1936, é melhor do que o homônimo, de 1968.

Não apenas os comandantes e tenentes eram gratos ao telégrafo; os governos de Paris e de Londres também estavam ligados aos seus exércitos, pelo menos à distância. Mandar uma mensagem para casa não demorava mais semanas.

Os civis, principalmente a imprensa, também podiam enviar mensagens de modo rápido e fácil através do telégrafo, apresentando um novo problema de relações públicas para os oficiais ingleses na Crimeia. W. H. Russell, um repórter irlandês que trabalhava em um jornal inglês, foi o primeiro correspondente de guerra a arquivar uma *reportagem telegrafada*, como os jornais ainda chamam. Suas histórias no *The Times* de Londres informavam os ingleses sobre a desastrosa "Carga da Brigada Ligeira", um bravo, porém, confuso ataque da cavalaria inglesa sobre as posições de artilharia russas durante a Batalha de Balaclava. Russell testemunhou e escreveu como as tropas aliadas, pobremente equipadas, sofreram com o longo cerco de inverno no forte russo de Sebastopol, em 1854 e 1855, notando que alguns de seus comandantes passaram o inverno a bordo de iates particulares, longe da praia. Os leitores, surpresos, exigiram reformas.

Redefinindo o conflito armado: A Guerra Civil Americana

Se a Guerra da Crimeia mudou as ferramentas da guerra, a Guerra Civil Americana mudou a própria guerra, mostrando como uma guerra moderna podia ser grande, mortal e devastadora. Quatro milhões de homens foram mobilizados ao longo da guerra e mais de 600 mil deles morreram em batalhas.

Mais americanos morreram na Guerra Civil do que na Primeira Guerra Mundial, na Segunda Guerra Mundial, na Guerra da Coreia e na Guerra do Vietnã *juntas*.

Isso mesmo, juntas. E, se você pensar em como a população dos Estados Unidos era muito menor na época – menos de 31,5 milhões de pessoas de acordo com o censo de 1860, comparados com bem mais de 300 milhões atualmente – é possível imaginar a devastação.

Utilizando a guerra total na Marcha de Sherman para o Mar

Para o sul, a Guerra Civil significava a quebra de toda uma economia. Esta foi a guerra na qual um general, Ulysses S. Grant, comandante da União dos Exércitos, usou pela primeira vez a palavra *extirpação* para descrever sua estratégia. Ele anunciou sua intenção para encurralar o inimigo até que este não pudesse fazer nada a não ser se render. E foi o que Grant fez.

Embora o teórico alemão Clausewitz (sobre o qual falei anteriormente neste capítulo) tenha sido pioneiro no conceito de *guerra total*, a Guerra Civil Americana foi a primeira demonstração em larga escala desta ideia. Antes do fim da guerra, a União espalhou uma devastação geral e absoluta: militar, econômica e social. O general da união, William Tecumseh Sherman (veja o Capítulo 20) acabou com tudo o que estava no caminho de seu exército em uma marcha de 1864, de Chattanooga, Tennessee, passando por Atlanta e chegando à cidade costeira de Savannah, na Georgia. Nessa campanha, conhecida historicamente como *Marcha para o Mar* de Sherman, as tropas da união destruíram fazendas, inutilizaram máquinas, acabaram com os estoques de comida que não foram roubados, mataram gado e galinhas, roubaram mulas e escravos, saquearam e queimaram não apenas Atlanta, mas também dezenas de cidades no caminho e, nas palavras de Sherman, "transformaram tudo em um inferno".

Sherman também recebe o crédito da frase: "A guerra é o inferno". Se não disse isso, pelo menos, ele encenou.

Avaliando as causas da Guerra Civil

Também chamada de Guerra da Rebelião e Guerra dos Estados, o conflito americano teve início em 1860, embora um prelúdio violento desses sinais do que estava por vir. O abolicionista John Brown (veja o Capítulo 20), que vinha da violência antiescravagismo no território do Kansas, foi para o leste com seus homens em 1859 para capturar o arsenal americano em Harper's Ferry, que seria o novo estado da Virgínia Ocidental. As tropas americanas, comandadas por Robert E. Lee, capturaram Brown. Condenado por traição e enforcado, John Brown se transformou em um mártir da causa abolicionista.

Os abolicionistas queriam acabar com a escravatura (veja o Capítulo 8), a base de trabalho da América do Sul. Este assunto, entrelaçado com a questão da autoafirmação do estado contra a supervisão federal, levou à rebelião do sul no final de 1860.

A rebelião estourou depois que Abraham Lincoln, de Illinois, o candidato nascido em Kentucky do novo partido Republicano, antiescravidão, venceu as eleições para presidente em 1860. Em dezembro, a Carolina do Sul desistiu da União. Dez outros estados disseram: "Nós também". Em abril, tropas dos recém-formados Estados Confederados da América atacaram o Forte Sumter, um posto militar americano em Charleston, Carolina do Sul. Nenhum dos lados estava preparado para o que viria. Quem poderia estar? A maioria dos americanos de meados do século XIX nunca tinha visto uma guerra.

Superando as expectativas com sua determinação

No verão de 1861, quando as tropas da União marcharam para o sul, partindo de Washington, D. C., com a intenção de acabar com as Tropas Confederadas acampadas perto da Virgínia, o público da capital tratou o conflito iminente como uma brincadeira. Turistas carregando cestas de piquenique apareciam atrás das tropas. Civis e soldados esperavam uma vitória limpa e que a paz fosse rapidamente restaurada.

O que eles receberam foi uma derrota decisiva e um choque. Antes do fim do dia, muitos dos 18 mil soldados da União, que se encontraram com o inimigo em Bull Run, perto de Manassas, Virgínia, fugiram para salvar suas vidas. A vitória dos Confederados mostrou que a guerra não seria fácil, nem previsível.

O primeiro encontro geralmente é conhecido como a primeira Batalha de Bull Run, que fica perto de um riacho. Os narradores da guerra, que vinham do norte, davam nomes às batalhas de acordo com os rios e riachos que ficavam próximos do conflito. Os narradores do sul chamaram a mesma batalha que ocorreu no mesmo local no ano seguinte, de Primeira e Segunda Batalhas de Manassas. Leitores casuais da história da Guerra Civil Americana às vezes se confundem ao ver uma única batalha ser chamada por dois nomes diferentes.

Acreditando fervorosamente em sua causa, os sulistas supunham que uma ou duas vitórias decisivas, como na primeira batalha de Bull Run, convenceria a União a libertá-los. Mas ela tinha vantagens econômicas surpreendentes – fábricas, estradas de ferro e uma população muito maior – que os rebeldes não tinham. E eles tinham uma determinação profundamente enraizada em sua cidade. Lincoln, esperto e articulado, convenceu o público de que a União devia ser salva.

A Guerra Civil evocou o tipo de envolvimento popular entre os americanos que a Europa tinha visto durante a Revolução Francesa (veja o Capítulo 8) e lançou a nação a uma nova tecnologia industrial. De certa maneira, a Guerra Civil foi uma volta aos primórdios, quando saquear e incendiar eram comuns. Mas, como ela, empregava as mesmas novas tecnologias da Guerra da Crimeia – em uma escala maior e por um período de tempo mais longo – apontava para um futuro horrível. Os líderes militares descobriram, por exemplo, que o alcance e a precisão melhorada de um rifle acrescentava um risco enorme à infantaria. As unidades aprenderam a entrincheirar-se; a pá, ou *ferramenta de entrincheiramento*, passou a ter um uso tático. Tudo isso e muito mais era uma prévia do estilo de luta em terra opressivo, estático e devastador da moral que caracterizaria a Segunda Guerra Mundial.

Cuspindo balas com a metralhadora

Desde quando o canhão e o mosquete passaram a ser ferramentas básicas da guerra, os inventores lutavam para encontrar modos de carregar e disparar as armas mais rápido. As primeiras tentativas incluíram armas com vários canos ou diversos cartuchos, que eram disparados um após o outro. O primeiro desenho prático foi a arma de Gatling, que recebeu o nome do inventor americano Richard Gatling. Um oportunista inspirado pela Guerra Civil americana, ele usou a tecnologia da percussão e inventou um mecanismo de manivela manual para alimentar os cartuchos nos tambores de sua arma, atirar e extrair aqueles usados. Gatling afirmou que esta arma poderia disparar 200 tiros por minuto.

Embora fosse do sul, Gatling ofereceu sua invenção para os dois lados da guerra. Nenhum deles comprou. Somente após a guerra, esta arma passou a fazer parte do arsenal americano. Inglaterra, Japão, Rússia, Turquia e Espanha também fizeram pedidos.

Nos anos 1880, outro inventor americano, Hiram Maxim, criou uma metralhadora melhorada, que não precisava de manivela. O atirador podia pressionar o gatilho e a arma continuava atirando. Esta foi a primeira arma automática. Ela usava a potência do recuo de cada carga para ejetar o cartucho e passar ao próximo do tambor. Podia atirar mais de 600 balas por minuto. Na Segunda Guerra Mundial, a Maxim e suas imitações eram a grande maioria em quase todas as batalhas.

Aliando Técnicas à Tecnologia no Século XX

No Capítulo 9, falo sobre como as guerras do século XX espalharam os conflitos baseados na Europa pelo mundo, reorganizando fronteiras, derrubando impérios políticos e econômicos. A Primeira Guerra Mundial reiniciou o cenário global em uma nova era nas relações internacionais, inspirando a primeira tentativa mundial de organizar-se e evitar as guerras: a Liga das Nações. O objetivo foi alcançado, pelo menos em parte, demonstrando como a guerra havia sido alterada pelas estratégias do século XIX.

A Segunda Guerra Mundial acrescentou armas cada vez mais novas ao arsenal sofisticado em termos técnicos. Cada melhoria perigosa no armamento fez com que as nações industrializadas fossem mais capazes de espalhar a morte com uma facilidade muito além da que havia sido imaginada um século antes. Este chamado progresso levou a civilização aos perigos e aos limites incendiários da era nuclear.

Prendendo o heroísmo em uma trincheira: A Primeira Guerra Mundial

Com a metralhadora Maxim (veja o quadro "Cuspindo balas com a metralhadora") e suas descendentes melhoradas amplamente, usadas na

Primeira Guerra Mundial, a tática de tomar as posições inimigas, que ficava mais perigosa com cada avanço dos armamentos, agora era suicida.

Essa lição afundou na primeira Batalha do Marne, travada na França, em setembro de 1914. Depois dela, as linhas de frente da frente ocidental da guerra se transformaram em milhares de quilômetros de trincheiras paralelas espalhadas pela Europa; as trincheiras eram buracos úmidos e infestados de ratos, onde homens com frio, sujos e assustados se escondiam durante dias, semanas, meses e anos. Quando necessário, a terrível ordem chegava e os homens obedientemente saíam das trincheiras e se lançavam em um mar de balas e morteiros. Na tentativa de acabar com a equivalência, os dois lados desenvolviam novas armas, incluindo granadas de mão para serem lançadas nas trincheiras inimigas, morteiros que podiam ser atirados sobre os bloqueios inimigos, e bombas de gás mostarda, um produto químico oleoso que deixava as pessoas cheias de bolhas por fora e por dentro, principalmente nos pulmões e, geralmente, incapacitadas permanentemente.

Em 1915, um oficial britânico teve a ideia de colocar um invólucro ao redor de uma espécie de trator que andava sobre esteiras de correntes de metal. O oficial achava que eles poderiam levar armas nessa fortaleza rolante e carregá-las na direção das posições de artilharia do inimigo. Nascia o tanque armado e, no final da guerra, as unidades britânicas o usavam para cruzar as fronteiras alemães.

Também nessa guerra, um engenheiro alemão descobriu como temporizar uma metralhadora para que ela disparasse através de um propulsor giratório sem atingir as lâminas. Surgia o avião de guerra. Os aviões começaram a despejar bombas, também, embora em escala muito menor do que viria na Segunda Guerra Mundial. O submarino, na forma dos U-boats alemães, mostraram seu valor na Primeira Guerra Mundial, já que sua tripulação tinha a vantagem de um ataque submarino surpresa.

Atualizando o arsenal para a Segunda Guerra

Na Segunda Guerra Mundial, a tecnologia a serviço da destruição em massa acelerou em um ritmo que teria impressionado até o general Moltke. Bazucas, transportadores aéreos, artilharia antiaérea, cargas antissubmarino, aviões de guerra de longo alcance, mísseis, radares, sonares e armas atômicas, todos surgiram nesta guerra.

O que é tudo isso? Muitos dos nomes são autoexplicativos – embora *bazuca* seja um nome esquisito para qualquer coisa, inclusive um chiclete (esta arma é um lançador pequeno e portátil de foguetes antitanques que um homem da infantaria podia carregar e disparar). A maioria das invenções – até as mais assustadoras – agora já faz parte do mundo moderno. Algumas têm fins pacíficos. A seguir, dois exemplos:

- ✔ **Radar** (originalmente RADAR, que significa Radio Detecting And Ranging) teve início como uma ideia baseada no eco. O radar reflete ondas de rádio em objetos e detecta o padrão das ondas que retornam para ver os objetos (principalmente aviões), que estejam além do alcance visual. O radar permitiu que a Força Aérea Real britânica, que estava em menor número, detectasse esquadrões de bombardeiros alemães, estragando os planos dos nazistas de invadir as ilhas britânicas. Depois da guerra, o radar passou a ser uma ferramenta valiosa para a aviação comercial e para o reforço da lei, pois ele pode informar a velocidade de um objeto (como um carro).

- ✔ **O Sonar** (acrônimo para Sound Navigation And Ranging) fazia quase a mesma coisa que o radar, mas com ondas de som debaixo da água. Com o sonar, um navio podia detectar submarinos inimigos. Diversos usos no pós-guerra variam de resgate de navios afundados a encontrar bons locais para pesca.

Os Estados Unidos lançaram duas bombas atômicas sobre o Japão em 1945 para encerrar a Segunda Guerra Mundial. Historiadores, estrategistas militares e ativistas da paz ainda discutem sobre a justificativa dos ataques. Seja qual for o caso, é certo que as *bombas A* e as armas nucleares, ainda mais mortais, foram desenvolvidas depois que a guerra mudou o jeito como ela é vista e travada.

Fazendo Guerra, Apesar da Ameaça Nuclear

No final da Segunda Guerra Mundial, algumas pessoas achavam que as armas nucleares fariam com que se tornasse impossível pensar em melhorias em termos de armamento de guerra. Mas não foi bem assim.

Um crescente número de países construiu e testou armas nucleares (saiba mais sobre a proliferação nuclear no Capítulo 9), mas em grande parte do mundo, a opção nuclear permaneceu irrelevante. Isso aconteceu principalmente na América do Sul, no sudeste da Ásia e na África, onde as revoluções e guerras civis continuaram.

Apesar da enorme capacidade das superpotências do pós-guerra (a União Soviética, até sua queda em 1991, e os Estados Unidos) de provocar confusão em larga escala, os guerreiros menores, principalmente aqueles que acreditavam em suas causas revolucionárias por causa dos erros políticos, encontraram maneiras de minar a segurança de grandes nações. Geralmente, eles recorriam a estratégias pré-tecnologia, como o ataque de guerrilha e o ataque terrorista, que é difícil prever.

A força da discrição: As táticas de guerrilha

Paradoxalmente, a era nuclear do final do século XX também foi a era dos soldados que andavam a pé, caminhando suavemente pela noite. *A guerrilha* geralmente é travada por bandos de revolucionários em grupos grandes e pouco financiados que se movem discretamente para atacar potências com armas melhores. As unidades de guerrilha se aventuram sob a proteção da noite, conduzem ataques em pequena escala e utilizam armadilhas rudimentares.

A Guerrilla, palavra espanhola para "guerra pequena", referia-se, inicialmente, aos camponeses espanhóis que incomodavam as forças conquistadoras de Napoleão no início do século XIX. Em seguida, como agora, as táticas de guerrilha passaram a seguir precedentes tão antigos quanto a própria guerra; eram as mesmas táticas usadas pelas tribos italianas, que derrotaram as primeiras falanges romanas em estilo grego, sobre as quais falo no Capítulo 16. De modo similar, o exército improvisado de revolucionários americanos, por vezes, pegou a infantaria britânica desprevenida nos anos de 1770. Os americanos, às vezes, atiravam escondidos, colocando uma formação britânica em desvantagem.

Os britânicos enfrentaram as táticas de guerrilha outra vez, mais de um século depois, na África do Sul. A Guerra do Boers teve início em 1899, quando os Boers, descendentes de fazendeiros holandeses, tentaram tomar terras controladas pela Grã-Bretanha no Transvaal. Esperando derrotar essa rebelião de fazendeiros (*Boer* significa "fazendeiro") em poucos meses, os ingleses não consideraram a determinação e a inteligência dos Boers. Eles cavalgavam perfeitamente e conheciam o território como a palma da mão.

Contra o armamento superior da Inglaterra, os determinados Boers recorreram aos esconderijos, ataques e bombardeios. Percebendo que este inimigo resistiria por tempo indefinido, os ingleses foram forçados a fazer o que Grant e Sherman haviam feito nos Estados Unidos durante a Guerra Civil: travaram uma guerra de extirpação. Os britânicos queimaram fazendas e levaram civis holandeses para campos de concentração.

As forças de oposição do século XX, que variavam da Resistência Francesa, na Segunda Guerra Mundial, até os Vietcongues Comunistas, do Vietnã, dos anos 1960 (veja a Figura 18-1) e os Contras anticomunismo, na Nicarágua, dos anos 1980, fizeram uso eficaz da evasão afastada, da rapidez, da mobilidade e dos ataques em pequena escala e bem organizados contra inimigos mais fortes.

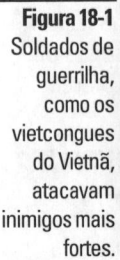

Figura 18-1
Soldados de guerrilha, como os vietcongues do Vietnã, atacavam inimigos mais fortes.

© Bettman/CORBIS

Usando a arma do medo: O terrorismo

Enquanto os alvos das forças de guerrilha são geralmente militares ou, pelo menos, estão dentro de uma zona de guerra, a violência terrorista geralmente parece indiscriminada e arbitrária, como o bombardeio de um shopping center, um ataque a ônibus ou a um avião comercial cheio de passageiros.

Os criminosos terroristas geralmente são grupos pequenos, que acham que a violência é o único caminho para avançar em sua causa, que geralmente é a perturbação da ordem estabelecida. Por definição, os terroristas usam o terror, ou o medo em relação ao próximo ataque, como arma.

O Exército Republicano Irlandês (IRA), um grupo nacionalista que queria reunificar a Irlanda do Norte, controlada pela Inglaterra, com a República da Irlanda, que era independente, foi rotulado como *terrorista* entre os anos 1970 e 1990. Embora as bombas do IRA geralmente fossem direcionadas a alvos militares, elas também explodiam entre os civis ingleses.

Embora frequentemente sejam rotulados como criminosos, os terroristas geralmente consideram a si mesmos guerreiros engajados em atos honrosos de batalha. Como no caso dos membros da *Al Qaeda*, o grupo terrorista responsável pelos ataques de 11 de setembro de 2001 aos Estados Unidos. Formada na década de 1980 para apoiar a resistência muçulmana a uma incursão soviética no Afeganistão, a Al Qaeda passou a ser uma rede internacional com uma atitude cada vez mais antagonista em relação aos Estados Unidos. Seus ataques de 2001 ao World Trade Center, em Nova York, e ao Pentágono, na capital Washington, bem como o avião sequestrado, que caiu na Pensilvânia, mataram quase três mil pessoas.

O terrorismo é extremamente difícil de combater, pois seus perpetradores, em geral, tiram a própria vida para poder matar outras pessoas que estejam próximas. Nas últimas décadas, os terroristas islâmicos do Oriente Médio recorreram a esta tática, conhecida como *homem-bomba*. Em 1983, dois homens-bomba que dirigiam caminhões mataram 300 pessoas – 241 delas eram prestadores de serviço americanos, a maioria, Marines – colidindo os caminhões carregados com explosivos contra os alojamentos da tropa em Beirute, no Líbano. Nos anos seguintes, homens-bomba atingiram muitos alvos civis em Israel. Grupos militantes palestinos, como o Hamas, que buscam um fim para o governo israelense, geralmente são culpados por incitar e financiar os ataques. Os grupos insurgentes islâmicos também já usaram essa tática no Iraque, no Afeganistão, no Paquistão e no Sri Lanka.

Os ataques terroristas também são difíceis de retaliar, pois estes, oficialmente, não representam uma nação soberana. Após os ataques de 2001, os Estados Unidos atacaram o Afeganistão, onde ficava o quartel-general da Al Qaeda e, depois, o Iraque. As forças americanas derrotaram os regimes de governo nos dois países islâmicos, mas, agora, mais de oito anos se passaram e as tropas americanas não conseguiram eliminar os ataques terroristas da Al Qaeda e o suposto mandante dos ataques de 11 de setembro.

Percorrendo os Séculos

1833: O livro *Da Guerra*, de Carl von Clausewitz, pregava a devastação deliberada.

1854: Homens da infantaria francesa e inglesa, com seus rifles, superaram os russos armados com mosquetes na Guerra da Crimeia.

1861: Uma força Confederada determinada derrotou as tropas da União na primeira Batalha de Bull Run, na Virgínia.

1899: As tropas inglesas combateram os rebeldes Boer em Transvaal, na África do Sul.

1914–1918: Trincheiras paralelas definiram a frente ocidental na Segunda Guerra Mundial, desde o Mar do Norte até a Suíça.

1945: Bombas atômicas devastaram as cidades de Hiroshima e Nagasaki, forçando o governo japonês a render-se, encerrando a Segunda Guerra Mundial.

1973: A Guerra do Vietnã chegou perto do fim quando as forças americanas se retiraram e as tropas norte-vietnamitas tomaram posse do sul.

Outubro a dezembro de 2001: Os Estados Unidos bombardearam e invadiram o Afeganistão com tropas terrestres, expulsando o governo Talibã.

2009: O presidente eleito dos Estados Unidos, Barack Obama, herdou duas guerras: uma delas é um esforço de oito anos para pacificar o Afeganistão e, a outra, um conflito de quase cinco anos no Iraque.

Parte V

Conhecendo os Proponentes e Agitadores

A 5ª Onda

por Rich Tennant

George Washington, patriarca do país e primeiro presidente americano, deu origem ao Gabinete da Casa Branca, estabeleceu o direito do Congresso de cobrar impostos dos cidadãos americanos e reescreveu as leis de navegação para aumentar o número de pessoas que poderiam estar em um barco a remo de 5 para 12.

Nesta Parte...

Os personagens históricos que aparecem nesta parte também são mencionados em outras partes do livro, mas estes capítulos também trazem algumas personalidades históricas com as quais você pode estar menos familiarizado. Cada um deles merece um grande volume que mergulhe profundamente em seus motivos e em suas intrigas pessoais. Na verdade, muitos personagens descritos nesta parte do livro inspiraram biografias e mais biografias. E há mais pessoas – muito, muito mais – que poderiam e deveriam fazer parte da lista se eu tivesse um espaço ilimitado. Observe as interferências para ajudá-lo a ligar as vidas e as eras.

Esta é uma lista completa de todos que já fizeram a diferença na história mundial? São biografias completas? Está brincando? As respostas são: "Não", "não" e "você deve estar brincando".

Capítulo 19
Iniciando Algo Lendário

● ●

Neste Capítulo

▶ Um início lendário para Roma com um menino lobo

▶ Unindo os anglo-saxões sob Alfred

▶ Casando os reinos de Aragão e Castela

▶ Oprimindo Draco, o cruel legislador ateniense

● ●

Sociedades, nações e culturas não surgem simplesmente. Bem, talvez sim, mas alguém sempre leva o crédito. Ou, algumas centenas de anos após o ocorrido, alguém analisa a história e atribui o crédito ao fundador da cidade-estado, do império, da nação ou da cultura. Às vezes é uma pessoa, outras vezes, um grupo.

No Capítulo 3, falo sobre o modo como os historiadores rotulam as eras, movimentos e tendências, escolhendo o que deve ser incluído ou deixado de lado. Tentando compreender a confusão que é a experiência humana, os historiadores precisam fazer escolhas. Neste capítulo, falarei apenas sobre uma pequena parte dos fundadores da história: são minhas escolhas, que foram baseadas no impacto que tiveram em sua época e em seus legados político e cultural (está bem, alguns entraram porque eu fiquei com vontade de citá-los). Ao notar algumas omissões (e com certeza você notará), sinta-se à vontade para anotar nas margens – mas, por favor, compre o livro primeiro.

Lendas Diversas

Muitos personagens históricos, até mesmo em tempos mais recentes, chegam a um tamanho mítico. Aqueles mais antigos podem estar envolvidos em tantas camadas de sabedoria que a verdade sobre eles e sobre o que fizeram pode nunca ser descoberta. Um semideus realmente fundou uma cidade-estado? O encanto de um mago realmente agraciou uma era encantada? Meu educado palpite é que não, nada disso aconteceu. As lendas a seguir podem ter sido inspiradas por líderes reais, ou um faz de conta:

> ✔ **Agamemnon** (lendário, mas provavelmente baseado em um rei verdadeiro do século XII a.C.): Em *A Ilíada*, um poema épico grego de Homero, o rei

Agamemnon comanda a aliança dos gregos (ou dos pré-gregos chamados *aqueanos*) que invadiram Troia. Agamemnon, o rico governante de Micenas, era irmão de Menelau, rei de Esparta. Os gregos tinham uma rusga com Troia porque o príncipe troiano Páris roubara a bela esposa de Menelau, Helena. Como *A Ilíada* é um poema cheio de atos sobrenaturais dos deuses, ninguém é capaz de dizer se sua história é literalmente verdadeira, mas muitos séculos de gregos se identificaram culturalmente com o conto (para saber mais sobre *A Ilíada* e a Guerra de Troia, leia o Capítulo 2).

✔ **Rômulo** (provavelmente mítico, embora sua lenda possa ser baseada em um rei do século VIII ou VII a.C.): Em uma história sobre a fundação de Roma, Rômulo aparece como um dos filhos gêmeos de Marte (o deus, não o planeta), concebidos quando este namorou com uma Virgem de Vesta. Abandonados quando crianças, Rômulo e seu irmão gêmeo, Remo, flutuaram pelo rio Tibre até que uma loba os encontrou e alimentou os bebês. Depois que cresceram, Remo fazia piadas, enquanto Rômulo tentava construir Roma (demorou mais de um dia) Rômulo ficou louco e matou Remo. Mais tarde, uma tempestade matou Rômulo. Quanto disso é verdade? Provavelmente nada, mas Rômulo ainda é citado como o primeiro rei de Roma.

✔ **Rei Arthur** (talvez no século VI A.D): Talvez, apenas talvez, Arthur tenha sido uma pessoa de verdade. Os estudiosos e entusiastas sugeriram muitos personagens históricos como inspiração real para a lenda. Porém, a história de Gales, mais ou menos na mesma época em que o verdadeiro Arthur pode ter lutado e governado, é extremamente obscura. Entre as possibilidades mais intrigantes, está um rei galês, Owain Ddantgwyn, que poderia ter acumulado força suficiente para unir os celtas contra as tribos germânicas invasoras. Se for verdade, Ddantgwyn (o nome significa "com dentes") pode ter dado a si mesmo o nome de batalha Arth-Ursus, combinando as palavras galesa e latina para "urso". As crônicas galesas dizem que Arthur morreu lutando em 537, uma data bastante consistente com o pouco que se sabe sobre Ddantgwyn. Outros candidatos para o papel de Rei Arthur incluem escoceses e romanos, mas os mais famosos contos arturianos são invenções criativas de Sir Thomas Malory, escritos 900 anos depois que qualquer Arthur verdadeiro poderia ter vivido. Baseados em lendas e não na história, os contos são ficção.

No filme *Rei Arthur*, de 2004, o personagem título se baseia em Lucius Artorius Castus, um soldado romano real. Artorius provavelmente lutou contra os pictos, as ferozes tribos guerreiras que, no século II, ocuparam o que, mais tarde, passaria a ser a Escócia. O verdadeiro Artorius pode ter sido italiano, mas é possível que ele tenha sido descendente ou meio descendente dos celtas, como no filme. Este coloca Artorius 300 anos à frente, no tempo em que Roma retirava suas forças da Bretanha (a principal ilha britânica). A Guinevere deste filme é uma princesa Woadish; não sei o que é isso, mas, neste cenário, os Woads eram inimigos dos invasores saxões e romanos. O personagem Merlin, famoso nas lendas arturianas, é um rei Woadish no filme. Outros aspectos das lendas arturianas, como foram transmitidos através de Malory e outros escritores, também aparecem no filme, inclusive o personagem Lancelot e a famosa espada Excalibur. Outras versões de filmes sobre Arthur incluem o desenho animado da Disney *A Espada Era a Lei,* de 1963, e o musical *Camelot,* de 1967. Ambos se baseiam na série de livros *O Único e Eterno Rei,* do autor inglês do século XX, T. H. White.

Unidos pela Força

Um fundador é uma pessoa forte o suficiente para que outros líderes o sigam. Os líderes desta seção fizeram a diferença através de uma combinação de força física e personalidade forte.

✔ **Saul** (século XI a.C.): Saulo foi o primeiro rei dos israelitas depois que Samuel, um homem santo, derramou óleo sobre a sua cabeça (como o penteado com efeito molhado ainda não estava na moda, essa ajuda não foi muito agradável). Ao ungir Saulo, Samuel sinalizou que ele era a escolha de Deus para unir uma confederação tribal de judeus. Saulo derrotou os filisteus e governou os israelitas da capital, Hebron. Como rei, ele assumiu os deveres cerimoniais religiosos, nomeando Samuel como o sacerdote maior. Então, este começou a favorecer Davi, um bravo e jovem herói de guerra. Davi era o melhor amigo do filho de Saulo e casou-se com sua filha, fazendo dele um membro da família, mas também deixando Saulo com ciúme de toda atenção dedicada a Davi. Samuel ungiu Davi em segredo como próximo rei. Depois que Saulo e seu filho Jonathan morreram em outra batalha contra os filisteus, Davi passou a ser o líder da tribo de Judá, reunindo os israelitas como seu segundo rei.

✔ **Shi Huangdi** (259-210 a.C.): Shi Huangdi começou como Zheng, príncipe de Qin, um guerreiro criativo que adotou armas de ferro antes do restante da China, disse para sua cavalaria abandonar as carruagens e sentar-se sobre os cavalos, tornando os soldados mais rápidos e adaptáveis. Qin era apenas um pequeno país cujos governantes precisavam pagar tributos para a família Zhou, que também governava outros estados vassalos da China. Mas quando Zheng começou a ampliar seus domínios, tomando províncias vizinhas até que pudesse se nomear Shi Huangdi, ou Primeiro Imperador. Como rei, Shi Huangdi padronizou a escrita e as unidades de medida, incluindo os pesos, em todos os territórios conquistados. Essa uniformidade ajudou sucessivas dinastias a governarem a China como um território unificado. Ele também se opunha às crenças de Confúcio (veja o Capítulo 10 para saber mais sobre Confúcio), queimou seus livros e matou estudiosos enquanto se cercava de oficiais e guerreiros. Seu túmulo, cheio de guerreiros de terracota para protegê-lo no pós-morte, é uma mina de ouro em termos históricos e arqueológicos. A Dinastia Qin, de Shi Huangdi, sobreviveu apenas quatro anos após sua morte, até que a duradoura Dinastia Han chegou ao poder em 206 a.C.. Porém, o nome Qin (também escrito Chi'in) é a raiz do nome *China* (veja o Capítulo 4 para saber mais sobre as primeiras civilizações da China).

✔ **Clóvis** (por volta de 465-511 AD): Os oficiais romanos que tentavam permanecer na Gália (ou França) após a queda do Império Romano do Ocidente precisaram desistir quando Clóvis, rei dos francos, tomou o poder. Após suceder seu pai, Childerico, Clóvis estendeu seu governo para todos os territórios entre os rios Somme e Loire em 496 AD. Neste ano, Clóvis foi o primeiro rei franco a se converter ao cristianismo. Os créditos vão para sua esposa, uma princesa da Borgonha. Se Clóvis alguma vez disse "Minha esposa é uma santa", estava mais certo do que imaginava; a Igreja Católica canonizou-a mais tarde como Santa Clotilde. Quando Clóvis se converteu, milhares de seus guerreiros também se converteram. Como faziam os líderes francos naqueles tempos, Clóvis precisou combater os visigodos e os ostrogodos (ambas as tribos bárbaras germânicas) para permanecer no poder.

✔ **Alfred, o Grande, da Inglaterra** (849-899 AD): Os dinamarqueses iam para cima dos saxões quando Alfred chegou ao poder como rei de Wessex (os saxões do oeste). Os dinamarqueses tinham seu próprio reino no norte da Inglaterra e estavam expandindo para partes anglo-saxãs da Bretanha, como Northumbria e Anglia Oriental. Alfred colocou um ponto final nessas ações na Batalha de Edington, em 878 AD. Em seguida, ele recuou, reconquistando Londres em 886 AD. Ele montou um exército e uma marinha estáveis, além de uma rede de fortes que lhe ofereciam vantagem militar sobre seus vizinhos do norte. Alfred reuniu os saxões a outros povos ingleses, descendentes de tribos germânicas aliadas, como os anglos e os jutos, para que pudessem trabalhar juntos contra os dinamarqueses. Ele enfatizou o cristianismo (ao contrário do paganismo do norte) e a educação, além das leis codificadas. Nenhum outro rei ou rainha inglês é chamado "o Grande".

✔ **Brian Boru** (por volta de 926-1014 AD): Também conhecido como Brian Boroimhe (que significa "Brian dos Tributos"), o guerreiro irlandês era o chefe dos Dal Cais (um clã) e trilhou seu caminho para o trono de Leinster. O fato de os irlandeses estarem cansados de absorver os ataques vikings ajudou Brian a conseguir apoio. Ele lutou contra os rivais

As garotas de Vesta

As Virgens de Vesta serviam a divindade romana Vesta (deusa da casa e da família). Escolhidas pela honra em uma pequena lista de meninas aristocratas, as Virgens de Vesta faziam um voto de castidade e serviam por 30 anos, limpando seu altar e mantendo o fogo aceso. Em troca, elas tinham um lugar para morar, a Casa das Vestas, no Fórum, praça pública dentro de Roma. As pessoas confiavam nelas e colocavam seus desejos sob a proteção das virgens. A desvantagem do cargo era que uma Vesta era enterrada viva se traísse seu voto de castidade.

regionais até unificar a Irlanda. Era o início de uma nação (embora muitos séculos difíceis estivessem por vir). As forças de Brian derrotaram os vikings em Clontarf, mas ele, então velho demais para entrar na briga, foi assassinado por guerreiros vikings que fugiam.

Jogando pelo Poder

Quando a vida piorava, os mais bravos fundaram dinastias. Os homens desta lista não precisavam de treinamento em assertividade; eles se prontificavam a eliminar os rivais do caminho ao fazer de si mesmos e de seus governos a autoridade máxima. Abram alas para os líderes militares e imperadores.

- ✔ **Augusto César** (63 a.C. – 14 AD): O primeiro imperador oficial de Roma foi Caio Julio César Otaviano, ou Otaviano, filho de um senador e sobrinho-neto *do* Julio César (veja o Capítulo 20 para saber mais sobre Julio César e o Capítulo 5 para saber mais sobre o Império Romano). Quando os conspiradores mataram Julio César, que era um ditador, Otaviano era um estudante, mas fechou os livros, montou um exército, lidou com assassinos e derrotou seu rival pelo poder, Marco Antonio. Em seguida, ele forçou o Senado a nomeá-lo cônsul, o principal cargo administrativo do governo romano. Posteriormente, naquele ano, 43 a.C., Otaviano fez um acordo com Antonio e outro figurão romano, Lépido, para formar um triunvirato (ou "governo de três"). A parte de Otaviano na barganha era a África, a Sardenha e a Sicília. Mais tarde, ele ficou com toda a parte ocidental do mundo romano e, depois de derrotar Antonio e a rainha do Egito, Cleópatra, em Actium, em 31 a.C., Otaviano passou a ser o único governante. O Senado deu a ele o nome *Augusto*, ou "enaltecido". Sob seu governo, Roma viu a paz, a reforma e a renovação. O Senado romano declarou-o *Pater Patriae* (pai de seu país) em 2 a.C.. Quando Otaviano morreu, o Senado o declarou um deus.

- ✔ **Carlos Magno** (742 AD – 814 AD): Os francos, assim como os romanos, tinham problemas com invasores. Os bárbaros do norte continuavam atacando a Gália (atual França) e havia diversos conflitos com os muçulmanos na Espanha quando Carlos Magno (ou Carlos, o Grande) chegou ao poder – primeiro como rei dos francos do leste (seu irmão, Carlomano, ficou com a parte oeste) e, depois, como o *grande rei* dos francos, em 771 AD –. O título "grande rei" significava que ele governava reis e príncipes menores, no estilo feudal de liderança. Carlos Magno uniu a Europa sob um governo como ninguém havia feito depois dos romanos, combatendo os saxões, ávaros e lombardos. No dia de Natal de 800 AD, o Papa Leão III coroou Carlos Magno como Imperador do Ocidente, ou Sacro Imperador Romano, dando início ao Sacro Império Romano (que, na verdade, não tinha nada a ver com o Império Romano). Carlos Magno construiu palácios, igrejas e promoveu o cristianismo, a educação, a agricultura e as artes. O comércio prosperou sob sua administração, que passou a ser conhecida como Renascença

Carolíngia – um *pequeno* despertar centenas de anos antes do grande despertar. O império caiu após sua morte, no entanto, pois os filhos de Carlos Magno não partilhavam de sua visão e autoridade (para saber mais sobre Carlos Magno e sua família, consulte o Capítulo 6).

✔ **Guilherme, o Conquistador** (por volta de 1028-1087): Quando São Eduardo, o Confessor, morreu ele realmente deixou uma bagunça: como rei da Inglaterra, ele aparentemente designou um nobre – William, duque da Normandia – e, em seguida, outro – Harold Godwinson – para sucedê-lo. Harold assumiu a coroa como Harold II, mas William achou que Harold havia prometido apoiar a sua reivindicação ao trono. William invadiu, matou Harold na Batalha de Hastings, foi coroado rei no dia de Natal de 1066 e, desde então, é chamado de *o Conquistador*. Ele ficou no poder substituindo todos os líderes da antiga nobreza anglo-saxã, com uma nova classe governante de normandos, bretões e flamengos.

✔ **Genghis Khan** (por volta de 1167-1227): Antes de se tornar Genghis Khan (veja a Figura 19-1), ele era Temudjin que, com 13 anos, foi chefe de um clã muito pobre de mongóis nômades. Temudjin estava com fome, então, começou a trabalhar derrotando outros clãs, inclusive os Naimãs e os Tangut (nomes dos quais ninguém se lembra mais, mas que eram muito fortes na época). Em 1206, depois que os turcos Uigures se curvaram diante dele, Temudjin mudou seu nome para Genghis Khan, que significa "governante muito grande" ou "rei universal". Em diversas campanhas, que tiveram início em 1211, ele acabou com o império do norte da China e outros territórios do leste asiático. Quando ele morreu, o Império Mongol se estendia do Mar Negro até o Oceano Pacífico.

✔ **Babur** (1483-1530): Antes de se chamar Babur, seu nome era Zahir-ud-din-Muhammad. Babur significa "tigre" em árabe. Primeiro imperador mogul da Índia, Babur nasceu em Ferghana, no Quirguistão. Um gênio na guerra, ele invadiu a Índia e derrotou os líderes de seus reinos divididos para formar um império e fundar uma dinastia marcada por sua origem mongol e turca e por sua atitude de conciliação com a maioria hindu. Ele tinha interesse por arquitetura, música e literatura. Ele transmitiu esses interesses para uma linha de sucessores cujo império continuou forte até o início do século XVIII, mas que acabou cedendo sob o domínio da Companhia Britânica das Índias Orientais no século XIX (veja o Capítulo 8 para obter mais informações sobre a influência europeia na Ásia dos séculos XVIII e XIX).

Figura 19-2
Genghis Khan formou um império gigantesco, que se estendia do leste europeu até a china.

© Bridgeman Art Library/Getty Images

Construindo Pontes

As pessoas constroem algo grande, desde uma casa até um império, a partir de peças pequenas. Assim como na carpintaria, as nações, regiões e culturas são construídas. Os personagens desta seção utilizavam meios tão diversos quanto batalhas e alianças para unir componentes geográficos, religiosos e étnicos em novas combinações. Alguns deles construíram tão bem que seus feitos resistem até hoje.

- **Kublai Khan** (1214-1294): O neto de Genghis Khan estabeleceu sua capital onde, atualmente, fica Pequim. Como imperador mongol da China e fundador da Dinastia Yuan, com início em 1279, ele era vigoroso e forte na maneira como usava o poder, lançando campanhas militares contra Java, Burma, Japão e outras nações asiáticas, embora com sucesso limitado (nenhum contra o Japão). Kublai Khan, assim como muitos dos personagens mais interessantes da história, gostava de contradições. Ele era adaptável, adotando o estilo de civilização chinês como seu estilo; porém, ele mantinha sua classe governante mongol longe dos nativos chineses e apontava muitos estrangeiros, principalmente muçulmanos, para cargos no governo, enquanto fazia do budismo a religião nacional. Alguns relatos o descrevem como um governante cruel, outros, como razoável e misericordioso. Sua corte é lendária pelo luxo e esplendor.

- **Ferdinando** (1452-1516) e **Isabella** (1451-1504): Quando Ferdinando, rei de Aragão (parte do atual norte da Espanha), se casou com Isabella, rainha de Castela (também parte do atual norte da Espanha), em 1469, seus reinos também se uniram, transformando-se no principal governo da Espanha moderna. Co-governada por este casal, a Espanha finalmente se livrou de seus líderes mouros em 1492, quando Ferdinando e Isabella tomaram o sultanato de Granada. Nesse mesmo ano, Isabella patrocinou Cristóvão Colombo, levando à supremacia da Espanha no Novo Mundo. Em 1478, Ferdinando e Isabella deram início à Inquisição Espanhola, um movimento católico de reforma que tinha o objetivo de eliminar as ideias não cristãs (principalmente islâmicas e judaicas) que dominavam a Península Ibérica (Espanha e Portugal) depois de séculos de governo dos califados mouros (estes haviam tolerado o judaísmo). A Inquisição também ajudou a manter a Reforma Protestante fora da Espanha (veja o Capítulo 14 para saber mais sobre a Reforma). Em 1512, após a morte de Isabella, Filipe concluiu a unificação da Espanha ao assumir o reino de Navarra.

- **Nobunaga Oda** (1534-1582), **Hideyoshi Toyotomi** (1536-1598) e **Ieyasu Tokugawa** (1543-1616): Os três grandes unificadores do Japão finalmente quebraram o ciclo de guerras entre os senhores feudais que dominavam o país. O nobre Nobunaga Oda subjugou a Província Owari, expulsou o *shogun* (o grande chefe feudal), ocupou a capital em Kyoto em 1568, e derrotou os sacerdotes de Osaka, destruindo o poder dos budistas.

Só para se certificar de que o budismo não retornaria, ele incentivou brevemente o cristianismo. Quando morreu, ele controlava metade do Japão. Sua morte abriu caminho para seu general, Hideyoshi Toyotomi e seu outrora aliado Ieyasu Tokugawa, para finalmente unificar o país. Toyotomi baniu a posse de espadas por indivíduos que não fossem os samurais ou que não pertencessem à classe guerreira. Tokugawa acabou unindo-se a Toyotomi, e à sua família e estabeleceu o duradouro, porém, repressivo e isolacionista Shogunato de Tokugawa, que durou até meados do século XIX.

✔ **James I da Inglaterra/James VI da Escócia** (1566-1625): O Rei James da Escócia não conquistou a vizinha Inglaterra; ele apenas chegou ao trono como sucessor legítimo (através de sua bisavó inglesa) de Elizabeth I, que não tinha filhos, em 1603. Sua posição unificou as coroas dos dois reinos. Este foi o primeiro passo na direção da unificação dos dois reinos (que aconteceu em 1707, quando o Ato de União criou o Reino Unido). Quando James I passou a ser o rei, os ingleses pararam de tentar anexar a Escócia, pois não havia mais sentido nisso. James era uma pessoa culta, que escrevia panfletos, patrocinava a trupe de Shakespeare e solicitou uma bela tradução para o inglês das escrituras cristãs, que ficou conhecida como a *Bíblia do Rei James*. Ele aprisionou e executou Sir Walter Raleigh, não porque ele odiava o hábito moderno de Raleigh de fumar tabaco, mas por outras ofensas contra a coroa. James também odiava a forma extrema da crença calvinista-protestante chamada puritanismo, que havia ganhado território na Inglaterra no início do século XVII (saiba mais sobre os puritanos no Capítulo 14). James atraiu críticas por seu hábito de escolher favoritos e resistir à pressão puritana de expulsar as práticas católicas da Igreja Anglicana. Ironicamente, conspiradores católicos, não puritanos, tentaram (e quase tiveram sucesso) explodir o novo rei e o Parlamento na Conspiração da Pólvora, em 1605.

✔ **Frederico, o Grande** (1712-1786): Como um jovem príncipe, Frederico II da Prússia havia estudado habilidades militares, música (até chegou a compor algumas) e literatura francesa. Como rei, ele lutou contra os vizinhos austríacos e outros estados germânicos, acrescentando a Silésia (ao longo do rio Oder, no centro-leste da Europa), parte da Alemanha oriental e parte da Polônia ao seu reino (a Polônia, até o reinado de seu pai, havia governado a Prússia). Ela dobrou de tamanho sob o governo de Frederico e passou a ser a principal força – militar e economicamente – e precursora da Alemanha moderna.

✔ **George Washington** (1732-1799): O primeiro presidente dos Estados Unidos da América abriu um precedente memorável em 1796 ao se recusar a concorrer a um terceiro mandato. Muitas nações novas tropeçaram na questão de transferência pacífica de poder, uma vez que as primeiras administrações se recusavam a entregar a autoridade aos seus sucessores. Washington realizou a esta transição crucial de modo gracioso (ele havia recusado a primeira oferta do Congresso para torná-lo rei). Com autoridade natural no lugar da retórica, Washington uniu os americanos, que discordavam entre si, em dois momentos críticos. Nos anos 1770, o fazendeiro da Virgínia e veterano militar inglês era a melhor escolha para liderar um exército revolucionário. Nos anos 1780, sua vontade de revisar os Artigos da Confederação (as regras que o país recém-nascido tentava seguir) levou à criação da Constituição Americana. É difícil imaginar uma revolução norte-americana bem-sucedida sem ele. É ainda mais difícil imaginar uma nação bem-sucedida sem seu exemplo. Para saber mais sobre George Washington, leia *U.S. History for Dummies, de Steve Wiegand* (Wiley).

✔ **Nelson Mandela** (1918-): Assim como George Washington, Nelson Rolihlahla Mandela poderia ser listado juntamente com outros revolucionários no Capítulo 22, mas seu maior legado está no seu compromisso com a reconciliação como o primeiro presidente pós-apartheid da África do Sul. Criado para ser um chefe tribal dos Thembu, Mandela era um universitário quando começou a trabalhar para derrubar o *apartheid*, a separação legal das raças. Como jovem advogado de Johanesburgo nos anos 1950, ele organizou um movimento secreto dos negros. Foi preso e condenado por conspiração para derrubar o governo e sentenciado à prisão perpétua. Durante os 27 anos em que passou preso, Mandela passou a ser um símbolo mundial de justiça. Após sua libertação, em 1990, ele ajudou a negociar o fim do apartheid, dividiu o Prêmio Nobel da Paz com F. W. de Klerk e, aos 75 anos, foi o sucessor deste na presidência, se transformando no primeiro líder do país, escolhido em uma eleição entre todas as raças. Nunca buscando vingança, Mandela consultou seus antigos captores enquanto reconstruía a sociedade da África do Sul. Ao deixar o cargo em 1999, o crime e a pobreza ainda assolavam a África do Sul, mas Mandela viu uma extraordinária transição em seu país.

Escrevendo as Leis

Geralmente, a identidade de uma sociedade vem da maneira como ela define a moralidade e administra a justiça. Considere que a jurisprudência mais moderna se baseia em precedentes. O modo como um assunto foi decidido antes passa a fazer parte da definição atual do que é legal ou ilegal, certo ou errado. Este negócio de precedência não tem apenas algumas décadas de existência nem mesmo alguns séculos; ele está enraizado nas decisões sobre justiça e punição, que vêm das bases da sociedade humana. Não é à toa que tantos legisladores, bons e maus, são lembrados na história. A seguir, uma pequena amostra:

✔ **Ur-Nammu e Shulgi** (séculos XXII e XXI a.C.): Um governante do antigo reino da Mesopotâmia de Ur instituiu o primeiro código de leis que ainda sobrevive na forma escrita. Que governante? Os pesquisadores não têm certeza, mas foi Ur-Nammu ou seu filho e sucessor Shulgi. Os arqueólogos só conseguiram ler cinco itens do Código de *Ur-Nammu*, como é conhecido, mas ele suporta outras provas que mostram que, há 4200 anos, os povos civilizados tinham um sistema legal que exigiam testemunho sob juramento. Eles tinham juízes especiais que podiam ordenar que um réu culpado pagasse indenização à vítima. O código também permitia a demissão de oficiais corruptos, proteção aos pobres e punição proporcional ao crime cometido.

✔ **Moisés** (século XIV ou XIII a.C.): O livro Êxodo da Bíblia diz que Deus deu à humanidade Dez Mandamentos através de seu servo Moisés, um hebreu educado como príncipe do Egito. Moisés libertou os israelitas da escravidão no Egito e, em uma rota de 40 anos, atravessando o deserto até Canaã com seu irmão Aarão, ele estabeleceu a comunidade religiosa de Israel e fundou suas tradições através da prática e das escrituras. Moisés é considerado o autor dos primeiros livros da Bíblia, única fonte de informação sobre os eventos citados anteriormente (para saber mais sobre o judaísmo e Moisés, veja o Capítulo 10).

A história de Moisés inspirou alguns filmes ruins. O pior deve ser o mal concebido épico de 1975, Moisés, com Burt Lancaster no papel principal e efeitos especiais péssimos prejudicando seu desempenho. O diretor Cecil B. DeMille se saiu melhor em 1956, quando dirigiu *Os Dez Mandamentos*. Neste filme, Charlton Heston faz o papel de Moisés, encabeçando um elenco estrelado com falas pseudo-bíblicas superficiais e sem sentido em um cenário maravilhoso. O musical animado *O Príncipe do Egito*, de 1998, deve ser a melhor versão da história de Moisés em filme.

✔ **Drácon** (século VII a.C.): Atenas escolheu este oficial para escrever suas leis, o primeiro código legislativo escrito na Grécia, em aproximadamente 620 a.C.. As leis severas de Drácon fizeram do estado o promotor público exclusivo para os acusados de crime, tornando o vigilantismo um ato contra a lei. Mas muitos crimes tinham como pena a morte, e a palavra *draconiano* ainda se refere a uma punição severa. Mesmo assim, os atenienses adoravam Draco. Quando este entrou em um salão para participar de uma recepção em sua homenagem, os atenienses deram a ele seu cumprimento costumeiro de celebração, jogando chapéus e capas para o alto. Ele caiu e ficou estranhamente parado; então, tiraram todas as capas de cima dele e viram que ele estava morto – sufocado.

✔ **Sólon** (por volta de 630 a.C. – por volta de 560 a.C.): Sólon foi um estadista e reformador ateniense, isso para não mencionar um mágico em recitar versos. Seu surgimento como figura pública veio quando ele incentivou os atenienses a adotarem uma ação militar contra os megários, utilizando um poema encorajador. Sua eloquência fez com que Sólon fosse escolhido para reescrever o cruel código legislativo de Drácon (veja o item anterior). Sólon também tinha outros talentos. Ele reorganizou as instituições públicas, incluindo o senado e a assembleia popular, cunhou moedas, reformou pesos e medidas e reforçou o comércio ateniense. O resultado foi que seu nome passou a ser sinônimo de legislador, principalmente nos jornais do século XX, onde *congressista* não cabia em uma manchete.

✔ **Justiniano** (482 AD-565 AD): "As coisas comuns a todos são o ar, a água corrente, o mar e as praias". Esta é uma parte da lei romana, interpretada e determinada pelo imperador bizantino Justiniano em uma série de livros, que são uma importante fonte para os códigos legais desde então. A palavra justiça vem do nome de Justiniano.

✔ **Maomé** (por volta de 570 AD – por volta de 632 AD): Filho de um pobre comerciante árabe, Maomé ficou órfão aos seis anos e cresceu cuidando de ovelhas. Ainda jovem, ele cuidava de caravanas de uma viúva rica. Mais tarde, ele se casou com ela e se transformou em um comerciante. Mas, para um empresário, Maomé fazia o tipo mais solitário, que gostava de se afastar para pensar. Ele tinha 40 anos quando disse que o Anjo Gabriel ordenou, em nome de Deus, que pregasse a *verdadeira religião*. Após alguns anos, Maomé começou a atacar a superstição e a incentivar as pessoas a viverem uma vida humilde e moral. Ele ensinou seus seguidores a acreditarem em um Deus todo-poderoso e justo, ou Alá, cuja misericórdia poderia ser alcançada através de orações, jejuns e da caridade. As autoridades de Meca, alarmadas com sua crescente popularidade, expulsaram-no em 622 AD, então ele foi para Medina, onde se transformou em juiz e governante. Maomé liderou uma guerra contra os inimigos do Islã, tomando Meca em 630. Após sua última peregrinação em 632, ele ficou doente e morreu. Suas regras morais, estabelecidas no Corão, continuam sendo a base da lei no mundo islâmico (você poderá ler mais sobre Maomé, o Islã e os árabes nos Capítulos 6 e 10).

✔ **James Madison** (1751-1836): Seu conhecimento de história e a capacidade de assumir compromissos foram muito úteis a Madison em uma convenção de 1787 na Filadélfia. Graduado em Princeton (na época chamada de Faculdade de Nova Jersey), Madison representou sua terra natal, a Virgínia, na convenção. Os delegados deveriam reforçar os Artigos da Confederação, relações que governavam entre os recém-independentes estados americanos. Em vez disso, a convenção jogou os artigos fora e os substituiu pela Constituição Americana. Madison pensava em governos incluindo a democracia da antiga Atenas, da República Romana e das federações europeias, como o Sacro Império Romano, e sabia que os Estados Unidos precisavam de um governo central muito forte; de maneira habilidosa, ele conseguiu acordos que permitiam à convenção trabalhar sobre um documento que funcionasse. Muitas ideias de Madison se transformaram na base da lei americana; por isso, ele é chamado de Pai da Constituição. As anotações de Madison também contribuíram para o registro social, fornecendo o mais completo relato da convenção constitucional. Mais tarde, Madison foi o quarto presidente dos Estados Unidos.

Percorrendo os Séculos

Por volta de 2200 a.C.: O rei de Ur, um reino da Mesopotâmia (atual Iraque), instituiu um sistema legal que exigia o testemunho sob juramento e autorizava os juízes a condenarem um réu culpado a pagar indenização à vítima.

Por volta de 230 a.C.: Shi Huangdi, autoproclamado primeiro imperador da China, padronizou a escrita e as unidades de medida nas terras que havia conquistado.

630 AD: Maomé liderou seu exército do Islã para tomar Meca.

1227: Genghis Khan governa um império mongol que se estendia do Mar Negro até o Oceano Pacífico.

1469: A rainha Isabella de Castela e o rei Ferdinando de Aragão casaram-se, unindo seus territórios em um rascunho da Espanha moderna.

1772: Frederico, o Grande, da Prússia, acrescentou a Prússia ocidental ao seu reino na primeira divisão da Polônia.

1787: Na Convenção Constitucional da Filadélfia, o conhecimento e a capacidade de James Madison em aplicar as lições de história lhe deram o título de Pai da Constituição.

1990: Nelson Mandela saiu da cadeia após 27 anos sob custódia do governo sul-africano.

Capítulo 20
Batalha pela Imortalidade

"**A** guerra é a mãe e a rainha de todos", disse Heráclito, um poeta grego do século V a.C.. "Ela prova que alguns indivíduos são deuses: escraviza algumas pessoas e liberta outras". A guerra também deixa as pessoas famosas. As pessoas mencionadas neste capítulo estão entre muitas outras que devem sua reputação a batalhas vencidas ou perdidas.

Os títulos desta seção – que não são completos nem absolutos – equivalem a qualquer rótulo histórico: arbitrários. Isso significa que eu os inventei. O importante é que você poderá encontrar exemplos de alguns dos lutadores mais agressivos da história. Muitos dos personagens ferozes também tinham outras qualidades (você já deve ter descoberto Genghis Khan e outros fundadores de império no Capítulo 19).

Os Maiores de Suas Eras

Alguns personagens históricos são tão enormes que... Bem, eles são simplesmente gigantes, é isso. Alexandre, o Grande, Julio César, Napoleão e Hitler, cada um deles mudou o mundo profundamente e chegou a uma fama – ou notoriedade – monstruosa por suas conquistas militares ambiciosas e que abalaram o mundo. Eu poderia tê-los colocado ao lado de outros construtores de impérios, mais adiante neste capítulo, mas decidi criar uma categoria só deles.

   ✔ **Alexandre, o Grande** (356-323 a.C.): Quando Alexandre, o Grande, morreu na Babilônia, todos sabiam sobre o jovem e brilhante príncipe-soldado-general-rei-imperador da Macedônia (a Macedônia ficava ao norte da

Grécia, agora dividida entre a região macedônica da Grécia moderna e a República da Macedônia). Filho de Filipe II, Alexandre achava que era um descendente dos deuses e amava os poemas épicos de Homero. Tendo a melhor criação possível, Alexandre, o Grande, estudou com o filósofo Aristóteles, seu tutor (Aristóteles aparece no Capítulo 11). Na adolescência, Alexandre comandou as forças greco-macedônicas de seu pai, mostrando grandes habilidades militares e uma maturidade surpreendente. Após o assassinato de seu pai, ele assumiu o trono como Alexandre III e tomou o mundo de surpresa. Ele era bonito, carismático e tão popular que muitos dos povos conquistados por ele aceitavam seu governo, mas ele também era muito temperamental e atacava as pessoas mais próximas a ele. O breve império de Alexandre estendia-se além dos limites do que as pessoas da época consideravam o mundo conhecido (veja o Capítulo 4).

✔ **Julio César** (aproximadamente 100-44 a.C.): Caio Julio César não se tornou imperador (pelo menos, ele não usava este título), mas sua ambição ajudou a derrubar a fraca República Romana, e sua morte levou ao novo Império Romano. General talentoso, César estendeu os limites de Roma por toda a costa atlântica da Europa nas Guerras da Gália. No Egito, ele colocou Cleópatra VII de volta ao trono depois que seu irmão a expulsou. Por que César ajudou Cleópatra? O fato de ela ter um filho dele (pelo menos era o que ela dizia) pode ser uma dica. Na turbulenta Roma, ele formou um corpo regulador de três homens, ou *triunvirato*, com Pompeu e Crasso, mas o acordo foi dissolvido em uma luta pelo poder. Em 49 a.C., César liderou suas tropas para o sul, cruzando o rio Rubicão, na direção de Roma. Este movimento violou uma lei romana que visava a proteger a cidade contra ataques militares, mas César havia ido longe demais para voltar. Sua ação iniciou uma guerra civil e a frase *cruzar o Rubicão* significa "ponto sem volta" desde então. Ele surgiu controlando sozinho, adotando o título de Ditador Vitalício. Um grupo que não aguentava mais o comportamento de César o assassinou em 44 a.C..

✔ **Napoleão Bonaparte** (1769-1821): Da ilha italiana da Córsega, o pai de Napoleão o enviou para uma escola militar na França, o que levou o jovem ao serviço militar desse país aos 16 anos. A Revolução Francesa de 1789 provou-se um momento oportuno para um oficial jovem, inteligente e ambicioso, pois quase todos os monarcas da Europa declararam guerra contra o governo revolucionário de Paris. Napoleão assinalou vitórias importantes, tornou-se general e, em 1799, reuniu os conspiradores num "cup d´etat" (Golpe de Estado ou Posse do Governo). Napoleão surgiu como único governante da França e conquistador dos países vizinhos; por volta de 1807, ele governava o maior império europeu desde os romanos. Suas reformas melhoraram a educação, o sistema bancário e o sistema legal (muitos países ainda baseiam suas leis no *Código Napoleônico*). Como sua esposa Josephine não lhe deu um herdeiro, Napoleão a trocou por Marie Louise, uma princesa austríaca. Quando seu filho nasceu, Napoleão fez do bebê o rei de Roma.

O maior erro de Napoleão foi sua invasão à Rússia em 1812, quando milhares de soldados de suas tropas morreram de frio ou de fome (veja o

Capítulo 9). No ano seguinte, a Rússia se uniu à Áustria, à Prússia e à Suécia para acabar com Napoleão em Leipzig, na Alemanha. Os inimigos exilaram Napoleão para a ilha mediterrânea de Elba, onde, em 1814, ele reuniu um pequeno exército e foi para Paris. Napoleão governou novamente por famosos *Cem Dias*, que terminaram com a Batalha de Waterloo, na Bélgica, quando as forças da Inglaterra e da Prússia o derrotaram em 1815. Desta vez, ele foi mandado para Santa Helena, uma ilha no Atlântico sul, onde morreu de câncer no estômago seis anos mais tarde.

✔ **Adolf Hitler** (1889-1945): Hitler, ilustrado na Figura 20-1, queria ser um artista, mas a Academia de Viena rejeitou-o. Portanto, o austríaco frequentou uma escola de arte menos famosa em Munique, na Alemanha; em seguida, serviu como soldado de infantaria em um regimento da Bavária na Primeira Guerra Mundial. Depois da guerra, ele ficou ao lado dos políticos de direita para expressar sua fúria com os termos de paz. Como líder do Partido Nacional Socialista dos Trabalhadores da Alemanha, ele tentou acabar com o governo da Bavária em 1923 e foi preso. Ao longo dos anos seguintes, ele reuniu apoio para seu partido *nazista*, culpando os chamados estrangeiros, principalmente os judeus, pelo enfraquecimento da Alemanha. Em 1932, Hitler foi nomeado chanceler e, em seguida, suspendeu a constituição alemã. Quando o presidente Paul von Hindenburg morreu em 1934, Hitler passou a ser o presidente e comandante supremo – *Der Führer* (o líder). Ele ordenou que judeus, árabes, ciganos, homossexuais e "deficientes mentais" fossem capturados e levados para campos de concentração, onde centenas eram mortos de uma vez com "banhos" de gás. Os nazistas mataram pelo menos seis milhões de judeus sob a liderança de Hitler.

Após unificar a Alemanha e a Áustria à força, Hitler invadiu a Polônia em 1939, dando início à Segunda Guerra Mundial. Como a estratégia de guerra da Alemanha se deteriorava sob o comando pessoal de Hitler, o coronel Claus von Stauffenberg, do comando alemão, liderou uma conspiração para assassiná-lo. Essa tentativa sem sucesso é o assunto do filme *Operação Valquíria*, de 2008, que se junta a outros filmes sobre a Segunda Guerra, citados no Capítulo 9.

Figura 20-1
Adolf Hitler começou a Segunda Guerra Mundial em 1939, ao enviar tropas alemãs para a Polônia.

© Time & Kife Pictures/Getty Images

Tendo escapado da morte, *Der Führer* expulsava do exército qualquer um que ele suspeitasse ser desleal, o que enfraqueceu ainda mais a Alemanha. Quando os aliados avançaram em Berlim, Hitler se escondeu em um abrigo antibombas com sua amante, Eva Braun. Braun e ele se casaram e depois se suicidaram. Após testemunhar a cerimônia, o ministro da propaganda nazista Paul Goebbels e sua esposa assassinaram todos os seus seis filhos antes de se suicidarem.

Construindo Impérios

A motivação do conquistador não era apenas mostrar como ele era bravo. Praticamente todos os personagens mais temidos da história brigavam por ganhos materiais. Os motivos para as conquistas envolviam terras, é claro. Os conquistadores queriam mais território e mais pessoas para governar por causa do prestígio que estes ganhos traziam e também porque mais território e população trazia mais vantagens e poder militar. Outros incentivos incluíam *saques* (mercadorias roubadas durante a guerra) e *tributos* (dinheiro pago a um conquistador pelo conquistado). Os personagens históricos a seguir estavam determinados a adquirir os espólios dos vitoriosos:

- **Nabucodonosor II** (por volta de 630-562 a.C.): Antes de suceder ao trono da Babilônia, Nabucodonosor liderou o exército de seu pai na vitória contra o Egito. Coroado em 605 a.C., Nabucodonosor lançou campanhas contra os vizinhos ocidentais. As forças babilônias tomaram Jerusalém e levaram milhares de judeus, incluindo o recém-coroado Rei Jehoiachin, de volta à Babilônia como escravos (Jehoiachin ficou preso por 37 anos). Nabucodonosor apontou Zedequias como seu *rei vassalo* em Jerusalém. O trabalho de um rei vassalo era governar como o representante de um senhor maior, ou grande rei. Depois que Zedequias se rebelou, Nabucodonosor voltou e destruiu Jerusalém em 586 a.C.. A lenda conta que os escravos judeus construíram, ou ajudaram a construir, os fabulosos Jardins Suspensos da Babilônia, uma das maravilhas do mundo antigo. Os historiadores sabem muito pouco sobre os jardins, que foram destruídos há muito tempo, mas, segundo a tradição, sua construção foi ordenada por Nabucodonosor II ou por sua antecessora, a rainha Samu-ramat. Sabe-se tão pouco sobre Samu-ramat, no entanto, que ela geralmente é citada como um personagem meio lendário.

- **Wu Ti** (156-87 a.C.): O verdadeiro nome de Wu, o Marcial, era Lui Ch'e. Governante e construtor de impérios da Dinastia Han da China, ele anexou partes do sul da China, norte do Vietnã, norte e centro da Coreia e as fronteiras norte e oeste, onde, habitavam os nômades Hsuiung-nu (um povo guerreiro também conhecido como Hunos).

- **Átila, o Huno** (aproximadamente 406-453 AD): Conhecido como o *Flagelo de Deus*, Átila co-governou os nômades e guerreiros hunos com seu irmão mais velho Bleda, controlando uma região que se estendia do

Reno até os limites da China. Em 445 AD, Átila assassinou Bleda e reuniu uma grande horda de Hunos baseados na Hungria. Em 451, quando Átila invadiu a Gália (França), o comandante romano Aécio (você poderá ler mais sobre ele na seção "Montando uma Defesa", mais adiante) e o rei dos visigodos, Teodorico I, resistiram a ele. Átila conseguiu driblar a Itália, onde o Papa Leão I implorou que Roma fosse poupada. O Império Huno ruiu após a morte de Átila.

✔ **Canuto** (995-1035 AD): Os monarcas ingleses não tinham nomes como Canuto ou Ethelred há muito tempo. Elthered, o Despreparado (que significava mal aconselhado, e não "despreparado" literalmente), perdeu o controle do reino para o invasor viking Sweyn Forkbeard em 1013. Quando Sweyn morreu, Ethelred tentou tomar sua coroa de volta, mas o filho do viking, Canuto, já havia assumido. Canuto governou a Inglaterra a partir de 1016, tornando-se rei da Dinamarca em 1019 e acrescentando a Noruega em 1028. Ele conseguiu a paz em todos os seus territórios. Às vezes, dizem que Canuto achava que era tão importante que ele tentou fazer com que as ondas do mar lhe obedecessem. Esta é uma acusação injusta: Canuto estava demonstrando que ele *não* era um rei de deus e não podia controlar a natureza.

✔ **Shaka** (aproximadamente 1787-1828): O fundador do Império Zulu conquistou grande parte do sul da África com um sistema militar que contava com 40 mil guerreiros altamente disciplinados e bem treinados. A desvantagem é que eles se equipavam apenas com escudos e lanças curtas. Ditador cruel, Shaka reprimiu as tribos rivais, mas morreu nas mãos de seus meio-irmãos, sedentos de poder. Mesmo assim, suas táticas e seu império sobreviveram por mais meio século até que os ingleses usaram armas modernas para acabar com o poder Zulu em 1879.

Dois bons filmes, *Zulu*, de 1964, e *Alvorada Sangrenta*, de 1979, retratam a guerra de 1879 entre a Inglaterra e o Império Zulu (pós-Shaka). Dos dois, *Alvorada Sangrenta* foi menos popular entre público e crítica, mas tem uma composição mais precisa dos acontecimentos históricos e tenta, de maneira admirável, mostrar o lado dos africanos na guerra. *Zulu* também se passa em 1879, mas depois dos acontecimentos de *Alvorada Sangrenta*, então, pode ser visto como uma sequência do outro filme. A história de um bando de galeses que enfrenta os guerreiros armados com lanças, *Zulu* trazia Michael Caine em seu primeiro papel como protagonista e foi um grande sucesso de crítica e de bilheteria.

Lançando Ataques

Nenhum general consegue vencer com apenas um estilo de manobra, mas estes homens todos fizeram nome como atacantes audaciosos, mesmo tendo perdido algumas batalhas cruciais:

✔ **Xerxes I** (485-465 a.C.): Xerxes conteve revoltas em todo o Império Persa, inclusive na Babilônia e no Egito. Como seu pai, Dario, o Grande (548-486 a.C.), morreu tentando dar uma lição nos gregos, Xerxes achou que poderia terminar o serviço. Ele queimou Atenas antes de ir para a Pérsia, mas os gregos não ficaram derrotados por muito tempo. Eles acabaram com o exército que Xerxes deixara para trás e queimou a frota persa no mesmo dia, em 479 a.C.. Artabano, seu vizir (capitão dos guardas) particular, assassinou Xerxes.

✔ **Genserico** (desconhecido-477 AD): Genserico foi um dos bárbaros que ameaçou o Império Romano do Ocidente durante seus últimos anos. Rei dos vândalos, ele tomou grande parte da Espanha e, de lá, atacou o norte da África. Ele tomou Cartago dos romanos e fez dela sua capital. Também saqueou Roma, mas parou logo após destruir a cidade em 455.

✔ **Haroldo III Sigurdsson** (1015-1066): Ser comparado a um santo não é o que tornou este príncipe norueguês cruel. Seu meio-irmão transformou-se em Santo Olavo (ele está listado na seção "Incentivando a Inspiração"), mas ambos eram mercenários vikings. Olavo, que foi o primeiro rei, morreu em 1030, enquanto combatia os rebeldes noruegueses aliados à Dinamarca. Precisando fugir, Haroldo empregou-se como guerreiro do príncipe de Kiev Rus (uma prévia da Rússia, onde atualmente fica a Ucrânia) antes de retornar à Noruega. Lá, Haroldo foi coroado rei em 1045 e ganhou seu apelido "o Cruel" em guerras contra a Dinamarca. Ele invadiu a Inglaterra em 1066 para reclamar o trono após a morte de Santo Eduardo, o Confessor, mas um camarada com o mesmo nome, Haroldo II da Inglaterra, matou Haroldo. Este seria o fim da história, mas William da Normandia (veja o Capítulo 19) foi o sucessor quando Haroldo falhou. Se tivesse sido diferente, Haroldo III da Noruega seria Haroldo, o Conquistador, e este livro seria escrito em norueguês.

✔ **Ricardo Coração de Leão** (1157-1199): Ricardo I foi rei da Inglaterra durante uma década, começando em 1189, mas ele passou apenas cinco meses deste período no país. Não é de surpreender que seu irmão John tentou roubar o trono. Chamado de Ricardo *Coeur de Lion* (os governantes ingleses falavam francês nessa época porque eles eram franceses), ele era o terceiro filho de Henrique II e um soldado fantástico. Ricardo voltava de Jerusalém, vindo da Terceira Cruzada, quando foi preso em Viena (o Capítulo 7 fala mais sobre as Cruzadas). Sua mãe, Eleanor de Aquitaine, pagou o valor para soltá-lo. Ricardo foi para a batalha e morreu, reclamando territórios para a Inglaterra, onde atualmente fica a França.

✔ **Erwin Rommel** (1891-1944): Rommel, um marechal alemão da Segunda Guerra Mundial, fez seu nome liderando uma divisão mecanizada que atacou a França pelo Canal Inglês em 1940. Rommel liderou mais ataques sobre as forças aliadas no norte da África, onde suas criativas estratégias de guerra lhe renderam o apelido "Raposa do Deserto". Os oficiais nazistas suspeitavam que Rommel estava envolvido em uma conspiração para matar Hitler e ele foi retirado de seu posto e forçado a cometer suicídio por envenenamento.

Montando uma Defesa

Alguns guerreiros estavam em sua melhor (ou pior) forma quando os invasores chegaram. Muitas pessoas da lista a seguir eram tão agressivas e ambiciosas quanto qualquer construtor de império conhecido na história. No entanto, aconteceu que cada um destes guerreiros ficou conhecido por uma posição defensiva importante – tenha ela sido bem-sucedida ou não.

- **Flavio Aécio** (aproximadamente 350-454 AD): Durante 20 anos, este general romano foi encarregado de manter os bárbaros em dificuldades, o que, em geral, era uma batalha perdida. Vindo da classe dos *patrícios* (ou aristocrática), ele passou a ser o principal general do império, além de cônsul, o maior cargo administrativo do governo (saiba mais sobre as classes sociais romanas no Capítulo 5). Aécio teve muito sucesso em Châlons, em 451 AD, quando comandou as forças aliadas que derrotaram Átila, o Huno. Depois disso, Aécio alçou voos mais altos e se tornou o homem mais popular do império, o que desagradou o Imperador Valentiniano III. O imperador invejoso assassinou Aécio.

- **Carlos Martel** (aproximadamente 688-741 AD): Os reis carolíngios da família de Carlos Magno (veja o Capítulo 19) começaram com Carlos Martel, que governou grande parte da Gália (atualmente a França), mas nunca chegou a chamar a si mesmo de rei. No entanto, ele foi chamado de "o martelo" por suas campanhas militares contra os saxões e os frisões, entre outros inimigos que havia na região. Ele lutou contra os muçulmanos e evitou que eles entrassem na Europa Ocidental (isto é, além da Espanha) na Batalha de Poitiers, em 732 AD.

- **Haroldo II** (aproximadamente 1022-1066): O último rei anglo-saxão da Inglaterra teve um reinado curto, violento e disputado. Ele combateu Haroldo III Sigurdsson da Noruega e, em seguida, voltou para tomar o Ducado da Normandia na Batalha de Hastings. O pobre Haroldo acabou com uma flecha em seu olho.

- **Shagrat al-Durr** (desconhecido-1259): Também conhecida como Shajarat, ela foi uma escrava que se casou com dois sultões do Egito, liderou o governo nos bastidores durante anos e, durante dois meses, carregou o título de sultana. Em 1249, seu primeiro marido, Salih Ayyub, estava fora da cidade quando os Cruzados de Luís IX da França chegaram às margens do Nilo. Agindo em nome do sultão ausente, Shagrat organizou a defesa do Egito. Seu marido retornou, mas logo morreu. Shagrat fingiu que Salih ainda estava vivo e continuou agindo em seu nome até que seu enteado, Turan, apareceu e reclamou sua herança. Turan, sob orientação de Shagrat, derrotou os cruzados e levou Luís como prisioneiro. Os oficiais do exército egípcio preferiam

Shagrat, que era turca como eles, a Turan, então, eles mataram Turan e nomearam Shagrat como a sultana. Mas o califa de Bagdá disse: "Não, uma mulher não podia assumir o posto de um sultão". Shagrat renunciou, cortejou e casou-se com seu substituto, Aibak. Ela continuou no poder por trás do marido até que ele decidiu acrescentar mais uma esposa ao seu harém, enfurecendo Shagrat. Ela matou Aibak enquanto ele tomava banho; surgiram revoltas e as escravas do harém bateram em Shagrat com seus sapatos e jogaram-na no fosso do palácio. Mais tarde, os egípcios guardaram seus ossos em uma mesquita que levou seu nome.

✔ **Robert Bruce** (1274-1329): Em 1296, o Conde escocês de Carrick, mais conhecido como Robert Bruce, jurou lealdade ao rei da Inglaterra, Eduardo I, que tentava estabelecer a soberania inglesa sobre a Escócia. Em seguida, Bruce mudou de ideia e apoiou William Wallace, um patriota escocês que combatia os ingleses. Depois de Eduardo torturar e decapitar Wallace em 1306, Robert Bruce continuou reclamando a coroa escocesa, matando o rival político John Comyn com uma adaga. Bruce foi coroado rei da Escócia após um breve exílio na Irlanda (algumas pessoas não consideravam seu ato justo); ele voltou em 1307 e derrotou os ingleses em Loudoun Hill. Bruce e seus homens derrotaram os ingleses novamente em Bannockburn em 1314. Finalmente, os ingleses assinaram o Tratado de Northampton (1328), concordando que Bruce era o rei por direito.

O brilho heroico e a cinematografia movimentada enterram a perspectiva histórica no épico de Mel Gibson *Coração Valente*, de 1995. Gibson faz o papel do líder rebelde do fim do século XIII William Wallace na longa história de guerra, que traz cenas de batalha surpreendentemente bem feitas.

Planejando Táticas

O resultado de uma batalha geralmente está ligado à força, como em números maiores de soldados ou armas melhores. Mas a estratégia e as táticas também fazem a diferença entre o vencedor e o perdedor. Quando duas forças são equiparadas, a vantagem estratégica vem em segundo, perdendo para a sorte, que determina o resultado. Os seguintes guerreiros usaram sua inteligência e criatividade, embora nem todos tenham sido bem-sucedidos:

✔ **Aníbal** (247-182 a.C.): Em meados de seus 20 anos, Aníbal de Cartago subjugou grande parte do sul da Espanha. Ele fez ataques surpresa aos romanos na Segunda Guerra Púnica (veja o Capítulo 5) invadindo a Itália pelo norte, pela cadeia de montanhas dos Alpes, utilizando elefantes treinados para a batalha (os romanos supunham que Aníbal atacaria pelo mar, no norte da África). No fim, a invasão pelos Alpes falhou e Aníbal voltou para casa para trabalhar na reforma política. Ele enfrentou uma oposição ferrenha também neste campo e acabou se exilando. Quando pareceu que os romanos finalmente o capturariam (eles tinham ressentimento), Aníbal fez o que os bons soldados daquela época faziam: se matou.

✔ **William Tecumseh Sherman** (1820-1891): "A guerra é uma crueldade e não é possível refiná-la", disse Sherman. Nascido em Ohio e educado em West Point, Sherman renunciou ao seu posto no exército americano em 1853 para ser banqueiro na Califórnia. O banco faliu e ele passou a ser o superintendente da Academia Militar da Louisiana, posto que mantinha quando aquele estado se separou da União. Sherman foi para o norte e voltou para o Exército da União, comandando uma brigada na primeira Batalha de Bull Run, em 1861 (o norte perdeu) e, em seguida, liderando forças defensivas no estado do Kentucky. Após se recuperar de um colapso nervoso, ele liderou unidades de modo eficaz em diversas batalhas decisivas. Sua operação para tomar Atlanta, destruindo e queimando cidades e fazendas ao longo do caminho, é um marco definitivo da guerra moderna.

Incentivando a Inspiração

Poucos guerreiros da história inspiraram outros com sua bravura ou dedicação a uma causa. Alguns soldados inspiraram aqueles que os seguiam em batalhas. Outros deixaram lendas que inspiraram outras gerações de guerreiros.

✔ **Santo Olavo** (aproximadamente 995-1030 AD): Como um mercenário de 15 anos, Olavo se uniu aos colegas vikings para acabar com a London Bridge em 1010. Três anos mais tarde, na Normandia, Olavo encontrou a religião. Ele foi para casa, na Noruega, tomou o trono (provavelmente ainda não tinha completado 20 anos) e trabalhou para estabelecer o cristianismo no lugar dos deuses nórdicos, conquistando a santidade póstuma. Os rebeldes, apoiados pelos dinamarqueses, mataram o Rei Olavo.

✔ **Pedro, o Eremita** (aproximadamente 1050 – aproximadamente 1115): Imagine unir-se a um exército liderado por um monge, Pedro, o Eremita, e um cavaleiro empobrecido, Walter, o Pobre. Milhares de cristãos disseram: "Estou dentro!", em 1095, formando a Cruzada do Povo, que fez parte da Primeira Cruzada (veja o Capítulo 7). Também chamado de Pedro de Amiens, Pedro, o Eremita, foi um ex-soldado cujos seguidores queriam libertar a Terra Santa dos muçulmanos. A maioria dos seus seguidores, incluindo o co-líder Walter, morreu na primeira vez em que eles enfrentaram os turcos. Pedro sobreviveu para unir-se a uma ramificação mais bem armada da Primeira Cruzada, que conquistou Jerusalém em 1099. Mais tarde, ele fundou um monastério na Bélgica.

✔ **Robin Hood** (se ele viveu, foi em algum momento entre os séculos XII e XIV): As canções inglesas do século XIV citam o lendário Robin Hood como protetor dos pobres e agressor de oficiais corruptos. As histórias podem ter origem no descontentamento que levou à Revolta dos Camponeses em 1381 (saiba mais sobre Wat Tyler no Capítulo 22). Alguns relatos colocam Robin no século XII, durante o reinado do pouco popular rei John.

Robin Hood é o herói de muitos filmes e também de livros, peças e séries de TV. O filme mais novo, que ainda está em produção, deve chamar-se *Nottingham*, uma revisão da história pelos olhos do diretor Riddley

Scott. Se ele for concluído e lançado, irá se juntar a outros sucessos das telas, como o clássico *Robin Hood*, de 1938, com Errol Flynn no papel principal, e *Robin Hood: O Príncipe dos Ladrões*, de 1991, com Kevin Costner. Um dos melhores "Robin Hood" da tela grande, na minha opinião, foi Sean Connery, em *Robin e Marian*, de 1976. Connery faz o papel de um Robin Hood envelhecido, que volta para casa vindo de uma cruzada e vê que Marian, papel de Audrey Hepburn, se transformou em uma freira e é abadessa de um priorado.

✔ **Joana D'Arc** (aproximadamente 1412-1431): Esta garota de 13 anos (mostrada na Figura 20-2) ouvia vozes de santos, dizendo para ela resgatar a França do domínio inglês durante a Guerra dos Cem Anos. Uma ordem muito difícil para uma criança, mas algo nela parecia ser convincente. Carlos VII, nesta época o *príncipe herdeiro*, ou príncipe da França, permitiu que ela liderasse o exército contra os ingleses em Orleans. Com uma armadura branca, ela inspirou suas tropas à vitória e, em seguida, escoltou Carlos até Reims para sua coroação. Em sua campanha seguinte, ela foi capturada, entregue aos ingleses, julgada por bruxaria e outros crimes graves contra a sensibilidade cristã (principalmente por vestir roupas de homem) e sentenciada a morrer na fogueira. A Igreja Católica canonizou-a em 1920, fazendo dela Santa Joana.

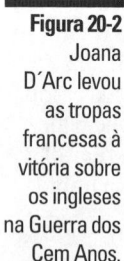

Ela não foi tema de tantos filmes quanto Robin Hood, mas a Dama de Orleans (como também é chamada) inspirou vários filmes. Entre eles, *Joana D'Arc*, de 1957, com Sean Seberg no papel principal. Um retorno à história de Joana D'Arc em 1999, *Joana D'Arc,* de Luc Besson, transformou a heroína em uma vítima de estresse pós-traumático por ter testemunhado o estupro (fictício) e morte de sua irmã. Muitos críticos apontam a antiga versão em preto e branco, de 1928, *O Martírio de Joana D'Arc,* como a melhor versão cinematográfica da história. Entre seus admiradores estão o ator e diretor Mel Gibson. Quando escrevi o livro, havia rumores na internet de que Gibson estaria planejando um *remake*.

Figura 20-2
Joana D´Arc levou as tropas francesas à vitória sobre os ingleses na Guerra dos Cem Anos.

© Getty Images

Percorrendo os Séculos

586 a.C.: Tropas babilônias lideradas por Nabucodonosor destruíram Jerusalém e levaram o rei Zedequias como prisioneiro.

Um conto de duas – ou mais – pontes

O vandalismo adolescente de Santo Olavo provavelmente não inspirou a música infantil "London Bridge is Falling Down (My Fair Lady)". A ponte de madeira que os vikings demoliram em 1010 era uma de uma série de estruturas que cruzavam o rio Tamisa, ligando Londres a Southwark (agora, parte de Londres).

Talvez a Ponte de Londres mais marcante (e provavelmente a inspiração para a música) tenha sido uma ponte com 19 arcos de pedra, construída no século XII. Ela tinha faixas de rolagem e também lojas e casas ao longo dos dois lados. Perigosamente sobrecarregada, a ponte, assim como suas antecessoras em madeira, começou a ruir muito antes de ser substituída, em 1831, por outra ponte de pedra. O modelo de 1831 era uma estrutura bonita com cinco arcos, que ficou em pé até 1968.

Em seguida, ela foi desmontada bloco a bloco e enviada para a cidade de Lake Havasu, no Arizona, onde pode ser vista atualmente. Sua substituta sobre o rio Tamisa, a atual London Bridge, é bem mais simples.

Como o nome "London Bridge" é famoso, as pessoas confundem a substituta com a Tower Bridge, o marco geográfico mais famoso da Londres moderna. A Tower Bridge, inaugurada em 1894, fica abaixo da London Bridge e perto da Torre de Londres. A Tower Bridge tem torres altas e bonitas, enquanto a London Bridge não tem torres. Ela pode ser erguida para que navios grandes passem por baixo dela; a London Bridge, não.

O quanto a confusão sobre essas duas pontes é difundida? Tanto que, quando verifiquei uma enciclopédia online com o termo "London Bridge", recebi uma imagem da Tower Bridge.

---

479 a.C.: As tropas das cidades-estado gregas aliadas contra a Pérsia derrotaram o exército do Rei Xerxes e queimaram sua frota em um único dia.

49 a.C.: Julio César liderou suas tropas cruzando o Rubicão, o riacho que marca os limites de sua província, iniciando uma guerra civil romana.

445 AD: Átila, o Huno, assassinou seu irmão mais velho e co-governante, Bleda, e começou a estabelecer, forçadamente, uma grande horda de guerreiros hunos na Hungria.

1028: Canuto, Rei da Inglaterra e da Dinamarca, acrescentou a Noruega ao seu império.

1431: Joana D'Arc foi condenada por bruxaria e queimada viva.

1828: Os meio-irmãos sedentos pelo poder mataram Shaka, imperador zulu.

1853: William Tecumseh Sherman desistiu de seu compromisso com o exército americano para ser um banqueiro na Califórnia.

1944: A Gestapo nazista da Alemanha, suspeitando de que o herói de guerra e marechal, Erwin Rommel conspirava com o Coronel Claus von Stauffenberg para matar Hitler, retirou-o de seu posto de comando no norte da França e forçou-o a cometer suicídio tomando veneno.

Capítulo 21
Exploradores e Descobridores: Lugares para Ir, Pessoas para Ver

Neste Capítulo

▶ O primeiro a colocar os pés em terras novas

▶ Mantendo o mundo informado

▶ Encontrando passagens para diferentes partes do mundo

▶ Ajudando os exploradores a encontrarem seu caminho

Muitas pessoas fizeram história viajando para novos lugares. Às vezes, elas iam apenas por ir, mas, com mais frequência, elas partiam com o objetivo de conseguir algo que não tinham em casa, como novos territórios ou a glória de ser o primeiro. Este capítulo apresenta alguns dos maiores viajantes do mundo. Você notará que muitos deles são dos séculos XV ao XVII, pois os incansáveis europeus, principalmente, estavam descobrindo o restante do mundo nesta época.

Pioneiros Famosos: À frente de Seu Tempo

Alguns pioneiros desembarcaram em lugares que eram novos para eles antes de o mundo estar pronto para sua chegada. Ir de um ponto A a um ponto B é sempre uma conquista, mas, e se nenhuma influência cultural ou ligações comerciais resultarem dessa viagem? Alguns exploradores, inclusive os mencionados a seguir, não sabiam nem o que haviam encontrado:

✔ **Pítias** (século IV a.C.): Os antigos gregos viajaram e estabeleceram-se praticamente em todo o Mediterrâneo. Pítias, nascido em Massilia, na

Gália, foi mais longe, muito mais longe. Por volta de 330 a.C., ele partiu de Massilia (atual Marselha, na França), passou pela Espanha, pelo Estreito de Gibraltar, subiu pela costa atlântica da Europa, passou pela Inglaterra e continuou na direção norte. Surpreendentemente aventureiro para a época, Pítias chegou à ilha de Thule, uma viagem que ele afirma ter demorado seis dias a partir do norte da Inglaterra. Provavelmente, ele chegara a uma parte da Noruega, mas algumas pessoas acham que ele chegou a Islândia. O relato de Pítias sobre a viagem perdeu-se no tempo, mas muitos escritores de outras épocas se referiram a ele.

✔ **Leif Eriksson** (final do século X, início do século XI): As sagas islandesas dizem que, por volta do ano 1000, este filho alto, forte, inteligente e justo do assassino Erik, o Vermelho (veja a seção "Dissidentes Famosos: Aproveitando Oportunidades"), saiu da Groenlândia com uma tripulação de 35 pessoas para explorar uma terra que havia sido avistada no oeste. Ele encontrou a Ilha de Baffin, ao norte do Estreito de Hudson; em seguida, espionou a costa de Labrador (a chamando de Markland) e acampou na parte nordeste de Newfoundland. Eriksson chamou o lugar de Vinland, por causa das uvas selvagens, ou por causa das frutas silvestres que encontrou lá (o lugar agora se chama L'Anse aux Meadows).Ele e sua tripulação ficaram por lá durante todo o inverno antes de retornar à Groenlândia. Eles teriam ido novamente se o pai de Leif, Erik, não tivesse morrido, fazendo de Leif o chefe da família na Groenlândia. Mais navios vikings viajaram da Groenlândia para o Canadá transportando outros membros do clã, mas eles brigaram com os povos nativos, chamados de Skraelings, e também entre si. Nunca houve um estabelecimento nórdico. Leif também levou o cristianismo à Groenlândia.

✔ **Zheng He** (desconhecido – aproximadamente 1433): Um eunuco (ai!) da corte muçulmana na casa real chinesa, Zheng He também era almirante, explorador do mar e embaixador. De 1405 a 1407, Zheng comandou uma frota de 62 navios, que foi até a Índia. Em seguida, ele liderou mais seis expedições para o Golfo Pérsico e, finalmente, ao leste da África. Ele levou de volta girafas, avestruzes e zebras, mas os chineses nunca usaram os contatos que Zheng He estabelecera com os governantes de outros países para criar vantagens comerciais, nem para aumentar sua influência política no estrangeiro (o nome de Zheng He também pode ser escrito Cheng Ho. Tem a ver com os diferentes modos com que os nomes chineses foram transcritos para os alfabetos ocidentais). A Figura 21-1 mostra muitas das viagens de Zheng He.

✔ **Cristóvão Colombo** (1451-1506): Algumas pessoas celebram Colombo, enquanto outras o veem como um vilão por causa da descoberta da América. Mas o navegador alto, ruivo e excêntrico morreu sem perceber o que havia conseguido. Nascido em Gênova (na época, uma cidade-estado italiana independente), Colombo era um excelente navegador, que navegou pela costa atlântica da África e, provavelmente, pelo norte da Islândia. Ele explorou o caribe espanhol, se tornando o primeiro navegador europeu a chegar as Bahamas, a Cuba (que ele achava ser o Japão), ao Haiti, a Jamaica e a Trinidad, antes de chegar às terras da América do Sul (especificamente na Venezuela). Porém, Colombo insistia que a China, seu verdadeiro objetivo, estava próximo (veja o Capítulo 7). Rivais invejosos atrapalharam suas tentativas de estabelecer colônias. Caçadores de fortuna espanhóis fizeram acusações contra ele e levaram o italiano acorrentado de volta à Espanha. Os patrocinadores de Colombo, os co-governantes Ferdinando e Isabella (veja o Capítulo 19), libertaram-no e deram-lhe outra expedição. Em sua quarta viagem, Colombo pegou uma doença que o matou. Ele cometeu pelo menos três erros graves em sua carreira:

- Pensar que a Ásia estendia-se muito mais a leste

- Calcular que o raio da Terra possui apenas três quartos do que realmente tem

- Recusar-se, por teimosia, a reavaliar o significado de suas descobertas

Colombo inspirou muitos filmes, inclusive alguns bem ruins. Em *Cristóvão Colombo: A Aventura do Descobrimento*, de 1992, Tom Selleck faz o papel do rei Ferdinando, enquanto Colombo chega a China, e os roteiristas procuram por uma trama. Um filme português de 2007, *Cristóvão Colombo, o Enigma*, retrata um historiador amador do século XX que tenta provar que o navegador era, na verdade, de Portugal, não da Itália.

✔ **Neil Armstrong** (1930-): Quando colocou o pé na lua em 1969, Armstrong devia dizer: "Um pequeno passo para um homem, um grande salto para a humanidade". No final, ficou "um pequeno passo para o homem", que mudou um pouco o sentido ("homem" sem o artigo "um", nessa época pré-feminismo, geralmente se referia a toda espécie humana), mas sua frase não diminuiu o fato de alguém ter finalmente caminhado na lua. Nascido em Ohio, Armstrong foi piloto de combate e piloto de teste antes de ser treinado como astronauta. Depois de comandar o satélite Gemini 8, em 1966, ele foi escolhido para tripular a Apollo 11, uma expedição que chegaria à lua.

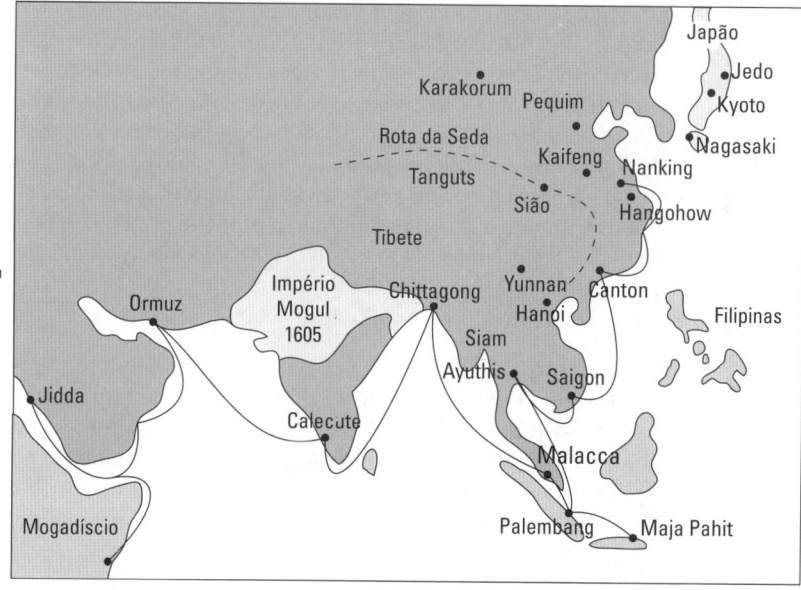

Figura 21-1
As viagens de Zheng He fizeram da China um líder mundial em navegações de longa distância.

Em 20 de julho de 1969, Armstrong saiu do módulo de pouso, enquanto terráqueos assombrados assistiam a TV. O co-piloto Buzz Aldrin (1930-) foi o segundo homem a pisar na lua. Assim como a chegada de Colombo ao Novo Mundo foi um marco, a chegada do homem à lua provou ser uma grande reviravolta; no futuro, as pessoas poderão voltar à lua, provavelmente como uma viagem internacional entre seu país e outros através de programas espaciais, ou poderão chegar a outros planetas. Até agora, no entanto, a caminhada pela lua de 1969 parece ser uma conquista à frente de seu tempo. Ninguém, nem mesmo o pessoal criativo da Nasa, tinha certeza do que fazer na lua ou com ela depois de colocar os astronautas em sua superfície. Houve outras missões americanas Apollo, mas a exploração da lua acabou cedendo espaço para outras naves espaciais, testes não tripulados em outros planetas do sistema solar, e a Estação Espacial Internacional.

Viajantes Notáveis: Levando Mensagens

Algumas figuras históricas viajaram para espalhar notícias. A maioria espalhava as notícias de onde havia estado após seu retorno. De qualquer forma, os viajantes sempre foram importantes fontes de informação e até de inspiração.

✔ **São Paulo** (aproximadamente 10AD – aproximadamente 67 AD): Primeiro, ele era Saulo, um judeu que foi para a Judeia romana vindo de seu país natal, a Turquia. Ele se transformou em rabino dos rígidos fariseus e acreditava na perseguição aos cristãos, que ele via como *hereges* (pessoas com crenças religiosas que contradiziam a doutrina oficial). Em seguida, em uma viagem a Damasco, para aconselhar que os cristãos fossem cercados, ele disse que Jesus chegou até ele na forma de uma visão. Saulo ficou cego por um momento e, quando se recuperou, ele era Paulo, um apóstolo cristão viajante que escreveu 13 cartas do Novo Testamento. Ele vagava como missionário e participava de debates sobre se os *gentios* (não judeus) poderiam ser admitidos na Igreja (ele era a favor) e, se fossem, como isso seria feito. Outros líderes civis e religiosos, judeus e romanos, ainda mantinham a primeira opinião de Paulo de que as ideias cristãs ameaçavam a ordem estabelecida. A política romana dizia que aqueles que difundiam o cristianismo deveriam ser presos, ou pior, e, assim, Paulo passou seus últimos anos como prisioneiro.

✔ **Marco Polo** (1254-1324): Nascido em uma família de comerciantes de Veneza, Marco Polo uniu-se ao seu pai e ao seu tio em uma viagem à China em 1271. Pelos seus relatos, o imperador Kublai Khan o apontou como um enviado e, em seguida, como governador de Yahngzhou, antes de o italiano voltar para casa em 1292. Soldado de Veneza em uma guerra contra os genoveses, Marco Polo foi capturado e preso e escreveu *As Viagens de Marco Polo* enquanto estava na prisão. O livro foi lido por muitas pessoas e invadiu a consciência provinciana de muitos estudiosos europeus. Muitos contemporâneos de Marco Polo achavam que o livro continha mentiras e muitos estudiosos que surgiram mais tarde também duvidam da veracidade dos relatos. Eles acham que ele inventou seu currículo chinês, mas as descrições do Oriente contidas em seu livro ainda são um marco intercultural (veja o Capítulo 24 para saber mais sobre Marco Polo).

✔ **Ibn Battuta** (1304-1368): Algumas pessoas chamam este escritor de Marco Polo árabe, mas esse título não faz jus a Ibn Battuta, pois ele escreveu sobre muitos lugares. Nascido em Tangiers, Marrocos, ele passou quase três décadas (de 1325 a 1354) percorrendo mais de 120 mil quilômetros. Assim como Marco Polo, ele visitou a China e foi muito bem recebido. Também visitou todos os países muçulmanos, escrevendo sobre Meca (na atual Arábia Saudita), Pérsia (atualmente chamada de Irã), Mesopotâmia (atual Iraque), Ásia Menor, Bokhara (atual Uzbequistão), sul da Espanha e a cidade de Timbuktu, no norte da África, além de Índia e Sumatra. Ele acabou se estabelecendo em Fez, Marrocos, e ditou a história de suas jornadas. Seu livro, *Rihlah*, reúne memórias de observações culturais, sociais e políticas.

✔ **Américo Vespúcio** (1454-1512): O florentino Vespúcio escreveu sobre sua viagem de 1499 à Venezuela e outros pontos ao sul. Mas Martin Waldseemüller (aproximadamente 1470-1518), um clérigo do nordeste da França, foi quem levou o nome do navegador para o Novo Mundo. Em uma pequena publicação chamada *Cosmographiae Introductio* (ou Cosmo), Waldseemüller espalhou a ideia de que havia uma quarta parte do mundo além da Europa, da Ásia e da África. Ele chamou este novo continente de América, uma homenagem latinizada a Vespúcio. O nome pegou. Outros cartógrafos passaram a chamá-la de *América do Sul*, utilizando o nome de Vespúcio também para a América do Norte.

Mais tarde, Vespúcio se tornou vítima de calúnias históricas, pois foi acusado de ter roubado os créditos pela descoberta da América, que pertenciam a Colombo, ou que ele havia sido o cartógrafo que, de modo egoísta, aplicara seu nome ao Novo Mundo. Estas acusações falsas provavelmente têm como base a antipatia irracional que um filósofo americano, Ralph Waldo Emerson (1803-1882), tinha em relação a Vespúcio. Emerson referiu-se ao italiano como um "vendedor de picles" e "contramestre de uma expedição da qual nunca havia participado". Não é claro de onde Emerson tirou a impressão de que Vespúcio nunca viajou para o Hemisfério Norte, ou que Vespúcio não passava de um navegador rico e estudado, com credenciais sólidas em navegação oceânica. Vespúcio passou a ser o principal piloto da Espanha, o melhor navegador do governo, em 1505.

Exploradores Pioneiros: Buscando Novas Rotas

Muitos viajantes deixaram suas casas em busca de algo específico, e muitos deles, principalmente do século XVI ao século XIX, procuravam rotas entre a Europa e a Ásia.

- **Henrique, o Navegador** (1394-1460): O príncipe Henrique tinha o sonho de encontrar uma rota marítima para a Índia e para a China. Para realizar este sonho, este membro da família real portuguesa fundou uma escola de navegação científica e patrocinou expedições ao longo da costa ocidental da África. Com o mesmo interesse, ele construiu o primeiro observatório de Portugal para avançar a ciência que ensinava os marinheiros a como poderiam se guiar pelas estrelas. Embora tenha morrido antes que seus alunos viajassem ao redor da África, o príncipe abriu caminho para os maiores sucessos náuticos e comerciais de seu país.

- **Juan Ponce de León** (1460-1521): Administrador de uma plantação espanhola na ilha de Hispaniola (atualmente República Dominicana e Haiti), este oficial veterano (ele provavelmente fez parte da tripulação de Colombo em sua segunda missão) ouviu os nativos locais mencionarem outra ilha tentadora. Ele navegou para lá, subjugou os nativos e passou a ser o governador espanhol de Porto Rico. Em seguida, León se inspirou a seguir em outra história dos nativos, que retratava uma ilha, onde uma fonte que fazia com quem bebesse dela se sentir jovem e saudável. Ele nunca encontrou essa ilha nem sua *fonte da juventude*, mas chegou a Flórida no início de 1513. Ele morreu por causa de um ferimento de flecha em sua segunda expedição à Flórida.

- **Meriwether Lewis** (1774-1809) e **William Clark** (1770-1838): Mais conhecidos como Lewis e Clark, estes amigos cruzaram a América do Norte procurando o que muitos navegadores haviam falhado em encontrar: uma rota entre os oceanos pelo norte. Apoiados pelo governo americano, Lewis e Clark queriam encontrar uma rota definida pelos rios, com um prolongamento gerenciável de terra firme, na divisa continental. Ninguém sabia quão altas, inclinadas e extensas eram as Montanhas Rochosas. A ideia americana de cadeia montanhosa, nesta época, baseava-se nos Apalaches. A expedição de Lewis e Clark deveria chegar às águas do rio Missouri e, em seguida, portar (carregar suas canoas e suprimentos) para as águas próximas de um rio que corria para o oeste, que os levaria ao Pacífico. Essa rota teria sido uma vantagem comercial para os comerciantes americanos, que queriam estabelecer um posto de troca na costa oeste (apesar de os Estados Unidos não terem direitos territoriais na costa oeste nessa época).

O presidente Thomas Jefferson escolheu Lewis, seu secretário particular, para liderar a expedição em 1804. Lewis levou Clark como co-comandante de um grupo que viajou de canoa, cavalo e a pé pelas margens do Missouri e através das Montanhas Rochosas. Nestas, eles acharam que a montanha que cruzava o rio Columbia era longa e acidentada demais para uso comercial. Eles viajaram pelo rio Columbia até o Pacífico, passaram o inverno no Oregon e retornaram para o leste. Suas observações das terras, das pessoas, das plantas e da vida selvagem não foram em vão, embora Lewis tenha falhado ao publicar seus diários.

Lewis passou a ser o governador do Território da Louisiana em 1807. Um homem perturbado, ele se matou enquanto viajava pelo Tennessee. Clark ocupou vários cargos governamentais e negociou diversos tratados com as tribos nativas.

✔ **Sir John Franklin** (1786-1847): Oficial da Marinha Britânica, Franklin lutou nas Guerras Napoleônicas (veja o Capítulo 9) e serviu como governador da Tasmânia. Ele começou a viajar como muitos navegadores anteriores, em busca de uma passagem pelo noroeste, uma rota marítima pelos mares do norte que contornasse a América do Norte. A expedição de Franklin não pôde ser classificada exatamente como um sucesso, pois ele e sua equipe morreram no navio, que ficou preso no gelo. Porém, eles chegaram bem perto – a alguns quilômetros – de encontrar o canal pelo qual Franklin recebeu os créditos por encontrar a passagem. Ninguém conseguiu navegar pela traiçoeira rota até que o explorador norueguês Roald Amundsen (veja "Os Primeiros Famosos" mais adiante neste capítulo) conquistou o feito no início do século XX. Um petroleiro quebra-gelo foi a primeira embarcação comercial a usar a passagem, em 1969. No século XXI, com o recuo do gelo do Ártico, a Passagem do Noroeste pode provar, finalmente, ser uma rota acessível para a navegação entre o Atlântico e o Pacífico.

Conquistadores Notórios: Má Companhia

Nem todos os exploradores tinham motivos positivos para buscar novos mundos; alguns visitantes, como os citados a seguir, simplesmente invadiam e tomavam:

✔ **Vasco da Gama** (aproximadamente 1469-1525): Veja o Capítulo 8 para conhecer a história de como Vasco da Gama foi de Portugal a Kozhikode (ou Calecute) na costa Malabar (sudoeste) da Índia. Nascido em Sines, Portugal, ele foi um de uma série de exploradores treinados e despachados com o objetivo de explorar a costa africana, contornar a ponta sul do continente e estabelecer uma rota comercial com o Oriente. Como primeiro a ser bem-sucedido, Vasco da Gama retornou a Portugal com uma viagem de Pedro Alvarez Cabral (aproximadamente 1467 – aproximadamente 1520), que, acidentalmente, chegou à costa brasileira em seu caminho para o sul, estabelecendo os direitos de Portugal sobre a América do Sul. Vasco da Gama retornou em 1502 como um reforço, estabelecendo um padrão para o colonialismo europeu brutal na Ásia. Quando a autoridade portuguesa na Índia escorregou nos anos 1520, o governo tirou Vasco da Gama de sua aposentadoria e o enviou como vice-rei. Ele ficou doente e morreu durante a viagem.

✔ **Francisco Pizarro** (aproximadamente 1478-1541): Pizarro, um soldado de Trujillo, Espanha, era habilidoso e brutal. Ele usou as duas qualidades para derrotar o império inca na América do Sul nos anos 1530, capturando o rei Atahualpa e assassinando-o (para saber mais sobre a conquista do império inca pelos espanhóis, consulte o Capítulo 8). Pizarro também lutou com seu companheiro conquistador Diego de Almagro (aproximadamente 1475-1538). (*Conquistador* é a palavra espanhola para os comandantes conquistadores que tomaram as terras dos nativos americanos). Quando Almagro, conquistador do Chile, desafiou a autoridade de Pizarro no Peru, o doente Pizarro enviou seus irmãos para capturarem e matarem-no.

✔ **Hernán Cortés** (1485-1547): Cortés ajudou seu comandante, Diego Velázquez de Cuéllar (1465-1524), a conquistar Cuba. Depois de discutir com Velázquez, Cortés, um nobre orgulhoso de Medellin, Espanha, acelerou sua planejada partida de Cuba para o México, fundando a cidade portuária de Vera Cruz, antes de avançar por terra. Fazendo alianças com os nativos, que se opunham ao governo asteca, ele marchou para a capital deste. O rei asteca, Montezuma, deu as boas vindas a Cortés inicialmente o considerando um deus, mas quando os astecas passaram a suspeitar dos motivos d o espanhol, Cortés pegou Montezuma como refém. Velázquez enviou uma expedição para levar Cortés de volta a Cuba, mas este convenceu o líder a se unir a ele e chegou a queimar seus navios para que não pudesse ser levado de volta a Cuba. Depois de uma rebelião dos nativos, a morte de Montezuma pelas mãos dos rebeldes e um breve recuo espanhol, Cortés conquistou o México em 1521. Ele também tentou conquistar Honduras, mas falhou.

Os Primeiros Famosos

Como Jean-Luc Picard (não uma figura histórica, mas um personagem de ficção científica) disse uma vez, o explorador visa a "ir para onde ninguém jamais foi" (sim, *fãs de Jornada nas Estrelas*, James T. Kirk disse isso primeiro, mas sua versão específica de um gênero, "onde nenhum homem jamais foi" –, soa ironicamente deslocada atualmente). O que era verdadeiro neste conto de fadas do futuro certamente era verdadeiro no passado do mundo real, quando os exploradores competiam para ser a primeira pessoa a conquistarem uma barreira geográfica ou a extrapolar totalmente os limites da geografia. As pessoas citadas a seguir encaixam-se nesta descrição e aqueles que sobreviveram conquistaram os direitos que fazem parte do título "primeiro".

Se você notou que outros exploradores deste capítulo foram os primeiros a chegar onde ninguém havia chegado, parabéns. Isso significa que você está prestando atenção. Um capítulo sobre exploradores tende a ter muitos *primeiros*. Mas, como expliquei no Capítulo 3, o estudo da história é dividido em categorias arbitrárias – válidas somente se você precisa ir bem em uma prova de história ou como conselhos de memória. Os títulos das seções deste capítulo são apenas rótulos arbitrários.

✔ **Fernão de Magalhães** (aproximadamente 1480-1521): O que Colombo sonhou fazer – chegar ao ocidente navegando pelo oeste – Magalhães conquistou. O capitão português, que viajava sob as cores da Espanha, viajou de Sevilha, na Espanha, contornou a América do Sul e cruzou o Pacífico até as Filipinas, onde morreu em uma disputa tribal. Sua expedição, comandada por Juan Sebastian del Cano, continuou, e uma pequena e doente tripulação concluiu a primeira viagem ao redor do mundo. Quando Magalhães entrou pela primeira vez no novo oceano a oeste da América do Sul, o tempo estava bom e as águas ficaram calmas durante semanas; então, ele chamou o oceano de Pacífico. O Pacífico provou ser tão violento quanto o Atlântico durante uma tempestade, mas o nome permaneceu.

✔ **Robert E. Peary** (1856-1920) e **Matthew A. Henson** (1866-1955): Peary e Henson, tidos como os primeiros a chegar ao Polo Norte, podem não ter tocado exatamente o polo geográfico em 1909. Era difícil dizer, pois não há nada que marque o Polo Norte e também não há terra lá – apenas gelo flutuando tão suavemente que o acampamento mais próximo fica a quilômetros de distância. Mesmo assim, as observações de Peary mostram que Henson e ele chegaram a 30 quilômetros do polo, ou mais próximos.

Oficial da marinha americana da Pensilvânia, Peary comandou diversas expedições ao Ártico, pelo menos quatro delas com o objetivo de chegar ao Polo Norte. Henson, que Peary contratara como valete (assistente pessoal) em 1897, foi seu navegador, pioneiro e tradutor. Eles quase perderam o posto de primeiros a chegar ao Polo Norte para um antigo membro da expedição de Peary, Frederick A. Cook (1865-1940), que afirmou ter chegado ao polo um ano antes. Mas Cook, que também havia dito ter escalado o Monte McKinley, no Alasca, tinha o hábito de exagerar. Os outros projetos de Peary incluíam uma expedição de pesquisa à Nicarágua. Henson escreveu o livro *A Black Explorer at the North Pole,* em 1912.

✔ **Roald Amundsen** (1872-1928): O norueguês Amundsen não terminou a corrida até o Polo Norte, embora tenha sido o primeiro a localizar o Pólo Norte magnético (que não é o mesmo que o Polo Norte geográfico, uma discrepância que provocou discussões entre os navegadores do norte que usavam bússolas, que apontam para o polo magnético, não para o geográfico). Quando descobriu que Robert Peary o havia vencido na competição, Amundsen foi para o Polo Sul, chegando lá em dezembro de 1911. O inglês Robert F. Scott (1868-1912) chegou um mês mais tarde, apenas para descobrir que era tarde demais; Scott e toda sua equipe

---

Dê o nome ao explorador

Para facilitar a memorização da história, se lembre de que os nomes dos exploradores geralmente nomeavam suas conquistas: cidades, rios e lagos, por exemplo. A seguir, alguns exemplos notáveis:

✔ **Sir Francis Drake** (aproximadamente 1540-1596): Drake foi um inglês que lutou na Armada espanhola e navegou ao redor do mundo. Seus portos iam da Virgínia, passavam pelo Caribe e chegavam à Califórnia, onde uma baía ao norte de São Francisco leva seu nome.

✔ **Samuel de Champlain** (1567-1635): Ele era o representante da França no Canadá: explorador, diplomata e governador. Ele estabeleceu alianças francesas com diversas tribos indígenas e fundou Quebec. Os ingleses tomaram Quebec em 1629 e fizeram de Champlain seu prisioneiro até 1632. Quando Quebec foi devolvida ao governo francês, Champlain foi seu governador de 1633 até sua morte. O Lago Champlain, que fica entre os estados de Nova York e Vermont, mas também se estende para o Canadá, leva seu nome.

✔ **Henry Hudson** (desconhecido – 1611): Não se sabe nada sobre o início da vida deste navegador, mas ele navegou em nome dos holandeses e dos ingleses, fazendo exigências para os dois países ao longo da costa da América do Norte. Assim como Cartier, na França, Hudson procurava pela Passagem do Noroeste. Ele explorou o rio (em Nova York), o estreito (no Canadá) e a baía (também no Canadá) que levam seu nome. Em 1610, ele chegou à Baía Hudson e decidiu passar o inverno por lá. Quando o navio ficou com pouca comida, a tripulação de Hudson se rebelou. Os amotinados jogaram seu capitão e mais outros homens no mar congelante.

---

morreram no caminho de volta. As outras conquistas de Amundsen incluem navegar pela Passagem do Noroeste (veja John Franklin na seção "Exploradores Pioneiros: Buscando Novas Rotas") e voar sobre o Polo Norte em um pequeno dirigível.

✔ **Yuri Gagarin** (1934-1968): Gagarin, o primeiro *cosmonauta* (astronauta russo), morreu jovem, antes do início da exploração espacial pelo homem. Gagarin era membro da força aérea soviética e foi o primeiro humano a viajar para fora da atmosfera terrestre, quando fez uma viagem ao redor do planeta na nave Vostok, em 1961. Ele viveu para ver o americano John Glenn chegar à órbita sustentada, dando três voltas na Terra em 1963, mas Gagarin morreu em um acidente aéreo um ano antes de o homem pisar na lua (leia sobre Neil Armstrong na seção "Pioneiros famosos: à frente de seu tempo").

Guias Renomados

Algumas pessoas simplesmente sabem como chegar aos lugares. À frente de muitos grandes exploradores, estava um guia que lhes indicavam o caminho.

✔ **Ahmad Ibn Majid** (início dos anos 1430 – aproximadamente 1500): Quando o português Vasco da Gama (destacado anteriormente neste capítulo e no Capítulo 8) deu a volta na ponta sul da África, navegando pelas águas perigosas entre a costa leste daquele continente e a ilha de Madagascar, ele sabia que precisaria de ajuda para viajar até a Índia. Ele esperava encontrar um marinheiro árabe para guiá-lo. Talvez qualificado demais, o homem que Vasco da Gama encontrou em Melinde foi Ahmad Ibn Majid, também conhecido como "o leão do mar enfurecido" (ninguém mais tem apelidos como este atualmente). Este grande navegador árabe escreveu mais de três dezenas de livros sobre navegação, oceanografia e geografia. Ele se especializou no Mar da Arábia, no Mar Vermelho e no Oceano Índico e seu conhecimento era exatamente o que Vasco da Gama precisava para abrir aquela parte do mundo ao comércio europeu. Muitos árabes e outros muçulmanos lamentaram que Ibn Majid tenha compartilhado o que sabia.

Sakagawea (desconhecido – 1812): Uma tribo rival capturou a jovem mulher Shoshone de seu vilarejo nativo (atualmente onde fica Idaho) e vendeu-a para Toussaint Charbonneau, um comerciante de peles canadense. Charbonneau casou-se com ela em um rito indígena e levou-a junto, quando Lewis e Clark o contrataram como guia de sua expedição (consulte a seção "Exploradores pioneiros: buscando novas rotas" para saber mais sobre Lewis e Clark). Sakagawea provou ser melhor guia que Charbonneau, então, ela serviu como intérprete, comerciante, embaixatriz e plantonista de emergência, salvando o valioso diário de Lewis, que flutuava pelo rio. Como estava grávida no início da viagem, ela deu à luz no meio do caminho e, a partir de então, passou a carregar seu filho nas costas. Seu nome, que significa "Mulher Pássaro", tem diferentes formas de escrita, inclusive Sakajawea.

Dissidentes Famosos: Aproveitando Oportunidades

Viajar bem geralmente significa agarrar qualquer oportunidade que apareça: transformar o exílio em uma oportunidade de encontrar um estabelecimento, por exemplo, ou de assumir a colônia quando se tem uma chance. Os viajantes a seguir estão entre os muitos que quebraram algumas regras a caminho das descobertas:

✔ **Erik, o Vermelho** (século X AD): O líder viking Erik Thorvaldson foi banido de seu país, a Noruega, por homicídio. Ele navegou para o oeste até a Islândia, em 982 AD, mas depois de se estabelecer por lá e voltar a matar, ele foi banido outra vez. Erik mudou-se para uma península a oeste da Islândia e – adivinhou – voltou a matar; desta vez, a sentença foi um exílio de três anos. Para onde ele poderia ir a não ser mais para o oeste? Ele sabia que deveria haver terras por lá, pois um navegador chamado Gunnbjorn havia dito isso depois de sair de seu curso 50 anos antes. Então, Erik navegou para lá e encontrou a Groenlândia, cheia de animais de caça e com vegetação suficiente para um bom pasto (nessa época, era mais quente). Quanto seu exílio terminou, Erik e sua tripulação retornaram à Islândia e reuniram 25 navios cheios de islandeses sedentos pela vida em outra terra. Erik teria comandado a expedição de seu filho, Leif Eriksson, à América do Norte (veja "Pioneiros famosos: à frente de seu tempo") se não tivesse caído do cavalo antes de partir e decidir que era um mau presságio contra seu plano de viagem. Ele disse para Leif partir sem ele.

✔ **Vasco Núñez de Balboa** (1475-1519): Balboa chegou a Darién (agora parte do Panamá) como passageiro clandestino de um navio espanhol. Ele tomou o poder durante uma insurreição e estendeu a influência espanhola para as regiões próximas. Para estender a influência, era preciso viajar por florestas e terras úmidas, mas ele também encontrou planaltos, e do topo de uma montanha Balboa avistou o que chamou de Oceano do Sul e reclamou a região para a Espanha. Mais tarde, o navegador Fernão de Magalhães chamou este oceano de Pacífico. Apesar da dedicação de Balboa, a Espanha apontou Pedro Arias Dávila (aproximadamente 1440-1531) como governador de Darién. Balboa tirou melhor proveito deste acordo, liderando diversas expedições para Dávila. Porém, em 1519, Dávila e Balboa se confrontaram e o governador pediu a decapitação deste.

Percorrendo os Séculos

Por volta de 330 a.C.: Pítias de Massilia (atual Marselha, na França) navegou pelo Estreito de Gibraltar e contornou a costa atlântica da Europa até chegar ao que deveria ser a Noruega.

Século I AD: São Paulo, antigo rabino judeu da seita dos fariseus, viaja pelo sul da Europa e pelo Oriente Médio, espalhando a nova fé cristã.

1354: O estudioso Ibn Battuta se estabeleceu em Fez, Marrocos, para ditar seu livro, *Rihlah*, uma memória de 30 anos de viagens da Espanha ao Uzbequistão, China e Timbuktu.

1804: Sakagawea ajudou os exploradores americanos Meriwether Lewis e William Clark a encontrar seu caminho pelo rio Missouri, na direção da Grande Divisória.

1911: Roald Amundsen, um explorador norueguês, chegou ao Polo Sul e foi a primeira pessoa a chegar a este frio objetivo.

1969: Neil Armstrong, um americano, saiu de seu módulo de pouso lunar para se tornar o primeiro humano a colocar os pés na lua.

Capítulo 22
Virando a Mesa: Rebeldes e Revolucionários

*E*m uma democracia como aos Estados Unidos, os eleitores determinam quem será o líder. A transição de uma administração para outra raramente envolve violência – a menos que você considere difamação uma violência. No entanto, ao longo da história, a busca pela mudança geralmente envolveu força bruta. Este capítulo oferece uma amostra daqueles que buscaram e/ou conquistaram a mudança – reformadores, revolucionários e alguns usurpadores. Estas pessoas – estivessem elas no poder, o quisessem, lutassem por ele ou rejeitassem – lutaram, conspiraram e trabalharam para liderar em novas eras.

Revolucionários que se Tornaram Governantes

O objetivo de qualquer revolução política é expulsar as pessoas que estão no poder e substituí-las por outras. Geralmente, os líderes da revolução passam a ser os líderes da nova ordem política. Mas formar um governo e restaurar a ordem é uma tarefa diferente de acabar com a antiga ordem.

As pessoas citadas nesta seção lutaram para expulsar opressores, mas ficaram frente a frente com um conjunto diferente de desafios como líderes de seus países. O modo como cada um destes personagens mudou com a transição ilustra como é complicado exercer o poder de maneira inteligente e com graça.

   ✔ **Lucius Junius Brutus** (final do século VI a.C.): A história conhece este herói romano pelo apelido esquisito, que passou a fazer parte de seu nome formal, e transmitido orgulhosamente para seus descendentes (veja "Rebeldes derrotados" mais adiante neste capítulo). No início de Roma, então uma cidade-estado governada por um rei, *brutus* significava "idiota". Lucius Junius conquistou este título fingindo ser um idiota para que o rei Lucius Tarquínio, o Soberbo, não o matasse. Quando o pai rico de Brutus morreu, o rei confiscou sua propriedade e matou o irmão de Brutus. Ele não se incomodou em matar o "idiota".

Depois que o filho do rei, Sexto Tarquínio, estuprou a esposa de um nobre e ela cometeu suicídio, o sentimento público voltou-se contra ele. Brutus liderou os romanos em uma revolta. Eles declararam a república em 509 a.C.. Os cidadãos elegeram o "idiota" para seu cargo principal, o cônsul. Eles conspiraram para devolver a família de Tarquínio (o clã de Tarquínio, o Soberbo) ao trono. Com a recém-criada república em jogo, Brutus ordenou que seus homens prendessem e condenassem à morte. A república romana sobreviveu, mas Brutus não; ele morreu em um combate homem a homem contra Tarquinius Aruns, outro filho de Tarquínio, o Soberbo.

✔ **Chu Yuan-chang** (1328-1398): Aos 17 anos, depois que toda a sua família de trabalhadores rurais morreu devido a uma epidemia, Chu entrou para um monastério budista. Oito anos mais tarde, ele deixou o monastério para liderar a província de Anhwei contra os governantes mongóis da China. Após anos de batalha, as forças de Chu ocuparam Pequim, a capital mongol. Aos 40 anos de idade, Chu Yuan-chang se proclamou primeiro imperador da Dinastia Ming.

✔ **Oliver Cromwell** (1599-1658): Cromwell foi um puritano ferrenho (veja o Capítulo 14), oficial militar disciplinado e membro persuasivo do Parlamento inglês durante o reinado de Charles I. As políticas religiosa e econômica de Charles levaram à guerra civil. Cromwell defendeu o rei no início, mas, depois, levou Charles a julgamento e assinou sua pena de morte em 1649.

Após a execução, Cromwell ficou observando o corpo sem vida do rei e murmurou: "Cruel necessidade".

Cromwell substituiu a monarquia por uma *commonwealth* governada por uma única casa do parlamento, da qual ele era o presidente. Quando sua forma de governo se provou ineficaz, ele tomou o título de senhor protetor, uma espécie de ditador puritano com poderes similares aos do rei. Ele exterminou com os oponentes, reorganizou a igreja anglicana com base no puritanismo e acabou, de maneira cruel, com uma rebelião irlandesa. Após a morte de Cromwell, seu filho Richard brevemente o sucedeu como senhor protetor, mas o jovem Cromwell não conseguiu suportar os desafios dos rivais, que o removeram de seu cargo em 1659. O parlamento restaurou a monarquia no ano seguinte (para saber mais sobre a Guerra Civil Inglesa, veja o Capítulo 8).

✔ **Vladimir Ilyitch Lenin** (1870-1924): Lenin colocou a filosofia econômica do marxismo (veja o Capítulo 15) para funcionar na Rússia.

Como estudante de direito de São Petersburgo, suas atividades de esquerda fizeram com que ele fosse enviado para a Sibéria. Ele voltou como líder da facção de extrema esquerda do Partido Social-Democrata dos Trabalhadores Russos. Lenin passou grande parte da Primeira Guerra Mundial exilado. Após a queda do governo russo em 1917, a Alemanha, inimiga do governo czarista, ajudou Lenin a retornar à sua terra natal. Lenin liderou os russos com os slogans "Paz e pão" e "Todo o poder aos soviets" (um *soviet* é um conselho de trabalhadores ou camponeses). Em outubro de 1917, ele liderou a Revolução Bolchevique e passou a ser o chefe do primeiro governo soviético.

As forças contrarrevolucionárias tentaram reverter o que Lenin havia feito, o que levou à Guerra Civil Russa, de 1918 a 1921. Os comunistas de Lenin venceram a guerra depois de nacionalizar as principais indústrias e os principais bancos, e de tomar o controle das fazendas. As medidas ajudaram Lenin a derrotar os contrarrevolucionários, mas elas acabaram colocando as Repúblicas Socialistas da União Soviética na direção de um colapso econômico e da fome. Lenin reagiu instituindo uma *Nova Política Econômica*, permitindo a produção privada. Este recuo do socialismo generalizado desapontou os colegas comunistas mais linha dura de Lenin. A nova política chegou tarde demais, pois a economia rural recuperou-se lentamente e muitos milhares de russos morreram na grande fome de 1922-1923.

✔ **Ho Chi Minh** (1892-1968): Como Nguyen Tat Tahnh, ele era um jovem bem educado da Indochina francesa (o Vietnã governado pelos

Sensível demais

Embora Chu Yuan-chang tenha sido um monge budista e colocado outros monges em sua corte, ele também promoveu rituais e estudos confucianos. Entre os chineses daquela época, poucos achavam que era importante aceitar somente uma tradição religiosa, ao mesmo tempo em que rejeitavam outras.

O imperador não era tão tolerante com relação a outros assuntos como com a religião. Por exemplo: ele proibiu qualquer referência aos anos que passara no monastério – não por causa da religião, mas porque ele tinha vergonha de suas origens humildes (não se podia ousar dizer que ele havia crescido como um camponês). Uma vez, dois estudiosos confucianos enviaram uma carta de congratulações a Chu Yuan-chang e usaram a palavra sheng, que significa "nascer". O termo era muito próximo da palavra *seng*, que significa "monge". O imperador percebeu isso como um trocadilho e mandou que os dois fossem assassinados.

Mais tarde, Chu ficou tão sensível que transformou em pecado capital o questionamento de suas políticas. Quando ele achou que as pessoas de Nanjing não lhe mostravam o respeito adequado, ele mandou matar 15 mil pessoas.

franceses) que já tinha viajado bastante e vivido na Inglaterra, nos Estados Unidos, na França e China. Em Paris, ele participou ativamente do recém-criado Partido Comunista francês e, em seguida, foi para a recém-estabelecida União Soviética, onde o governo o recrutou como agente estrangeiro e o enviou para Guanzhou, no sul da China. Lá, Ho Chi Minh (o nome significa "Aquele que Esclarece") organizou os exilados vietnamitas em um Partido Comunista Indochinês.

Depois que seus primeiros esforços contra o governo francês da Indochina falharam em 1940, Ho (ilustrado na Figura 22-1) se refugiou na China e acabou sendo preso pelo governo nacionalista anticomunista que lá existia. As forças japonesas ocuparam a Indochina durante a Segunda Guerra Mundial e, em 1943, Ho retornou para organizar as forças da guerrilha vietnamita. Os Vietminh foram bem-sucedidos e Ho proclamou a República Democrática do Vietnã em 1945, vendo o retorno das forças coloniais francesas. Ho lutou novamente contra os franceses. Por volta de 1954, os Vietminh expulsaram os franceses, mas a guerra de Ho ainda não fora vencida. Líderes vietnamitas rivais tomaram o controle da parte sul do país.

A Conferência de Genebra de 1954, que acabou oficialmente com a guerra entre franceses e indochineses, dividiu o Vietnã ao longo do sétimo paralelo, colocando Ho como governante do Vietnã do Norte. Ele permaneceu comprometido com um Vietnã reunificado. Depois que um golpe militar em 1963 deixou o Vietnã do Sul vulnerável, os Estados Unidos enviaram assistência militar para lá. A guerra resultante – marcada pela escalada americana pelos anos 1960 e 1970 – estava em seu auge quando Ho morreu, mas seu lado acabou vencendo e as forças americanas retiraram-se do Vietnã do Sul nos anos 1970. Sua antiga capital, Saigon, foi renomeada para Cidade de Ho Chi Minh.

Figura 22-1
O líder norte-vietnamita Ho Chi Minh abraçou o comunismo ainda jovem, quando estava na França.

© Getty Images

Fidel Castro (1926-): Nascido em uma próspera família cubana, Castro estudou direito em Havana e foi um talentoso lançador de beisebol – alguns dizem que ele teria chegado a ser profissional – mas ele se convenceu de que o governo corrupto do ditador Fulgencio Batista (1901-1973) precisava ser expulso. Castro uniu-se a uma revolução em 1953, mas o motim falhou e ele foi preso. Conseguindo anistia, ele fugiu para os Estados Unidos e depois para o México, onde reuniu apoio para outro ataque a Batista, que teve início em 1956. Castro e seus aliados finalmente forçaram Batista a sair da ilha em 1959. Castro ordenou que muitos dos aliados de Batista fossem executados, fazendo disparar um alarme em Cuba e no exterior. Ao falhar nas negociações de relações diplomáticas e acordos comerciais com os Estados Unidos, o líder cubano recorreu à União Soviética para obter apoio. Em 1961, ele declarou um governo marxista-leninista. Suas reformas dependeram, durante décadas, do financiamento soviético, principalmente porque os Estados Unidos, anticomunistas, impuseram um embargo sobre o comércio com Cuba. Mesmo assim, o regime de Fidel Castro sobreviveu à queda da URSS em 1991. Em 2006, seu irmão e número dois há muito tempo, Raúl, assumiu como líder provisório do estado devido à doença de Fidel. Embora este tenha se recuperado, ele recusou outro mandato como presidente e Raúl Castro o sucedeu oficialmente em fevereiro de 2008. No início de 2009, Fidel Castro continuava como conselheiro de seu irmão e primeiro secretário do Partido Comunista Cubano.

Robert Mugabe (1924-): Como jovem professor, Mugabe ajudou a formar as organizações políticas democráticas na Rodésia, uma colônia britânica no sul da África com autogestão limitada dos brancos. Com Ndabaningi Sithole, Mugabe co-fundou a União Nacional Africana do Zimbábue (UNAZ), que buscava a libertação dos negros. Acusado de "discurso subversivo", Mugabe passou uma década preso; enquanto estava na prisão, ele se formou em direito e liderou um golpe que expulsou Sithole da liderança da Unaz.

No final dos anos 1970, a Unaz de Mugabe uniu forças com a rival União dos Povos Africanos do Zimbábue (UPAZ), de Joshua Nkomo (1917-1999), em uma guerrilha contra o governo branco. Uma eleição democrática de 1979, a primeira da nação, transformou a Rodésia no Zimbábue governado pelos negros. Mugabe foi eleito primeiro ministro pela maioria esmagadora no ano seguinte, mas acabou minando a democracia ao estabelecer o governo de um partido em 1987. Seu regime ditatorial ficou cada vez mais repressivo, conforme sua popularidade diminuía nos anos 1990 e 2000.

Uma tumultuada eleição em 2008 resultou no que parecia ser uma vitória do desafiante Simba Makoni (1950). Semanas se passaram antes que uma contagem de votos oficial, porém muito disputada, e ela mostrou que nenhum dos dois candidatos tinha a maioria destes. Mugabe então "venceu" uma nova eleição. Frente a frente com o escândalo de uma eleição forjada, o caos civil, a fome e uma inflação astronômica, que deixou a moeda do país sem qualquer valor, Mugabe concordou em compartilhar o poder com o partido de Makoni, mas não foi capaz de cumprir sua parte do acordo. Enquanto isso, as reservas de água do

Zimbábue acabaram e uma epidemia de cólera varreu o país. Na África e no mundo todo, havia pedidos de renúncia de Mugabe. Muitos diziam que ele devia ser expulso. No início de 2009, Mugabe, com 85 anos, continuou desafiando seus críticos e permaneceu no poder.

Rebeldes Carismáticos

A rebelião tem um certo romantismo."O Líder do Bando", como diz uma antiga canção sobre um líder, tem um magnetismo desafiador, seja o apelo de um idealista ou a coragem da guerrilha. Muitos movimentos tiveram líderes carismáticos, que atraíram o interesse e reuniram apoio. Os seguintes personagens se encaixam sob este rótulo:

- **Toussaint L'Ouverture** (1746-1803): François-Dominique Toussaint (apelidado de "L'Ouverture") nasceu de pais escravos africanos e cresceu até libertar os negros da ilha caribenha de Hispaniola. Como membro e depois líder dos Republicanos Franceses do Haiti, Toussaint enfrentou oposição armada dos senhores franceses napoleônicos; os britânicos, que ele expulsou da ilha; os espanhóis, que governavam a outra metade da ilha (atual República Dominicana); e os *mulatos*, pessoas com herança branca e negra, que eram contra perder seu posto na hierarquia racial do Haiti. Os agentes de Napoleão capturaram o desafiante Toussaint e enviaram-no para Paris, onde morreu na prisão.

- **Simón Bolívar** (1783-1830): Nascido em Caracas, Bolívar é um herói nacional em pelo menos cinco países: Venezuela, Colômbia, Equador, Peru e Bolívia (que tem esse nome em homenagem a Bolívar). Conhecido como "O Libertador" e "O George Washington da América do Sul", ele foi uma peça muito importante nas guerras de independência que expulsaram a Espanha da América do Sul. O apaixonado Bolívar viajou pelo continente, liderando campanhas de independência. Porém, ele enfrentou outros lutadores pela liberdade e, como primeiro presidente da República da Colômbia (atualmente Colômbia, Venezuela e Equador), lutou contra os dissidentes e até contra uma guerra civil. Desanimado, Bolívar exilou-se e acabou morrendo no exílio.

- **Sun Yixian** (1866-1925): Os comunistas chineses do continente e os nacionalistas chineses da ilha de Taiwan podem não concordar em muitos aspectos, mas ambos têm Sun Yixian como fundador da China moderna. Também conhecido como Sun Yat-sem, ele fundou o *Tongmenghui* da China, ou Liga Unificada, em Tóquio, Japão, em 1905. Sun viveu longe da China durante a primeira década do século XX porque foi exilado depois de falhar em uma tentativa de derrubar a Dinastia Qing em 1895. O governo imperial em decadência via Sun como uma ameaça tão grande que seus agentes o sequestraram enquanto ele visitava Londres, durante o exílio (os ingleses negociaram sua libertação). Os Qing tinham razão em temer Sun, pois seu Tongmenghui evoluiu para o Kuomitang, ou Partido

Nacionalista Chinês, que foi muito importante na queda da Dinastia Qing em 1911 e também no estabelecimento de um governo nacionalista com vida curta. Sun foi presidente por um breve período em 1912, antes de abrir mão do cargo para favorecer outro líder revolucionário, que recompensou Sun banindo o *Kuomitang*. Sun estabeleceu um governo separado em Cantão, em 1913, e supervisionou uma aliança desconfortável com o recém-formado Partido Comunista Chinês nos anos 1920. Ele tentava negociar um governo unificado quando morreu (para saber mais sobre os nacionalistas na China, consulte as entradas para Mao Zedong e Jiang Jieshi mais adiante neste capítulo).

✔ **Che Guevara** (1928-1967): No final dos anos 1960, um cartaz famoso nas paredes dos dormitórios mostrava o rosto sombreado e barbudo de Ernesto Guevara de la Serna, um argentino que fora estudante de medicina. Depois de ajudar a expulsar o governo de Cuba na revolução de 1956 a 1959, Che – como ficou popularmente conhecido – serviu em diversos postos no regime de Fidel Castro (veja a seção "Revolucionários que se Tornaram Governantes"). Ele deixou Cuba em 1965 para liderar guerrilhas na Bolívia. A boa aparência de Che, sua boina simpática e, principalmente, o momento de sua prisão e execução em 1967, fizeram dele um mártir da esquerda política dos anos 1960. Sua imagem ainda aparece em camisetas, como uma afirmação da moda retro-radical.

Para ver provas do apelo de Che Guevara, você pode assistir três filmes produzidos 25 anos após sua morte. O filme *Che*, de Steven Soderbergh, conta o envolvimento do revolucionário com a revolução cubana. Também de Soderbergh, *Che 2 – A Guerrilha* retrata a tentativa sem sucesso de Che levar a revolução até a Bolívia. Os dois filmes, lançados em 2008, foram apresentados juntos. No filme *Diários de Motocicleta*, de 2004, vemos um Che jovem em busca do prazer em uma viagem pela América do Sul, em 1953, que abre seus olhos para a pobreza e para as injustiças sociais.

Dois Homens com Ideias

Ideias dão início a revoluções, mas os pensadores nem sempre se transformam nos melhores revolucionários. Os homens desta seção não eram apenas escritores que resumiam as ideias que atraíam apoio à sua causa; eles também eram executores que tomavam decisões momentâneas, envolvendo a vida e o destino de outras pessoas. Transformar uma ideia em um resultado prático não é fácil, principalmente quando há política envolvida. Uma teoria sublime pode ter resultados sublimes, ou resultar em tragédia. A seguir, um exemplo de cada um desses casos:

✔ **Thomas Jefferson** (1743-1826): Em 1774, Jefferson escreveu a *Visão Resumida dos Direitos da América Britânica*, expressando a infelicidade que o levou a se tornar delegado do Congresso Continental da Filadélfia. Jefferson também escreveu a Declaração da Independência, que foi aprovada pelo congresso revolucionário em 1776. Seu serviço público incluiu a presidência dos Estados Unidos (dois mandatos), a vice-presidência do país (quando John Adams foi o presidente), secretário de estado (no governo de George Washington), governador da Virgínia e embaixador na França. Como presidente, sua corajosa Compra da Louisiana mais do que dobrou o tamanho dos Estados Unidos. Ele também patrocinou a expedição de Lewis e Clark (o Capítulo 21 traz mais informações sobre estes exploradores), abrindo o precedente para a expansão americana no Pacífico.

Jefferson foi feliz em seus objetivos estéticos, principalmente na arquitetura. A Universidade da Virgínia e o palácio do governo da Virgínia estão entre suas criações. A morte de sua esposa, após dez anos de casamento, arruinou sua vida particular, e quatro de seus seis filhos morreram ainda jovens. No final dos anos 1990, provas de DNA reforçaram os rumores de que Jefferson era o pai dos filhos de uma escrava de sua casa, Sally Hemings.

✔ **Mao Ze-dong** (1893-1976): Também chamado de Mao Tse-tung, este presidente da República Popular da China liderou seu partido em uma luta pelo poder e guiou seu país em tempos difíceis no século XX. Mao veio da província de Hunan e tinha acabado de concluir a faculdade, quando encontrou um emprego na biblioteca da Universidade de Pequim. Os professores marxistas da universidade mudaram seu pensamento.

Mao envolveu-se com o *Movimento Quatro de Maio*, dos nacionalistas chineses, que teve início em 4 de maio de 1919, com um protesto de estudantes contra um acordo comercial chinês com o Japão. Ele foi às reuniões do grupo Quatro de Maio, que levaram à formação do Partido Comunista Chinês. Na forma de um comunista recém-chegado, ele se mudou para Shangai em 1923 como organizador político do Kuomitang ou Partido Nacionalista do Povo, que lutava para estabelecer um novo governo nacionalista chinês no lugar da Aliança Revolucionária que governava desde 1911. Quando o Kuomitang decidiu, em 1927, que não queria comunistas entre seus protetores, o expulso Mao formou o Soviete Jiangxi, uma guerrilha fora da lei que observou os nacionalistas assumirem o poder e finalmente saírem vitoriosos de uma guerra civil pós-Segunda Guerra Mundial contra forças lideradas pelo presidente nacionalista Jiang Jieshi.

Em 1 de outubro de 1949, Mao proclamou a formação da República Popular da China. Como presidente do novo governo, ele delegou a administração a outras pessoas, mas surgia ocasionalmente com propostas de reformas dramáticas e desastrosas, como o *Grande Salto*, que durou de 1958 a 1960. Orientado à expansão industrial e rural, ele resultou em más colheitas e na fome de mais de 13 milhões de camponeses. Mao tentou novamente, em 1966, com a Revolução Cultural. Uma tentativa de eliminar as influências ocidentais de todas as partes da sociedade chinesa, a Revolução Cultural trouxe caos e violência. Poeta e ensaísta prolífico, Mao era uma fonte bastante citada do pensamento de esquerda nos turbulentos anos 1960. O retrato do presidente, jovem e parecido com Buda, tornou-se especialmente popular.

Enfrentando a Autoridade

Algumas pessoas vivem de acordo com sua consciência, e que se danem as consequências. Os homens desta seção mostraram rara coragem ao enfrentar pessoas poderosas e ao discursar contra a injustiça.

✔ **Martinho Lutero** (1483-1546): O Capítulo 14 conta a história de como Lutero, um professor universitário e padre alemão, deu início à Reforma Protestante. Ele passou três anos em um monastério antes de se formar. Inicialmente, a grande questão era a prática da venda de indulgências por parte da Igreja, que muitas pessoas viam como uma forma de comprar uma vaga no céu. Quando começou a criticar o sistema papal, Lutero passou a outros assuntos, inclusive o celibato dos padres. Ele se casou com Katharina von Bora, que fora freira, em 1525.

✔ **Mohandas Karamchand Gandhi** (1869-1948): Seus companheiros indianos chamavam-no de *Mahatma*, ou "grande alma". Depois de estudar direito na Inglaterra, Gandhi lutou para acabar com a discriminação contra imigrantes indianos na África do Sul. Após duas décadas na África do Sul, ele voltou à Índia em 1914. Liderou o Congresso Nacional indiano, um grupo que buscava a independência do governo britânico. Inspirado pelo escritor americano Henry David Thoreau, Gandhi pregou e praticou a não-cooperação sem violência, ou *desobediência civil.* O governo colonial prendeu-o por conspiração de 1922 a 1924.

Gandhi ajudou a moldar a primeira constituição da Índia. Atingindo seu objetivo de governo autoritário para a Índia em 1947, o desafio seguinte de Gandhi foi deter a violência entre hindus e muçulmanos. Por isso, um fanático hindu o matou.

✔ **Martin Luther King Jr.** (1929-1968): Carregando o nome daquele que havia iniciado a Reforma Protestante, King orientou o movimento dos direitos civis americanos durante sua época mais importante, de 1955 a 1968. Como jovem pastor batista de Montgomery, Alabama, ele assumiu a causa iniciada por Rosa Parks e liderou o boicote de 1955 às linhas de ônibus da cidade para protestar contra a discriminação racial. Dois anos mais tarde, a recém-formada Conferência de Lideranças Cristãs do Sul escolheu King como seu líder.

King tinha a Índia de Gandhi (veja o item anterior) como inspiração, enquanto pregava e praticava a oposição não violenta ao racismo. Preso, apedrejado, com sua família ameaçada, a casa bombardeada e a privacidade invadida por um hostil FBI, King continuou liderando protestos. Ele fez o famoso discurso "Eu tenho um sonho" no Memorial

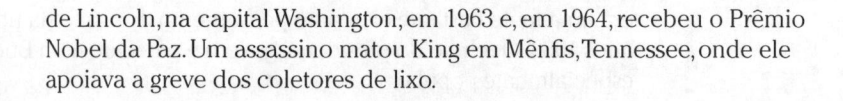

de Lincoln, na capital Washington, em 1963 e, em 1964, recebeu o Prêmio Nobel da Paz. Um assassino matou King em Mênfis, Tennessee, onde ele apoiava a greve dos coletores de lixo.

Aqueles que Mudaram as Regras

Às vezes a mudança, até mesmo a mudança radical, vem de cima. Os governantes desta seção não estavam contentes com o *status quo* e decidiram moldar seus domínios para que estes ficassem de acordo com sua visão.

- **Akhenaton** (século XIV a.C.): Como Amenhotep IV, ele se tornou rei do Egito em 1379 a.C., mas, após seis anos, mudou tudo: seu próprio nome, a capital e a religião nacional. Akhenaton dedicava-se a um culto que não aceitava os deuses tradicionais do Egito (saiba mais sobre religiões no Capítulo 10) e favorecia apenas um deus: o deus sol Aton. Ele colocou o novo centro do governo em Amarna, que chamou de Akhenaton, que ficava a quase 500 quilômetros da capital estabelecida anteriormente, Tebas. A arte floresceu sob o governo de Akhenaton e sua rainha, a bela Nefertiti (muitas esculturas que sobreviveram ilustram sua beleza). Mas ele não conseguiu cuidar das questões terrenas; as fortunas comerciais e militares do Egito entraram em declínio.

- **Asoka** (século III a.C.): Também pode ser escrito Ashoka. Este rei da Índia foi o último governante da Dinastia Máuria. No início de seu reinado, Asoka liderou exércitos, mas não gostava de derramar sangue. Ele prometeu se manter longe de brigas, se converteu ao budismo e espalhou a religião pela Índia e além. Sua política do *dharma* (princípios da vida correta) pedia tolerância, honestidade e gentileza. Foi bonito enquanto durou, mas após a morte de Asoka o império foi ladeira abaixo.

- **Henrique VIII** (1491-1547): O novelista do século XIX Charles Dickens via o grande Henrique como "uma mancha de sangue e gordura sobre a história da Inglaterra". Você deve se lembrar dele como o rei gordo que decapitou duas de suas seis esposas, mas ele também foi o primeiro Príncipe Renascentista inglês – educado, bonito (antes de engordar muitos quilos), inteligente, popular (até fechar os monastérios) e cruel. Acreditava-se que Henrique preenchia todos os requisitos necessários, na opinião das pessoas mais cultas da época, para se tornar um governante na Renascença. Falo sobre as ideias da Renascença, inclusive sobre o papel dos reis, no Capítulo 13. O Capítulo 14 oferece um panorama de como Henrique libertou a Inglaterra do catolicismo e fundou a Igreja Anglicana.

- **Pedro, o Grande** (1672-1725): Quando criança, Pedro I da Rússia foi uma espécie de co-czar junto com seu meio-irmão, que tinha problemas mentais. Mas este acordo fez com que sua irmã mais velha, Sophia, se tornasse a responsável pelo governo. Em 1696, Pedro mandou Sophia viver em um convento, passou a ser o único governante da Rússia e começou a mudar as coisas. Ele reformou o exército, a economia, a burocracia, as escolas, a Igreja Ortodoxa Russa, e, até mesmo, o modo como o povo russo se vestia. Ele queria que a Rússia refletisse seus vizinhos da Europa ocidental. Como fez com que os russos fizessem o que ele queria? Com brutalidade e repressão, é claro. As diversas guerras de Pedro, principalmente uma grande vitória contra a Suécia, fizeram da Rússia uma grande força, com um porto marítimo no mar Báltico, onde o czar construiu uma nova capital, São Petersburgo. Sua esposa foi sua sucessora com o nome de Catarina I (para saber mais sobre Pedro I, consulte o Capítulo 9).

Vivendo e Morrendo pela Espada

Geralmente, as pessoas que tomam o poder à força também são forçadas a colocá-lo de lado.

- **Atahualpa** (desconhecido – 1532): Atahualpa, último governante inca do Peru, foi um dos muitos filhos da história a querer uma fatia maior do território de seu pai. Em vez de ser grato por herdar a parte norte do Império Inca, Atahualpa expulsou o rei da parte sul, que era seu irmão. Alguns meses mais tarde, Francisco Pizarro, da Espanha (veja o Capítulo 19), capturou Atahualpa e o matou.

- **Maximilien-François Marie-Isidore de Robespierre** (1758-1794): Ele era chamado de "O Incorrompível" e, mais tarde, "O Decapitado". Está bem, eu inventei o segundo nome, mas Robespierre, que empregou a guilhotina em qualquer pessoa que ele achava que ameaçava a Revolução Francesa (veja o Capítulo 8), também morreu pela lâmina. Ele era advogado e membro do Estado-General, uma reunião oficial de três estados do reino francês (a Igreja, a nobreza e os comuns). O Estado-General tivera início séculos antes como corpo conselheiro ocasional para o rei, mas caiu em desuso um século e meio antes de o rei Luis XVI abrir uma seção em maio de 1789, com o inesperado (para o rei) resultado de precipitar a Revolução Francesa. Liderado por sua parte radical, o Estado-General transformou-se na Assembleia Nacional revolucionária. Robespierre surgiu como líder da revolução, transformando-se em promotor público e, dois anos mais tarde, membro do notório Comitê de Segurança Pública, dirigindo um fluxo contínuo de execuções durante os três meses que ficaram conhecidos como Terror. Neste ponto, sua crueldade assustava até mesmo seus antigos aliados. O Tribunal Revolucionário, uma instituição que ele ajudara a criar, mandou-o para um barbeiro ruim, fatalmente ruim.

- **Jean-Jacques Dessalines** (aproximadamente 1758-1806): Nascido no oeste da África, foi tomado como escravo e enviado para o Haiti, onde se autoproclamou imperador. Na insurreição escrava do Haiti de 1791, Dessalines serviu como tenente do líder rebelde Toussaint L'Ouverture (consulte a seção "Rebeldes carismáticos"). Com a ajuda dos ingleses, Dessalines caçou os franceses no Haiti em 1803 e assumiu o posto de governador geral. Em 1804, ele coroou a si mesmo como Jacques I. Como monarca, ele massacrou os brancos e tomou suas terras. Seus antigos aliados políticos, Henri Christophe (1767-1820) e Alexandre Pétion (1770-1818) não podiam tolerar sua arrogância, crueldade e imoralidade. Eles encomendaram o assassinato de Dessalines.

✔ **Bernardo O'Higgins** (1778-1842): Embora tenha nascido na Irlanda, Ambrosio O'Higgins (aproximadamente 1720-1801) lutou ao lado dos espanhóis e passou a ser o capitão geral do Chile e vice-rei do Peru. Seu filho, Bernardo, no entanto, ficou ao lado dos chilenos, que queriam se libertar da Espanha (para saber mais sobre as revoluções nas colônias espanholas da América do Sul, consulte o Capítulo 9). Bernardo O'Higgins planejou e ajudou a executar a revolta que aconteceu entre 1810 e 1817. Em seguida, ele se tornou presidente do Chile independente. Porém, outra revolução tirou O'Higgins de seu cargo e ele foi forçado a fugir para o Peru.

✔ **Jiang Jieshi** (1887-1975): Também conhecido como Chiang Kai-shek, Jiang foi o líder revolucionário que tomou o Kuomitang, ou Partido Nacionalista Chinês, em 1926, após a morte de seu fundador, Sun Yixian (veja "Rebeldes Carismáticos" neste capítulo). O Kuomitang foi responsável pelo fim do decrépito governo imperial da China em 1911. Lutando contra as forças revolucionárias rivais, Jiang expulsou os comunistas chineses do Kuomitang e, em 1928, estabeleceu seu governo nacionalista em Nanjing (os ocidentais chamavam o lugar de Nanquim). O Kuomitang havia unificado grande parte da China em 1937, mas a Segunda Guerra Mundial ofereceu uma oportunidade para os comunistas, que haviam se reunido sob Mao Ze-dong (veja "Dois Homens com Ideias") para reconquistar o poder. Os comunistas venceram a Guerra Civil Chinesa, forçando Jiang e seus aliados a exilarem-se. Em 1949, Jiang estabeleceu um governo no exílio na ilha de Taiwan e surpreendeu o mundo com o crescimento econômico fantástico dessa nação.

Rebeldes Derrotados

Muitos rebeldes morrem por uma causa e seus esforços revolucionários falhos podem gerar um impacto duradouro. As pessoas desta seção nunca chegaram a ser presidentes ou primeiros-ministros, mas deixaram um legado nas causas em que eram especialistas e nos sacrifícios que fizeram.

✔ **Espártaco** (desconhecido – 71 a.C.): Nascido na Trácia, na região nordeste da Grécia, Espártaco foi um escravo e gladiador que liderou a mais famosa revolta de escravos que Roma enfrentou. Começando em 73 a.C., Espártaco reuniu um enorme exército de escravos e pessoas sem posse que fez mais do que desafiar o poderoso exército romano; na verdade, este obteve diversas vitórias. Finalmente, um general chamado Crasso (aproximadamente 115-53 a.C.) venceu os rebeldes e matou Espártaco. Crasso crucificou todos e deixou centenas de corpos ao longo da Via Ápia, principal rua de Roma.

⌐ **Marcus Junius Brutus** (aproximadamente 85-42 a.C.): O nome deste político romano significa "idiota", mas ele o usou com honra. O nome foi transmitido a partir de um famoso ancestral (veja Lucius Junius Brutus em "Revolucionários que se tornaram governantes", neste capítulo). Quando Pompeu e César travaram uma guerra civil, Brutus ficou ao lado daquele. Em seguida, ele passou a obedecer ao vencedor, César, que o apontou governador de uma região da Gália (atual França). Como o primeiro Brutus famoso havia ajudado a expulsar o último rei romano, Marcus Brutus adotou a ideia de ser um destronador também. Isso facilitou o trabalho do político Crasso, que envolveu Brutus em um plano contra César em 44 a.C..

Depois de assassinar o ditador, os conspiradores lutaram contra os vingadores de César, Antônio e Otaviano. Eles derrotaram Brutus em Philippi. Este se matou e Otaviano passou a ser o imperador Augusto César, resultado que não era bem o planejado por Brutus.

⌐ **Wat Tyler** (desconhecido – 1381): Em 1381, os camponeses ingleses se rebelaram contra as condições de trabalho em Kent. Eles escolheram Tyler para liderá-los. Este liderou uma marcha para Londres para ver o rei Ricardo II. O encontro acabou em violência, e William Walworth, prefeito de Londres, feriu Tyler. Seus aliados levaram-no ao hospital São Bartolomeu, mas Walworth conseguiu tirar Tyler de lá e mandou decapitá-lo.

Seu motim, chamado de Revolta dos Camponeses, provou estar séculos à frente de seu tempo. As rebeliões de trabalhadores raramente chegaram a tanto na Inglaterra até 1812, quando um grupo que se chamava Ludistas protestou contra as injustiças da Revolução Industrial. A revolta Ludista também falhou, mas um chamado pelos direitos dos trabalhadores passou a aparecer nas rebeliões de diversos países europeus em 1848. A União Nacional dos Trabalhadores, que teve vida curta, foi formada nos Estados Unidos em 1866, e deu início a uma era de difusão dos movimentos pelos direitos dos trabalhadores na América do Norte e na Europa.

⌐ **Guy Fawkes** (1570-1606): Embora tenha nascido em York em uma família protestante, Fawkes se converteu ao catolicismo e serviu no exército espanhol combatendo os protestantes holandeses. De volta à Inglaterra, onde os católicos eram a minoria oprimida, ele conspirou com ativistas aliados para explodir o Rei James I e o Parlamento em 1606. Fawkes foi pego no flagra em um porão cheio de pólvora. Ele foi condenado e enforcado. A cada novembro, no aniversário de sua morte, os ingleses queimam sua imagem.

⌐ **Emelian Ivanovich Pugachev** (1726-1775): Os oponentes políticos mataram o fraco czar russo Peter III em 1762 e colocaram sua viúva, Catarina, no lugar dele. Catarina, a Grande, aceitou o desafio, mas não sem algumas contestações. Os *cossacos*, tribos semi-independentes de guerreiros nômades do sul da Rússia, não gostavam de sua autoridade.

Nos anos 1770, uma rebelião entre operários cossacos se transformou em uma revolta maior, à qual se uniram os camponeses, que foram apoiar o soldado cossaco Emelian Ivanovich Pugachev, quando ele se autoproclamou Peter III, o marido assassinado da imperatriz. Com esta afirmação, ele liderou uma rebelião em massa contra Catarina, prometendo acabar com a repressão do governo. Os oficiais de Catarina capturaram Pugachev em 1774 e levaram-no para Moscou, onde o torturaram e o mataram. Muito tempo após sua morte, seu nome passou a significar o espírito da revolução camponesa russa.

John Brown (1800-1859): A oposição de Brown à escravatura data de sua época como jovem em Ohio, mas o comerciante e fazendeiro ocasional tinha mais ou menos 50 anos (e era pai de 20 filhos!) quando decidiu que a emancipação deveria ser conquistada à força. Com seis de seus filhos e um genro ao seu lado, ele foi para o Kansas a fim de combater a escravidão. Em retaliação a um ataque a uma cidade que era contra a escravidão, Brown e seus aliados atacaram a fortaleza da escravidão de Pottawatomie Creek e mataram cinco homens. Em seguida, eles foram para o leste, na direção do arsenal americano em Harpers Ferry, Virgínia (mais tarde chamada de Virgínia Ocidental). Ele tomou o arsenal em 1859, mas o coronel do exército americano, Robert E. Lee (futuro comandante das forças Confederadas), capturou Brown. Enforcado por traição, ele passou a ser um mártir da causa abolicionista.

Percorrendo os Séculos

509 a.C.: Lucius Junius Brutus conquistou o principal posto administrativo no novo governo republicano de Roma.

71 a.C.: O general romano Crasso acabou com uma revolta de escravos liderada pelo gladiador Espártaco. Ele o executou, assim como centenas de seus seguidores, os pendurando em cruzes ao longo da Via Ápia.

44 a.C.: Marcus Junius Brutus, descendente de Lucius Junius Brutus, reuniu conspiradores para assassinar o ditador romano Julio César.

1381: William Walworth, prefeito de Londres, ordenou que o líder dos camponeses Wat Tyler fosse retirado de um hospital e decapitado, acabando com a Revolta dos Camponeses na Inglaterra.

1532: Atahualpa, governante da metade norte do Império Inca, expulsou seu irmão, rei da metade sul, para unificar as terras incas. Meses depois, os conquistadores espanhóis capturaram e mataram Atahualpa.

1775: Oficiais comandados pela imperatriz russa Catarina, a Grande, torturaram e mataram o líder de um movimento cossaco, Emelian Ivanovich Pugachev.

1893: Mao Ze-dong, futuro fundador e presidente da República Popular da China, nasceu na província rural de Hunan.

1922: O governo colonial britânico da Índia prendeu o líder nacionalista Mohandas Karamchand Gandhi, conhecido como Mahatma, por conspiração.

2008: O Presidente Robert Mugabe, do Zimbábue, que chegou ao poder como um líder revolucionário em 1980, concordou em compartilhar o poder com partidos rivais, depois que os críticos o acusaram de manipular os resultados de uma eleição bastante contestada.

Parte VI

A Parte dos Dez

A 5ª Onda por Rich Tennant

EM JANEIRO DE 1943, FOI TOMADA A DECISÃO DE INVADIR A ITÁLIA PELA SICÍLIA NA CONFERÊNCIA DE CASABLANCA.

"Presidente Roosevelt, o senhor conhece o General de Gaule, o Primeiro-Ministro Churchill, Sam, o pianista..."

Nesta Parte. . .

Henrique VIII teve seis esposas. Em alguns relatos, sua segunda esposa, Ana Bolena, tinha um dedo a mais. Portanto, Henrique teve tantas esposas quanto Ana tinha dedos em sua mão direita. O que isso significa? Nada em que eu possa pensar.

A história, como lembrei a você em todo o livro, está cheia de julgamentos arbitrários, feitos pelas pessoas que a contam. Eu tenho só dez dedos, o que é um bom motivo para fazer com que todas as listas desta parte do livro contenham dez marcos (além de ser um padrão e característica divertida da série *Para Leigos*). A história está cheia de grandes datas e documentos importantes. Quais são os maiores e mais importantes? Nesta parte, compartilho minhas escolhas, mas lembre-se de que elas não são as *únicas* opções. As discordâncias tornam a história divertida.

Capítulo 23
Dez Datas Inesquecíveis na História

• •

Neste Capítulo

▶ Abrindo novos caminhos com a democracia em Atenas

▶ Observando a ruína do Império Romano

▶ Acabando com as Cruzadas

▶ Iniciando uma era de revoluções na Filadélfia

▶ Arriscando contra a escravidão humana

▶ Abrindo as cabines de votação para as mulheres

• •

Se um professor já pediu para você decorar datas sem se importar em fazer com que você se interessasse pelo *motivo* pelo qual a data era importante, saberá por que eu quase odeio mencioná-las.

Mesmo assim, as datas contextualizam os acontecimentos e ajudam você a lembrar a ordem na qual as coisas aconteceram. Muitas datas servem como uma abreviação, representando uma grande mudança, que está ligada a um dia ou anos específico. Portanto, mesmo que você odeie decorar datas (como eu), vale a pena lembrar as dez datas que destaco neste capítulo (se você não acha que elas são tão importantes, sinta-se à vontade para escolher as suas).

460 a.C.: Atenas Passa a Ser Uma Democracia

O líder aristocrata, Péricles, atingiu seu objetivo ao transformar Atenas em uma democracia, entre 462 e 460 a.C.. Não foi o primeiro governo participativo da história, mas Atenas ficou mais poderosa nessa época, e continua sendo a democracia que mais inspirou outras. Na verdade, os fundadores dos Estados Unidos tinham a democracia ateniense como modelo.

A assembleia popular de Atenas, principal corpo legislativo, era aberta a qualquer cidadão do sexo masculino (mas não para mulheres ou escravos, que não tinham direito à cidadania). Além da assembleia popular, havia um senado, composto por cidadãos com mais de 30 anos. O senado funcionava como um conselho executivo, que organizava a agenda do governo e administrava o cumprimento da lei. Estes dois corpos criaram um precedente para as legislaturas de duas casas em democracias futuras. Pense na Câmara dos Comuns e na Câmara dos Lordes da Inglaterra, e na Câmara dos Representantes e no Senado dos Estados Unidos.

Embora a democracia de Atenas fosse governada pelos cidadãos, a sociedade ateniense se prendia a alguns aspectos de sua antiga oligarquia (governo de poucos), já que os aristocratas tinham privilégios por causa de sua família ou de suas conexões. O exemplo mais destacado era o próprio Péricles, considerado quase um rei. (Falo mais sobre a Atenas de Péricles no Capítulo 11.)

323 a.C.: A Morte de Alexandre, o Grande

Nascido em 356 a.C., Alexandre, o Grande, sucedeu seu pai como rei da Macedônia (norte da Grécia) em 336 a.C.. Estas duas datas são importantes. Assim como os anos de suas vitórias, como quando ele derrotou o rei da Pérsia, Dario III, em 334 a.C.. Mas o ano da morte precoce do conquistador – 323 a.C. – é o que mais deve ser lembrado.

As conquistas de Alexandre provavelmente não teriam tido fim enquanto ele vivesse. Ele era ambicioso demais. As vitórias cessaram quando uma febre (provavelmente malária) o matou. Este acontecimento foi o início e o fim, pois, a partir dele, teve início um período em que os generais de Alexandre se tornaram reis e fundaram dinastias em locais que iam da Macedônia à Pérsia e ao Egito. Pegue o Egito, por exemplo: o general Ptolomeu fundou uma dinastia que continuou até que Augusto, de Roma, capturou a rainha Cleópatra em 30 a.C..

476 AD: A Queda do Império Romano

Roma não foi construída em um dia, e também não ruiu em um dia. As guerras civis entre os líderes militares e políticos abalaram a República Romana de 88 a 28 a.C., levando ao fim do governo republicano e ao início do governo de um imperador (saiba mais sobre Augusto, o primeiro imperador, no Capítulo 19).

Porém, o governo imperial também acabou cedendo, pois a combinação dos ataques no século III AD, em diversas frentes ao longo das fronteiras distantes do Império Romano, e as revoltas internas forçou o Imperador Diocleciano a tomar uma medida extrema: ele dividiu o império em dois no ano 286, nomeando a si mesmo como imperador do Oriente (Egito e Ásia) e seu colega, Maximiliano, como imperador do Ocidente (Europa e noroeste da África). Embora Diocleciano ainda tivesse autoridade sobre as duas metades, este sistema acabou fazendo com que o Oriente se transformasse em um império independente, o Império Bizantino, enquanto o Ocidente entrava em um lento declínio.

Hunos, vândalos, visigodos e ostrogodos, todos inimigos dos romanos, continuaram suas invasões pelo Reno no século V, acabando com a capacidade de Roma de defender suas ilhas. Por volta de 476 AD, o império tinha pouca autoridade na Europa; por isso, não foi tão ruim quando os bárbaros expulsaram o jovem imperador Rômulo Augusto (também conhecido como Augustulo) do trono naquele ano. Portanto, 476 AD marca o fim simbólico do império romano e o início simbólico de uma sociedade feudal, desestruturada, a partir da qual as sociedades europeias surgiriam (saiba mais sobre essa mudança nos Capítulos 7 e 8).

O feudalismo, na verdade, não teve seu início exatamente após a queda do império romano do Ocidente. O que ocorreu foi um delineamento para que o regime feudal criasse definitivamente as suas raízes.

1066: Os Normandos Conquistam a Inglaterra

Vestindo camisetas de meia manga em poliéster, protetores plásticos e fita em seus óculos, um bando chamado Normandos invadiu Londres e... Opa, espere! Esses normandos eram *franceses* e certamente não usavam protetores.

Não sei como a Inglaterra teria se saído se William, Duque da Normandia, não tivesse vencido a Batalha de Hastings em 14 de outubro de 1066. Sei que os efeitos da conquista normanda duraram muito tempo. William, coroado rei da Inglaterra em 25 de dezembro de 1066, e sua família governaram por quase um século, substituindo os nobres ingleses por normandos (da Normandia que, mais tarde, passou a fazer parte do norte da França), bretões (também da França) e flamengos (do norte da França e da Bélgica). De 1066 a 1144, a Inglaterra e a Normandia tiveram o mesmo governo e a esta continuou nas mãos dos ingleses até que Filipe II, da França, tomou o poder no século XIII.

Os laços da família real e as exigências conflitantes mantiveram os ingleses e os franceses ligados, e geralmente em guerra, durante séculos. Pode-se ligar a Guerra dos Cem Anos dos séculos XIV e XV à invasão normanda (para saber mais sobre essa guerra, veja o Capítulo 17).

1095: Começa a Primeira Cruzada

As Cruzadas, um prelúdio para os impérios e o colonialismo europeu, enviaram os europeus do Ocidente para outra parte do mundo: o Oriente Médio, onde eles deram ordens e agiram como fanáticos.

As Cruzadas começaram depois que os turcos seljúcidas tomaram uma grande parte do Oriente Médio dos árabes e do Império Bizantino, que resistiu. Os turcos converteram-se ao islamismo, como os árabes. Porém, ao contrário dos árabes dos séculos VII a XI, os turcos não toleravam os cristãos. O imperador bizantino pediu ajuda ao Papa Urbano II, um cristão aliado, para resistir a essa nova ameaça turca. Urbano também se preocupava com os relatos de que peregrinos cristãos estavam sendo incomodados em seu caminho para a Palestina, a Terra Santa (que estava sob poder dos seljúcidas).

Em 26 de novembro de 1095, o papa convocou os guerreiros cristãos para combaterem os turcos seljúcidas. Dois tipos de guerreiros responderam:

✔ Camponeses e moradores dos vilarejos destreinados e mal armados, que foram para o leste, enfrentando problemas no caminho e sendo assassinados.

✔ Nobres bem armados e suas tropas, que derrotaram o exército seljúcida, e defendia Jerusalém em 1099, massacrando todos os que estavam na cidade.

As outras Cruzadas, que continuaram durante séculos, foram sangrentas, indo mais além do que o objetivo de restaurar a paz na Terra Santa (para saber mais sobre como as Cruzadas prenunciaram o imperialismo europeu dos séculos XVI ao XX, consulte o Capítulo 7).

1492: Colombo Navega pelo Oceano Azul

Mesmo que você nunca tenha decorado outra data, já ouviu falar em 1492. Esse ano marcou o início do envolvimento da Europa com as terras e culturas que carregariam para sempre a marca da Espanha (o país representado por Colombo), Portugal (seu lar durante anos) e outras nações europeias.

A descoberta de Colombo reorganizou o mundo ou, pelo menos, o modo como todos pensavam nele, alimentando uma crescente fome europeia pela conquista e ajudando a criar uma era de imperialismo que durou até o século XX. As viagens de Colombo (ele continuava voltando ao Novo Mundo, tentando determinar que aquelas terras realmente faziam parte da Ásia) também acabaram com os povos que já viviam no Novo Mundo, chamados *índios*. As doenças europeias diminuíram as populações, e a imigração europeia expulsou-os de suas terras.

No entanto, apesar de todas as mudanças que havia trazido, as aventuras de Colombo foram frustrantes na época, principalmente se comparadas ao português Vasco da Gama, que navegou ao redor da África até chegar a Índia, um destino comercial cobiçado, em 1598 (para saber mais sobre Colombo, Vasco da Gama e outros exploradores europeus, consulte o Capítulo 7).

1776: Os Norte-Americanos Libertam-se

O espírito de 4 de julho de 1776, quando o Congresso Continental adotou a revolucionária Declaração da Independência, criou o que passaria a ser a nação mais poderosa do mundo. Mas há outro motivo para a data ser inesquecível.

A Revolução Americana, que foi inspirada pelos pensamentos do Iluminismo do século XVIII (veja o Capítulo 15), deu início a uma era de revoluções. Ela preparou o palco para a Revolução Francesa de 1789 e para muitas revoltas, tanto em colônias europeias quanto na Europa.

As rebeliões varreram a América do Sul no início do século XIX e a metade desse século (principalmente nos anos de 1848 e 1849) viu muito mais revoltas em lugares como a Boêmia e a Hungria. No século XX, o fervor revolucionário finalmente encerrou a era colonial. As revoluções também adotaram a retórica marxista e continuaram a expulsar a antiga ordem em locais como Rússia e China.

1807: A Inglaterra Acaba com o Comércio de Escravos

No século XVIII, cada vez mais pessoas livres da Inglaterra e de outros países percebiam como a escravidão era algo errado. Elas se concentravam nos piores abusos, principalmente na crueldade do comércio transatlântico de escravos. A Dinamarca foi a primeira a banir o comércio em 1803. Mas, devido à posição da Inglaterra no comércio e como potência naval, a proibição dos britânicos, alguns anos mais tarde, marcou uma enorme mudança internacional. O Parlamento deu um passo importantíssimo com o Ato de Abolição em 1807. Em 1815, após as guerras napoleônicas, a Inglaterra confiou na França, na Holanda, na Espanha e em Portugal para acabar com o comércio de escravos.

A mudança surgiu das ideias do Iluminismo (veja o Capítulo 15), principalmente as noções das leis naturais e direitos humanos, que também alimentaram revoluções na América e na França. A opinião religiosa e política retornou. Os quacres da Inglaterra formaram uma sociedade abolicionista cristã em 1787. O principal juiz da Inglaterra, Lord Mansfield, decretou que, a partir de 1772, os escravos fugitivos se tornariam livres ao entrar em solo inglês. Nos anos 1830, a Inglaterra ordenou a libertação de todos os escravos.

Embora o idealismo tenha orientado o sentimento antiescravagista, o movimento recebeu apoio do pragmatismo econômico. Em 1807, a revolução industrial da Inglaterra estava decolando. Os ingleses viam mais lucros nos recursos naturais da África e nos mercados estrangeiros do que no trabalho escravo.

1893: As Mulheres Começam a Votar no Mundo Todo

A revolução democrática ainda está acontecendo. Primeiro, as mulheres conquistaram o direito de votar na Nova Zelândia (então uma colônia britânica) em 1893, mas logo muitas nações seguiram o mesmo caminho. Entre elas, a Austrália, em 1894, a Noruega em 1907, e a Rússia em 1917. As mulheres inglesas com mais de 30 anos ganharam o *sufrágio* (o direito ao voto) em 1918, e a idade mínima para as mulheres votarem passou para os 21 anos em 1929.

As mulheres norte-americanas conquistaram esse direito quando a 19ª Emenda da Constituição foi ratificada em 1920, embora alguns estados tenham concedido o direito a elas antes disso. A França chegou relativamente atrasada à festa, concedendo o voto às mulheres em 1944. Na Suíça, as mulheres só tiveram direito ao voto em 1971.

O século XX também viu uma rápida expansão, geração a geração, do papel das mulheres e de seu status em muitas sociedades ao redor do mundo. Nas nações industrializadas do Ocidente, principalmente, as mulheres assumiram profissões anteriormente reservadas aos homens e passaram a se especializar em ciências, medicina, direito e jornalismo, entre muitas outras conquistas. As mulheres concorreram e conquistaram cargos públicos. As grandes democracias – principalmente a Inglaterra, a Índia, o Paquistão e Israel – tiveram primeiras-ministras na segunda metade do século XX. Em 1997, Madeleine Albright (1937) foi a primeira mulher a ocupar o cargo de secretária de estado americana, o principal posto do gabinete do presidente. Seguindo este precedente, Condoleezza Rice (1954) e a ex-primeira dama Hillary Clinton (1947) também preencheram esse cargo importante no início do século XXI. Enquanto isso, as mulheres de outros países, principalmente em algumas partes do mundo muçulmano, estavam apenas começando a buscar sua liberdade.

1945: Os Estados Unidos Explodem a Bomba A

Em 6 de agosto de 1945, 90 mil pessoas morreram na explosão que demoliu 75 por cento da cidade de Hiroshima, no Japão, depois que um avião norte-americano jogou a primeira bomba nuclear já usada em guerras. A explosão e o incêndio que se seguiu feriram mais 60 mil pessoas, muitas delas morreram posteriormente devido a doenças e câncer causados pela radiação. Três dias depois, os norte-americanos jogaram outra bomba atômica sobre o Japão, desta vez em Nagasaki. Mais 40 mil pessoas morreram instantaneamente.

As duas bombas atômicas causaram morte e destruição indescritível e indiscriminada. A Segunda Guerra Mundial finalmente chegara ao fim, e o mundo entrou na era nuclear.

Estes dois ataques foram, até hoje, os únicos em que se usaram armas nucleares contra pessoas. Espero que continue assim. Mas, a simples existência dessas bombas atômicas e das armas termonucleares, que são ainda mais poderosas, e que as sucederam, fazem de 1945 uma enorme e assustadora virada.

Capítulo 24
Dez Documentos Históricos Essenciais

Neste Capítulo

▶ Recuperando a história perdida em uma pedra

▶ Reunindo as riquezas das escrituras em um volume

▶ Forçando um contrato com o rei

▶ Libertação: O modelo norte-americano

▶ Remodelando impérios com uma união econômica

▶ Chocando o mundo com uma ideia evolutiva

*O*s documentos dão à humanidade uma história e preservam-na. Se ninguém tivesse inventado a escrita ou iniciado os registros formais de batalhas, crenças, leis, tratados e assim por diante, você precisaria extrair a história a partir de relatos orais.

Você já brincou de telefone sem fio, onde você cochicha algo no ouvido de seu vizinho e ele cochicha o que ouviu para a pessoa seguinte, dando a volta na sala? Se sim, sabe como a história oral muda de uma pessoa para outra, mesmo em um espaço de alguns minutos. Ao longo de séculos confiando nos relatos orais, as pessoas teriam pouca ideia do que realmente havia acontecido. Assim como em acordos contratuais, todos sabem que o que realmente importa deve ser escrito.

Os documentos são importantes, e alguns deles provam ser muito oportunos, não apenas para preservar o passado, mas também para moldá-lo. Os documentos determinam os princípios básicos do entendimento, a identidade social e as premissas do que é certo ou errado. A regra da lei é um conceito crucial para as democracias modernas. Significa que nenhum rei, presidente, prefeito, policial ou qualquer outra pessoa possa criar as regras do nada. Para tomar uma ação legalmente, seja para negociar um tratado entre potências nucleares, apontar um funcionário da carrocinha ou fazer uma prisão, os oficias públicos devem seguir regras. Elas estão em um documento.

A Pedra de Roseta

Mais um objeto do que um documento, a Pedra da Roseta é uma grande placa de granito negro que traz um texto em grego antigo e em duas formas de escrita egípcia antiga: hieróglifos formais (como os que podem ser vistos nas paredes dos túmulos reais) e a escrita popular mais comum. Em 1799, durante a ocupação de Napoleão no Egito, alguns de seus soldados encontraram esta pedra na ramificação Roseta do rio Nilo, em Raschid, perto de Alexandria. Ela havia sido entalhada dois mil anos antes, em 196 a.C..

Quando os soldados franceses a recuperaram, ninguém sabia como ler os hieróglifos (saiba mais sobre eles no Capítulo 4). A história do antigo Egito parecia perdida para sempre.

Os estudiosos, Thomas Young e Jean François Champollion, trabalharam duro para decifrar a Pedra de Roseta, estabelecendo que os três textos diziam a mesma coisa em diferentes idiomas. Utilizando seu conhecimento da Grécia antiga, Champollion conseguiu anunciar, em 1822, que era capaz de ler hieróglifos. A Pedra de Roseta foi uma porta de entrada para o remoto passado egípcio.

Ela está exposta no Museu Britânico em Londres.

Os Analetos de Confúcio

No mundo ocidental, as pessoas atribuem a regra dourada a Jesus. Mas 500 anos antes dele, um humilde professor chinês, Kung Ch'iu, disse aos seus alunos: "Faça aos outros o que quer que façam a você".

Kung viveu de aproximadamente 551 a 479 a.C.. Ele se tornou um oficial do governo ainda adolescente e foi responsável por lojas de grão e pastos aos 15 anos, trilhando o caminho para cargos mais elevados. Suas ideias para a reforma tornaram-no popular com o público e também enfureceram alguns privilegiados.

Depois que os inimigos o forçaram a deixar sua província natal, Kung viajou e espalhou suas ideias sobre as outras pessoas, a reverência aos ancestrais, a obediência, os valores compartilhados, a lealdade e a melhoria pessoal. Ele enfatizava os conceitos do *li* (comportamento adequado) e do *jen* (atitudes gentis). Seus alunos deram a Kung o respeitoso título de *Futzu*, que significa "mestre venerado". Você pode ler mais sobre os ensinamentos de Kung Futzu no Capítulo 10.

No fim da vida de Kung Futzu e após sua morte, seguidores reuniram suas citações nos *Analectos*, uma fonte muito influente do pensamento chinês. O confucionismo (que vem do nome latinizado de Kung Futzu, *Confucius*) moldou o caráter chinês, misturado a outras escolas filosóficas e religiosas, como o taoísmo, o budismo e o legalismo. Até o século XII, todo estudante que treinava para ser oficial no governo chinês precisava estudar os *analectos*.

O confucionismo também influenciou outras culturas asiáticas. Ele foi especialmente importante no Japão durante o período Tokugawa, ou *Edo*, que durou de 1603 a 1867. Ao longo da maioria desses anos, os valores de Confúcio eram endossados e reforçados por uma ditadura militar chamada Shogunato e ajudaram a manter um nível surpreendente de estabilidade social no Japão.

A Bíblia

Este documento é um pacote, um baú de tesouro com documentos reunidos em um único volume. Sobre qual versão da Bíblia estamos falando depende de qual tradição é seguida, mas não importa como você a conhece, ela é um documento indispensável para compreender o curso de muitos acontecimentos mundiais.

Em sua forma cristã, a Bíblia inclui escritos que estão no centro de duas grandes religiões: o judaísmo e o cristianismo (o Capítulo 10 fala sobre as religiões do mundo). A Bíblia contém o *Pentateuco* ou Lei Eclesiástica Judaica (a Torá escrita) e os Dez Mandamentos (Antigo Testamento) e a regra de ouro cristã.

As histórias da Bíblia são uma fonte importante de história, mesmo havendo diversos historiadores que desafiem sua verdade literal. Seus ensinamentos moldaram o curso de grandes nações, inclusive os impérios romano e bizantino, como foi discutido nos Capítulos 5 e 6. A Bíblia também aparece em uma enorme mudança tecnológica, cortesia de Johannes Gutenberg, que a escolheu como o primeiro livro a sair de sua revolucionária prensa.

Ela também teve um papel importante nas mudanças linguísticas. Os idiomas alemão e inglês foram moldados pelas primeiras grandes traduções da Bíblia. No caso do alemão, foi a tradução de Martinho Lutero em 1530. No inglês, foi a edição do rei James, de 1611. Pode soar esquisito, mas o modo como os falantes de inglês falam atualmente deve muito a um livro de 400 anos, cheio de "tu" e "vós".

O Corão

Um livro santo como a Bíblia, o Corão (também escrito Qur'an) é a base não apenas da prática religiosa, mas também da vida cotidiana, da lei formal e da política governamental em grande parte do mundo islâmico, uma parte da humanidade enorme, rica e poderosa há mais de um milênio e atualmente.

O Corão define o lugar do Islã na história. Seus versos retratam as conquistas árabes dos séculos VII e VIII e continuam moldando a visão de mundo dos muçulmanos.

Estes acreditam que o Corão é a palavra direta e infalível de Deus, e que o anjo Gabriel o revelou, como escrito no céu, para o profeta Maomé, fundador do

Islã, no século VII AD (veja o Capítulo 10). Os muçulmanos consideram o texto sagrado. É proibido tocar o texto sagrado sem estar purificado através de um ritual. Se você imitar seu estilo, no qual Deus (Alá) fala em versos, cometerá um sacrilégio.

Assim como outras escrituras religiosas, o Corão teve interpretações conflitantes. Alguns professores extremistas islâmicos citam o livro como uma fonte de justificativa para os atos de violência executados por organizações terroristas anti-israelenses, antiamericanos, anti-indianos e outras. A grande maioria dos muçulmanos no mundo todo, no entanto, não vê nada no Corão que justifique o terrorismo moderno.

Além de seu impacto nos acontecimentos do mundo, o Corão também é o livro a partir do qual os muçulmanos tradicionalmente aprendem a ler o árabe. Talvez seja por isso que ele é o livro mais lido de todos os tempos.

A Carta Magna

A ideia do direito divino dos reis (abordada no Capítulo12) baseava-se no entendimento de que o monarca, como representante de Deus, precisava cuidar dos filhos menores da criação. Um súdito, comum ou nobre, tinha o dever de respeitar e obedecer ao rei. Mas o dever divino do rei, em troca, era defender e proteger seus súditos. Um certo respeito mútuo estava implícito.

No entanto, na maioria das vezes, não era bem assim que funcionava. John, o menos popular dos reis da Inglaterra, irritou seus barões e eles se rebelaram. Em 1215, estes ficaram em vantagem, forçando o Rei John a assinar um contrato, a Grande Carta, ou *Carta Magna* em latim (idioma oficial da Europa do século XIII).

Ao assinar, John concordou com regras específicas para respeitar seus súditos. A Carta Magna continha 63 cláusulas, a maioria delas relacionada ao uso incorreto dos poderes financeiros e judiciais por parte do Rei John. As cláusulas 39 e 40, as duas mais famosas dizem que:

> *Nenhum homem livre deve ser levado ou aprisionado, exceto pelo julgamento legislativo de seus iguais ou pela lei da terra* [Um homem livre era um homem adulto sujeito à coroa e não um servo ou um escravo].

> *A ninguém venderemos, a ninguém negaremos ou adiaremos o direito ou a justiça.*

A primeira tentativa formal de separar a realeza da tirania não solucionou todos os problemas entre o Rei John e os barões, mas a carta criou um precedente para as leis relacionadas aos direitos, à justiça e ao exercício da autoridade na Inglaterra, no Império Britânico e além. A Carta Magna apontou para as liberdades constitucionais garantidas pelos fundadores de repúblicas como os Estados Unidos da América.

As Viagens de Marco Polo

Quando os venezianos dos séculos XIII e XIV chamaram Marco Polo de *Il Milione,* estavam repetindo um título de seu livro sobre suas viagens e sua vida na China (o livro de Marco Polo apareceu sob outros títulos em diversas traduções e edições). *Il Milione* referia-se à grande riqueza (milhões) possuída pelo imperador da China, Kublai Khan.

Mas alguns companheiros europeus de Marco Polo também usaram o termo *Il Milione* para dizer que Marco Polo contou um milhão de mentiras. Muitos não acreditavam em seus contos sobre o magnífico império de Kublai Khan. A China parecia quase tão remota quanto outro planeta; apenas poucos viajantes ocidentais do século XIII tinham visto Pequim, incluindo o pai e o tio de Marco Polo, que levaram o jovem em sua segunda viagem ao Oriente em 1271.

O conhecimento de Marco Polo sobre o Oriente e suas riquezas conquistou seguidores, pois ele escrevia sobre suas experiências. Cada vez mais pessoas ficavam fascinadas com seus relatos e seu livro, conhecido em português como *As Viagens de Marco Polo*, passou a ser uma leitura obrigatória no século XIV. Ele alimentou a fome pela seda, pela cerâmica e por outras mercadorias exóticas e guiou a expedição para encontrar uma rota marítima a fim de transportá-las. Como diz o historiador Daniel J. Boorstin em seu livro *Os Descobridores*, "Sem Marco Polo... teria havido Cristóvão Colombo?". Seria possível chegar à idade das conquistas e do colonialismo europeu através dos relatos de Marco Polo pelo Oriente.

A Declaração da Independência

Quando, no curso dos acontecimentos humanos, se torna necessário um povo dissolver laços políticos que o ligavam a outro... o respeito digno às opiniões dos homens exige que se declarem as causas que os levam a essa separação.

O quê? Este é meu resumo do parágrafo de abertura de um grande documento escrito, em sua grande parte, por Thomas Jefferson e aprovado pelo Congresso Continental em 4 de julho de 1776 (consulte o capítulo anterior para saber mais sobre essa data).

A Guerra Revolucionária já estava acontecendo; portanto, a Declaração da Independência não abordava a guerra tanto quanto tratava de uma *explicação* para o motivo pelo qual os líderes coloniais da América sentiam que tinham algo a ver com o que estavam fazendo. Por exemplo, o documento está cheio de reclamações específicas contra o Rei George III. Mas Jefferson, com a ajuda de Benjamin Franklin e John Adams, também fez um trabalho brilhante ao resumir o movimento filosófico do século XVIII: o Iluminismo. A seguir, um exemplo perfeito:

> *Consideramos essas verdades evidentes por si mesmas, que todos os homens foram criados iguais, dotados pelo Criador de certos direitos*

inalienáveis que, entre estes, estão a vida, a liberdade e a busca da felicidade.

A Declaração não mencionou as mulheres, e nem se aplicava a elas, ela excluía os escravos. Mesmo assim, as palavras de Jefferson eram poderosas. O documento diz que as pessoas não têm apenas um direito, mas uma *responsabilidade* de enfrentar o governo quando o exercício da autoridade é injusto. Estas palavras ecoaram pelo restante do século XVIII, pelos dois séculos seguintes e chegou ao século atual (o Capítulo 15 aborda mais sobre as filosofias revolucionárias).

A Carta de Direitos

Criada em 1789 e acrescentada à Constituição americana em 15 de dezembro de 1791, as primeiras dez emendas constitucionais eram poderosos pensamentos tardios que tinham a intenção de limitar o poder do governo e garantir certos direitos – liberdades civis – a todos.

Liberdade de expressão, liberdade de imprensa e liberdade de religião estão na Primeira Emenda, que garante especificamente essas liberdades. A Segunda Emenda, que começa assim: "Sendo necessária à segurança de um Estado livre a existência de uma milícia bem organizada..." é aquela que aborda o controle das armas e aqueles que pregam os direitos às armas continuam argumentando mais de 200 anos após a aprovação da emenda.

As pessoas discutem o tempo todo sobre a Carta de Direitos. Todos os dias, cidadãos, membros do Congresso, apresentadores e juízes interpretam e reinterpretam este documento norte-americano essencial. Os juízes da Suprema Corte passam grande parte do tempo decidindo o que aqueles que escreveram a Constituição pretendiam quando escreveram essas emendas.

Discutível, porém, indelével, a Carta de Direitos oferece uma contenção permanente sobre os direitos do governo. Assim como a Declaração da Independência, essas emendas foram copiadas e elaboradas sobre muitas outras democracias ao redor do mundo.

O Manifesto Comunista

O *Manifesto Comunista*, de 1848, e sua sequência, *O Capital*, de 1867, parecem totalmente desacreditados atualmente. Os maiores governos baseados nos argumentos de *O Capital* ruíram (a União Soviética em 1991) ou fizeram concessões para a propriedade privada e o incentivo individual (a República Popular da China).

Mesmo assim, o impacto global deste tratado político-econômico de Karl Marx e Friedrich Engels foi incrível. O trabalho incitou diversas revoluções e remodelou drasticamente as sociedades.

O *Manifesto Comunista* ataca o governo, a religião e a cultura tradicional, vendo-as como ferramentas de uma *classe capitalista* repressora, composta pelos donos de fábricas e minas que usam outras pessoas para lucrar com suas propriedades. Marx e Engels apresentam o comunismo, com propriedade coletiva da indústria e das fazendas e distribuição igual de recursos entre todos, como o único sistema econômico justo para todos. Teoricamente, seus argumentos foram bastante fortes entre os trabalhadores do mundo todo no século XIX. Na prática, nenhuma sociedade chamada comunista conseguiu chegar nada perto deste ideal de uma sociedade sem classes, na qual todos são iguais e ninguém tem privilégios especiais. Os líderes do partido comunista da União Soviética, por exemplo, passaram a ser uma nova aristocracia, aproveitando-se das casas de veraneio confiscadas, que outrora pertenceram aos nobres russos.

Apesar dessas falhas, as ideias socialistas ligadas às teorias de Marx ainda são poderosas influências sobre os direitos dos trabalhadores e responsabilidade do governo em praticamente todos os países desenvolvidos. As nações da Europa Ocidental, com seus serviços públicos de saúde, generosos benefícios para os desempregados e diversos programas sociais do governo, são amplamente vistas como democracias socialistas. Até mesmo nos Estados Unidos, onde o socialismo foi considerado durante muito tempo uma palavra suja, a proteção das leis do trabalho e programas como o Medicare e o Seguro Social estão enraizados no conceito socialista de responsabilidade de uma sociedade pelos seus cidadãos.

A Origem das Espécies

A teoria de Charles Darwin da evolução pela seleção natural, exposta em seu livro *A Origem das Espécies*, de 1859, sustenta o modo como os cientistas abordam o estudo dos seres vivos desde Darwin. A biologia, a antropologia e a paleontologia modernas baseiam-se na ideia da evolução.

No século XIX, a maioria dos naturalistas achava que as variedades de plantas e animais não haviam mudado desde que Deus havia criado o mundo. Outros reconheciam as mudanças, mas achavam que uma característica adquirida durante a vida poderia ser transmitida para os descendentes, como uma égua com casco ruim geraria um potro deficiente. Aos 20 anos, Darwin (1809-1892) viajou pelo mundo como naturalista a bordo de um navio de pesquisas britânico. Suas observações fizeram com que ele duvidasse das duas teorias.

A ideia da evolução das espécies pela seleção natural é chamada de *Darwinismo*, embora Darwin tenha reconhecido pelo menos outros 20 cientistas que haviam proposto ideias similares. O que Darwin fez e os outros não tinham feito, no entanto, foi sustentar suas teorias em cargas e mais cargas de dados coletados em todo o mundo.

Darwin também escreveu em uma linguagem bastante simples, que podia ser lida por qualquer pessoa em *A Origem das Espécies*. Esta acessibilidade o levou à fama, mas também atraiu opositores. Muitos religiosos desprezavam qualquer teoria da vida que não se baseasse na intervenção divina direta. Alguns conservadores religiosos ficaram bastante chocados com a noção darwinista de que a humanidade havia evoluído da mesma forma que outros animais.

Outras pessoas sequestraram as ideias de Darwin e as aplicaram de maneira incorreta à sociedade humana, de modo que resultaram em alguns dos episódios mais vergonhosos do século XX. Até mesmo estudiosos respeitados e líderes de governo dos Estados Unidos caíram na falsa ideia de que membros de determinados grupos étnicos e classes sociais são mais evoluídos do que outras pessoas. Esta crença levou a leis estaduais que permitiam que médicos e juízes solicitassem a esterilização involuntária de cidadãos julgados como "incapazes" de se reproduzir. Essas vítimas incluíam os doentes mentais e os deficientes físicos, além de criminosos, alcoólatras e até os desempregados. O partido Socialista Nacional Antissemita alemão usou essas leis americanas como modelo quando criou as políticas que acabaram levando ao massacre dos judeus e outros que eram considerados indesejáveis pelo ditador Adolf Hitler.

Enquanto isso, os cientistas fizeram uso legítimo das ideias de Darwin, desenvolvendo campos de estudo como a genética e a genética molecular. No final do século XX e início do XXI, o estudo do DNA levou a um entendimento ainda mais detalhado e complexo de como os seres vivos transmitem os genes para seus descendentes e como a evolução realmente funciona.

Índice Remissivo

Impresso na Rotaplan Gráfica e Editora LTDA
www.rotaplangrafica.com.br
Tel.: 21-2201-1444